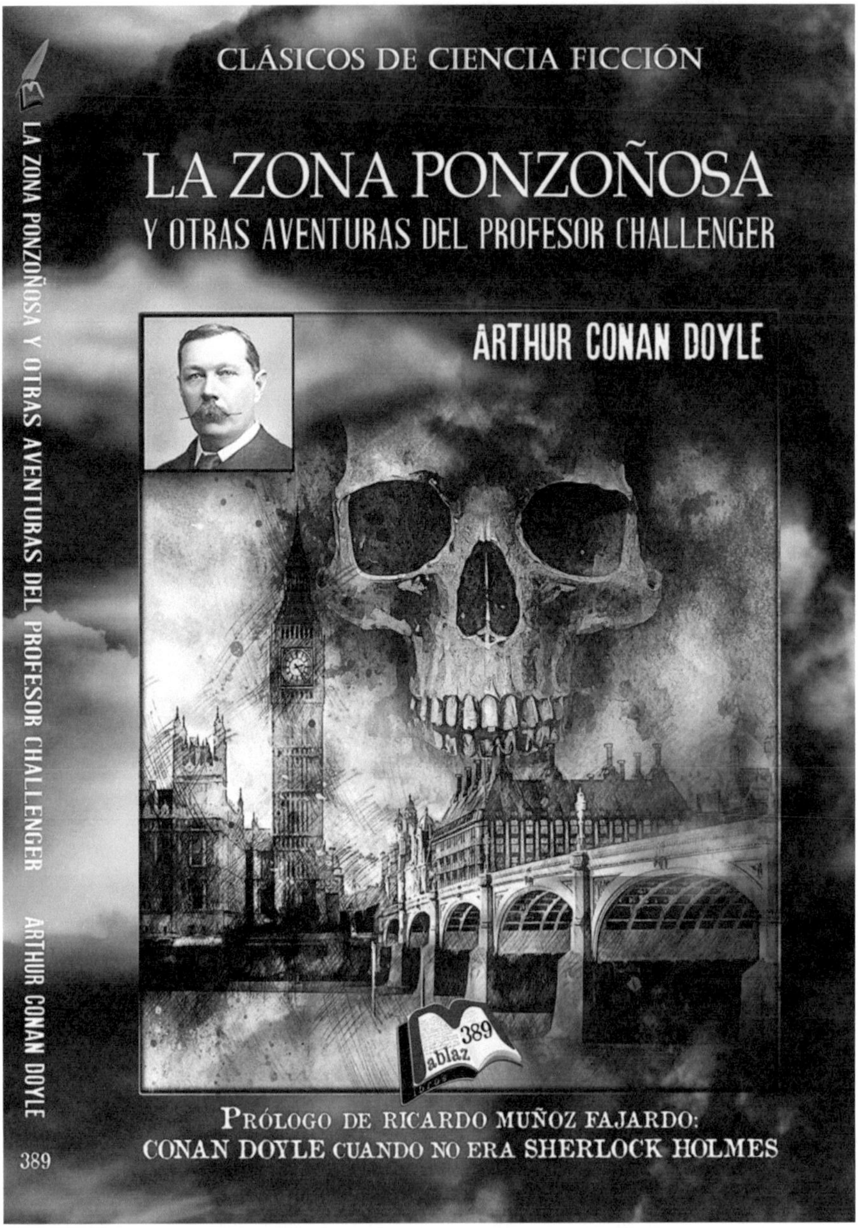

Ciencia Ficción y Fantasía - 142

La zona ponzoñosa y otras aventuras del profesor Challenger
Primera Edición, febrero de 2025

© Libros Mablaz, Madrid, 2025
www.librosmablaz.com

© De esta edición, Libros Mablaz

blogs:
Editorial Libros Mablaz
http://editoriallibrosmablazycienciaficcion.blogspot.com.es/
Ciencia ficción y fantasía en Libros Mablaz:
http://mablazlibros.blogspot.com.es/
Introducción a las obras de Libros Mablaz:
http://librosmablazextractos.blogspot.com.es/
Libros Mablaz en Facebook:
https://www.facebook.com/groups/530547690292189/
Tu Librería en Casa:
https://www.facebook.com/TuLibreriaEnCasa
Librería Crisis–Neogénesis:
http://www.todocoleccion.net/neog%C3%A9nesis_vendedorTC

Diseño de cubiertas: Mari Carmen López

ISBN: 979-990036-3-5
Depósito Legal: M-5453-2025

LIBROS MABLAZ - 389

LA ZONA PONZOÑOSA Y OTRAS AVENTURAS DEL PROFESOR CHALLENGER

ARTHUR CONAN DOYLE

PRÓLOGO:
CONAN DOYLE CUANDO
NO ERA SHERLOCK HOLMES

Arthur Conan Doyle odiaba a Sherlock Holmes desde prácticamente el mismo momento en que lo creó. El éxito inesperado del personaje, con todo, le permitió dejar de lado la profesión que había estudiado, la Medicina, y pudo dedicarse a escribir. Finalmente, en 1893, mató al detective, con el objetivo de empezar a crear lo que él llamó literatura seria, aunque las protestas de sus seguidores, que incluso se pusieron de acuerdo para llevar crespones negros en sus sombreros como luto por el deceso de Holmes, le hizo retomar el personaje diez años después.

Sherlock Holmes es Doyle, pero este quiso ser mucho más que él. Es muy posible que nunca llegara a escribir esa literatura que pretendía, aunque el abandono del detective consultor le permitió diversificar los temas a tratar e ideó un personaje nuevo, el profesor Challenger, del que escribió cinco aventuras, ya fuera en novelas o en relatos.

Pero antes de centrarnos en Challenger, que es el objeto de este libro, de acuerdo al título del prólogo, que es lo que queremos expresar en el exordio que se está narrando en este momento, hay que hablar de las otras obras de Doyle.

Los dos géneros que más predicó el autor fueron la novela histórica y la fantasía o ciencia ficción, muchas veces mezclada con argumentos de terror. Terror sí, pero relativo, porque la muerte de su primera esposa, Louise *Touie* Hawkins y su pronto segundo matrimonio un año después con Jean Elizabeth Leckie, una médium a la que conocía desde hacía veinte años, más el fallecimiento de su hijo Kingsley en la Gran Guerra, hizo que se hiciera un ferviente seguir del espiritismo, a la que le dedicó tanto tiempo a su promoción como a la escritura, por lo que se podía llamar terror eran parte de las creencias de Doyle, lo que le hizo pujar en muchas controversias con otros no creyentes, publicar *History of spiritualism* (1926) y defender a capa y espada el caso de las hadas de Cottingley, que consistió en la propagación de unas fotografías tomadas por dos primas de dieciséis y diez años, en las que las dos crías estaban con unas hadas. El episodio se dio en 1917, Doyle se lo creyó a pies juntillas y defendió su veracidad durante el resto de su vida.

Las novelas históricas de Doyle, que fue el género que más predicó este salvo los relatos y los escritos largos sobre Sherlock Holmes, se conocen *Micah Clarke* (1888), *La compañía blanca* (1891), *The Great Shadow* (1892), *The Refugees* (hacia 1895), *Rodney Stone* (1896), *Las hazañas del Brigadier Gerard* (1893), *Uncle Bernac* (1897), *Estudios del natural* (1901), *Las aventuras del Brigadier Gerard* (1903), *Sir Nigel* (1906) y *La boda del Brigadier* (1910).

Entre los relatos y novelas de ciencia ficción, fantasía y terror de Doyle, se pueden destacar los siguientes: *El capitán de la Polestar* (1883), *El Gran Experimento Keinplatz* (1885), la primera historia donde el escritor aborda el espiritismo, *El misterio de Cloomber* (1889), *Los hechos de Raffles Haw* (1891), *El Gran Motor de Brown-Pericord* (1892), *El fracaso de los amigos* (1892), *Lote Número 249* (1892), *El parásito* (1894), *El Terror de la Sima del Blue John* (1910), *El terror de Blue John Gap* (1910), *El horror de las alturas* (1913), Historias de la penumbra y lo invisible (1919), *El viaje mortal* (1928) o *El abismo de Maracot* (1929), una ficción que podía haber protagonizado el profesor Challenger, pero para que Doyle creó otro personaje Etcétera.

El profesor Challenger es protagonista de cinco escrituras de Arthur Conan Doyle. Decimos escrituras porque estamos ante novelas y un par de relatos, más o menos largos según el caso.

La novela más conocida es *El mundo perdido* (1912), tal vez la primera historia escrita en que el protagonista, la trama en general, se desarrolla en un lugar de la Tierra donde han pervivido los dinosaurios y la más conocida de Challenger.

El mundo perdido no está incluida en este libro. Puede parecer un contrasentido, habiendo dicho lo indicado en el anterior párrafo, pero la decisión tiene toda la lógica del mundo. ¿Por qué? Porque es una novela muchísimas veces reeditada, mientras que el resto de la andadura del profesor Challenger lo ha sido mucho menos y son, en buena parte, menos conocidas.

La novela que da el título principal a esta obra, *La zona ponzoñosa* (1913), también conocida como *La zona envenenada* y otros títulos similares. La historia narra que Challenger cita a sus principales amigos a su casa, que deben ir provistos de una bombona de oxígeno. Una vez allí, el profesor les anuncia que la atmósfera –terrestre, se entiende- va ser copada por una nube tóxica que matará a toda la Humanidad. La trama sigue a partir de ahí, aunque no se deben hacer espóileres –de acuerdo a la nueva entrada recientemente admitida por la RAE- y el lector debe continuar con su argumento hasta el final.

El país de la bruma, o *La Tierra de la niebla* o cualquier otro título similar que se le ha puesto a lo largo del tiempo, hizo que hubiera de esperar trece años para volver a saber del profesor Challenger. *El país de la bruma* (1926), es la malquerida de las novelas de este personaje. Normalmente, cuando se hacen recopilaciones con las historias que él protagoniza, se omite esta, porque se considera poco más o menos que una apología del espiritualismo y muchas veces es sustituida por *El abismo de Maracot* (1929), porque parece protagonizada por Challenger con otro nombre. La editorial no ha estimado conveniente omitirla o reemplazarla, por lo que ¡aquí está!

La máquina desintegradora (1927) es una historia breve, en la que Challenger sabe a través de Malone, su amigo periodista, del descubrimiento de un aparato con la potestad de desintegrar personas o cosas, y devolverlo después a su estado anterior. Los dos van a buscar al inventor y se produce un juego de picarescas entre los tres que desembocan en un final inesperado.

Cuando la Tierra lanzó alaridos (1928), también conocida con otros títulos similares, es un relato, ni corto ni largo. Challenger dista mucho de ser un científico loco, pero es un científico de ciencia ficción –pedimos perdón por tantas redundancias-, y en el transcurso de sus investigaciones descubre que la Tierra es un ser vivo y que su corteza no es más que una dura piel. El profesor hace que se entre en sus entrañas para que sepa que sobre la epidermis que la cubre habitan especies que como ella tienen una existencia. Etcétera de nuevo.

Ricardo Muñoz Fajardo

LA ZONA PONZOÑOSA
(1913)

THE·POISON·BELT

A. CONAN DOYLE

1ª Edición

LA BORROSIDAD DE LAS LÍNEAS

Resulta imperioso que deje testimonio de tan asombrosos acontecimientos ahora que aún los tengo frescos en la memoria y puedo describirlos con una exactitud de detalles que el tiempo podría difuminar. Pese a ello, al realizar lo que me propongo, me siento abrumado por el sorprendente hecho de que haya sido nuestro reducido grupo del Mundo Perdido, es decir, el profesor Challenger, el profesor Summerlee, lord John Roxton y yo, el que haya pasado por una experiencia tan singular.

Qué lejos estaba de imaginarme hace algunos años, cuando publicaba en la Gaceta Diaria mis reportajes sobre nuestro viaje por Sudamérica, viaje que marca de por sí una época, que volviese jamás a tocarme la tarea de hablar de otra vicisitud personal todavía más extraña, de un acontecimiento único en los anales de la Humanidad, que quedará en los anales de la Historia como una montaña altísima entre las humildes colinas que la rodean. El acontecimiento parecerá siempre asombroso, pero la extraordinaria circunstancia de que nosotros cuatro estuviésemos juntos en el momento de ocurrir tan asombroso episodio, se produjo del modo más natural y, a decir verdad, inevitable. Describiré los hechos que nos condujeron a aquella situación de la manera más breve y clara posible, aunque comprendo perfectamente que cuanto mayor sea la cantidad de detalles que aporte, mayor será la satisfacción del lector, porque la curiosidad del público ha sido y sigue siendo insaciable.

El viernes, día 27 de agosto, fecha por siempre memorable en la historia del mundo, me presenté en la redacción de mi periódico y pedí tres días de permiso de ausencia a míster McArdle, que seguía estando al frente de la sección de noticias. El querido viejo escocés movió negativamente la cabeza, se rascó su flequillo de pelusa rojiza cada vez más ralo y acabó expresado verbalmente su negativa.

—Míster Malone precisamente, tenía el propósito de darle estos días un trabajo especial. Creo que hay un asunto que únicamente usted podría manejarlo como es debido.

—Realmente lo siento —dije, tratando de disimular mi desencanto—. Pero dado que me necesita, no hay más que hablar. Sin embargo tenía un compromiso importante. Si pudiese usted prescindir de mí...

—Pues no, la verdad es que no puedo.

Aquello me contrariaba, pero no tuve más remedio que poner a mal tiempo buena cara. Después de todo, la culpa era mía, porque por aquel entonces ya debería saber que todo periodista no tiene derecho a hacer planes sin contar con su redactor jefe.

—Siendo así, dejaré de lado mi compromiso —le contesté con toda la amabilidad que me fue posible improvisar—. ¿Y qué es lo que usted desea encargarme?

—Verá, se trata de encargarle una entrevista con ese diablo de hombre que vive en Rotherfield.

—¿No se referirá usted al profesor Challenger? —exclamé.

—Pues sí, precisamente a él me refiero. La pasada semana se llevó por delante al joven Alee Simpson, del Courier, durante una milla, agarrándolo con una mano por el cuello de la americana y con la otra por los fondillos de los pantalones. Es probable que lo haya leído usted en las gacetillas de Policía. Nuestros muchachos prefieren entrevistarse con un cocodrilo antes que con el profesor. Sin embargo usted podría hacerlo, dado que es viejo amigo suyo.

—¡Vaya, esto lo arregla todo! —contesté con profundo alivio—. Precisamente, si quería pedirle permiso era con el propósito de visitar al profesor Challenger en Rotherfield. Resulta que es el tercer aniversario de nuestra más importante aventura en aquella meseta, y el profesor nos ha invitado a los que formábamos parte del grupo para que vayamos a su casa a celebrarlo.

—¡Estupendo! —exclamó McArdle frotándose las manos y mirándome satisfecho a través de sus gafas añadió:

—Hágale usted decir todo lo que piensa de este asunto. Si se tratase de otra persona, yo diría que la cosa no tiene ni pies ni cabeza, pero Challenger ya acertó una ocasión, ¿quién sabe si no dará otra vez en el clavo?

—¿Y qué es lo que quiere usted que yo le haga decir? ¿Qué ha hecho recientemente el profesor? —le pregunté.

—¿Es que no ha leído usted en el Times de hoy su carta sobre «Posibilidades científicas»?

—No.

McArdle se agachó y cogió del suelo un ejemplar del *Times*.

—Léalo en voz alta —dijo, señalándome con el dedo la columna que le interesaba—. Volveré a escucharlo con gusto, porque no estoy completamente seguro de haber comprendido bien lo que ese hombre quiere decir.

Tomé el diario y comencé a leer:

Posibilidades científicas

«Señor: He leído, y me ha hecho mucha gracia, no exenta de otra clase de emoción menos respetuosa, la carta presuntuosa y llena de fatuidad de James Wilson McPhail aparecida estos últimos días en su periódico, acerca de la borrosidad de las líneas Frauenhofer del espectro, de los planetas y de las estrellas fijas. Dicho comunicante deja de lado el asunto sin concederle la menor importancia. Sin embargo, a mentes más amplias pudiera parecerles de la mayor importancia posible, de una importancia tal que bien pudiera ser que se jugase en el mismo el bienestar final de todos los hombres, mujeres y niños que viven en nuestro planeta. No espero ni mucho menos, recurriendo a un lenguaje científico, que me comprendan esas gentes fútiles que buscan en las columnas de un diario la fuente de sus ideas. Trataré, pues, de adaptarme a sus limitaciones, y de exponer la situación echando mano de una analogía sencilla que pudiera estar dentro de la estrecha inteligencia de sus lectores".

—¡Este hombre es un prodigio, un prodigio viviente! —exclamó McArdle, moviendo reflexivamente la cabeza a derecha e izquierda—. Es capaz de hacerle encrespar las plumas a un palomino y de armar un alboroto en una asamblea de cuáqueros. No me extraña que se le haya hecho imposible la vida de Londres, y es una lástima, míster Malone, porque es un gran talento. Bien, veamos ahora esa analogía.

Seguí leyendo:

»Imaginemos que durante la travesía del Atlántico arrojásemos un pequeño manojo de corchos unidos entre sí a una corriente marina muy lenta. Los corchos son arrastrados por ella lentamente, día tras día, sin que nada cambie a su alrededor. Si los corchos pudiesen razonar, pensarían que esas condiciones que reinaban a su alrededor eran permanentes e inmutables. Pero nosotros, que disponemos de una facultad superior de razonamiento, sabemos que podrían ocurrir muchas cosas que producirían sorpresa a los corchos. Estos podrían ser arrastrados contra el casco de un barco, o tropezar con una ballena dormida, o enredarse entre las algas marinas. Fuera de eso, siempre sería posible que su viaje se interrumpiese, viéndose arrojados contra las costas rocosas del Labrador. Pero ¿qué podían saber ellos de todo esto mientras se dejaban llevar con suavidad por la corriente, un día y otro día, dentro de aquel océano que a ellos les parecería ilimitado y homogéneo?

»Espero que los lectores de ese diario sean capaces de comprender que el Atlántico hace en esta parábola el papel del océano inmenso del éter en el que nosotros marchamos al garete, y que el manojo de corchos representa al pequeño y oscuro sistema planetario al que nosotros pertenecemos. Nuestro sol de tercera categoría, con su morralla y chusma de satélites insignificantes, y dentro de uno de ellos nosotros, flotando dentro de las mismas condiciones diarias en dirección a algún lugar desconocido, hacia alguna desdichada catástrofe que nos abrumará en los últimos confines del espacio, donde nos veremos arrastrados en las cataratas de algún Niágara o lanzados contra algún inimaginable Labrador. Yo no veo espacio en todo esto para el optimismo superficial e ignorante de su corresponsal, míster James Wilson McPhail, sino muchísimas razones para que sigamos con la mayor atención e interés cualquier indicación de un cambio en los alrededores cósmicos de los que puede depender en última instancia nuestro destino final.»

—Este hombre podría haber sido un gran predicador —exclamó McArdle—. Tiene sonoridades de órgano. Veamos ahora qué es lo que le preocupa.

»La borrosidad general y los cambios en las líneas del espectro, llamadas de Frauenhofer, revelan, en opinión mía, una mutación cósmica de gran amplitud y de un carácter sutil y extraño. La luz de los planetas es un reflejo de la del sol. La luz de una estrella es producida por ella misma. Pero, en este caso, lo mismo los espectros de los planetas que los de las estrellas han sufrido idéntico cambio. ¿Se trata, pues, de un cambio de los mismos planetas y estrellas? Me resulta inconcebible una idea semejante. ¿Qué clase de cambio podría ocurrir simultáneamente en todos ellos? ¿No será un cambio ocurrido en nuestra propia atmósfera? Esto cabe en lo posible, pero es improbable en alto grado, puesto que no se advierte ninguna señal del mismo a nuestro alrededor, y porque tampoco los análisis químicos han revelado cambio alguno. ¿Cuál es, pues, la tercera posibilidad? Podría ser que hubiese ocurrido un cambio en el medio conductor, en ese éter infinitamente fino que se extiende de estrella a estrella y embebe todo el universo.

»En las profundidades de ese océano vamos flotando, llevados por una perezosa corriente. ¿No podría esa corriente arrastramos al interior de nuevas zonas de éter que tengan propiedades en las que nosotros jamás hemos pensado? En algún lugar se ha realizado un cambio. Esta perturbación cósmica del espectro lo demuestra. El cambio puede ser para bien. Puede también ser para mal. O quizás sea un cambio neutral. Lo ignoramos. Los observadores superficiales pueden tratar el asunto con menosprecio, pero quien como yo está dotado de una profunda inteligencia propia del auténtico filósofo, comprende que las posibilidades que existen en el universo son incalculables y que el hombre más sabio es aquel que se mantiene dispuesto para siempre a afrontar lo inesperado. Tenemos a mano un ejemplo. ¿Quién se atreverá a afirmar que esa epidemia misteriosa y universal que, según los periódicos de esta misma mañana, ha estallado entre las razas indígenas de

11

Sumatra, no está relacionada con alguna alteración cósmica a la que son más susceptibles que los pueblos europeos, de constitución más compleja? Lanzo la idea por lo que pudiera valer. En la actual etapa resulta tan poco ventajoso el afirmarla como el negarla, pero quien no entienda que cae perfectamente dentro del terreno de la posibilidad científica es una majadero desprovisto de imaginación.

»De usted atentamente,

George Edward Challenger
«The Briars, Rotherfield»

—Es una carta bella y estimulante —dijo McArdle pensativo, introduciendo un cigarrillo en el largo tubo de cristal que le servía de boquilla—. ¿Qué opina de ello, Malone?

No tuve más remedio que confesar mi ignorancia total y humillante acerca del problema. ¿Qué eran las líneas de Frauenhofer, por ejemplo? McArdle había hecho ya un estudio del problema con la colaboración del científico domesticado de nuestra redacción, y tema sobre la mesa numerosas franjas espectrales multicolores, de esas que tienen un parecido general con las cintas de los sombreros de ciertos clubs de *cricket*, nuevos y ambiciosos. Echó mano a dos de ellas y me hizo observar unas líneas negras que se cruzaban sobre la serie de brillantes colores que iban desde el rojo, hasta el violeta pasando por el anaranjado, amarillo, verde, azul y añil.

—Estas franjas negras son las llamadas líneas de Frauenhofer —me dijo—. Los colores no son otra cosa que la luz misma. Cualquier luz, si la hacemos pasar a través de un prisma, nos da idénticos colores. Nada nos dicen. Son las líneas las que tienen importancia, porque varían de acuerdo con el cuerpo que produce la luz. Son estas líneas las que ahora aparecen borrosas en lugar de nítidas. El fenómeno viene ocurriendo desde hace una semana, y los astrónomos discuten entre ellos sobre su posible causa. Aquí tenemos una fotografía de esas líneas que saldrá mañana en nuestro periódico. Hasta ahora, el asunto no ha despertado interés entre el público pero me parece que la carta de Challenger va a darles qué pensar.

—¿Y eso de Sumatra qué es?

—Pues verá: desde las líneas del espectro hasta un negro enfermo en Sumatra existe una considerable distancia, pero este hombre nos demostró una vez que cuando se pronuncia no lo hace en vano. Parece que por aquellas latitudes se ha propagado una extraña enfermedad. Además hoy nos acaba de llegar este cable desde Singapur anunciando que los faros del estrecho de Sonda no funcionan, y por ello han embarrancado ya dos barcos. En fin, que sería bueno que usted recogiera la opinión de Challenger sobre el asunto. Si saca algo en concreto, escriba una columna para el número del lunes. Salí del despacho, meditando la nueva misión que me habían confiado, cuando oí que voceaban mi nombre en la sala de espera de la planta baja. Era un mensajero de telégrafos que me traía un telegrama enviado a mi domicilio particular en Streatham. Su remitente era el mismísimo caballero de quien habíamos estado hablando. Su texto era el siguiente:

Malone, 17, Hill Street, Streatham.
Traiga oxígeno.

Challenger

«¡Traiga oxígeno!". El profesor, tiene un sentido del humor muy *sui generis* y es capaz de las bromas más pesadas. ¿Se trataba de una de aquellas bromas que desataban estruendosas carcajadas, durante las cuales desaparecían sus ojos, y toda su cara se convertía en una bocaza abierta y barba encrespada, mostrándose de una indiferencia suprema para todos los que le rodeaban? Por más vueltas que le di a la frase, no pude sacar nada que fuese ni siquiera remotamente divertido. Sin embargo, por extraña que pareciese, era una orden terminante. Si había en el mundo un hombre cuyas órdenes no me permitiría desobedecer, eran las de Challenger. Quizás estuviera realizando algún experimento químico. Bien, yo no tenía por qué hacer cábalas sobre si lo necesitaba para esto o para lo otro. Había que llevarle lo que pedía. Faltaba todavía una hora para la salida de mi tren en la estación Victoria. Subí a un taxi, y le di la dirección de la Oxygen Tube Supply Company, de Oxford Street, que había obtenido de la guía de teléfonos.

Al bajar del taxi, frente dicho establecimiento vi que por la puerta salían dos jóvenes que transportaban un cilindro de hierro, y que cargaban, no sin cierto esfuerzo, en un automóvil que estaba esperando. Tras ellos iba un señor entrado en años, regañándoles y dándoles órdenes con una voz cascada y burlona. De pronto se volvió hacia mí. No había manera de confundir aquellas facciones austeras y aquella barba de chivo. Era mi antiguo compañero, el profesor Summerlee.

—¡Cómo! —exclamó—. No me dirá usted que también ha recibido uno de esos absurdos telegramas.

Se lo enseñé.

—¡Vaya, vaya! También yo recibí uno, y he cumplido sus órdenes como usted ve, aunque en contra de mi voluntad. Nuestro buen amigo sigue tan imposible como siempre. No puede ser que la necesidad que tiene de oxígeno haya sido tan urgente que no haya podido recurrir a los medios habituales de suministro y haya necesitado acaparar el tiempo de quienes tenemos mayores ocupaciones que él. ¿Por qué no lo encargó directamente?

No encontré otra razón que darle sino la de que quizás lo necesitaba con urgencia.

—O habrá creído que lo necesita, lo cual es cosa muy diferente. Pero, dado que yo le llevo tanto, está de más el que usted compre más oxígeno.

—Ya ve que, por la razón que sea, quiere que yo también lo lleve. De modo, pues, que lo más sensato será seguir sus instrucciones.

A pesar de todas las objeciones y censuras de Summerlee, pedí otra bombona más, y la hice cargar en el automóvil del profesor, ya que este se ofreció para llevarme hasta la estación Victoria.

Liquidé la cuenta de mi taxi, cuyo conductor se mostró insolente acerca del total de la misma. Al volver a donde estaba el auto de Summerlee, vi que este sostenía un altercado furioso con los hombres que habían transportado el oxígeno. Su blanca barbilla caprina tenía arranques de indignación. Uno de aquellos hombres lo trató de «estúpido loro blanqueado», lo cual dio lugar a que el chófer de Summerlee saltase de su asiento para ponerse al lado de su amo, y nos las vimos y deseamos para evitar una riña en la vía pública.

Parecerá fútil que me ponga a relatar estas pequeñeces, que en el momento en que tuvieron lugar las tomamos como simples incidentes. Ahora, en cambio, al volver la vista atrás, percibo la relación que guardaban con el conjunto del relato en que me he empeñado.

El chófer de Summerlee me dio la impresión que era un novato, a menos

13

que el incidente le hubiera alterado los nervios, porque condujo hasta la estación de manera infame. Chocamos en dos ocasiones con otros vehículos igualmente excéntricos, y recuerdo que le hice a Summerlee la observación de que cada día se conducía peor en Londres. Pasamos rozando el borde de un grupo numerosísimo que estaba viendo pelearse a unos hombres en una esquina del Mall. La gente, que daba muestras de estar muy excitada, lanzó gritos de indignación ante la torpeza del conductor, y un hombre saltó al estribo del coche blandiendo un bastón por encima de nuestras cabezas. Le pegué un empujón, obligándole a apearse, pero nos sentimos muy satisfechos cuando nos alejamos de allí escapando sin ningún percance.

Todos aquellos incidentes que se sucedieron sin interrupción, acabaron por sacarme de mis casillas y pude comprobar también que la paciencia de mi acompañante había alcanzado un nivel muy bajo, a juzgar por la petulancia de su actitud.

Pero ambos recuperamos nuestro buen humor cuando en el andén de la estación vimos a lord John Roxton; su figura alta y delgada lucía un traje de cazador de paño escocés amarillo. Al vernos, su cara expresiva de ojos inolvidables, tan altivos y tan divertidos sin embargo, se sonrojó de placer. Sus cabellos rojizos se hallaban salpicados de hebras blancas, y el cincel del tiempo había ahondado aún más los surcos de su entrecejo; pero, fuera de eso, era el mismo buen camarada de antaño.

—¡Hola, *herr* profesor! ¡Hola, Malone! —nos gritó, adelantándose hacia nosotros.

Cuando vio las dos bombonas de oxígeno que el mozo de andén que venía detrás de nosotros traía en su carretilla, rompió a reír con estruendosas y divertidas carcajadas, gritando:

—¡De modo que también ustedes! La que yo traigo ya está en el furgón. ¿Qué mosca le habrá picado al querido y viejo profesor?

—¿Leyó usted su carta al Times? —le pregunté.

—¿De qué se trata?

—Majaderías y paparruchas —exclamó Summerlee con aspereza.

—Creo que en el fondo de este asunto del oxígeno está el problema de la carta, o mucho me equivoco —dije yo.

—Majaderías y paparruchas —volvió a exclamar Summerlee con innecesaria irritación.

Tomamos asiento en un vagón de primera para fumadores, y el profesor encendió su pipa de eglantina, corta y ennegrecida, que parecía que le chamuscaba la punta de su larga y agresiva nariz.

—El amigo Challenger es un sabio —dijo, expresándose con gran vehemencia—. Quien lo niegue es un estúpido. Fíjense en su sombrero; dentro de ese sombrero hay sesenta onzas de materia gris, una máquina potente, que funciona sin esfuerzo, y produciendo maravillas. Sin embargo, es un sacamuelas de nacimiento; me han oído ustedes decírselo en su propia cara, es un sacamuelas de nacimiento que domina la técnica de saltar dramáticamente a primer plano de actualidad. Cuando todo está tranquilo, el amigo Challenger ve la ocasión de que la gente hable de él. ¿O es que se imaginan ustedes que él cree en serio todas esas tonterías sobre una alteración en el éter, y el peligro que ello representa para el género humano? Jamás se ha oído otro cuento más fantástico y absurdo.

Estaba sentado lo mismo que un viejo cuervo encanecido, y dejó oír el croar de la risa sardónica que sacudía su garganta.

A medida que escuchaba a Summerlee me invadía una oleada de ira. Era vergonzoso que se expresase de semejante manera refiriéndose al jefe al que debíamos toda nuestra celebridad y que nos había hecho vivir sensaciones de las que no había disfrutado ningún otro hombre. Ya había abierto la boca para darle una réplica, pero lord John se me adelantó.

—Hace tiempo tuvo usted una disputa con Challenger —dijo con severidad—, y ¡no salió usted muy bien parado de ella! A mí me parece, profesor Summerlee, que él es muy superior a usted, de modo que será mejor que no se meta con él.

—Además —dije yo—, Challenger siempre ha sido buen amigo nuestro. Tenga los defectos que tenga, es hombre de una rectitud irreprochable que jamás habla mal de sus compañeros a sus espaldas.

—Muy bien dicho, camarada.

Después de estas palabras, lord John Roxton le dio unas palmaditas en la espalda al profesor Summerlee y le dijo sonriente:

—Ea, *herr* profesor, no vamos a reñir a estas alturas. Juntos hemos visto demasiadas cosas. Pero cuando hable de Challenger, hágalo con corrección. Malone y yo sentimos cierta debilidad por el viejo.

Sin embargo Summerlee no estaba de humor para transigir. Su cara se contorsionó con expresión de rígida censura, y brotaron de su pipa espesas volutas de humo irritado.

—Mire, lord Roxton —chirrió—, las opiniones suyas en materia científica tienen para mí el mismo valor que tendrían para usted las mías sobre un nuevo tipo de escopeta. Yo tengo mi propio cerebro, señor, y me sirvo del mismo a mi manera. Porque en una ocasión me haya equivocado, no estoy obligado a dar por buenas sin examen las cosas que este buen señor afirme. ¿O es que vamos a considerarlo como a un pontífice de la ciencia, que puede lanzar decretos infalibles *ex cathedra*, decretos que el pobre y humilde público está obligado a aceptar sin discutirlo? Le digo a usted, caballero, que tengo mi propio cerebro y que me consideraría como un pisaverde si no lo utilizara. Si a usted le complace dar crédito a todo este galimatías sobre el éter y las líneas del espectro, haga lo que juzgue oportuno, pero no exija que quien le aventaja a usted en edad y ciencia participe de su tontería. ¿No es evidente que si el éter se encontrase alterado hasta el punto que Challenger afirma, y que si esa alteración fuese perjudicial para la salud humana, estaríamos ya sufriendo sus consecuencias? —Al llegar a este punto rompió en una carcajada estrepitosa, como celebrando su propio triunfo—. Sí, señor, nos encontraríamos ya muy lejos de nuestro estado normal, y en vez de estar discutiendo tranquilamente problemas científicos dentro de un vagón de ferrocarril, estaríamos atacado por los síntomas del envenenamiento que llevaríamos en nuestro organismo. ¿Dónde podemos descubrir síntoma alguno de esta alteración cósmica? ¡Contésteme a esto! Vamos, vamos, sin evasivas. Le exijo que me dé una respuesta.

Yo me sentía cada vez más molesto por la forma de conducirse del profesor Summerlee.

—Pienso que si estuviese más enterado de ciertas cosas que suceden, se manifestaría menos seguro en sus opiniones —le dije.

Summerlee se quitó la pipa de la boca y clavó en mí su mirada de piedra.

—¿Quiere hacer el favor de explicar el alcance de sus palabras ciertamente impertinentes?

—Quiero decir que cuando yo salía de mi redacción, fui informado de que había llegado un telegrama confirmando lo de la epidemia general entre los indígenas de Sumatra, agregando que en los estrechos de Sonda no funcionaban los faros.

—La estupidez humana no tiene límites —gritó Summerlee, hecho una verdadera furia—. ¿Es que no comprende que, dando por buena la absurda hipótesis de Challenger, el éter es una sustancia universal, idéntica en todas las partes del mundo? ¿Supone usted acaso ni por un solo instante que existe un éter inglés y un éter de Sumatra? Quizás sea usted capaz de imaginarse que el éter de Kent tiene cualidades superiores al éter de Surrey, por el que en este momento nos transporta el tren en que viajamos. La verdad es que la credulidad y la ignorancia del profano en ciencias resultan proverbiales. ¿En qué cabeza cabe que el éter de Sumatra sea tan mortífero que produzca la insensibilidad total, en el mismo momento en que el éter que a nosotros nos rodea no produce efecto apreciable sobre nuestro organismo? Yo, por ejemplo, puedo afirmar que en mi vida me he sentido más fuerte y más equilibrado que en este momento.

—Quizás sea así. Yo no me tengo por un científico —contesté—, aunque recuerdo haber leído no sé dónde que la ciencia de una generación es considerada un engaño por la generación posterior. A pesar de esto, no se necesita sino un poco de sentido común para ver que, sabiendo tan poca cosa como sabemos acerca del éter, cabría en lo posible que esa sustancia sufriese distintas influencias locales dentro del cosmos, y que sus consecuencias se manifestasen en unos lugares antes que en otros.

—Con «quizás» y con «podría ser» se puede demostrar todo —exclamo Summerlee, furioso—. Los cerdos podrían volar. Sí, señor, los cerdos *podrían* volar, pero no vuelan. Discutir con ustedes es perder el tiempo. Challenger los ha envuelto en sus supercherías y son incapaces de valerse de su propia razón.

Resultaría tan eficaz el exponer razones a estos cojines en que estamos sentados, como a ustedes.

—Amigo Summerlee, no tengo más remedio que manifestarle que desde la última vez que tuve el placer de alternar con usted no parece que hayan progresado mucho sus maneras —le dijo con severidad lord John.

—Ustedes los petimetres no están acostumbrados a que les canten las verdades —le contestó Summerlee con sonrisa molesta—, claro está cuando alguien les hace comprender que con todos los títulos que llevan son unos ignorantes, la cosa les cae por sorpresa y les duele.

—Le aseguro, señor, bajo mi palabra de honor, que si fuera usted más joven no se habría atrevido a hablarme de esa manera —dijo lord John bastante enojado.

Summerlee levantó agresivamente la barbilla, en la que tembló su pequeño mechón de su perilla de chivo.

—Tenga presente que, joven o viejo, en mi vida me asustó el decir la verdad a un ignorante; sí, señor, a un pisaverde ignorante, aunque tuviese usted tantos títulos de nobleza como pudieran inventar los pisaverdes y adoptar los idiotas.

Los ojos de lord John relampaguearon durante un momento, pero dominó su ira haciendo un esfuerzo supremo y recostándose en el respaldo de su asiento, se cruzó de brazos y dejando ver una sonrisa de amargura. Todo aquello resultaba espantoso y deplorable. Embargado por la nostalgia recordé aquellos días azarosos en los que la buena camaradería y la felicidad reinaba entre nosotros. ¡Y que aquello hubiese venido a parar a esto de ahora, al insulto y a la ofensa! Y de pronto rompí a sollozar; sí, sollocé ruidosamente, atropelladamente, sin poder contenerme ni dominarme. Mis compañeros me miraron sorprendidos, y yo me cubrí el rostro con las manos, exclamando:

—No es nada, no es nada, pero ¡qué pena me da todo esto!

—Mi buen amigo, está usted enfermo; eso es lo que ocurre y nada más —dijo lord John—. Desde que nos encontramos en el andén observé en usted algo raro.

—Su manera de ser no se ha corregido en nada durante los tres años transcurridos —dijo Summerlee, moviendo la cabeza—. Tampoco a mí se me escapó lo raro de su conducta en el instante mismo en que nos vimos. Lord John, no malgaste su simpatía. Estas lágrimas de nuestro amigo son cosa exclusiva del alcohol. Ha bebido. A propósito, lord John, hace un momento le llamé petimetre, y quizás el calificativo fuera algo duro. Ahora bien: esa palabra me ha traído a la memoria una pequeña habilidad, insignificante, pero divertida, que yo tuve en otro tiempo. Usted me conoce como un hombre de ciencia austero y serio. ¿Querrá usted creer que antaño gocé de una celebridad bien ganada entre los niños de que soy un excelente imitador de animales? Quizá pueda contribuir a que pasen el tiempo de una manera agradable. ¿No les divertiría oírme hacer el gallo?

—No, señor, no me divertiría —contestó lord John, que seguía muy ofendido.

—También solían decir que mi imitación del cacareo de una gallina que acaba de poner el huevo era algo que se salía de lo corriente. ¿Quieren oírme?

—No, señor, no; desde luego que no.

Pero el profesor Summerlee, sin hacer caso dejó su pipa a un lado, y durante todo el resto del viaje nos divirtió, o pretendió divertirnos, imitando sucesivamente las voces de pájaros y de animales de una manera tan absurda que mis lágrimas se convirtieron súbitamente en estruendosas risotadas, que seguramente llegaron hasta el histerismo cuando, sentado frente por frente del solemne profesor, le vi, o mejor dicho le oí, hacer el papel de un gallo alborotador o del perrito al que le han dado un pisotón en la cola. Lord John me entregó en un momento dado el periódico que llevaba, y en uno de cuyos márgenes había escrito con lápiz: «¡Pobre diablo! Está como una chiva.» Desde luego que todo aquello eran excentricidades, y, sin embargo, yo encontré su exhibición extraordinariamente sabia y divertida.

Mientras tenía lugar todo aquello, Lord John, me contaba una historia interminable sobre un búfalo y un rajá de la India, sin que yo le encontrase a todo lo que decía ni pies ni cabeza.

El profesor Summerlee había empezado a imitar los gorjeos de un canario, y lord John entraba en lo más emocionante de su historia, cuando el tren se detuvo en Jarvis Brook, que era la estación más próxima a Rotherfield.

Challenger había venido a recibirnos. Parecía reventar de satisfacción. Ni todos los pavos reales serían capaces de igualar la lenta y solemne dignidad con que se paseaba de un lado a otro del andén, y la benigna sonrisa de bondadosa condescendencia con que miraba a cuantos se encontraban a su alrededor. Si algún cambio había experimentado desde los tiempos de antaño era el de que se habían exagerado todas sus características. Aquella voluminosa cabeza y la anchura de su frente con el mechón de cabello negro aplastado sobre ella, parecían todavía mayores. Su barba negra se despeñaba hacia adelante en una cascada todavía más grandiosa, y sus claros ojos grises de insolentes párpados resultaban burlones como siempre y más dominadores que antaño.

Me acogió con el divertido apretón de manos y la sonrisa de ánimo con que el director de un colegio recibe a los nuevos alumnos, saludó después a los otros dos, ayudando a retirar sus maletas y las bombonas de oxígeno, luego nos acomodó a todos en un espacioso automóvil, y nos pusimos en marcha. El conductor era el mismo impasible Austin, el hombre parco en palabras, al que yo había conocido representando el papel de mayordomo cuando hice mi primera y memorable visita al profesor. Cruzamos por una región hermosa y subimos la cuesta serpenteante de una colina. Yo iba delante, junto al chófer, pero tenía la sensación de que los tres hombres que llevaba a mis espaldas hablaban todos a una. Por lo que pude comprender, lord John seguía metido en su relato del búfalo, y el retumbo de la voz de Challenger, mezclado con el porfiado cacareo de Summerlee, me hizo comprender que otra vez sus cerebros se habían trabado en un furioso debate de gran altura científica. De pronto Austin torció de soslayo hacia mí su cara de caoba, sin apartar la vista del volante, y me dijo:

—Me han despedido.

—¡Válgame Dios! —exclamé.

Todo parecía hoy extraño. Todos decían cosas raras e inesperadas. Aquello parecía cosa de un sueño.

—Esta hace la despedida cuarenta y siete —dijo Austin, meditando.

—¿Y cuándo se marcha? —le pregunté, por decir algo.

—No me marcho —me contestó.

Parecía que la conversación iba a terminar ahí pero Austin siguió hablando.

—¿Quién iba a cuidarle si yo me fuera? —Hizo con la cabeza un movimiento rápido en dirección a su amo—. ¿Quién querría quedarse a servirle?

—Ya encontraría alguien —le apunté suavemente.

—Nadie. Nadie le duraría ni una semana. Si yo me marchase, la casa se detendría como reloj al que se le acaba la cuerda. Se lo digo porque es usted amigo suyo, y debe saberlo. Si yo le cogiese la palabra..., pero no, no tengo corazón, para ello. El profesor y su señora se encontrarían como dos niños a los que alguien hubiese abandonado en la calle. Pues ya ve usted, va y me despide.

—¿Y por qué no iba a quedarse nadie? —le pregunté.

—Porque nadie aguantaría las cosas que yo paso por alto. El señor es un verdadero sabio, tan sabio, que a veces parece idiota. Sí, yo le he visto muchas veces completamente loco. Fíjese en lo que hizo esta mañana.

—¿Qué hizo?

Austin se inclinó hacia mí.

—Mordió al ama de llaves —me cuchicheó jadeante.

—¿Qué la mordió?

—Sí, señor. Le mordió en la pantorrilla. Con mis propios ojos la vi salir como alma que lleva el diablo por la puerta del vestíbulo.

—¡Santo Dios!

—Eso mismo diría usted si viese algunas de las cosas que ocurren allí. No tiene un solo amigo en todo el barrio. Les he oído decir a algunos que cuando el amo estuvo entre aquellos monstruos que usted describió en sus artículos se encontraría como en la gloria y que jamás ha alternado como entonces con sus semejantes. Ellos hablan así; pero yo, que llevo diez años junto a él, le tengo un gran afecto y la verdad es que, a pesar de todo cuanto se diga y se haga, el profesor es un gran hombre y el servirle es un honor. Aunque a veces le haga a uno pasar malos momentos. Pero ¿ve usted aquello? La verdad es que parece reñido con lo que llamamos la hospitalidad tradicional, ¿verdad? Léalo usted mismo.

El coche, a velocidad mínima, había subido por una cuesta empinada y entrábamos en una curva. En el recodo, y por encima de un seto espeso sobresalía un cartel. No resultaba difícil leerlo, porque las palabras no eran muchas, pero eran llamativas:

AVISO

¡ABSTÉNGANSE LAS VISITAS, LOS PERIODISTAS Y LOS MENDIGOS!

G. E. CHALLENGER

—Realmente, no es lo que se dice un hombre cordial —exclamó Austin, moviendo la cabeza y alzando los ojos hacia el aviso—. No es texto para una felicitación de Navidad. Espero sepa disculparme, jamás había hablado tanto como hoy, creo que he antepuesto mis sentimientos a mi voluntad. Si quiere, puede decirme que me echa hasta ponerse morado gritando, pero yo no me iré. Eso es cosa sabida. Yo soy su criado, y él es mi amo, y eso seguiremos siendo, espero, hasta que Dios diga.

Habíamos cruzado por entre dos postes pintados de blanco de una valla exterior, y el auto avanzó por una avenida en curva, flanqueada de rododendros. Al fondo surgió una casa de ladrillo de poca altura, a la que daba realce la carpintería de madera blanca, era muy hermosa y parecía cómoda. En la puerta de entrada nos esperaba, la figurita menuda, frágil y sonriente, de la señora Challenger para darnos la bienvenida.

—Por fin han llegado nuestros amigos —le gritó Challenger, abandonando el coche con presteza—. Vaya novedad eso de recibir visitas, ¿verdad? Entre nuestros vecinos y nosotros no se derrocha la cordialidad, ¿no es cierto? Si pudiesen echarnos a patadas en el carricoche de nuestro panadero, ya lo habrían hecho.

—¡Espantoso, espantoso! —exclamó la señora, medio riendo, medio llorando—. No pasa día sin que George se pelee con alguien. No tenemos ningún amigo en toda la región.

—Lo cual me permite concentrar mis atenciones en mi incomparable mujercita —dijo Challenger, ciñéndole la cintura con su brazo corto y musculoso; imagínense ustedes a un gorila y a una gacela y tendrán el retrato de aquella pareja—. Vamos, vamos; estos señores están cansados del viaje, y ya debería estar preparado el almuerzo. ¿Regresó Sara?

La señora negó lastimeramente con la cabeza, y el profesor soltó una carcajada, se acarició la barba con su habitual ademán dominante y luego gritó:

—Austin, después de guardar el coche, haga el favor de ayudar a la señora a servir el almuerzo. Y ahora, caballeros, tengan la amabilidad de entrar en mi despacho, necesito informarles urgentemente de un par de cosas.

LA MAREA DE MUERTE

Al atravesar el vestíbulo sonó el teléfono y por ello involuntariamente escuchamos la parte del diálogo que le tocó sostener al profesor Challenger. Habló en plural, porque en cien yardas a la redonda habría sido imposible dejar de oír el retumbo de aquella voz monstruosa, que repercutía por toda la casa. Sus respuestas me quedaron bien grabadas en la memoria.

—Sí, claro, soy yo... Sí, desde luego, el profesor Challenger, el célebre profesor. ¿Quién, si no...? Desde luego, hasta la última palabra, porque de otro modo no lo habría escrito... No me sorprendería... Así se deduce de todos los indicios... En el plazo de un día a lo sumo... ¿Y qué quiere que le haga?... Muy desagradable, sin duda; pero me imagino que habrá personas que valen más que usted a quienes alcanzará también. Nada se saca gimoteando... De ninguna manera. Arreglárselas como pueda... Basta, señor. ¡Tonterías! Tengo cosas más importantes que estar escuchando desatinos...

Estrepitosamente cortó la comunicación y nos condujo a una espaciosa sala del piso superior, en la que tenía su despacho. Había siete u ocho telegramas sin abrir encima de la gran mesa de caoba.

—Empiezo a creer de veras —dijo mientras recogía los telegramas— que les ahorraría dinero a mis comunicantes si registrase una dirección telegráfica. Quizás la más apropiada fuese la de «Noé, Rotherfield».

Tal como tenía por costumbre cuando soltaba algún chiste oscuro, se apoyó en la mesa y se entregó a aquellos mugidos que eran sus carcajadas. Le temblaban las manos de tal manera, que casi no podía abrir los telegramas.

—¡Noé, Noé! —Jadeaba con la cara congestionada, mientras lord John y yo sonreíamos por cortesía y Summerlee, movía su cabeza como un chivo con expresión de burla.

Por último, sin cesar en sus efusiones de buen humor, Challenger, empezó a abrir los telegramas. Nosotros nos acercamos a la ventana y nos entretuvimos contemplando el magnífico panorama que era realmente digno de contemplarse.

La carretera, que describía suaves curvas, nos había conducido hasta una gran elevación, de unos setecientos pies. La residencia de Challenger se alzaba al borde de la colina, y desde su fachada del Sur, en la que se abría la ventana del despacho, dominábase una inmensa extensión de campiña hasta donde las suaves curvas de los Llanos del Sur formaban un horizonte ondulante. En una hendidura de la línea de colinas, una niebla de humo indicaba la situación de Lewes. Bajo nuestros pies se extendía una ondulante llanura de brezales, en la que estaba enclavado el césped de un vivo color verde correspondiente al campo de golf de Crowborough, punteado por todas partes por las manchitas de jugadores. Un poco hacia el Sur, entre un espacio abierto de los bosques, distinguíamos un trozo de la línea del ferrocarril principal de Londres a Brighton. Por último en primer plano, un pequeño patio cercado, en el que guardaban el automóvil en que vinimos de la estación.

Challenger lanzó una exclamación que nos hizo abandonar la contemplación de aquel plácido paisaje. Había leído los telegramas y luego había formado con ellos un montón encima de la mesa. Su cara, ancha y áspera, es decir, lo que de ella era visible por encima del colchón de su barba, se había teñido de un vivo color rojo; parecía encontrarse sometido a una fuerte excitación.

—Pues bien, caballeros —dijo, como si estuviese hablando a un gran auditorio—: he aquí una reunión interesante que se celebra bajo circunstancias que yo puedo calificar de sin precedentes. ¿Puedo preguntarles si han observado algo de particular durante su viaje desde Londres a esta casa?

—Lo único que yo he observado —contestó Summerlee con agria sonrisa— es que nuestro joven amigo aquí presente no ha mejorado de maneras en el transcurso de los años. Lamento tener que decir que durante el viaje me ha dado serios motivos de queja, y faltaría a la franqueza que le debo si no dijese que me ha quedado en el ánimo una impresión por demás desagradable.

—Bueno, bueno; la verdad es que todos nos ponemos en ocasiones un poco pesados —dijo lord John—. Nuestro amigo no quiso lastimar a nadie. Después de todo se trata de un internacional; de modo que si le da por emplear media hora en describir un partido de fútbol, tiene más derecho a ello que otras muchas gentes.

—¡Media hora para describir un partido! —exclamé indignado—. Pero ¡si ha sido usted el que se ha pasado media hora contando una historia inacabable relativa a no sé qué búfalo! Aquí está el profesor Summerlee que me puede servir de testigo.

—La verdad es que no sé cuál de ustedes dos se puso más cargante —dijo Summerlee—. Le aseguro, Challenger, que no toleraré en mi vida que vuelvan a hablarme de fútbol o de búfalos.

—Pero ¡si yo no he dicho una sola palabra de fútbol —protesté.

Lord John lanzó un silbido estridente, y Summerlee movió la cabeza con expresión triste.

—Es en verdad deplorable. ¡Desde por la mañana! —exclamó—. Mientras yo permanecía sentado, sumido en un silencio triste, meditando...

—¡Dice en silencio! —exclamó lord John—. Pero ¡si nos ha estado dando una función de variedades con sus imitaciones de animales! Más que un hombre, parecía usted un incansable gramófono de cuerda.

Summerlee se irguió en son de airada protesta y dijo con expresión avinagrada:

—Lord John, está usted de guasa.

—¡Por vida de..., que este es un caso de locura! —exclamó lord John—. Cada uno de nosotros parece saber lo que hicieron los otros dos, y ninguno está enterado de lo que él mismo hizo. Vamos a acoplarlo todo desde el principio. Nos metimos en un vagón de primera clase para fumadores; sobre esto no hay duda, ¿verdad? Acto seguido nos enredamos en una discusión a propósito de la carta del amigo Challenger en el *Times*, ¿no es cierto?

—De modo que se liaron a discutir, ¿eh? —retumbó nuestro anfitrión, y sus párpados empezaron a cerrarse.

—Usted, Summerlee, dijo que no podía existir ni un átomo de verdad en sus afirmaciones.

—¡Vaya, vaya! —exclamó Challenger, enarcando el pecho y acariciándose la barba—. De modo que ni un átomo de verdad, ¿eh? Yo diría que antes de ahora he escuchado idénticas palabras. ¿Y se me permite preguntar qué argumento esgrimió el grande y célebre profesor Summerlee para aniquilar al pobre individuo que se había arriesgado a expresar una opinión en un tema de posibilidades científicas? Veamos si antes de hacer polvo a ese desdichado Don Nadie se digna exponer algunas de las razones que le han llevado a formar una opinión contraria.

Mientras Challenger hablaba con su habitual tono de ironía, doblaba el busto, se encogía de hombros y extendía sus manazas.

—La razón es muy sencilla —replicó el obstinado Summerlee—. Sostuve que si el éter que rodea a la Tierra era tan tóxico en una zona de la misma que llegaba a producir síntomas peligrosos, no parecía probable que viajásemos tres personas en un vagón de ferrocarril inmunes por completo a sus efectos.

Aquel argumento no hizo otra cosa que provocar el ruidoso alborozo de Challenger. Sus carcajadas llegaron a hacer que todo cuanto había en el despacho se estremeciese y temblase.

—Esta no es la primera vez que nuestro amigo Summerlee pierde el contacto con la realidad de la situación —dijo por fin, enjugándose el sudor de la frente—. Pues bien, caballeros: no encuentro manera mejor de apoyar mis puntos de vista que haciéndoles una relación de lo que yo mismo he llevado a cabo esta mañana. Les será a ustedes mucho más fácil pasar por alto cualquier alteración mental cuando sepan que ha habido momentos en los que yo mismo me he sentido desequilibrado. Tenemos en esta casa, de ama de llaves, desde hace varios años, a una tal Sara, con cuyo apellido nunca quise ocupar mi memoria. Es una mujer de aspecto severo y que impone respeto, muy estirada y recatada, sumamente fría por temperamento, y en la que nunca hemos observado síntoma alguno de emoción. Estaba yo desayunándome solo (porque mi señora no suele salir por la mañana temprano de su habitación); y de pronto tuve la ocurrencia de que sería muy divertido, además de instructivo, el comprobar si la imperturbabilidad de esa mujer tenía algún límite. Derribé un pequeño florero que había en el centro del mantel, toqué el timbre y me escondí debajo de la mesa. Entró ella en el comedor, y al ver que no había nadie, debió de imaginarse que yo me había retirado al despacho. Tal y como yo había calculado, se acercó a la mesa y se inclinó para volver a colocar de pie el florero. Tuve la visión de una media de lana y de una bota. Adelanté la cabeza y le clavé los dientes en la pantorrilla. El éxito del experimento superó todos los cálculos. Se quedó durante unos segundos como paralizada, mirando hacia mi cabeza que veía debajo. De pronto lanzó un chillido, se desembarazó de un tirón y salió del comedor a todo correr. Yo salí tras ella pensando en darle alguna explicación, pero Sara siguió como una flecha por la avenida de entrada, y algunos minutos después pude distinguirla con mis prismáticos de campaña corriendo a pies para qué os quiero, en dirección al Suroeste. Les cuento la anécdota por el valor que tiene. La dejo caer dentro de sus cerebros y espero que germine. ¿Resulta instructiva? ¿No les sugiere nada? ¿Qué piensa usted a ese respecto, lord John?

Lord John movió muy serio su cabeza, y dijo:

—Si no sabe contenerse, un día de estos va usted a encontrarse metido en un buen lío.

—¿Ya usted, Summerlee, no se le ocurre nada.

—Que debería usted abandonar el trabajo en el acto, Challenger, y tomarse tres meses de vacaciones en un balneario de Alemania —contestó el interrogado.

—¡Profunda sentencia, muy profunda! —exclamó Challenger^; Veamos, joven amigo, si tiene usted la suerte de expresarse sabiamente allí donde de tal manera han fracasado quienes le aventajan en años.

—di en el clavo. Lo digo con modestia, pero di en el clavo. Desde luego, para ustedes, que saben lo que ocurrió, no es ningún problema; pero la cosa no era tan sencilla cuando todo aquello resultaba un enigma. Pero lo cierto es que se me ocurrió repentinamente, con la fuerza del más absoluto convencimiento.

—¡Intoxicación! —exclamé. Al mismo tiempo que pronunciaba esta palabra vi en mi imaginación, con la claridad de un relámpago, todo lo ocurrido aquella mañana: lord John y a su búfalo, mi llanto histérico, la conducta insultante del profesor Summerlee, los extraños sucesos de Londres, la riña en el parque, la manera de conducir del chofer, la disputa en el depósito de oxígeno. De golpe, todo encajaba en la situación.

—Desde luego —volví a exclamar—. Se trata de una intoxicación. Todos estamos intoxicados.

—Así es —dijo Challenger, frotándose las manos—. Todos estábamos intoxicados. Nuestro planeta se ha zambullido en la zona tóxica del éter y va profundizando en ella a una velocidad de varios millones de millas por minuto. Nuestro joven amigo ha definido la causa de todas nuestras perturbaciones y perplejidades en una sola palabra: «Intoxicación".

Nos contemplamos en un silencio asombroso. No se nos ocurría ningún comentario que estuviese a la altura de la situación.

—Es posible frenar y controlar esa clase de síntomas recurriendo a una inhibición mental —dijo Challenger—. Desde luego, no puedo esperar que esta se encuentre en ustedes tan desarrollada como en mí, porque supongo que se desarrolla en una cantidad proporcional a la energía del funcionamiento mental de cada persona. Sin embargo, se observa hasta en nuestro joven amigo aquí presente. Después de aquel pequeño estallido de buen humor que tanta alarma produjo a mi ama de llaves, me senté y me puse a razonar conmigo mismo. Me dije que jamás, hasta hoy, me habían acometido impulsos de morder a ninguna persona de mi servidumbre. Se trataba, pues, de un impulso anormal. En un instante comprendí lo que sucedía. Me tomé el pulso y me encontré con que tenía diez pulsaciones por encima de lo normal, y que mis reflejos eran más intensos. Hice un llamamiento a mi yo más elevado y más sano, al auténtico G. E. Ch., que permanecía sereno e inconquistable detrás de todas aquellas perturbaciones simplemente moleculares. Hice un llamamiento a él, como digo, para que estuviese al acecho de las idiotas jugarretas mentales que ese tóxico podía ocasionarme. Comprobé que era yo el amo. Me sentí capaz de examinar y de controlar mi mente desordenada. Fue un ejemplo notable del triunfo de la inteligencia sobre la materia que más íntimo contacto mantiene con el alma. Casi estaba por decir que el alma fallaba y que era la personalidad mía la que la dirigía. Y así me ocurrió que, al bajar mi esposa de su habitación, sentí el impulso de esconderme detrás de la puerta para asustarla pegando un grito cuando ella entrase, pero logré dominarme y la recibí con todo respeto y moderación. También logré dominar por ese mismo procedimiento una comezón irresistible que me impulsaba a graznar como un pato. Más tarde baje para pedir el automóvil, y me encontré con que Austin estaba absorto a seguir los pasos del ama de llaves. Todo lo contrario, le di un golpecito en el hombro y le encargué que el coche estuviese dispuesto con tiempo para ir a la estación a recibirles a ustedes. En este mismo instante estoy sintiendo una terrible tentación de agarrar a Summerlee de su estúpida barbilla blanca y sacudirle violentamente la cabeza hacia atrás y hacia adelante. Y, sin embargo, ya me ven ustedes cómo me domino. Permítanme que me recomiende a ustedes como un ejemplo que deben imitar.

—En cuanto se me presente el búfalo —dijo lord John.

—Y yo en cuanto se me ocurra lo del partido de fútbol.

—Es posible que esté usted en lo cierto, Challenger —dijo Summerlee con voz de arrepentimiento—. Reconozco que tengo una tendencia mayor hacia la crítica que hacia lo constructivo, y que no soy de los que se inclinan fácilmente hacia cualquier nueva teoría, especialmente cuando es tan fantástica y fuera de lo corriente como la suya. Sin embargo, cuando me pongo a pensar en todo lo ocurrido esta mañana y pienso en el comportamiento de mis compañeros, resulta fácil creer que hay que echar la culpa de su conducta a cierta clase de tóxico de propiedades desconocidas.

Challenger dio a su colega algunas palmaditas cariñosas en el hombro, y dijo:

—Vamos progresando, vamos progresando sin duda alguna.

Summerlee le preguntó con humildad:

—Y dígame, ¿cómo ve usted la situación?

—Con su permiso, quiero decirles algunas palabras acerca de este asunto —se sentó encima de la mesa, dejando que sus piernas cortas y gruesas colgasen, balanceándose—. Estamos siendo espectadores de un drama tremendo y espantoso. En mi opinión estamos asistiendo al fin del mundo.

¡El fin del mundo! Nuestras miradas se volvieron hacia el ventanal y nos quedamos contemplando la belleza estival de la campiña, las grandes zonas en declive cubiertas de brezos, las hermosas casas de campo, las apacibles granjas y los jugadores que se divertían en el campo de golf. ¡El fin del mundo! Habíamos escuchado muchas veces aquella frase, pero al pensar que pudiera encerrar un sentido práctico inmediato, de que no se refiriese a una fecha indeterminada, sino a hoy, a ahora mismo, era algo tremendo que producía consternación. Nos había invadido a todos una sensación de solemnidad, y esperamos en, silencio que Challenger siguiese hablando. Su espacio dominante y su expresión infundían tan enérgica solemnidad a sus frases, que se esfumó por el momento ante nosotros todo lo que de rudo y de absurdo había en aquel hombre, y surgió ante nuestra vista como un ser mayestático y superior a la talla del hombre corriente. Yo, por lo menos, recordé al punto con agrado que, desde nuestra entrada en el despacho, aquel hombre había estallado por dos veces en atronadoras carcajadas, y me dije para mis adentros que la independencia mental tenía, desde luego, sus límites. La crisis no podía ser, pues, ni tan grave ni tan apremiante.

—Imagínense ustedes —nos dijo— un racimo de uvas recubiertas de bacilos infinitesimales, pero nocivos. El jardinero lo somete a un proceso de desinfección. Tal vez desea que las uvas sean más limpias. Quizás necesita aquel espacio para criar nuevos bacilos menos nocivos que los anteriores. Introduce el racimo en el tóxico y estos desaparecen. Yo opino que nuestro Jardinero está a punto de hundir nuestro sistema solar y el bacilo humano en un tóxico desinfectante. Este minúsculo embrión mortífero que se retuerce y contorsiona en la capa exterior de la Tierra será instantáneamente aniquilado por un proceso de esterilización.

De nuevo se hizo el silencio pero al punto el teléfono acabó con él. Challenger dijo con áspera sonrisa:

—Seguro que es uno de nuestros bacilos que chilla pidiendo socorro. Empiezan a caer en la cuenta de que el Universo puede seguir existiendo perfectamente sin ellos.

Por unos momentos salió del despacho. Recuerdo que ninguno de los tres pronunciamos una sola palabra durante su ausencia. La situación parecía estar por encima de cualquier comentario.

—El funcionario de Sanidad de Brighton —dijo Challenger al regresar—. Según parecer, y por alguna razón desconocida, los síntomas se agravan con mayor rapidez en los puntos situados al nivel del mar. Los setecientos pies de altura a que nosotros nos encontramos nos proporcionan ciertas ventajas. Por lo visto, la gente se va enterando ya de que soy la primera autoridad en la materia. Se lo debo seguramente a mi carta al *Times*. La persona con quien hablé cuando llegamos era el alcalde de una ciudad de provincias. Ya habrán oído lo que le he dicho, viendo el concepto exagerado que tenía de su propia vida. Le ayudé a hacer un reajuste de sus ideas.

Summerlee se había levantado y estaba ahora junto a la ventana. Sus manos enjutas y huesudas temblequeaban por efecto de su emoción.

—Challenger —dijo muy serio—, el problema es demasiado grave para entretenemos en fútiles discusiones. No crea que quiero irritarlo si le hago algunas preguntas. Quiero preguntarle si en sus datos o en sus razonamientos no se ocultará alguna falacia. Fíjese cómo el sol brilla en el cielo azul con el mismo resplandor de siempre. Fíjese en los brezales, en las flores y en los pájaros. Fíjese en aquellos hombres que se divierten en el campo de golf y en aquellos labriegos que siegan el cereal. Nos asegura usted que quizá ellos y nosotros estamos al borde mismo de nuestra destrucción; que este día soleado puede ser el día del Juicio final que desde hace tanto tiempo espera el género humano. Por lo que usted nos ha dicho hasta ahora, ¿en qué se basa para establecer esa espantosa teoría? En cierta anormalidad de las líneas del espectro, en rumores que llegan desde Sumatra y en cierta sorprendente excitación personal que hemos observado los unos con los otros. Este último síntoma no es ta marcado que tanto usted como nosotros no podamos dominarlo mediante el esfuerzo de nuestra voluntad. No se ande en miramientos con nosotros, Challenger, porque antes de ahora hemos visto ya la muerte muy de cerca y la hemos visto juntos. Diga todo lo que sabe, a fin de que nos hagamos un concepto exacto de la situación y de cuáles son nuestras perspectivas para el porvenir.

Aquella era una manera de hablar valerosa y noble, propia del espíritu firme y enérgico que se ocultaba detrás de todas las acritudes y angulosidades del viejo zoólogo. Lord John se levantó y le dio un apretón de manos.

—Suscribo todo lo que acaba de decir, sin quitar una tilde —dijo—. Y ahora, Challenger, a usted es a quien le toca decirnos cuál es la situación. Usted bien sabe que no somos gente asustadiza; pero cuando salimos de Londres con la idea de pasar un buen fin de semana en esta casa y no nos vemos metidos de rondón en el día del Juicio, creo que nos merecemos una pequeña explicación. ¿De qué peligro se trata, hasta qué punto llega su gravedad y de qué manera podemos hacerle frente?

Alto y fuerte, lord John recibía el resplandor del sol junto a la ventana, con su mano morena apoyada en la espalda de Summerlee. Yo estaba recostado en mi sillón, con el cigarrillo apagado entre los labios, en ese estado de ánimo en que no se piensa en nada y en que se perciben con extraordinaria nitidez todas las sensaciones. Quizás fuese una fase distinta de la intoxicación; pero ya habían cesado todos los impulsos delirantes, y me encontraba en un estado de ánimo de extraordinaria languidez, pero también de gran receptividad. Yo era un espectador. No parecía que nada de aquello pudiera afectarme. Pero resultaba fascinante el espectáculo de aquellos tres hombres fuertes enfrentándose a una crisis. Antes de contestar, Challenger inclinó su frente preocupada y se acarició la barba. Se advertía que deseaba pesar cuidadosamente sus palabras.

—¿Cuáles eran las últimas noticias cuando salieron ustedes de Londres? —preguntó.

—A eso de las diez estuve en la redacción de la Gaceta —dije yo—. Acababa de recibirse un despacho de Reuter, enviado desde Singapur, anunciando que la epidemia parecía adquirir caracteres generales en Sumatra, y que, como consecuencia de ello, no se habían encendido los faros.

—Los acontecimientos parecen haber precipitado —dijo Challenger, echando mano al montón de telegramas—. Me encuentro en estrecho contacto con las autoridades y con los periódicos, de manera que convergen aquí las noticias de todas partes. La verdad es que se pide de una manera general e insistente que me traslade a Londres; pero yo no veo que se gane nada con ello. Según las noticias, la intoxicación empieza manifestándose en estados de excitabilidad; en París hubo esta mañana alborotos de gran violencia, y los mineros de Gales se encuentran en plena revuelta. Hasta donde parece deducirse de las pruebas que tenemos a mano, a esta etapa estimulante, que varía mucho según las razas y los individuos, sucede otra de exaltación y de lucidez mental... Me está pareciendo distinguir algunos síntomas en nuestro joven amigo aquí presente. A esa etapa, que dura un período de tiempo apreciable, sigue la del estado comatoso, que se agrava rápidamente hasta que sobreviene la muerte. Hasta donde alcanzan mis conocimientos de toxicología, sé que existen ciertos venenos vegetales que atacan los nervios...

—Las plantas de la especie de las daturas —apuntó Summerlee.

—¡Magnifico! —exclamó Challenger—. Para dar un nombre a nuestro agente tóxico tendríamos que hacerlo con precisión científica. Llamémosle simplemente *daturon*. A usted, mi querido Summerlee, le corresponde el honor (¡ay, póstumo, pero no por eso menos exclusivo!) de haber dado nombre al destructor universal, al gran desinfectante del Supremo Jardinero. Podemos, pues, dar por sentado que los síntomas de intoxicación por el *daturon* son los que ya he indicado. Y como el éter es un medio universal, parece seguro que ese tóxico envolverá a todo el mundo y lo que imposibilitará cualquier clase de vida. Hasta ahora se ha mostrado caprichoso en cuanto a los lugares en que ha hecho sus efectos; pero esa diferencia es cuestión de unas pocas horas, de la misma forma que la marea cubre primero en su avance una franja de arena y más tarde otra, penetrando aquí y allá en corrientes irregulares, hasta que acaba sumergiéndolo todo. Respecto a la acción y a la forma en que se distribuye el *daturon*, existen, sin duda, leyes que habrían ofrecido profundo interés si dispusiésemos de tiempo para su estudio. Por lo que yo he podido observar las razas más retrasadas son las que primero se han visto afectadas. Llegan lamentables relatos desde África, y las tribus aborígenes de Australia han sido ya exterminadas. Hasta ahora, las razas del Norte han demostrado poseer mayor resistencia que las del Sur. Aquí hay un informe fechado en Marsella a las nueve y cuarenta y cinco de esta mañana. Van a oírlo textualmente: «Durante la noche ha reinado en toda la Pro venza una excitación delirante. Los cosecheros de vino han provocado tumultos en Nimes. En Tolón se registra una sublevación de los socialistas. La población se sintió esta mañana acometida de una enfermedad seguida de coma. Gran número de muertos en las calles. Todos los negocios están paralizados, y reina un caos general.» Una hora después, y de la misma fuente, llegó este otro: «Nos vemos amenazados por el completo exterminio. La gente no cabe en las iglesias y catedrales. El número de muertos es superior al de los que quedan con vida. Algo espantoso e inconcebible. La muerte parece que llega a producirse sin grandes sufrimientos, pero es rápida e inevitable.» De París ha llegado un telegrama del mismo estilo, aunque allí el desarrollo de la enfermedad es menos agudo. Las poblaciones de la India y de Persia parecen haber sido borradas del mundo de los vivos. La población eslava de Austria ha sucumbido, y, en cambio, la teutona apenas se ha visto afectada. Hablando en términos generales, parece que las poblaciones que viven en las llanuras o a orillas del mar han sentido más rápidamente que las de tierra adentro y las de las zonas altas los efectos del *daturon*, aunque los datos que poseo son limitados. Hasta en las alturas más pequeñas

26

se observa esa diferencia en grande notable, y es posible que si queda algún superviviente de la raza humana, se le encontrará también esta vez en la cumbre de algún Ararat. Esta nuestra modesta colina puede ahora resultar una isla transitoria en un océano de catástrofe. A la velocidad con que está avanzando, bastarán unas horas para que todos quedemos sumergidos.

Lord Roxton se enjugó la frente, y dijo:

—Lo que no alcanzo a comprender es cómo puede usted permanecer sentando y riéndose, con ese montón de telegramas. He visto de cerca a la muerte con mucha frecuencia; pero eso de la muerte universal es espantoso.

—En cuanto a mis risas —contestó Challenger—, no se olviden de que yo, lo mismo que ustedes, no me he librado de los efectos de la excitabilidad cerebral producida por el *daturon*. En cuanto a lo del horror que parece inspirar a usted la muerte universal, yo quisiera decirle que es algo exagerado. Si le lanzasen a usted al mar, solo en una lancha y hacia un destino desconocido, quizá su corazón tendría motivos para desmayar. El aislamiento, desde luego, le produciría abatimiento. Pero si tuviese que hacer el viaje en un barco relativamente bueno, en el que fueran también todos sus parientes y amigos, experimentaría usted la sensación de que, por inseguro que fuese su destino, pasaría usted por un trance común a todos y simultáneo, lo que le permitiría mantenerse hasta el último instante en la misma estrecha comunión con ellos. Quizás una muerte solitaria sea cosa terrible: pero una muerte universal y, por lo que se ve, sin sufrimientos, no me parece que debe despertar temores. Yo, a decir verdad, simpatizaría con quien considerase perspectiva horrenda la de sobrevivir cuando todos los hombres sabios, célebres y grandes hubiesen desaparecido.

—¿Y qué propone usted que hagamos? —preguntó Summerlee, quien, por una vez al menos, asentía con la cabeza el razonamiento de su hermano en la ciencia.

—Que almorcemos —contestó Challenger, y en ese instante resonó por toda la casa la vibración sonora de un golpe de gong—. Las tortillas que prepara nuestra cocinera solo tienen rival en sus costillitas de cordero. Confiemos en que la perturbación cósmica no haya menguado sus magníficas condiciones. También hay que salvar mi Scharzberger del noventa y seis, para lo cual cuento con la colaboración decidida de todos ustedes, sería lamentable que se perdiese el vino de una añada magnífica —se dejó caer al suelo desde la mesa en que había permanecido sentado mientras anunciaba el fin de nuestro planeta, y dijo:

—¡Ea!, puesto que el tiempo que nos queda es tan escaso, parece razonable que lo pasemos disfrutando de moderados placeres.

Fue, desde luego, una comida por demás alegre, aunque no consiguiésemos olvidarnos de lo espantoso de nuestra situación. En el último rincón de nuestras mentes se alzaba toda la solemnidad del acontecimiento, ensombreciendo nuestras expansiones. Desde luego, quien jamás se haya visto cara a cara con la muerte es quien con mayor miedo retrocede ante ella cuando llega el final. Ahora bien: la muerte había sido compañera familiar para los comensales varones durante una época extraordinaria de nuestras vidas. En cuanto a la dama, ella descansaba en el esposo enérgico y firme que la guiaba, dispuesta a llegar con él hasta el final del camino, fuera cual fuese. El futuro pertenecía a nuestro destino; el presente nos pertenecía a nosotros. Lo pasamos en amable camaradería y grata diversión. He dicho ya que nuestros cerebros funcionaban con extraordinaria lucidez. Yo mismo despedí destellos en ocasiones. En cuanto a Challenger, hay que decir que estuvo admirable. Nunca hasta entonces había podido medir yo la elemental grandeza de aquel hombre, el alcance y fuerza de su discurrir. Summerlee le acicateaba, coreándole con sus críticas agridulces, y lord John y yo reíamos como espectadores del torneo; y la señora Challenger, con la mano puesta en el brazo de su esposo, gobernaba los mugidos del filósofo. La vida, la muerte, el destino, el fin del hombre, tales fueron los temas estupendos de aquella hora memorable, trascendentalizada, porque, a medida que avanzaba la comida, las súbitas exaltaciones de mi cerebro y los hormigueos de mis miembros me advertían que la marea invisible de la muerte iba ganando de una manera lenta y callada a nuestro alrededor. Me fijé en que lord John se llevó súbitamente las manos a los ojos, y que Summerlee se dejó caer por un momento en el respaldo de su silla. El aire que aspirábamos estaba cargado de fuerzas extrañas. Y, sin embargo, nos sentíamos felices y tranquilos. Austin puso los cigarrillos encima de la mesa y se disponía a retirarse.

—¡Austin! —le dijo su amo.

—¿Dígame, señor?

—Le doy las gracias por su fidelidad.

La cara nudosa del criado se animó con una sonrisa.

—Solo he cumplido con mi obligación, señor.

—Austin, creo que el día de hoy va a ser el del fin del mundo.

—Sí, señor. ¿Y a qué hora?

—Lo ignoro, Austin, Pero será antes de la noche.

—Muy bien, señor.

El taciturno Austin saludó y se retiró. Challenger encendió un cigarrillo, aproximó su silla a la de su esposa y le cogió la mano.

—Ya sabes lo que ocurre, querida —le dijo—. También se lo he explicado todo a estos amigos. No sientes miedo, ¿verdad?

—No sufriremos, ¿verdad George?

—Sentirás los mismos efectos que los del gas de la risa de los dentistas. A decir verdad, cada vez que te lo inyectaron fue como si, en efecto, murieras.

—Produce una sensación agradable.

—Tal vez la muerte sea igual. La máquina, sin fuerza ya, del organismo físico no puede registrarla en el recuerdo, pero todos sabemos el placer mental que produce un ensueño y un éxtasis. Es posible que la Naturaleza haya construido una hermosa puerta, y que la haya cubierto con magníficas y brillantes colgaduras para que nuestras almas asombradas pasen por ella a la nueva vida. En todas mis exploraciones por la realidad cuando he llegado al tuétano de las cosas he descubierto siempre, sabiduría y bondad; ahora bien: si en alguna ocasión el aterrado mortal necesita ternura, es seguramente en el momento peligroso de pasar de una vida a otra vida. No, Summerlee, no acepto su materialismo, porque yo al menos soy una cosa demasiado magnífica para diluirme en simples elementos físicos, en un paquete de sales diversas y en tres cubos de agua. Aquí..., aquí —y al decirlo se golpeó la voluminosa cabeza con el puño enorme y velludo— hay algo de lo que se sirve la materia, pero que no es materia; algo que es capaz de aniquilar a la muerte, pero a lo que la muerte no podrá aniquilar jamás.

—Hablando de morir —dijo lord John—, yo soy un cristiano convencido; pero veo como una cosa muy natural aquella costumbre de nuestros antepasados de hacerse enterrar con sus hachas, arcos, flechas y demás, pensando en que seguirían viviendo de la misma manera que aquí habían vivido —y agregó, recorriendo a los comensales con una mirada pudibunda—: No sé si yo no me sentiría también más a gusto si me enterrasen con mi viejo rifle Express, del cuatrocientos cincuenta, y con mi escopeta corta, la de culata de caucho y uno o dos cargadores. Sí, es la fantasía de un chalado; pero ahí está. ¿Qué opina usted, *herr* profesor?

—Pues verá —dijo Summerlee—. Ya que quiere saber mi opinión, le diré que me parece un indefendible retroceso a la Edad de Piedra. Yo pertenezco al siglo veinte, y me agradaría morir como un hombre civilizado. No creo que me asuste la muerte más que a los aquí presentes, porque ya voy para viejo, y, ocurra lo que ocurra, no puedo esperar vivir mucho; pero va contra toda mi manera de ser el esperar sentado y sin lucha, como una oveja ante el carnicero. ¿Es cierto, Challenger, que no nos queda nada que hacer?

—Para salvarnos, ¡nada! —contestó Challenger—. Para prolongar nuestras vidas, y de ese modo poder ser testigos de la inmensa tragedia antes que nos envuelva también a nosotros, quizás yo tenga una solución. He tomado ciertas medidas.

—¿El oxígeno?

—Exactamente. El oxígeno.

—Pero ¿de qué va a servir el oxígeno, tratándose de un envenenamiento del éter? El oxígeno, comparado con el éter, viene a ser algo así como un pedazo de ladrillo comparado con un gas. Se trata de planos diferentes de la materia. No hay manera de hacerlos incidir.

—¡Ea, Challenger! Usted no puede defender una proposición de esa clase.

—Mi buen Summerlee, no cabe duda de que este fluido tóxico es susceptible de ser influido por agentes materiales. Podemos apreciarlo en la manera y forma de propagarse la epidemia. *A priori*, no podemos esperarlo; pero es un hecho indiscutible. Por eso participo con gran convencimiento de la opinión de que un gas como el oxígeno, que aumenta la vitalidad y da capacidad de resistencia del cuerpo, podría probablemente retrasar la acción de ese otro que usted ha tenido la feliz idea de llamar el *daturon*. Es muy posible que yo esté equivocado; pero tengo toda clase de razones para suponer que mis razonamientos son correctos.

—Bien —dijo lord John—; si es cuestión de que nos metamos en tubo de esos en la boca, como un biberón, yo renuncio.

—No llegaremos a ese extremo —contestó Challenger—. Hemos tomado ciertas medidas (a mi señora se lo deben ustedes) para hacer su tocador todo lo impermeable al aire que sea posible, con los medios que contamos: *passepartout* y papel charolado.

—¡Por Dios, Challenger! ¿No pensará impedir que penetre el éter valiéndose del papel charolado?

—Querido amigo, me parece observar un poco de mala intención en esa imposibilidad de comprender el verdadero alcance de mis palabras. No nos hemos Jomado todo ese trabajo para impedir que penetre el éter, sino para impedir que se escape el oxígeno. Confío en que, si logramos mantener una atmósfera hiperoxigenada hasta cierto punto, quizás consigamos mantener en actividad nuestros sentidos. No es gran cosa, pero ya es algo.

—¿Durará eso mucho?

—No tengo la menor idea. No abriremos los recipientes hasta que los síntomas resulten insoportables. Entonces iremos soltando poco a poco el gas, pero no más de lo estrictamente necesario. Quizás con eso ganemos algunas horas, o quizá algunos días, durante los cuales dirigiremos desde el interior de la habitación nuestras miradas hacia un mundo en el que la vida se habrá agostado. De esa forma retrasaremos nuestro destino final, y pasaremos por la extraordinaria experiencia de ser la extrema retaguardia del género humano en su marcha hacia lo desconocido. Y ahora les ruego que me echen una mano para trasladar las bombonas. Creo que la atmósfera se está haciendo sofocante.

La habitación destinada a ser el escenario de nuestra inolvidable experiencia era una salita notoriamente femenina, de unos dieciséis pies cuadrados. A un lado de la misma, separado por una cortina de terciopelo rojo, estaba el vestidor del profesor, que comunicaba con un espacioso dormitorio. Pero, para efectos de nuestro experimento, se convertirían todos en una sola habitación. Una puerta y el marco de la ventana habían sido ya sellados con papel barnizado, de manera que podía decirse que estaban aisladas. La otra puerta, que daba al descansillo, tenía un montante que podía abrirse tirando de una cuerda, siempre que resultase indispensable dar alguna ventilación. En cada uno de los ángulos de la habitación había un grueso arbusto dentro de un cubo.

—Es cuestión delicada y vital desembarazamos del exceso de bióxido de carbono sin malgastar nuestro oxígeno —dijo Challenger, mirando hacia las bombonas que estaban colocadas una junto a otra apoyadas en la pared—. De haber dispuesto de más tiempo, habría concentrado toda la fuerza de mi inteligencia en el problema; pero tendremos que arreglamos como podamos. Los arbustos resultarán de utilidad. Dos de los cilindros de oxígeno están dispuestos para entrar en funcionamiento inmediatamente, a fin de que las circunstancias no nos cojan desprevenidos. Al mismo tiempo, y como la crisis puede presentarse súbitamente, convendría que no nos alejásemos mucho de la habitación.

Tenía esta una ventana amplia y de poca altura que daba a un balcón. El panorama que desde allí se distinguía era el mismo que habíamos tenido ocasión de admirar desde el despacho. Al examinarlo ahora, no advertíamos señal alguna de perturbación. Bajo mis ojos había una carretera que tras muchas curvas conducía hacia la base de la colina. En aquel instante subía dificultosamente cuesta arriba un coche procedente de la estación, uno de esos coches prehistóricos que únicamente han sobrevivido en nuestras aldeas. Más abajo todavía, una niñera empujaba un cochecito en el que iba un niño, y llevando a otro de la mano. Las estrías azules de humo de las chimeneas de las casitas de campo daban al amplio panorama un aire de vida rutinaria y de comodidades hogareñas. En todo el cielo azul y en toda la tierra envuelta en los rayos de un sol resplandeciente no se distinguía signo alguno que anunciase una catástrofe. Los segadores trabajaban otra vez en los sembrados, y los jugadores de golf, seguían surcando el césped de su campo. Dentro de mi propio cerebro experimentaba un torbellino extraordinario, y era tal la vibración de mis nervios excitados, que la indiferencia de aquellas gentes me dejó atónito.

—Por lo visto, esa gente no presenta síntoma alguno de la intoxicación —dije, apuntando hada el campo de golf.

—¿Usted no es jugador de golf? —preguntó lord John.

—No, nunca me ha entusiasmado.

—Pues bien, mi querido amigo, si hubiese usted jugado, sabría que una vez se inicia una partida, tendría que venirse abajo el mundo para que se interrumpa. ¡Hola! Ya tenemos otra vez el teléfono que llama.

Después del almuerzo, de vez en cuando el tintineo insistente del teléfono reclamó varias veces la presencia del profesor. Este nos informaba de las novedades ocurridas a medida que le iban llegando. La historia del mundo no había registrado jamás noticias tan terroríficas. Aquella amenaza siniestra venía reptando desde el Sur como una marea mortal. Egipto había pasado ya por su fase delirante y había entrado en el estado comatoso. Después de un frenesí salvaje, durante el cual lucharon entre sí furiosos los clericales y los anarquistas, España y Portugal quedaron sumidas en el más completo silencio. Ya no se recibían cables procedentes de América del Sur. Los estados sureños de Norteamérica habían caído víctimas del *daturon* después de tremendos disturbios raciales. En los Estados al norte de Maryland, los efectos eran poco pronunciados, y apenas resultaban perceptibles en el Canadá. Una tras otra, habían sido afectadas Bélgica, Holanda y Dinamarca. Desde todos los puntos del globo llegaban mensajes desesperados a los grandes centros del saber, a los químicos y a los médicos de fama mundial, implorando sus consejos. También sobre los astrónomos caía un diluvio de preguntas. No era posible hacer nada, porque se trataba de un fenómeno universal y superior al conocimiento humano. Era una muerte, sin dolor, pero irremisible, la muerte para los jóvenes y para los ancianos, para los débiles y para los fuertes, para los ricos y para los pobres, sin esperanza ni posibilidad de evitarla. Tales eran las noticias que nos llegaban a través del teléfono, en mensajes aislados y enloquecidos. Las grandes ciudades conocían ya el destino que les esperaba, y, por lo que nosotros veíamos, se preparaban a hacerle frente con dignidad y resignación. Y, sin embargo, allí estaban aquellos jugadores de golf y aquellos segadores, retozando como corderos bajo la sombra del cuchillo. Resultaba asombroso. Pero ¿cómo iban a saberlo? La catástrofe se nos había echado encima con una zancada de gigante. ¿Qué es lo que traían los periódicos de la mañana que fuese capaz de despertar su alarma? Y ya eran las tres de la tarde. Mientras mirábamos debió de correr algún rumor, porque los segadores echaron a correr, alejándose de los sembrados. Algunos jugadores regresaban a la casa del Club. Corrían como quien busca refugio cuando cae un aguacero. Los cadis les seguían a toda prisa. Pero algunos de ellos siguieron jugando. La niñera se había dado vuelta y empujaba apresuradamente el cochecito cuesta arriba. Observé que se llevaba la mano a la frente. El cielo era propio de un perfecto día veraniego, una bóveda inmensa de azul uniforme, salvo algunas nubes en forma de borrego que asomaban por encima del límite de la llanura. Si la Humanidad tenía que morir aquel día, moriría, por lo menos, en un lecho resplandeciente. Sin embargo, todo aquel agradable encanto de la Naturaleza daba un aspecto todavía más lamentable a tan terrorífica y total destrucción. ¡Era una residencia demasiado hermosa para que nos viésemos expulsados de ella de manera tan rápida y violenta!

El teléfono sonó de nuevo. De pronto oí la retumbante voz de Challenger, que me gritaba desde el vestíbulo:

—¡Malone, le llaman a usted!

Corrí hacia el aparato. Era míster McArdle, que me hablaba desde Londres. Su voz familiar me decía:

—Malone, ¿es usted? En Londres están ocurriendo cosas espantosas. Por el amor de Dios, vea usted si el profesor Challenger es capaz de decirnos si hay forma de remediarlo.

—El profesor no puede aconsejar nada, señor —le contesté—. Considera la crisis como universal e inevitable. Nosotros disponemos aquí de cierta cantidad de oxígeno; pero eso no hará otra cosa que retrasar nuestro destino durante algunas horas.

—¡Oxígeno! —gritó la voz angustiada—. No hay tiempo para buscarlo. Desde que usted abandonó el despacho esta mañana, la redacción está completamente desorganizada. La mitad del personal ha perdido el conocimiento. Yo mismo siento una gran pesadez. Desde mi ventana veo Fleet Street cubierta de gente caída por el suelo. El tráfico está totalmente interrumpido. A juzgar por los últimos telegramas, todo el mundo...

La voz de mi interlocutor se había ido apagando, y de pronto se calló. Un instante después oí a través del teléfono el golpe apagado de un cuerpo que caía, como si mi interlocutor hubiese golpeado su mesa con la cabeza.

—¡Míster McArdle! ¡Míster McArdle! —grité, sin obtener respuesta.

Al colgar el auricular, lo hice consciente de que nunca más volvería a oír su voz.

En aquel mismo instante, al dar el primer paso para alejarme del teléfono, se nos vino encima el fenómeno. Era como si estuviésemos bañándonos en el mar con el agua hasta los hombros y de pronto una ola nos hubiese sumergido por completo. Sentí como si una mano invisible se hubiese cerrado suavemente alrededor de mi garganta y estuviese exprimiendo fuera de mí la vida toda. Sentí una enorme presión sobre mi pecho, mi cabeza no cabía dentro de mi cráneo, empezaron a zumbarme los oídos con gran fuerza y delante de mis ojos percibí brillantes relampagueos. Corrí tambaleándome y me agarré a la barandilla de la escalera. En aquel mismo instante tuve la terrible visión de Challenger, que pasó por mi lado corriendo y dando bufidos como un búfalo herido, con su cara roja como la púrpura, los ojos saltándosele de las órbitas y los cabellos erizados. Llevaba terciada al hombro a su mujercita, que parecía insensible. Tropezando, cayendo, levantándose, gateando, avanzó escaleras arriba, huyendo a pura fuerza de voluntad por entre aquella atmósfera maléfica hasta la habitación, que les ofrecía un refugio pasajero. Al ver aquel esfuerzo, me precipité también escaleras arriba, gateando, tropezando, aferrándome a la barandilla, hasta que caí de bruces en el descansillo superior, medio insensible. La garra de acero de lord John me levantó por el cuello de mi chaqueta, y un momento después me encontré tendido de espaldas, incapaz de hablar y de moverme, sobre la alfombra del tocador. A mi lado yacía la mujer, y Summerlee estaba hecho un ovillo en un sillón junto a la ventana, con la cabeza tocando casi las rodillas. Como en sueños vi a Challenger, como un escarabajo monstruoso, reptando muy despacio por el suelo, y, un instante después, oí el suave siseo del oxígeno que se escapaba de una bombona. Challenger hizo dos o tres inspiraciones profundísimas, y sus pulmones se dilataron con ruidosos estertores al llenarse del gas vital.

—¡Es eficaz! —gritó, jubiloso—. ¡Yo tenía razón!

Se había vuelto a poner en pie, ágil y fuerte. Con un tubo en su mano corrió hacia su mujer y se lo aplicó en la boca. A los pocos segundos dejó escapar un grito, se movió y se incorporó. Entonces Challenger se volvió hacia mí, y yo tuve la sensación de que la marea vital se infiltraba por mis arterias, llevando el calor a todo mi cuerpo. La razón me dijo que solo se trataba de un corto respiro, y, sin embargo, a pesar de la despreocupación con que hablamos acerca de su valor, una hora de vida me pareció entonces cosa inestimable. Jamás he sentido un estremecimiento de goce sensual como el que derramó por todo mi ser aquella inundación de vida. Despareció el peso que oprimía mis pulmones, se aflojó la presión sobre mis sienes y mi frente, y me envolvió por completo una dulce sensación de paz y de bienestar suave y lánguido. Permanecí echado, contemplando cómo Summerlee revivía por efecto del mismo remedio, llegando por último el turno a lord John. Este se puso en pie con gran agilidad, y me dio la mano para que me levantase, mientras Challenger levantaba a su esposa y la acostaba sobre un sofá.

—¡Oh, George, y cuánto siento que me hayas vuelto a la vida! —exclamó, agarrándole de una mano—. Tenías razón; la puerta de la muerte estaba adornada con magníficas y resplandecientes cortinas; una vez pasado el sentimiento de ahogo, todo fue indescriptiblemente acariciador y hermoso. ¿Por qué me has hecho volver a la fuerza?

—Porque deseo que los dos atravesemos juntos esa puerta. Hemos vivido juntos tantos años, que resultaría triste que nos separásemos en el momento supremo.

Por unos instantes percibí en aquella voz a un nuevo Challenger, a un Challenger muy distinto del hombre arrogante, agresivo y batallador que tan pronto asombraba como disgustaba a sus colegas. Aquí, en la penumbra de la muerte, se descubría al Challenger íntimo, al hombre que había sabido conquistar y retener el amor de una mujer. De pronto cambió su manera de ser, y se sintió nuevamente como nuestro resuelto capitán.

—He sido el único entre todo el género humano que vio y anunció esta catástrofe —fijo con una voz en la que vibraba el júbilo del científico triunfante—. En cuanto a usted, mi buen Summerlee, confío en que habrán desaparecido sus últimas dudas en lo referente a la significación de la borrosidad de las líneas del espectro, y que ya no sostendrá usted la opinión de que mi carta al *Times* se basaba en una patraña.

Por una sola vez nuestro colega no respondió a su reto. Siguió jadeando en su asiento, y estiró sus miembros largos y delgados, como si quisiera adquirir la seguridad de que seguía perteneciendo a este planeta. Challenger se acercó al tubo de oxígeno, y el silbido del gas fue apagándose hasta quedar convertido en un siseo muy suave.

—Es preciso que administremos bien nuestras provisiones —dijo—. La atmósfera de este cuarto se encuentra hiperoxigenada, y me imagino que ninguno de nosotros experimenta ya los síntomas desconsoladores. Solo realizando experimentos podemos llegar a fijar la cantidad de oxígeno que basta para neutralizar el gas tóxico. Veamos, pues.

Por espacio de cinco minutos permanecimos en silenciosa tensión, observando nuestras propias sensaciones. En el instante mismo en que yo sentí de nuevo una angustiosa presión sobre mis sienes, la señora de Challenger gritó desde su sofá que estaba a punto de desmayarse. Su esposo abrió el tubo de oxígeno.

—En las épocas anteriores a la era científica —dijo—, acostumbraban tener en todos los submarinos una ratita blanca, porque su organismo, de mayor sensibilidad, advertía el enviciamiento de la atmósfera antes que lo percibiesen los marinos. Tú, querida, vas a ser nuestra ratita blanca. He aumentado el suministro de gas, y ya estás mejor.

—Sí, me siento mejor.

—Quizás hemos dado con la mezcla conveniente. Cuando hayamos comprobado con exactitud el mínimo de gas que nos basta, podremos calcular el tiempo que nos queda de vida. Por desgracia, hemos consumido gran parte del primer cilindro para nuestra reanimación.

—¿Y eso qué importa? —preguntó lord John, que permanecía en pie junto a la ventana con las manos en los bolsillos—. Puesto que tenemos que marchar, ¿qué se adelanta con aferrarnos a la vida? Usted no cree que exista una probabilidad de salvación, ¿verdad?

Challenger sonrió y movió la cabeza denegando.

—Pues entonces, ¿no creen ustedes que hay mayor dignidad en dar nosotros el salto, sin esperar a que nos den el empujón? Si la cosa no tiene remedio, yo propongo que hagamos nuestros rezos, cerremos el oxígeno y abramos la ventana.

—¿Por qué no? —exclamó, valerosa, la dama—. Querido George, lord John está en lo cierto, es preferible hacer lo que nos dice.

—Me opongo con todas mis fuerzas —exclamó Summerlee con voz quejumbrosa—. Cuando nos toque morir, muramos sin temor; pero el anticipar de una manera deliberada la muerte me parece a mí un acto disparatado e injustificable.

—¿Qué dice a esto nuestro joven amigo? —preguntó Challenger.

—Creo que debemos llegar hasta el fin.

—Y yo participo firmemente de la misma opinión —dijo él.

—Pues si tú dices eso, George, yo pienso como tú —exclamó la señora.

—Bueno, bueno; la verdad es que yo lo exponía como un punto de vista —dijo lord John—. Si todos ustedes quieren llegar hasta el final, yo les acompañaré. La cosa resulta endiabladamente interesante, de eso no cabe duda alguna. He tenido en mi vida mi buena parte de aventuras, y todas las emociones que hayan podido tener la mayoría de los hombres, pero este final es la nota más alta.

—Partiendo de la continuidad de la vida... —dijo Challenger.

—Lo cual es mucho suponer... —exclamó Summerlee.

Challenger se le quedó mirando con expresión de silenciosa censura.

—Partiendo de la continuidad de la vida —dijo con su tono más didáctico—, nadie puede afirmar qué oportunidades de observación nos esperan desde lo que podríamos llamar el plano espiritual hasta el plano material. Hasta para el ser más obtuso debe resultar evidente —al decirlo clavó su mirada en Summerlee— que cuando mayores posibilidades tenemos de vigilar y de formar juicios sobre los fenómenos materiales es mientras permanezcamos con vida. Solo, pues, manteniéndonos con vida durante algunas horas más, podremos llevar con nosotros a nuestra vida futura un concepto claro del más extraordinario acontecimiento ocurrido en el mundo, y creo poder decir que en el Universo. A mí me parecería deplorable que nos priváramos ni siquiera por un solo minuto de tan asombrosa experiencia.

—Participo enérgicamente de esa opinión —exclamó Summerlee.

—Aprobado por unanimidad —dijo lord John—. ¡Por vida de..., que ese pobre diablo de chófer suyo que está en el patio ha hecho ya el último viaje con su automóvil! ¿Servirá de algo el hacer una salida y traerlo dentro?

—Sería una completa locura —exclamó Summerlee.

—En efecto, lo sería —dijo lord John—. A él no le serviría de nada, y solo lograríamos que el oxígeno se diluyese por toda la casa, suponiendo que pudiésemos regresar con vida. ¡Santo Dios! Fíjense en los pajarillos que hay debajo de los árboles.

Acercamos cuatro sillas al ventanal, mientras la señora permanecía en el diván con los ojos cerrados. Recuerdo que se me ocurrió de pronto la grotesca idea, a la que dio quizá mayor viveza la atmósfera pesada que estábamos respirando, de que ocupábamos cuatro butacas de primera fila y estábamos presenciando el último acto del drama del mundo.

En primerísimo plano, bajo nuestra mirada estaba el pequeño patio, con el automóvil a medio limpiar en el centro. Austin, el chófer, acababa de recibir por fin su último despido: yacía caído de bruces junto a la rueda, y tenía en la frente un gran moretón negro, como si al caer hubiese golpeado el estribo o el guardabarros. Aún tenía en una mano la manguera con que estaba lavando el coche. En un ángulo del patio crecían dos árboles, y al pie de los mismos veíanse varias patéticas bolitas de plumas de las que sobresalían minúsculas patitas inmóviles. La guadaña de la Muerte lo había segado todo: lo grande y lo pequeño.

Más allá de la cerca del patio, contemplamos las curvas de la carretera que conducía hacia la estación. Al pie de ella, caídos en montón y con los cuerpos revueltos unos con otros, veíase un grupo de segadores de los sembrados. Más arriba, la niñera yacía con la cabeza y los hombros recostados en el declive del ribazo cubierto de césped. Había sacado del cochecito al bebé, y este era ahora en sus brazos un inmóvil bulto de embozos. Muy cerca de la niñera, una manchita que se distinguía sobre la cinta de la carretera, señalaba el sitio en que estaba tendido el muchachito. Más cerca todavía de nosotros, estaba el caballo del coche, caído de rodillas entre las varas, y muerto. El cochero, con los brazos inertes, colgaba por delante del guardabarros lo mismo que un grotesco y feo espantapájaros. Vimos confusamente en el interior del coche a un joven sentado. La portezuela estaba medio abierta, y el joven estaba agarrado a la manilla como si en el último instante hubiese querido saltar fuera. En el plano intermedio veíase el césped del campo de golf, salpicado, lo mismo que por la mañana, de negras figuras de jugadores, inmóviles ahora sobre el prado, o entre los brezos que los circundaban. En uno de los *greens* veíanse ocho cuerpos; es decir, dos parejas con sus cuatro cadis, que habían resistido jugando hasta el último instante. Por la bóveda azul del firmamento no volaba ni un ave, ni en todo el ancho del campo que se extendía ante nuestra vista se movía hombre ni animal. El sol del atardecer derramaba su sosegado-resplandor; pero la inmovilidad y el silencio de la muerte universal lo envolvían todo..., y a esa muerte íbamos pronto a reunirnos también nosotros. Aquella hoja frágil de vidrio que impedía la salida del oxígeno y contrarrestaba el envenenamiento del éter, por el momento nos resguardaba y nos aislaba de la catástrofe general. Pero cuando el oxígeno se acabara, yaceríamos jadeantes sobre aquella alfombra color cereza del tocador, y se completaría el destino de toda la raza humana y de toda la vida sobre la tierra. Permanecimos largo rato contemplando aquel trágico mundo, poseídos de un sentimiento demasiado solemne para hablar.

—Allí debe de estar ardiendo una casa —dijo, por último, Challenger, señalándonos una columna de humo que se alzaba por encima de los árboles—. Creo que serán muchas las que ardan, quizá ciudades enteras, si pensamos en las muchas personas que habrá caído muertas con luces encendidas en la mano. El hecho mismo de que se produzca la combustión indica que la proporción de oxígeno en la atmósfera es la normal, y que es el éter al que hay que echar la culpa de lo que ocurre; Vean ustedes otra hoguera allí en lo alto de la colina de Crowborough. O mucho me equivoco, o se trata del edificio del Club de Golf. Escuchen cómo da la hora el reloj del campanario de la iglesia. A los filósofos les interesaría quizá el ver cómo la máquina sobrevive a la raza que la fabricó.

—¡Por vida de...! —exclamó lord Roxton—. ¿Qué puede ser aquella columna de humo? ¡Un tren!

Oímos el estrépito de un tren en marcha, y de pronto apareció ante nosotros. Me pareció que avanzaba a una velocidad fantástica. No podíamos saber de dónde venía, ni dónde se dirigía. Solo por un milagro podía salvar una distancia larga. Pero pronto íbamos a enteramos de su destino. La línea estaba ocupada por otro tren carbonero. Contuvimos el aliento al observar que el tren en marcha avanzaba por la misma línea. El choque fue espantoso. La máquina y los coches saltaron unos sobre otros, formando un montón de astillas y hierros retorcidos. Empezaron a surgir lenguas ondulantes de fuego de entre aquel destrozo, hasta que todo se convirtió en una hoguera. Por espacio de media hora, permanecimos contemplando aquel espectáculo grandioso, sin casi pronunciar palabra.

—¡Pobre gente, pobre gente! —exclamó, al fin, la señora Challenger, y dejó escapar un gemido, agarrada al brazo de su marido.

—Querida, los pasajeros que iban en el tren estaban ya tan insensibles como el carbón que transportaba el tren con el que chocaron, o como el carbón que ellos mismos son ahora —le dijo Challenger, acariciándole la mano—. Cuando salió de la estación Victoria, era un tren en el que viajaban seres vivos, pero mucho antes que se produjese el choque era ya un tren conducido por muertos y en el que solo viajaban muertos.

—Algo similar debe estar ocurriendo en todo el mundo —dije, porque surgió en mi imaginación una serie de fantásticas visiones—. Piensen en los barcos que navegaban por el mar, sus máquinas seguirán funcionando hasta que sus calderas se apaguen, o hasta que embarranquen a toda máquina contra alguna bahía. Y también en los barcos veleros, cómo sus velas hinchadas conducirán su cargamento de marineros muertos, hasta que su casco se pudra y el agua se filtre en el interior por las junturas del maderamen, y desaparezcan uno a uno en el fondo de las aguas. Quizás de aquí a un siglo continúe el Atlántico moteado de viejos cascos que marchan al garete.

—Y los trabajadores en el interior de las minas de carbón —dijo Summerlee con un desmayado rumor de risa—. Si por casualidad vuelven a existir geólogos en el mundo, tendrán que idear extrañas teorías para explicar la existencia del hombre en los estratos carboníferos.

—Yo sé muy poco de esas cosas —comentó lord John—; pero me parece que, después de lo de ahora, la tierra tendrá un cartel de «se alquila; vacío". ¿Quién volverá a vivir en ella una vez que haya sido borrada de su superficie todo ápice de vida?

—El mundo estaba vacío antes de la aparición del hombre —contestó, con gravedad, Challenger—. Se pobló de acuerdo con leyes cuya iniciación es incomprensible para nosotros ¿Por qué no habría de ocurrir otra vez lo mismo?

—Mi querido Challenger, no es posible que usted crea lo que dice.

—Profesor Summerlee, yo no tengo por costumbre decir cosas en las que no creo. Su observación resulta fútil —se mesó la barba y entornó los párpados.

—Ha vivido usted como un dogmático empedernido, y como un dogmático empedernido quiere usted morir —dijo Summerlee con amargura.

—Y usted, señor, ha vivido como un obstruccionista carente de imaginación, y jamás podrá abandonar sus convicciones.

—Ni los más encarnizados de sus críticos me acusarán jamás de falta de imaginación —replicó Summerlee.

—¡Palabra de honor que morirán ustedes como quienes son si emplean la última bocanada de oxígeno en decirse cosas desagradables el uno al otro! ¿Qué importancia puede tener el que vuelva o no a poblarse el mundo? Con toda seguridad eso no ocurrirá en vida nuestra.

—Esa observación suya, delata sus notables limitaciones —dijo Challenger con severidad—. El espíritu verdaderamente científico no se encuentra atado a sus propias condiciones del tiempo y del espacio. Levanta para su propio uso un observatorio en la línea que limita el presente y lo separa del pasado infinito y del infinito futuro. Desde ese punto seguro se lanza hasta el principio y hasta el fin de todas las cosas. En cuanto a la muerte, la inteligencia científica muere en su puesto, trabajando de una manera normal y metódica hasta el fin. No le preocupa cuestión tan minúscula como su propia disolución física, como no le preocupan todas las demás limitaciones en el plano de lo material. ¿Estoy o no en lo cierto, profesor Summerlee?

Summerlee refunfuñó su conformidad a regañadientes.

—Estoy de acuerdo, pero con ciertas reservas —dijo.

—La inteligencia científica ideal —prosiguió Challenger—, y lo pongo en tercera persona para que no parezca que estoy demasiado satisfecho de mí mismo; la inteligencia científica ideal debe ser capaz de descubrir un punto de conocimiento abstracto en el intervalo que media entre la caída del pensador desde un globo y el momento en que se estrella en la tierra. Hombres de esa fibra tan sólida son los que se necesitan para conquistar la Naturaleza y para formar la guardia personal de la verdad.

—Me imagino que esta vez la Naturaleza puede más —dijo lord John, mirando por la ventana—. He leído algunos artículos editoriales afirmando que ustedes los sabios la dominan, pero por esta vez, ella se está tomando el desquite.

—Simplemente se trata de una derrota pasajera —dijo Challenger con gran convicción—. ¿Qué son unos cuantos millones de años en el gran ciclo del tiempo? Fíjense ustedes en que el mundo vegetal ha sobrevivido. Miren las hojas de ese plátano. Los pájaros murieron, pero el árbol florece. De esta vida vegetal de los pantanos y de las ciénagas surgirá con el tiempo la microscópica babosa reptante como avanzada de la inmensa hueste de la vida, de la que nosotros cinco tenemos por el momento la obligación extraordinaria de actuar como última retaguardia. Una vez que se haya afirmado la ínfima forma de vida, el advenimiento final del hombre es tan seguro como que de la bellota ha de brotar el roble. Una vez más se iniciará el antiguo ciclo.

—¿Y el *daturon*? —pregunté—. ¿No agostará la vida en su propio germen?

—Este tóxico de ahora puede ser un simple estrato o capa formada en el éter, una especie de corriente del golfo maléfica que cruza el inmenso océano en el que nosotros flotamos. Puede llevar a establecerse la tolerancia, adaptándose la vida misma a la nueva agitación. El simple hecho de que nosotros podamos defendernos con solo una hiperoxigenación relativamente pequeña de nuestra sangre es, sin duda, una prueba en sí misma de que no se necesitaría un cambio muy grande para que la vida animal fuese capaz de resistir al *daturon*.

La humareda que salía de la casa situada más allá de los árboles estalló ahora en llamaradas. Podíamos distinguir las altísimas lenguas de fuego que dardeaban el aire.

—Es algo ciertamente espantoso —murmuró lord John, más impresionado que lo que yo le había visto en ninguna otra ocasión.

—Bueno, después de todo, ¿qué importancia tiene eso? —comenté yo—. El mundo está muerto. El mejor sistema de enterrar es la cremación.

—Si esta casa se incendiase, nuestro final, se abreviaría.

—Estoy prevenido contra ese peligro, he advertido a mi señora que tomase las medidas para resguardarse del mismo —dijo Challenger.

—Todo está a salvo querido. Pero otra vez empiezo a sentir el dolor de cabeza. ¡Qué atmósfera más espantosa!

—Es preciso que la renovemos —dijo Challenger, inclinándose sobre su cilindro de oxígeno.

—Está prácticamente vacío —prosiguió—. Ha durado casi tres horas. Son cerca de las ocho. Podremos pasar la noche cómodamente. Calculo que nuestro fin se producirá a eso de las nueve de mañana por la mañana. Contemplaremos nuestra salida de sol, porque este solo saldrá para nosotros.

Se volvió hacia el segundo cilindro, y abrió durante medio minuto la claraboya de encima de la puerta. El aire se fue haciendo perceptiblemente mejor, pero nuestros síntomas se agudizaron, y entonces Challenger volvió a cerrarla, diciendo:

—Por cierto, no solo de oxígeno vive el hombre. Ha llegado y hasta incluso ha pasado la hora de la cena. Les aseguro, caballeros, que cuando les invité a mi casa me propuse que mi cocina se elogiase por sí misma. Sin embargo, en tales circunstancias haremos lo que podamos. Tengo la seguridad de que estarán de acuerdo conmigo en que sería un disparate que consumiésemos con demasiada rapidez el aire que respiramos, encendiendo una estufa de petróleo. Cuento con algunas provisiones de fiambres, pan y embutidos, que coronadas por un par de botellas de clarete nos sacarán del paso. Gracias, querida mía, que ahora como siempre demuestras ser la reina de las amas de casa.

Verdaderamente resultó admirable la forma en que la señora Challenger, poseída del respeto de sí misma y del sentido de la dignidad propio de las amas de casa británicas, en pocos minutos adornó la mesa central con un mantel de nívea blancura, sobre el cual colocó las servilletas, y sirvió una comida sencilla con toda la elegancia de la civilización, sin que faltase en el centro de la mesa una lámpara eléctrica en forma de antorcha. También resultó maravilloso comprobar que conservábamos nuestro apetito.

—Esto nos da la medida de nuestra emoción —dijo Challenger, con la expresión de tolerancia que adoptaba para que su inteligencia científica descendiese a explicar los hechos humildes—. Hemos atravesado una gran crisis emocional, lo que produce una perturbación molecular, que, a su vez, es preciso reparar. Un gran pesar o una gran alegría producen por fuerza un intenso apetito, no, como suelen escribir los novelistas.

—Por eso los campesinos en los funerales suelen celebrar grandes festines —me aventuré a decir.

—Exactamente. Nuestro joven amigo ha encontrado un ejemplo ilustrativo excelente. Permítame que le sirva una rebanada de lengua.

—Eso mismo ocurre entre los salvajes —dijo lord John, sirviéndose un trozo de carne de vaca que había cortado—. Yo he presenciado el entierro de un jefe, allá, en el nacimiento del río Aruwumi, y se comieron un hipopótamo que pesaría lo que toda la tribu. En la Nueva Guinea hay tribus que se comen al mismo llorado difunto, simplemente por cuestión de una última limpieza. Pues bien: yo me imagino que este banquete funeral que nosotros estamos celebrando es el más curioso de cuantos he asistido en mi vida.

—Lo raro del caso —dijo la señora Challenger— es que, por más que quiero, me resulta imposible sentir pena por los que han muerto. Mi padre y mi madre residían en Bedford. Sé que han muerto; pero en medio de esta tremenda tragedia universal no me produce un vivo dolor la muerte de ninguna persona individualmente, ni siquiera la suya.

—Mi anciana madre vivía en su casita de campo en Irlanda —dije yo—. Aún la estoy viendo junto a la ventana, con su mantón y su cofia de encaje, recostada con los ojos cerrados en un antiguo sillón de respaldo alto, y tiene a su lado las gafas y un libro. ¿Por qué voy a dolerme de su muerte? Ella ha muerto, y yo estoy muriendo, y es posible que en otra vida me encuentre más cerca de mi madre que lo que Inglaterra está de Irlanda. Sin embargo, me duele que su cuerpo querido ya no exista.

—Por lo que se refiere al cuerpo —comentó Challenger—, nosotros no nos dolemos ni de los trozos de uñas ni del pelo que nos cortan, a pesar de que ambas cosas formaban parte de nosotros mismos. Tampoco el hombre que ha perdido una pierna siente nostalgia por ella. El cuerpo físico ha sido para nosotros más bien una fuente de dolor y de fatigas. Es el índice constante que señala nuestras limitaciones. ¿Por qué, pues, hemos de lamentar que se desprenda de nuestra personalidad psíquica?

—Si es posible que se desprenda efectivamente —refunfuñó Summerlee—. Pero en todo caso, la muerte universal es un espectáculo horrendo.

—Ya expliqué antes —dijo Challenger— que una muerte universal tiene que ser por su misma naturaleza mucho menos terrible que la muerte de una persona aislada.

—Lo mismo ocurre en un campo de batalla —hizo notar lord John—. Si usted viese aquí en el suelo a un hombre con el pecho destrozado y con un orificio sangrante en la cara, se sentiría enfermo. Pues bien: yo he visto en el Sudán a diez mil hombres tumbados y muertos, sin experimentar esa clase de sensación. Cuando estamos haciendo historia, la vida de un solo hombre, sea el que sea, es demasiado insignificante para preocuparnos por ella. Y cuando mueren de golpe un millar de millones de personas, como ha ocurrido hoy, resulta imposible elegir de entre todas ellas a un individuo que a nosotros nos interesa.

—Ojalá que hubiésemos acabado ya —dijo la señora con profundo anhelo—. ¡Qué asustada estoy, George!

—Cuando llegue el momento, tú serás la más valiente de todos nosotros, mujercita mía. Yo he sido para ti un marido tumultuoso, amor mío; pero ten presente que G. E. Ch es como lo hicieron, y no puede ser de otra manera. Bien mirado, ¿verdad que no querrías a otro que yo?

—A nadie en todo el ancho mundo, corazón —contestó ella, echándole los brazos a aquel cuello de toro.

Nosotros tres nos apartamos hasta la ventana, y nos quedamos atónitos ante el espectáculo que se nos ofreció a la vista.

Había cerrado la noche, y el mundo muerto estaba amortajado de tinieblas. Pero allá, en la línea recta, sobre el horizonte del Sur, brillaba una franja de un lívido color escarlata que se encendía y se achicaba con enérgicas pulsaciones de vida, saltando de pronto hasta un cénit de carmesí para luego apagarse y convertirse en una resplandeciente línea de fuego.

—¡Lewes está ardiendo! —exclamé.

—No, lo que está ardiendo es Brighton —dijo Challenger, acercándose a nosotros—. Se distingue la joroba de las ondulaciones de los llanos sobre el fondo resplandeciente. Esa hoguera se encuentra muchas millas más allá. Con seguridad arde la ciudad entera.

En distintos puntos del horizonte se divisaban varios resplandores rojos, y en la línea del ferrocarril ardían aún brasas del montón de restos de los trenes; pero todos ellos no pasaban de ser puntitos de luz en comparación con la hoguera inmensa que borboteaba más allá de las colinas. ¡Qué reportaje se hubiera podido escribir para la Gaceta! ¿Se presentó jamás a un periodista oportunidad como aquella con tan escasas posibilidades de aprovecharla, el notición de los noticiones, sin que nadie pudiera apreciar el mérito periodístico? Repentinamente surgió en mí el viejo instinto de hacer un relato de las cosas. Si aquellos hombres de ciencia eran capaces de mantenerse tan leales hasta el fin a la tarea de sus vidas, ¿por qué no había de ser yo tan constante como ellos, dentro de mi humilde tarea? Posiblemente ningún ser humano tuviese ocasión de leer mi trabajo pero, de todos modos, había que pasar de una manera u otra aquella larga noche, y ya que me sentía incapaz de conciliar el sueño, mis notas me ayudarían a llenar aquellas horas fatigosas y a concentrar mis pensamientos. Por eso en este momento tengo delante de mí el libro de notas con sus páginas garrapateadas, que escribí atropelladamente sobre mis rodillas a la luz pálida y desfalleciente de una de nuestras lámparas eléctricas. Si yo fuese un auténtico literato, quizá estaría a la altura del momento. Sin embargo, es posible que las emociones largamente sentidas y las tribulaciones de aquella noche espantosa sirvan a pesar de todo para llevar a otras inteligencias la incertidumbre del que se enfrenta con la muerte.

DIARIO DE UNOS MORIBUNDOS

¡Qué raras resultan estas palabras garrapateadas en la cabecera de la página en blanco de mi cuaderno! Y todavía parece más extraño que sea yo, Edward Malone, quien las haya escrito. Yo, que no hace ni doce horas que salí de mis habitaciones de Streatham sin la menor idea de todas las maravillas que el día me tenía reservadas. Vuelvo la vista a todo el encadenamiento de las circunstancias, mi entrevista con McArdle, la primera nota de alarma dada por Challenger en el *Times*, el absurdo viaje en el tren, el almuerzo agradable, la catástrofe, y finalmente esto a lo que hemos venido a parar, que seamos únicamente nosotros los supervivientes de un planeta muerto, aunque también estemos tan seguros de cuál ha de ser nuestro destino, que puedo yo mirar estas líneas, escritas por un impulso mecánico de mis hábitos profesionales y que jamás serán leídas por ojos humanos, como las palabras de una persona que ya está muerta. ¡Tan próxima se encuentra esa persona a la frontera de sombras por la que desaparecieron ya todos los hombres, con excepción de un pequeño círculo de amigos! Ahora comprendo toda la sabiduría y la verdad de las palabras de Challenger cuando aseguró que la auténtica tragedia se produciría en el momento en que tan solo quedáramos nosotros.

Pero no existe probabilidad alguna de que nosotros sobrevivamos. Nuestro segundo cilindro de oxígeno ya se está agotando, y podemos calcular casi con exactitud los minutos que restan de nuestra existencia.

Challenger nos ha obsequiado con una conferencia que ha durado un cuarto de hora largo. Estaba tan excitado que bramaba y mugía como cuando habló en el Queen's Hall a un auditorio de hombres de ciencia escépticos. El auditorio al que arengaba en esta ocasión era, desde luego, extraordinario: su esposa, que lo aprobaba todo y que ignoraba por completo el alcance de sus palabras, Summerlee, sentando en la penumbra, quejumbroso y disconforme, pero interesado; lord John, cómodamente recostado en un rincón y algo aburrido por todo aquello; y yo, junto a la ventana y contemplando la escena con una atención lejana, como si todo fuese un sueño o algo ajeno a mis intereses personales. Challenger estaba sentado frente a la mesa central, y la luz eléctrica se proyectaba sobre el portaplacas que tenía bajo un microscopio que había traído de su estudio. El pequeño círculo de luz blanca que se proyectaba desde el espejo dejaba la mitad de su cara, áspera y barbuda, brillantemente iluminada, y la otra mitad en sombras profundas.

Al parecer, los últimos tiempos venía trabajando en el estudio de las formas de vida más rudimentarias. Y lo que en este momento excitaba su curiosidad era que en la placa que había preparado para su examen el día anterior encontró todavía vivas las amebas.

—Véanlo ustedes mismos —repetía una y otra vez, presa de gran excitación—. Summerlee, haga el favor de acercarse para que pueda convencerse por sus propios ojos. Malone, ¿quiere tener la amabilidad de comprobar lo que digo? Esas cosas minúsculas de forma de husillos que hay en el centro son diatomeas, y no interesan porque se trata probablemente de partículas vegetales más que animales. Pero en el lado derecho pueden ver una ameba, indudablemente, que se mueve perezosamente a través del campo de visión. Con el tornillo superior podrán ajustarlo. Véanlo ustedes mismos.

Summerlee accedió, mostrándose de acuerdo. Yo también me acerqué; distinguí una figura que parecía estar hecha de cristal molido que se movía de una manera pegajosa a través del círculo iluminado. Lord John se manifestó dispuesto a creerle diciendo:

—No voy a tomarme el trabajo de ver si está viva o muerta. No nos conocemos ni siquiera de vista, ¿por qué lo voy a tomar a pecho? Me imagino que a ese animalillo le tendrá sin cuidado nuestra salud.

Aquello me hizo reír, y Challenger me lanzó una mirada fría y quisquillosa como para petrificarme.

—La impertinencia de las personas medio educadas ofrece a la ciencia un estorbo mayor que la incomprensión de los ignorantes —dijo—. Si lord John Roxton quisiera dignarse...

—No seas tan quisquilloso querido George, —le dijo su esposa, acariciando con su mano la negra melena que caía sobre el microscopio—. ¿Qué nos va ni viene en que las amebas vivan o hayan muerto?

—Nos interesa muchísimo —contestó Challenger refunfuñando.

—Bueno, hablemos de eso —exclamó lord John con una sonrisa de simpatía—. Es un tema de conversación como cualquier otro. Si usted cree que me he mostrado excesivamente displicente con el animalito ese, o que he lastimado de alguna manera sus sentimientos, estoy dispuesto a presentarle mis disculpas.

—Por mi parte —hizo notar Summerlee— no veo por qué razón atribuye usted tanta importancia al hecho de que siga con vida. La ameba se encuentra en la misma atmósfera que nosotros, y, por consiguiente, el veneno no actúa sobre ella. Si se encontrase fuera de esta habitación; habría muerto al igual que toda la vida animal.

—Sus observaciones, mi buen Summerlee —contestó Challenger con inmensa condescendencia. (¡Oh, si yo pudiera pintar aquella cara imperiosa y arrogante iluminada por el círculo brillante de luz reflejada por el espejo del microscopio!)—. Sus observaciones me demuestran que solo abarca usted la situación de una manera incompleta. Este ejemplar lo monté ayer, y fue cerrado herméticamente, de modo que nuestro oxígeno no puede llegarle. Ahora bien: el éter sí que ha penetrado, al igual que en todo el resto del Universo. Por consiguiente, la ameba ha sobrevivido al veneno. Podemos, pues, sacar la consecuencia de que cuantas amebas existan fuera de esta habitación, en lugar de estar muertas, según usted afirmó equivocadamente, han sobrevivido a la catástrofe.

—Pues ni aun con todo eso —dijo lord John— siento tentaciones de lanzar un hurra para celebrarlo. ¿Qué importancia tiene ese hecho?

—Pues simplemente que eso nos permite afirmar que el mundo está aún vivo. Si usted estuviera dotado de imaginación científica, este hecho le serviría para saltar hacia el porvenir, y podría contemplar de aquí a unos cuantos millones de años, que no son sino un instante en el inmenso fluir de las edades, al mundo hormigueando otra vez de seres vivientes, animales y hombres, que surgirán de esta minúscula raíz. Ve usted un incendio en una pradera, y las llamas borran toda huella de hierba y de plantas sobre la superficie de la tierra, dejando únicamente un calvero ennegrecido. Cree usted forzosamente que ha de quedar convertido para siempre en un yermo. ¡En absoluto! Allí han quedado las raíces fecundas, y si usted pasa por aquel lugar al cabo de pocos años, ya no podrá decir donde se esconden aquellas negras cicatrices. Aquí, en esta minúscula criatura, se encuentran las raíces de las que ha de brotar el mundo animal, y gracias a la fuerza íntima de desarrollo, y a la evolución, desaparecerá seguramente con el tiempo todo rastro de esta crisis incomparable en que nos vemos ahora envueltos.

—¡Todo esto resulta endiabladamente interesante! —dijo lord John, acercándose y mirando por el microscopio—. De modo que a este pequeño animalillo hemos de poner el número uno de los retratos de la familia. ¡Luce un gemelo de camisa bonito y de regular tamaño!

—Ese punto negro es el núcleo —dijo Challenger con la expresión de una niñera que enseña el abecedario a un bebé.

—Bien, pues entonces no tenemos por qué sentirnos tan solitarios —dijo lord John, echándose a reír—. Sobre la faz de la tierra existen otros seres vivientes, aparte de nosotros.

—Challenger —dijo Summerlee—, parece que usted da por supuesto que este mundo fue creado para que en él se diese y se mantuviese la vida humana.

—¿Me quiere usted decir, que otro objetivo pudo haber? —preguntó Challenger, enfurruñándose ante el tono de contradicción.

—A veces pienso que únicamente la monstruosa presunción del hombre nos hace pensar que este escenario fue montado para uso exclusivo del género humano.

—Sobre ese punto no podemos adoptar una postura cerrada; pero sin llegar a eso que usted llama monstruosa presunción, bien podemos decir que somos los seres más elevados de la Naturaleza.

—Los más elevados de los que nosotros tenemos conocimiento.

—Eso, no hace falta ni decirlo.

—Piense usted en los millones, y posiblemente en los miles de millones, de años durante los cuales la Tierra giró vacía por los espacio, o si, no vacía, por lo menos sin señal o pensamiento alguno de la raza humana. Imagínesela usted barrida por la lluvia, y abrasada por el sol, y azotada por el viento durante todo ese tiempo. Calculando geológicamente, el hombre, es un recién llegado. ¿Por qué, ha de darse, pues, por supuesto que toda esa estupenda preparación se hiciera nada más que pensando en él?

—Pues entonces, ¿en beneficio de quién o de qué se hizo?

Summerlee se encogió de hombros, y contestó:

—¿Qué sabemos nosotros? Por alguna razón superior a nuestra comprensión. Es como si la espuma que se forma en la superficie del Océano se imaginase que este había sido creado para producirla y sustentarla, o como si un ratoncillo de una catedral se imaginase que el edificio había sido construido con el propósito de que le sirviese de residencia.

He transcrito palabra por palabra sus razonamientos; pero el diálogo degeneró en una disputa ruidosa, entrecortada de una jerga científica en la que entraban palabras de muchas sílabas. Sin duda que era un honor oír cómo dos talentos de aquella categoría discutían sobre cuestiones tan relevantes; pero como siempre estaban en desacuerdo, las personas sencillas como lord John y yo sacamos muy poco provecho de semejante exhibición; el uno neutralizaba al otro, y nosotros no adelantábamos nada.

Ha cesado ya el alboroto; Summerlee está hecho un ovillo en su sillón; Challenger sigue moviendo los tornillos de su microscopio, y acompaña su acción con un profundo e inarticulado gruñido, parecido al del mar después de una tormenta. Lord John se acerca a donde yo estoy, y ambos miramos hacia las profundidades de la noche.

Las estrellas resplandecen en toda su nitidez. Brilla una pálida luna nueva, la última sobre la cual podrán posarse jamás unos ojos humanos. Ni siquiera en la clara atmósfera de la meseta de Sudamérica he contemplado tal resplandor. Quizás esta alteración del éter ejerza alguna influencia sobre la luz. Sigue ardiendo la pira funeraria de Brighton, y allá por el Oeste en la lejanía se distingue una mancha escarlata, que significa que acaso ocurre una catástrofe en Arundel, en Chichester, o posiblemente en Portsmouth. Miro, medito, y de cuando en cuando tomo alguna nota. El aire está impregnado de suave melancolía. Juventud, belleza, caballerosidad, amor, ¿todo ha de acabar en esto? La Tierra, iluminada por el resplandor de las estrellas, parece un país de ensueños en el que reinan la paz y el sosiego. ¿Quién sería capaz de imaginársela como un Gólgota espantoso, sembrado por los cadáveres de toda la Humanidad? Y, de pronto, rompo a reír.

—¡Vaya! —me dice lord John, mirándome muy sorprendido—. No vendrá mal un chiste en esta hora difícil. ¿De qué se trata?

—Se me ha ocurrido pensar en todos los grandes problemas que no han sido resueltos —le contesté—. En los problemas a los que hemos dedicado tanto esfuerzo y tanto trabajo. Por ejemplo, en la rivalidad angloalemana, o en la cuestión del golfo Pérsico, que tanto interesaba a mi director. ¿Quién iba a imaginarse, cuando tanto nos acalorábamos y nos irritábamos, que no tardarían en resolverse por sí mismos?

De nuevo quedamos en silencio. Me imagino que cada uno de nosotros está pensando en los amigos que se nos han adelantado. La señora Challenger solloza suavemente, y su marido le habla entre susurros. Mi imaginación me representa a las más inesperadas personas, y a todas las veo rígidas y exangües como el pobre Austin en el patio. Por ejemplo, McArdle, sé con toda certeza que estará caído de bruces sobre su mesa, con una mano en el teléfono, porque le oí caer. También a Beaumont, el director, me lo imagino tendido sobre la alfombra turca, azul y encarnada, con la que adornaba su santuario. Y mis compañeros, en la sala de los informadores: Macdona, Murray y Bond. Seguramente que murieron entregados de lleno a su trabajo, teniendo en la mano sus blocs de notas, rebosantes de vivaces impresiones y de sorprendentes acontecimientos. Sí, porque yo estaba viendo cómo a uno le despacharon a entrevistarse con los medios, al otro a Westminster, y al otro a Saint Paul. ¡Qué magníficos titulares a toda plana intuyeron seguramente en su grandiosa visión postrera, titulares que jamás llegarían a materializarse en tinta de imprenta! Me parecía estar viendo a Macdona entre los médicos. «Harley Street confía», Mac tuvo siempre debilidad por los breves y restallantes. «Nunca desespere dice Mister Suley Wilson», dice el célebre especialista. «Nuestro corresponsal encontró al eminente hombre de ciencia sentado en la terraza de su casa, donde se había refugiado de una muchedumbre de pacientes aterrorizados que había tomado por asalto su consultorio. El célebre médico, de una manera que demostraba claramente que no se le ocultaba la gravedad inmensa de la situación, se negó a admitir que estuviesen cerrados todos los caminos de la esperanza.» Así empezaría su reportaje Mac. Quedaba Bond, al que enviarían probablemente a Saint Paul. ¡Ciertamente hubiera sido un gran tema para él! «Desde una pequeña galería situada debajo de la cúpula, miré hacia abajo y descubrí aquella apretada masa de Humanidad desesperada, arrastrándose servil en este último instante a los pies del Poder, que de manera tan obtusa había olvidado. De aquella muchedumbre oscilante llegaba hasta mis oídos un lamento apagado de súplica y de terror, un grito trémulo de petición de socorro al Ser Desconocido, que, etc.»

Realmente, era un final magnífico para un informador de prensa, aunque, al igual que yo, muriese sin sacarle partido ¿Qué no habría dado el pobre Bond por ver sus iniciales «J. H. B.» al pie de un reportaje como aquel?

Pero ¡qué simplezas estoy escribiendo! La verdad es que solo trato de entretener este mal rato. La señora Challenger ha pasado al vestidor, y el profesor nos dice que se ha dormido. Él, por su parte, permanece sentado frente a la mesa central, tomando notas y consultando libros, con el mismo sosiego

44

que si tuviese por delante años de plácida tarea. Para escribir usa una chillona pluma de ave que parece estar mofándose de cualquiera que no esté de acuerdo con lo que escribe el profesor.

Summerlee se ha quedado dormido en su asiento, dejando escapar de vez en cuando un ronquido característicamente molesto. Lord John está recostado con las manos en los bolsillos y los ojos cerrado^. Yo no alcanzo a comprender que se pueda dormir en una postura como esa.

La tres y media de la madrugada. Acabo de despertarme sobresaltado. Mi última nota la escribí a las once y cinco. Lo recuerdo porque di cuenta a mi reloj y anoté la hora. De modo, pues, que he malgastado cinco horas del reducido espacio de vida que nos queda. ¿Quién lo hubiera dicho? Pero me encuentro mucho más entonado y dispuesto para hacer frente a mi destino o, por lo menos, intento convencerme de que lo estoy. Sin embargo, cuanto más en su plenitud está el hombre, y más cerca de su pleamar está la marea de su vida, parece lógico que se muestre más reacio a morir ¡Cuán sabia y misericordiosa es la Naturaleza al disponer las cosas de manera que el ancla de la vida se vaya soltando de muchas de sus imperceptibles trabas, para cuando su conciencia se vea arrastrada desde su insostenible fondeadero terrenal hasta el mar del más allá!

La señora Challenger sigue en el vestidor. El profesor se ha quedado dormido en su asiento. ¡Qué cuadro! Su enorme busto se apoya en el respaldo, sus manazas velludas están entrelazadas encima del chaleco, y tiene la cabeza tan caída hacia atrás que no alcanzo a distinguir sino la maraña de su áspera barba frondosa por encima del cuello de su chaqueta. Todo él se estremece con la vibración de sus ronquidos. De vez en cuando, Summerlee acompaña con sus notas de tenor las de bajo profundo de Challenger. También duerme lord John, encogido sobre un costado, en un sofá de mimbre. La primera luz fría del alba acaba de filtrarse en la habitación, y todo parece gris y triste.

Contemplo la salida del sol, de ese sol nefasto que iluminará un mundo sin vida. La Humanidad se extinguió, desapareció en un solo día; pero los planetas siguen girando alrededor del sol, las mareas suben y bajan, el viento susurra y toda la Naturaleza sigue su curso; hasta la modesta ameba, según parece, sin que se observe la más pequeña señal de que quien se tituló a sí mismo rey de la creación. Allá en el patio tendido en tierra con los brazos abiertos yace Austin; su cara tiene un fulgor blanquecino a la luz del alba, y la boca de la manga de riego continua como una prolongación de su mano muerta. La totalidad del género humano parece representada en esa figura mitad cómica, mitad patética, que yace impotente junto a la máquina que antes era dirigida por él.

Aquí terminan las notas que tracé en aquellos momentos. De allí en adelante, los acontecimientos se sucedieron con tal rapidez y fueron tan dramáticos, que no hubo manera de transcribirlos; pero quedaron grabados tan limpiamente en mi memoria, que no se me escapó ningún detalle.

Sentí un ligero ahogo y volví la vista hacia los cilindros de oxígeno, lo que pude ver me produjo un sobresalto. Las arenas de nuestras vidas se agotaban rápidamente. Durante la noche, Challenger había enchufado el tubo al cuarto cilindro, después de agotado el tercero. Era evidente que este también se estaba agotando. Otra vez experimenté la terrible opresión en mis sienes. Corrí hacia los cilindros, desenrosqué la boquilla del cuarto cilindro y la enchufé en nuestra última reserva. Al hacerlo me dio un pellizco la conciencia, porque tuve la sensación de que, si mantenía inactiva mi mano, fallecerían todos ellos mientras dormían. Pero rechacé tal idea al escuchar la voz de la señora, que gritaba desde el vestidor:

—¡George, George, me ahogo!

—No tenga miedo, señora —le contesté, al mismo tiempo que los demás se ponían en pie—. Acabo de abrir otro cilindro.

En un momento como aquel no pude evitar una sonrisa a la vista del espectáculo que ofrecía Challenger restregándose los ojos con sus enormes puños velludos. Semejaba un bebé barbudo que acaba de despertarse. Summerlee, igual que un hombre con tercianas; el temor físico, al darse cuenta de la situación, se sobrepuso por un momento al estoicismo del hombre de ciencia. Lord John, en cambio, estaba tan fresco y sereno como si acabase de despertar para una partida de caza. Miró el tubo, y dijo:

—Quinto y último. Bueno, muchacho, no me diga que se ha entretenido escribiendo sus impresiones en esos papeles, con la rodilla por mesa.

—Solo he hecho algunas anotaciones para matar el rato.

—No creo que nadie, como no sea un irlandés, haga tal cosa. Tendrá usted que esperar a que nuestra ameba crezca, si quiere contar con un lector. Por el momento, no creo que tenga donde guardar tanto material de lectura. Bien, *herr* profesor, ¿qué perspectivas tenemos?

Challenger miraba por la ventana hacia los grandes bancos de bruma matinal que flotaban sobre el paisaje. Aquí y allá, algunas colinas boscosas asomaban como islas cónicas por encima de un mar de yerba.

—Podría servirnos de mortaja —dijo la señora de Challenger, que había vuelto a entrar en el cuarto de vestir—. Aquí tienes, George, aquella canción que tú cantabas: «*Repícaparalo* viejo que se va; repica para lo nuevo que ha llegado". Era como una profecía. Pero están ustedes tiritando, amigos míos. Yo he pasado la noche bien abrigada bajo una colcha, y ustedes pasando frío en sus sillas. Voy a poner remedio en seguida.

La valerosa mujer desapareció otra vez; a los pocos minutos oímos el hervor de una cacerola, y poco después entró con cinco tazas de cacao humeante en una bandeja.

—Beban esto —nos dijo—, se sentirán mucho mejor.

Y así fue. Summerlee pidió permiso para encender su pipa, y todos fumamos cigarrillos. Creo que nuestros nervios se sosegaron, pero fue un error, porque la atmósfera del cuartito se hizo irrespirable. Challenger tuvo que abrir la claraboya.

—¿Cuánto durará esto, profesor?

—Quizá tres horas —contestó con un ligero encogimiento de hombros.

—A mí me solía dar miedo —dijo su esposa—, pero cuanto más me voy acercando al momento, más fácil me parece. ¿No crees que deberíamos rezar, George?

—Reza tú, querida, si así lo deseas —contestó el corpulento marido con acento cariñoso—. Todos tenemos nuestras maneras de rezar. Mi oración consiste en acatar con plena conformidad todo lo que mi destino me tenga reservado, el acatarlo gozosamente. Es ese un punto en el que parece que se funden la religión más elevada y también la ciencia más elevada.

—Realmente yo no podría definir mi actitud mental como conformidad, y mucho menos como conformidad gozosa —refunfuñó Summerlee, retirando un poco la pipa de su boca—. Me someto porque no tengo más remedio. Confieso que querría vivir un año más, con objeto de dar fin a mi tarea de clasificación de los fósiles calcáreos.

—Su obra inacabada significa poca cosa —dijo solemnemente Challenger— en comparación con el hecho de que mi *magnus opus*, *La escala de la vida*, se encuentra todavía en sus primeras etapas. En ese libro, que haría época pretendía condensar mis pensamientos, mis lecturas y mis experiencias; es decir, todo cuanto sé y valgo. Sin embargo, según he dicho, acato gozoso mi destino.

—Creo que todos hemos dejado algunos cabos sueltos —dijo lord John—. ¿Cuáles son los que usted deja, muchacho?

—Estaba preparando un volumen de versos —le contesté.

—¡Vaya! Por lo menos, de eso se libra el mundo —dijo lord John—. Todo tiene siempre alguna compensación, si bien se mira.

—¿Y usted? —le pregunté.

—Pues mire: yo lo tenía todo arreglado y dispuesto. Había prometido a Merivale marchar al Tíbet en primavera para cazar un leopardo de las nieves. Usted sí que lo sentirá, señora Challenger, ahora que acaba de arreglar este lindo hogar.

—Allí donde esté George tengo yo mi hogar. Pero ¡que no daría yo por poder pasear por última vez juntos en esas magníficas llanuras, respirando el aire puro de la mañana!

Sus palabras encontraron eco en nuestros corazones. El sol había roto por entre las brumas que lo ocultaban y toda la ancha zona del Wead se hallaba bañada en resplandores de oro. Sentados dentro de nuestra oscura y envenenada atmósfera, aquel panorama campestre, glorioso, puro, acariciado por el viento, aparecía como un ensueño de belleza. La señora Challenger dio suelta a su anhelo íntimo extendiendo el brazo hacia aquella visión.

Nosotros acercamos nuestras sillas y formamos semicírculo junto a la ventana. La atmósfera estaba ya muy cargada. Me pareció que las sombras de la muerte se cernían a nuestro alrededor: los últimos seres de nuestra raza. Era como una cortina invisible que se iba cerrando por todas partes.

—Creo que este cilindro dura ma nos de lo debido —dijo lord John, haciendo una inspiración profunda para llenar los pulmones.

—La cantidad de gas que contiene cada cilindro es variable —dijo Challenger— y depende de la presión y del cuidado que se ha tenido al embotellarlo. Me inclino a la opinión de usted, Roxton, este cilindro es defectuoso.

—De manera que nos han estafado la última hora de nuestras vidas —comentó, con amargura, Summerlee—. Es un magnífico ejemplo final de la sordidez de la época en que nos tocó vivir. Bien, Challenger, le ha llegado a usted el momento de estudiar subjetivamente los fenómenos que acompañan a la disolución física.

—Siéntate en el taburete, junto a mis rodillas, y dame tu mano —dijo Challenger a su esposa—. Creo, amigos míos, que no es aconsejable que sigamos por más tiempo respirando esta atmósfera insoportable. ¿Verdad que tú no lo deseas, corazón?

La esposa dejó escapar un leve gemido y apoyó el rostro contra las piernas de Challenger. Lord John dijo:

—Yo recuerdo haber visto a la gente bañándose en el Serpentín durante el invierno. Cuando todos están ya dentro, quedan uno o dos en la orilla tiritando, envidiando a los que ya se dieron el chapuzón. Los últimos son los que peor lo pasan. Yo estoy a favor de que nos demos la zambullida y acabemos ya.

—¿Abrirá la ventana, haciendo frente al éter?

—Mejor morir intoxicados que ahogados.

Summerlee cabeceó su reacia conformidad y alargó su mano enjuta a Challenger, diciéndole:

—A su tiempo hemos tenido nuestras disputas, pero eso ya pasó. Éramos buenos amigos y en el fondo nos respetábamos mutuamente. ¡Adiós!

—¡Adiós, querido amigo! —dijo lord John—. La ventana está sellada y no es posible abrirla.

Challenger se inclinó y levantó a su esposa, apretándola contra su pecho, mientras ella le rodeaba el cuello con sus brazos. Luego dijo con gravedad:

—Malone, haga el favor de darme esos prismáticos.

Se los entregué.

—¡Nos entregamos de nuevo en manos del Creador que nos hizo! —gritó con voz de trueno, y lanzó los gemelos contra el cristal de la ventana.

Cuando tintineaban aún los fragmentos de cristales rotos, nos dio en pleno rostro una sana bocanada de aire que soplaba, fresco y puro.

No sé cuánto tiempo permanecimos en silencio asombrados, pero recuerdo que volví a escuchar como en sueños la voz de Challenger, que gritaba:

—No encontramos de nuevo en condiciones normales. El mundo ha salido de la zona ponzoñosa. Nosotros somos los únicos ejemplares del linaje humano que se han salvado.

EL MUNDO MUERTO

Todos permanecimos respirando profundamente, sin movernos de nuestras sillas, mientras la brisa suave y húmeda del Sudoeste, después de refrescarse en el mar, hacía ondear las cortinas de muselina y abanicaba nuestros rostros encendidos. No sé cuánto tiempo estuvimos así, más tarde, ninguno de nosotros pudo coincidir con los demás sobre aquella cuestión. Nos sentíamos desconcertados, atontados, seminconscientes. Habiendo reunido todo nuestro valor parar morir, aquella nueva realidad, pavorosa y súbita, de que teníamos que seguir viviendo después de sobrevivir a toda la raza de la que formábamos parte, nos conmovió con la sacudida de un golpe físico y nos dejó abatidos. Después, y de una manera gradual, el mecanismo que había quedado en suspenso empezó de nuevo a ponerse en movimiento; las lanzaderas de la memoria empezaron a trabajar y las ideas volvieron a entretejerse en nuestras mentes. Vimos con claridad nítida e implacable las relaciones entre el pasado, el presente y el futuro; la clase de vida que habíamos llevado y la clase de vida que nos tocaría vivir en adelante. Cada cual volvió los ojos con silencioso espanto hacia los de sus compañeros y encontró en ellos idéntica mirada de respuesta. En lugar de sentir el júbilo que podía esperarse en unos hombres que habían estado a punto de morir, no sentimos sumergidos por una ola terrible de la más negra depresión. Todo cuanto en el mundo habíamos amado había sido barrido hacia el océano in-menso, infinito y desconocido, nos habíamos quedado aislados en esta isla desierta del mundo, sin compañeros, sin esperanzas y sin aspiraciones. Tendríamos que pasar algunos años vagando como chacales entre las tumbas de la raza humana, hasta que llegase nuestro fin, tardío y solitario.

—¡Es espantoso, George, espantoso! —exclamó la señora, ahogada en sollozos—. ¿Por qué no habremos muerto con los demás? ¿Por qué nos salvaste? Tengo la sensación de que nosotros somos los verdaderos muertos y de que todos los demás están con vida.

El ceño de Challenger estaba contraído mientras concentraba su pensamiento, y una de sus manazas hirsutas oprimía las manos de su esposa. Yo me había fijado en que siempre que ella se encontraba en alguna dificultad alargaba las manos hacia el profesor, lo mismo que una niña hacia su madre.

—Sin llegar en el fatalismo hasta el punto de «no resistir» —dijo—, siempre he podido comprobar que la sabiduría más elevada consiste en acatar la realidad.

Se expresaba lentamente y su voz tenía un tono sentimental.

—Pues yo no acato —dijo Summerlee con acento resuelto.

—No creo que tenga la menor importancia el que usted acate o no acate —comentó lord John—. No tiene más remedio que aceptarlo, lo mismo si lo hace dando puñetazos o tumbado en el suelo; de modo que importa un rábano que se conforme o no. No recuerdo que nadie nos haya pedido permiso cuando empezó todo este jaleo, y no creo tampoco que nadie nos lo pida ahora. ¿En qué altera, pues, la realidad lo que pensemos o dejemos de pensar?

—Entre lo uno y lo otro hay la misma diferencia que entre el ser feliz o el ser desgraciado —dijo Challenger, sumido en sus pensamientos y dando todavía golpecitos cariñosos en la mano de su esposa—. Se puede nadar a favor de la corriente, conservando la paz del alma y de la inteligencia, y se puede nadar a contracorriente, fatigándose y lastimándose. Lo que ocurre está por encima de nuestras posibilidades; de manera que aceptémoslo tal como viene y no hablemos más.

—Pero ¿qué diablos vamos a hacer? —pregunté yo, alzando mis ojos con desesperación hacia el firmamento azul y carente de vida—. Yo, por ejemplo, ¿qué puedo hacer? No existen periódicos, de modo que ahí encuentra punto final mi profesión.

—No ha quedado ningún animal vivo al que cazar, tampoco puede haber guerras, de manera que también la mía no tiene ya objeto —dijo lord John.

—No hay tampoco quien estudie, y, por tanto, huelga ya mi profesión —exclamó Summerlee.

—Pero yo tengo a mi esposo y tengo mi hogar, de modo que doy gracias al cielo de que mi vocación tenga en qué emplearse —dijo la dama.

—Tampoco mi profesión deja de tener un objetivo —comentó Challenger—, porque la ciencia no ha muerto, y esta misma catástrofe nos brindará muchísimos problemas apasionantes que investigar.

Challenger había abierto ya de par en par las ventanas y contemplaba el paisaje silencioso e inmóvil.

—Déjenme pasar —prosiguió—. Fue ayer a eso de las tres cuando el mundo penetró por completo en la zona ponzoñosa hasta el punto de quedar completamente sumergido en ella. Ahora son las nueve de la mañana. La cuestión que se plantea es esta: ¿a qué hora salió el mundo de esa zona tóxica?

—Al rayar el alba la atmósfera estaba irrespirable —dije yo.

—Y también más tarde —dijo la señora de Challenger—. Eran las ocho cuando yo sentí con fuerza el mismo ahogo que al amanecer.

—Es de suponer, pues, que el mundo salió de la zona ponzoñosa inmediatamente después de las ocho. Podemos deducir que el mundo ha permanecido por espacio de diecisiete horas embebido en el éter emponzoñado. Durante todo ese tiempo el Supremo Jardinero ha esterilizado el moho humano que se había desarrollado en la superficie de su fruto. Es posible que la desinfección haya resultado incompleta; es decir,

¿habrán podido sobrevivir otras personas aparte de nosotros?

—Lo mismo me estaba preguntando yo —dijo lord John—. ¿Por qué hemos de ser nosotros los únicos?

—Es absurdo suponer que haya sobrevivido nadie aparte de nosotros —dijo Summerlee con convencimiento—. Fíjense, el tóxico fue tan virulento, que un joven como Malone, fuerte como un toro y con el sistema nervioso bien templado, apenas pudo subir las escaleras y cayó inconsciente en el descansillo. ¿Qué probabilidad, habrá tenido nadie de resistir, no digo diecisiete horas, sino ni siquiera diecisiete minutos?

—A menos que alguna otra persona advirtiese lo que acontecía y tomase precauciones al igual que nuestro querido profesor.

—Me parece muy poco probable —dijo Challenger, mesándose la barba y entornando sus párpados—. No es probable que en una misma generación se den dos casos de personas en las que se combinen la capacidad de observación, de deducción y de imaginación previsora que a mí me permitió eludir el peligro.

—Según usted todos los seres humanos han muerto, sin duda alguna, ¿no es cierto?

—Muy pocas dudas caben al respecto. Sin embargo, hay que tener presente que el tóxico dejaba sentir sus efectos de abajo hacia arriba, siendo posiblemente menos virulento en las capas superiores de la atmósfera. Sin embargo, resulta extraña semejante propiedad, y nos ofrece una de esas características que nos brindan tema de estudio fascinante para el futuro. Según eso, si hubiésemos de buscar supervivientes, tendríamos que buscar en alguna aldea del Tíbet o en alguna granja de los Alpes, a muchos miles de pies de altura sobre el nivel del mar.

—Lo que, en resumen, quiere decir que, no existiendo ferrocarriles ni barcos de vapor, da lo mismo hablar de supervivientes en la Luna —dijo lord John—. No obstante lo que yo me pregunto es si este fenómeno ha desaparecido por completo, o si aún cabe esperar algún efecto secundario.

Summerlee estiró el cuello para recorrer con la mirada el horizonte, y dijo titubeando:

—Parece que la atmósfera está limpia y el tiempo es bueno, aunque ayer también ofrecía idéntico aspecto. No estoy completamente seguro de que el peligro haya desaparecido.

Challenger se encogió de hombros, y dijo:

—Nuevamente debemos adoptar un punto de vista fatalista. Si alguna otra vez el mundo ha pasado por esta situación, lo cual resulta perfectamente posible, debió de ser hacer muchísimo tiempo. Por consiguiente, podemos esperar con criterio razonable que transcurrirá también muchísimo tiempo antes de que se repita.

—Todo eso está muy bien —dijo lord John—; pero cuando ocurre un temblor de tierra, casi siempre le sigue otro terremoto. Creo que haríamos bien en estirar las piernas y respirar el aire puro mientras podamos. Como nuestra provisión de oxígeno está agotada, nos da lo mismo que, si vuelve a repetirse, nos sorprenda fuera que dentro.

Resultaba extraordinaria la insensibilidad absoluta que se había apoderado de nosotros como reacción tras de las tremendas emociones de las últimas veinticuatro horas. Esa insensibilidad era de índole mental y física, un sentimiento profundamente arraigado de que nada tenía importancia, de que todo esfuerzo resultaba aburrido e ineficaz.

Hasta el mismo Challenger cayó víctima de esa insensibilidad, y permaneció en su asiento con su enorme cabeza apoyada entre sus manos y absorto en lejanos pensamientos hasta que entre lord John y yo le agarramos uno de cada brazo, lo levantamos poniéndole de pie. Por toda contestación recibimos su mirada furiosa y el refunfuño de un mastín irritado. Sin embargo, una vez fuera de nuestro angosto refugio y amparados por la limpia atmósfera cotidiana, fuimos recobrando de manera gradual nuestra energía de siempre.

Pero ¿por dónde teníamos que empezar a actuar en un mundo convertido en un cementerio? ¿Se habría encarado el hombre alguna vez con problema semejante desde el alba de los tiempos? Ciertamente teníamos aseguradas para algún tiempo nuestras necesidades físicas, e incluso nuestras comodidades. No teníamos que hacer otra cosa que apoderarnos de los depósitos de alimentos, de las cosechas de vino guardadas en las bodegas y de todos los tesoros de arte. Pero ¿qué íbamos a hacer? Desde luego, se nos ofrecían algunas ocupaciones. Bajamos a la cocina y trasladamos a las dos mujeres del servicio a sus respectivas camas. Parecía que habrían fallecido sin sufrimientos, la una en una silla junto al fuego, y la otra en el suelo del cuarto de fregar. Acto seguido transportamos desde al patio al pobre Austin. Sus músculos tenían la rigidez de una tabla, sometidos al *rigor mortis* más exagerado, y la contracción de las fibras había cuajado su boca en una risa de burla cruel. Era este un detalle que se observaba en la mayoría de los que habían muerto por efecto del *daturon*. Adondequiera que íbamos salían al encuentro caras de expresión burlona que parecían mofarse de la espantosa situación en que nosotros habíamos quedado, y que miraban con risa silenciosa y maligna a los desdichados supervivientes de la raza humana.

—Escúchenme —dijo lord John, que se paseaba con desasosiego por el comedor mientras nosotros tomábamos un refrigerio—: no sé lo que les pasará a ustedes, pero yo materialmente no puedo, no puedo quedarme aquí sentado y sin hacer nada.

—Veamos si se digna usted sugerirnos lo que deberíamos hacer —le contestó Challenger.

—Salir por ahí a ver qué es lo que ha ocurrido.

—Estoy totalmente de acuerdo.

—Pero no en esta aldea. Desde la ventana podemos ver todo lo que hay que ver en ella.

—¿Y adonde quiere que nos dirijamos?

—¡A Londres!

—Conforme —refunfuñó Summerlee—. Quizás sea usted capaz de una caminata de cuarenta millas; pero yo creo no poder realizarla y Challenger, que es paticorto, estoy seguro de que yo no llegaría a tanto.

Aquello molestó muchísimo al profesor.

—Si usted se limitase a comentar sus propias características corporales, encontraría mucho tema de observación —exclamó.

—No lo dije con intención de ofenderle, mi querido Challenger —contestó nuestro indiscreto amigo—. No se le puede hacer responsable de la conformación de su cuerpo. Si la Naturaleza le ha dotado de un tronco voluminoso y corto, por fuerza ha tenido también que dotarle de piernas cortas.

La indignación impidió contestar a Challenger que no podía hacer otra cosa que gruñir, parpadear y encresparse. Lord John se apresuró a intervenir antes que la disputa pasase a mayores, diciendo:

—Habla usted de ir a pie. ¿Por qué habríamos de hacer el viaje caminando?

—Quiere usted dar a entender que podríamos hacerlo de otro modo? —preguntó Challenger, a punto de estallar otra vez.

—¿Es que le ha pasado algo al automóvil? ¿Por qué no habríamos de utilizarlo?

—Yo no sé conducir —dijo Challenger, acariciando meditabundo su barba—. Sin embargo, usted está en lo cierto al suponer que el entendimiento humano, en sus más elevadas manifestaciones, debería mostrarse lo bastante flexible para adaptarse a todo. Su idea es excelente, lord John. Yo mismo los llevaré hasta Londres al volante del auto.

—Usted no hará tal cosa —exclamó Summerlee, muy resuelto.

—¡De ninguna manera, George! —exclamó también la señora—. Recuerda que lo intentaste una vez y que te diste contra la puerta del garaje.

—Fue una falta momentánea de concentración —respondió Challenger, imperturbable—. Asunto arreglado. Seré yo quien conduzca hasta Londres.

Lord John trajo un alivio a la situación preguntando:

—¿Qué marca es?

—Un Humber de veinte caballos.

—Lo llevo manejando muchos años. ¡Por vida de...! —agregó—. Jamás imaginé vivir como para llevar a toda la Humanidad dentro de un Humber. ¿Es de cinco plazas, verdad? Cojan lo que tengan que coger, yo les espero a las diez con el coche a la puerta.

Y, en efecto, a esa hora salió el coche del patio con ronroneos y ruidos metálicos, llevando a lord John al volante. Tomé asiento a su lado, mientras la señora, convertida en oportuno parachoques, se embutió entre aquellos dos varones coléricos en el asiento de atrás. Lord John soltó el freno, cambió rápidamente la palanca de primera a tercera, y partimos veloces para el viaje más extraordinario que ser humano alguno haya tenido oportunidad de efectuar.

Imagínense ustedes todo el encanto de la Naturaleza en aquel día del mes de agosto, el frescor del aire matinal, la dorada luminosidad del fulgor de un sol veraniego, el cielo límpido, el frondoso verdor de los bosques de Sussex, y las tonalidades de un vivo color púrpura de los llanos cubiertos de brezo. Al mirar a nuestro alrededor y contemplar aquella belleza multicolor, ni por un momento recordamos la inmensa catástrofe acontecida, a no ser por el silencio solemne que lo envolvía todo. En las regiones densamente pobladas siempre se escucha una especie de suave zumbido de vida, tan ininterrumpido y profundo que dejamos de percibirlo, igual que les ocurre a los moradores de las poblaciones de la costa que pierden la conciencia del murmullo constante del oleaje. El piar de los pájaros, el zumbido de los insectos, el eco lejano de las voces, el mugir del ganado, los ladridos de perros a distancia, el retumbar de los trenes y el traqueteo de coches y carros, todo ello se funde en una nota de tono profundo y constante, que vibra en nuestros oídos sin que estos la perciban de ordinario. Ahora lo echábamos de menos. Aquel silencio de muerte resulta aterrador. Era tan solemne, tan impresionante, que el ronroneo y el traqueteo de nuestro automóvil sonaba a intolerable estremecimiento, a indecorosa desatención hacia aquel sosiego reverente que cubría cual sudario envolviendo por todas partes los restos de la Humanidad. Aquella dolorosa mudez y las altas nubes de humo que se alzaban aquí y allá de las casas de campo que aún ardían sin llama, nos helaban el corazón cuando contemplábamos el maravilloso panorama de la región del Wead.

Pero, además, ¡los cadáveres! Aquellos grupos de caras estiradas que mostraban los dientes al principio nos produjeron escalofríos de espanto. Tan aguda y penetrante fue la impresión que dejó en mí, que revivo otra vez el descenso por Station

Hill, el momento de cruzamos con la niñera y los dos bebés, el espectáculo del caballo abatido entre las varas del coche, el cochero encogido en su pescante, del joven del interior, con la mano en la portezuela a punto de saltar al suelo. Más abajo, un grupo de segadores, revueltos unos con otros, con los miembros entrecruzados y los ojos muertos, rígidos vueltos hacia el cielo resplandeciente. Lo veo todo como si tuviera delante una fotografía. Pero, gracias a la Naturaleza misericordiosa, los sistemas nerviosos sobreexcitados dejaron pronto de reaccionar. Los individuos se fundieron en grupos; los grupos, en multitudes; las multitudes, en un fenómeno universal que acabamos pronto por aceptar como detalle inevitable de todo lo que veíamos. Únicamente aquí y allá, cuando un incidente brutal o grotesco hería nuestras pupilas, volvía el pensamiento con un súbito choque al alcance personal y humano de todo aquello. Sobre todo, resultaba doloroso el destino de los niños. Recuerdo que aquello nos producía la más fuerte sensación de injusticia intolerable. Cuando cruzamos frente a una gran escuela municipal y vimos el largo cortejo de cuerpecitos desparramados en la carretera que a ella conducía, sentimos ganas de llorar, y, en efecto, la señora Challenger lloró. Por lo visto, los aterrados maestros les dieron suelta, y los muchachos corrían a sus casas en el momento en que el *daturon* los envolvía en su red. Veíanse muchísimas personas asomadas a las ventanas de sus casas, abiertas de par en par. En Tunbridge Wells apenas si había alguna de esas personas que no pareciese estar mirando con expresión atónita y sonriente. La necesidad de aire, aquel mismo anhelo de oxígeno que únicamente nosotros habíamos podido satisfacer, les hizo correr en el último instante hacia las ventanas. También las aceras estaban sembradas de hombres y de mujeres, sin sus sombreros, que habían salido precipitadamente a la calle. Muchos habían caído sobre la calzada, tuvimos suerte de que lord John fuese un experto conductor, porque no resultaba fácil sortearlos. Cuando cruzábamos aldeas y pueblos teníamos que marchar a una velocidad de peatón, y recuerdo que frente a la escuela de Tunbridge tuvimos que detenemos algún tiempo para apartar a un lado varios cadáveres que nos cerraban el paso.

Del amplio panorama de muerte que se nos ofreció por las carreteras de Sussex y de Kent surgen al primer plano de mi memoria determinados cuadros. Uno de ellos, el de un resplandeciente automóvil que estaba en la parte exterior de la aldea de Southborough. Seguramente conducía a un grupo de excursionistas que regresaban de Brighton o de Eastboume. Dentro del automóvil había tres mujeres vestidas descocadamente, las tres jóvenes y hermosas; una de ellas tenía sobre el regazo un perro pequinés. Las acompañaban un señor entrado en años, con aspecto de juerguista, y un joven aristócrata que tenía aún el monóculo en el ojo y el cigarrillo, reducido a ínfima colilla, entre los dedos de su mano pulcramente enguantada. La muerte se debió apoderar de ellos instantáneamente, dejándolos como clavados en sus asientos. Se hubiera dicho que estaban dormidos, salvo que el hombre entrado en años se había arrancado el cuello de la camisa en un esfuerzo por respirar. A un lado del automóvil cerca del estribo del coche, yacía encogido, un camarero que había dejado caer la bandeja haciendo pedazos los vasos que llevaba. Al otro lado del automóvil, dos vagabundos harapientos, hombre y mujer, yacían en el mismo lugar en que habían caído, y el hombre extendía aún su brazo descarnado pidiendo limosna, tal y como lo había hecho durante su vida. Había bastado un segundo para colocar al aristócrata, al camarero, al vagabundo y al perro en el mismo plano de protoplasma inerte en descomposición.

Recuerdo otro cuadro singular, que vimos a unas millas de distancia entre Sevenoaks y Londres. A la izquierda de la carretera se alza un enorme convento que tiene delante un prolongado declive de césped. En aquel declive se habían reunido varias alumnas de la escuela, arrodillándose para rezar. Delante de ellos veíase una hilera de monjas, y en lo alto del repecho un solo cadáver, que nos pareció sería el de la madre superiora. Al revés de lo que les había ocurrido a los alegres viajeros del automóvil, se habría dicho que en aquel lugar imaginaron el peligro y se dispusieron a una muerte hermosa todas juntas, las maestras y las alumnas, reunidas para dar su última lección.

Mi espíritu sigue todavía como atontado por tan terrorífico suceso, y busco en vano medios con que expresar las emociones que sentí. Quizás lo mejor y lo más prudente sea no intentarlo, limitándome a dejar constancia de los hechos. Incluso Summerlee y Challenger estaban como aplastados, y a nuestras espaldas no oíamos pronunciar una palabra, salvo cuando la señora dejaba escapar algún remedio. En cuando a lord John, se hallaba demasiado atento al volante y a la difícil tarea de buscar camino libre en tales carreteras para poder dedicar su tiempo a la conversación, o para sentirse tentado a ella. Únicamente recurrió con aburrida reiteración a una frase que se quedó grabada en mi memoria, y que casi acabó por hacerme reír al pensar en que se trataba de un comentario en ese día del Juicio final.

—¡Linda faena! ¿No?

Tal era la exclamación que dejaba escapar cuantas veces se exhibía delante nuestro alguna nueva y tremenda combinación de muertes y catástrofes.

—¡Linda faena! ¿No? —Fue lo que dijo cuando bajábamos por la cuesta abajo de la Station Hill de Rotherfield.

Y también soltó una «¡Linda faena! ¿No?», cuando pasaba dificultosamente por entre una soledad de muerte en la calle mayor de Lewisham y en la carretera vieja de Kent.

En aquel lugar fue donde tuvimos un súbito estremecimiento que nos dejó atónitos. Por la ventana de una humilde casa de esquina salía un pañuelo que ondeaba al viento sostenido por un brazo humano largo y delgado. Aquella asombrosa señal de vida detuvo nuestro pulso un instante, para luego latir alocadamente, mucho más que todas aquellas visiones de muerte inesperadas. Lord John acercó el auto al bordillo de la acera, y en un instante desapreció por la puerta abierta de la casa y subió por la escalera hasta el cuarto delantero del segundo piso, que era el lugar desde donde se hacía aquella señal.

Sentada en una silla, junto a la ventana abierta, encontramos a una mujer muy anciana, y a su lado, sobre otra silla, un cilindro de oxígeno, más pequeño, pero de forma idéntica a los que nos habían salvado la vida a nosotros. Volvió su cara seca, estirada, con gafas, hacia la puerta en la que nos habíamos agolpado todos, y nos dijo:

—Temí que me hubiesen abandonado aquí para siempre, soy inválida, no puedo moverme.

—Bien, señora —repuso Challenger—. Ha sido una suerte que la encontrásemos.

—Desearía preguntarles una cosa muy importante caballeros —dijo ella—. Y les ruego que me hablen con franqueza. ¿Qué efecto creen que tendrán estos sucesos en la cotización de las acciones del ferrocarril de Londres y del Noroeste?

Nos hubiéramos echado a reír a no ser por la trágica ansiedad con que se quedó esperando nuestra respuesta. La señora Burston, que así se llamaba, era una viuda anciana cuyo único ingreso dependía de un puñadito de acciones de aquella sociedad. Venía acomodando su vida de acuerdo con el alza o la baja de sus dividendos, y ella no podía concebir su existencia sino en función de la cotización de sus acciones. Fue inútil que tratásemos de explicarle que todo el dinero del mundo era suyo, no tenía nada más que tomarlo y que le sería completamente inútil una vez lo poseyera. Su viejo cerebro era incapaz de adaptarse a la nueva idea, y lloró ruidosamente pensando en que se había quedado sin sus acciones.

—Era todo cuanto poseía —gimoteó—. Si ya no existe, no vale la pena que yo siga viviendo.

En medio de sus lamentaciones pudimos enteramos de cómo había salvado la vida, planta anciana y frágil, cuando todo el bosque inmenso había sucumbido. Era una inválida incurable y padecía asma. Por su enfermedad, habíanle recetado oxígeno y en el momento de la crisis tenía a mano un cilindro. Según terna por costumbre cuando sentía los ahogos, había utilizado su cilindro de oxígeno. Esto la alivió, y administrando bien su reserva, había logrado sobrevivir aquella noche. Por último, quedose dormida, y la despertó el zumbido de nuestro automóvil. Dado que era imposible llevarla con nosotros, cuidamos de dejarle a mano todo lo necesario para su subsistencia, prometiéndole volver lo más tarde dos días después. Luego la dejamos sin lograr consolarla por la pérdida de sus acciones.

A medida que nos fuimos acercando al Támesis, los obstáculos en las calles eran más grandes y más molestos. Con grandes dificultades pudimos cruzar el puente de Londres. El acceso al mismo por el lado de Middlesex se hallaba cerrado en toda su extensión por el tráfico que quedó congelado y que imposibilitaba todo avance en aquella dirección. Junto a uno de los muelles en las proximidades del puente ardía un barco, y el aire estaba lleno de pavesas y del olor fuerte y acre a quemado. Hacia el edificio del Parlamento veíase una nube de humo espeso; pero desde donde estábamos era imposible distinguir lo que ardía.

—No sé lo que ustedes pensarán —dijo lord John en el momento de parar el motor—; pero a mí me parece que el campo es más alegre que la ciudad. Este Londres muerto me resulta insoportable. Yo daría vuelta y regresaría a Rotherfield después de echar un vistazo.

—Confieso que no comprendo qué esperamos encontrar aquí —dijo el profesor Summerlee.

—Pese a todo —comentó Challenger, y su gruesa voz retumbaba de una manera extraña en aquel silencio—, resulta difícil concebir que de siete millones de personas solo haya sobrevivido a la catástrofe una anciana.

—Si hubieran sobrevivido otras personas, George, ¿cómo hacer para dar con ellas? Sin embargo, estoy de acuerdo contigo en que no debemos regresar sin hacer alguna tentativa.

Nos apeamos del automóvil, dejándolo junto al bordillo de la acera, y con bastantes dificultades avanzamos por la concurrida acera de King William Street, franqueando la puerta de unas grandes oficinas de seguros. Era un edificio que formaba esquina, lo elegimos porque desde allí se dominaba el panorama en todas direcciones. Subiendo por la escalera, atravesamos una sala que seguramente era la de los directores, ya que en ella encontramos a ocho ancianos sentados alrededor de una espaciosa mesa que había en el centro. La ventana estaba abierta, y todos salimos al balcón. Desde allí veíamos las concurridas calles de la City que irradiaban en todas direcciones, mientras que a nuestros pies la calzada aparecía negra de acera a acera, cubierta por las capotas de los taxis inmóviles. Casi todos ellos marchaban fuera de la City, demostrando que los aterrados hombres de negocios habían realizado en el último instante una inútil tentativa por ir a reunirse con sus familias en los barrios exteriores o en el campo. Aquí y allá entre los coches más humildes, descollaba el gran automóvil reluciente de algún opulento magnate, encallado sin remedio entre el maldito torrente del tráfico interrumpido. A nuestros pies veíase uno de gran tamaño y aspecto lujoso, cuyo propietario, un anciano gordinflón, con la mitad del cuerpo fuera de la ventanilla, alargaba su mano carnosa y resplandeciente de diamantes, apremiando al chófer para que hiciese un último esfuerzo a fin de abrirse paso por entre aquel apiñamiento.

En medio de aquel torrente sobresalían como islas una docena de autobuses; los pasajeros que llenaban sus imperiales yacían amontonados los unos encima de los otros, como los juguetes de un niño en su cuarto de jugar. En el centro de la calzada, sobre un ancho pedestal de foco luminoso, un fornido guardia se mantenía en pie, con la espalda apoyada en una farola, en actitud tan natural, que resultaba difícil imaginar que era un muerto más, mientras que a sus pies yacía un harapiento vendedor de periódicos al lado de un montón de diarios. Un carro de reparto había quedado bloqueado entre la multitud, y distinguimos en grandes letras de negro sobre amarillo estos rótulos: «Incidente en los Lores. Un partido que se suspende.» Aquella era, sin duda, la primera edición, porque se veían otros cartelones con esta leyenda: «¿Se acerca el fin? Advertencia de un gran científico.» Y otro: «¿Tiene razón Challenger? Rumores persistentes».

Challenger le señaló a su esposa este último cartelón que flotaba como una bandera sobre la multitud. Me fijé en cómo enarcaba el pecho y se acariciaba la barba contemplándolo. Complacía y halagaba a aquella alma completa el pensar que Londres había muerto con su nombre y sus advertencias, presentes aún en el pensamiento de todos. De tal manera saltaban a la vista sus sentimientos, que despertaron un burlón comentario de su colega:

—En las candilejas hasta el último instante.

—Así parece —contestó muy satisfecho; pero luego contemplando el largo panorama de calles, todas envueltas en silencio y repletas de muertos agregó—: Bien; la verdad es que no veo qué se adelanta con que permanezcamos más tiempo en Londres. Sugiero que regresemos inmediatamente a Rotherfield y que, una vez allí, celebremos consejo para discutir cómo podemos emplear de la manera más provechosa los años que aún nos quedan de vida.

Tan solo quiero presentar un último cuadro de las escenas de la City muerta que nos llevamos en la memoria. Se trata de una visión rápida que tuvimos del interior de la vieja iglesia de St. Mary, que se levanta en el lugar donde nos esperaba nuestro automóvil. Abriéndonos paso por entre los cuerpos caídos en los escalones de la misma, empujamos la puerta y entramos. Era un espectáculo maravilloso. Toda la iglesia era una masa de cuerpos arrodillados en todas las posturas de oración y de humildad. En el último instante trágico, el pueblo aterrado, viéndose de pronto frente a las realidades de la vida, las tremendas realidades que nos dominan incluso cuando vamos persiguiendo sombras; se había precipitado dentro de las viejas iglesias de la City que durante muchas generaciones apenas si habían logrado reunir una congregación de feligreses. Dentro de ellas se amontonaron todo lo apretadamente que les permitía su necesidad de arrodillarse; era tal su agitación, que muchos llevaban todavía puestos sus sombreros, mientras que un hombre joven, con ropas laicas, dominándolos desde el púlpito, parecía estar predicando en el justo instante en que todos murieron. El predicador estaba ahora, igual que Punch en su casilla de títeres, con la cabeza y los brazos fláccidos colgando por encima del borde del púlpito. ¡Qué pesadilla! ¡La iglesia gris y polvorienta, las hileras de figuras angustiadas, la penumbra y el silencio envolviéndolo todo! De puntillas, hablando con ahogados cuchicheos, recorrimos la iglesia.

Tuve una súbita idea. En un ángulo, cerca de la puerta, se alzaba la pila bautismal, y detrás, un nicho profundo en el que colgaban las cuerdas con que los campaneros hacen sonar las campanas. ¿Por qué no habíamos de servirnos de ellas para enviar un mensaje por encima de todo el ámbito de Londres, a fin de atraer de ese modo la atención de cuantos pudieran estar vivos aún? Corrí hasta aquel lugar y tiré de la cuerda revestida de franjas tela para mejor afianzar la mano. Me sorprendió lo difícil que resultaba el voltear la campana. Lord John me había seguido, y despojándose de su chaqueta me dijo:

—Por vida de..., que ha tenido usted una idea condenadamente oportuna. Deje que agarre la cuerda, y ya verá que pronto la movemos.

Pero ni aun así; la campana era tan pesada que hasta que Challenger y Summerlee no agregaron su peso al nuestro no escuchamos por encima de nuestras cabezas el sonoro retumbo y el estrépito que nos anunció que el enorme badajo estaba lanzando por los aires su música. Nuestro mensaje de camaradería, de esperanza, a cualquier ser humano que hubiese sobrevivido resonó por todo el ámbito del Londres muerto. Aquella llamada vibrante y metálica reanimó nuestros corazones, y nos entregamos con mayor ímpetu a la tarea; cada impulso hacia arriba de la cuerda nos levantaba dos pies por encima del suelo, pero todos juntos dábamos a una el tirón hacia abajo; Challenger, que era el de menor estatura, ponía en la empresa su enorme fuerza, saltando y cayendo igual que una rana gigante, croando a cada tirón que daba. Aquel era un momento como para que algún artista trazase un dibujo de los cuatro aventureros, antaño camaradas en muchos y extraordinarios peligros, y elegidos ahora por el Destino para pasar por una experiencia tan singular. Trabajamos durante media hora, el sudor nos corría por la cara, y los brazos y espaldas nos dolían debido al esfuerzo. A continuación, salimos al atrio de la iglesia y miramos en todas direcciones por las calles silenciosas y atascadas. Ni un solo sonido, ni el más pequeño movimiento, en respuesta a nuestra llamada.

—Es inútil. No hay supervivientes —exclamé.

Subimos al automóvil sin pronunciar una palabra más. Lord John maniobró para que el auto diese media vuelta, enfilando hacia el Sur. Nos pareció que aquel capítulo había concluido. Estábamos muy lejos de prever el sorprendente nuevo capítulo que iba a empezar.

—No podemos hacer nada más —dijo la señora Challenger—. Por amor de Dios, George, regresemos a Rotherfield. Enloqueceré si permanecemos otra hora más en esta horrenda y muda ciudad.

EL GRAN DESPERTAR

Y con esto llego al fin de este incidente extraordinario tan asombroso por su importancia, no solo en nuestras pequeñas vidas individuales, sino en la historia del género humano. Ya dije al empezar esta narración que, cuando se escriba la historia de lo ocurrido, este acontecimiento destacará seguramente entre todos los demás, al igual que una alta montaña entre sus aledaños. Nuestra generación puede afirmar que ha estado reservada para un destino asaz extraordinario, puesto que fue elegida para pasar por una experiencia tan maravillosa. Solo el porvenir nos demostrará la duración de sus efectos, es decir, hasta cuándo el género humano conservará la humildad y la reverencia que le ha enseñado este golpe tan violento que sacudió sus cimientos. Creo que se puede afirmar con seguridad que las cosas ya no volverán a ser exactamente como eran. Resulta imposible comprobar nuestra impotencia y nuestra ignorancia, y hasta qué punto estamos sostenidos por una mano invisible, mientras no llega el momento en que esta mano parece que se cierra y que nos estruja. La muerte se ha cernido inminente sobre nosotros. Sabemos que eso mismo puede volver a ocurrir en cualquier momento. Esa áspera realidad ensombrece nuestras vidas, pero ¿quién es capaz de negar que el sentido del deber, el sentimiento de sobriedad y de responsabilidad, la estimación de la seriedad y de la finalidad de la vida, el firme anhelo de progresar y de mejorar espiritualmente se han desarrollado bajo esa sombra, hasta el punto de haberse contagiado a toda nuestra sociedad, de un extremo a otro? Es algo que está por encima de todas las sectas y de todos los dogmas. Es más bien un cambio de perspectiva, un cambio en nuestro sentido de la proporción, una vivísima comprobación de que somos criaturas insignificantes que se desvanecen, que existen por una tolerancia y que están a merced del primer viento frío que sopla desde lo desconocido. Pero, si bien es cierto que el mundo ha adquirido una seriedad mayor gracias a este conocimiento, no creo que por ello sea un lugar más triste. Todos estamos de acuerdo, desde luego, en que los placeres del presente, aunque más morigerados y moderados, son más profundos y más inteligentes que el ajetreo bullicioso y alocado que antaño solía con frecuencia llamarse diversión —digo antaño, aunque me refiero a una época recientísima, pero que hoy resulta inconcebible—. Aquellas vidas vacías, malgastadas en visitar y ser visitados sin motivo alguno, en las preocupaciones de mantener un tren de vida complicado e innecesario, en preparar y consumir platos y manjares complicados y difíciles, todas ellas han encontrado sosiego y salud en la lectura, en la música, en la grata unión familiar producida por una división más sencilla y más saludable del tiempo de que disponen. Disfrutando de mayor salud y de mayores satisfacciones, esas vidas son más ricas que antes, incluso después de haber pagado al fondo común una suma mayor de contribuciones para elevar el nivel de vida en estas islas.

Se ha discutido bastante sobre cuál fue la hora exacta del gran despertar. La mayoría está de acuerdo en que, con independencia del adelanto o retraso de los relojes, han podido influir ciertos elementos locales en la acción del *daturon*. Desde luego, en cada zona la resurrección tuvo lugar prácticamente de manera simultánea. Son numerosos los testigos que afirman que el Big Ben marcaba en ese instante las seis y diez minutos. El Astrónomo Real la ha fijado en las seis y doce minutos, hora de Greenwich. Por otro lado, Laird Johnson, observador muy capacitado de East Anglia, la fija en las seis y veinte. En las Hébridas fue más tarde, a las siete. Por lo que a nosotros respecta, no cabe duda alguna, porque yo me encontraba sentado en el despacho de Challenger en ese momento, y tenía delante de mí su bien comprobado cronómetro. Fue a las seis y cuarto.

Un abatimiento enorme abrumaba nuestros ánimos. El efecto acumulativo del espectáculo espantoso que habíamos presenciado durante nuestro viaje pesaba sobre mi alma como una losa de plomo. Dada mi exuberante vitalidad física y mi energía, cualquier clase de ensombrecimiento mental resultaba un hecho poco frecuente. Poseo esa característica propia de los irlandeses de saber percibir un destello de alegría por encima de cualquier tristeza. Pero en aquella ocasión la oscuridad era abrumadora y sin ningún rayo de luz. Mis compañeros se hallaban en la planta baja trazando sus planes para el porvenir. Yo me senté junto a la ventana abierta con la barbilla apoyada en la mano y mis pensamientos concentrados en nuestra dolorosa situación. ¿Continuaríamos viviendo? Esa era la pregunta que yo había empezado a plantearme. ¿Era posible vivir en un mundo muerto? De la misma manera que, según una ley física, el cuerpo mayor atrae al menor, ¿no sentiríamos nosotros una atracción arrebatadora ejercida por aquella inmensa hueste de Humanidad que había pasado a lo desconocido? ¿De qué forma nos llegaría el final? ¿No entraríamos de nuevo en otra zona ponzoñosa? ¿No quedaría la Tierra inhabitable a consecuencia de los productos mefíticos de aquella podredumbre universal? O, finalmente, ¿no acabaría nuestra espantosa situación por afectar y desequilibrar nuestras mentes? ¡Un grupo de locos en un mundo muerto! Meditaba yo sobre esa última terrible posibilidad, cuando oí un leve ruido que me obligó a mirar la carretera que tenía debajo. ¡El caballejo subía por la cuesta tirando del coche!

En el mismo instante tuve conciencia del gorjear de los pájaros, de un carraspeo en el patio que tenía a mis pies, y de un fondo de movimientos en el paisaje. Sin embargo, recuerdo que fue aquel caballejo absurdo, flaco y decrépito el que retuvo mi atención. Jadeando, subía por la pendiente, muy despacio.

Acto seguido mis pupilas se fijaron en el cochero que estaba sentado y erguido en el pescante, y, por último, al joven que se asomaba a la ventanilla bastante excitado y daba a gritos una orden. ¡Sin lugar a dudas, todos ellos se encontraban agresivamente llenos de vida!

¡Todo el mundo estaba vivo nuevamente! ¿Acaso había sido todo ello una ilusión? ¿Podía concebirse que todo aquel incidente de la zona ponzoñosa no hubiese sido sino un complicado sueño? Mi cerebro sobresaltado se inclinó por un momento a creerlo. Pero bajé la vista y descubrí en mi mano la ampolla, cada vez mayor, que en ella había levantado la cuerda de la campana de la City. Entonces, todo aquello había ocurrido en realidad. Sin embargo, aquí estaba el mundo resucitado, aquí teníamos a la vida que nuevamente había sumergido al mundo en plena pleamar. Mis ojos fueron recorriendo el inmenso paisaje, descubriendo la vida en todas direcciones y moviéndose, con gran asombro mío, dentro de las mismas rutinas en que se había detenido. Allí estaban los jugadores de golf. ¿Era posible que siguiesen con la misma partida? Sí, allí estaba uno de los jugadores iniciando el juego desde el punto de partida, y aquel otro grupo sobre el césped verde apuntaba, sin duda, hacia el agujero. Los segadores volvían lentamente a su trabajo. La niñera dio un cachete a uno de los dos niños y empezó a empujar el cochecito cuesta arriba. Todos habían reanudado despreocupadamente el hilo de su vida en el mismo punto en que lo habían dejado.

Corrí escaleras abajo; la puerta del vestíbulo estaba abierta, y pude oír las voces de mis compañeros expresando su asombro y sus felicitaciones. ¡Qué apretones de mano se daban y de qué manera se reían todos a una, y cómo la señora de Challenger, sin poder dominar su emoción, nos besó a todos antes de arrojarse, por último, en los brazos de oso de su marido!

¡No es posible que todos ellos estuviesen dormidos! —exclamó lord John—. ¡Qué el diablo se lo lleve todo, Challenger! ¿No irá usted a creer que toda esa gente estaba nada más que dormida, con aquellos ojos vidriosos, los miembros rígidos y la espantosa sonrisa de muerte en sus caras?

—Tan solo cabe una posibilidad: que se trate de lo que llamamos catalepsia —dijo Challenger—. Siempre ha existido, aunque no es una enfermedad muy común. Habitualmente se la confunde con la muerte. Cuando hace aparición la catalepsia, la temperatura desciende, desaparece la respiración, los latidos del corazón no se perciben; en una palabra: es la muerte, solo que una muerte pasajera. —Cerró los ojos y dejo caer una sonrisa bobalicona—. Hasta la mente más comprensiva es incapaz de concebir una plaga universal de catalepsia como esta que hemos visto.

—Si gusta, póngale la etiqueta de catalepsia —hizo notar Summerlee—. Después de todo, solo se trata de un vocablo, y nosotros sabemos de ello tan poco como acerca del gas tóxico que la ha producido. Todo lo más que podemos decir es que un emponzoñamiento del éter ha producido una muerte pasajera.

Austin estaba sentado en el estribo del automóvil, completamente encogido. Era su tos la que yo había oído desde el piso de arriba. Se apretaba la cabeza entre las manos en silencio, pero de pronto empezó a mascullar entre dientes, como si hablara consigo mismo, al mismo tiempo que examinaba el coche con la mirada.

—¡Vaya estúpido! —gruñó—. ¡No puede dejar las cosas tal como las encuentra!...

—¿Qué le ocurre, Austin?

—Que han dejado los engrasadores destapados, señor. Alguien ha estado andando en el coche, supongo que habrá sido el joven jardinero.

Lord John demostró en la expresión de su rostro su culpabilidad.

—No sé qué es lo que me ha pasado —prosiguió Austin, poniéndose tambaleante en pie—. Cuando estaba lavando el coche sentí una cosa rara. Creo recordar que me caí junto al estribo, pero juraría que no dejé abiertas las espitas de los engrasadores.

Tuvimos que explicar al atónito Austin lo que le había ocurrido a él y a todo el mundo. También se le explicó el misterio de que los engrasadores estuviesen abiertos. Nos escuchó con expresión de profundo recelo cuando le contamos que un aficionado había conducido su automóvil; pero su recelo se trocó en vivo interés al oír relatadas en pocas frases nuestras aventuras en un Londres dormido. Recuerdo el comentario que hizo al terminar la narración.

—¿Pasaron ustedes junto al Baco de Inglaterra, señor?

—Sí, Austin.

—¿Con todos los millones que tenía dentro y estando todo el mundo dormido?

—Así es.

—¡Lástima de no haber ido con ustedes! —gimió, y se puso otra vez a lavar el coche con expresión de abatimiento.

De pronto rechinaron unas ruedas sobre la gravilla. El viejo coche se había detenido delante de la puerta de Challenger. Vi cómo el joven ocupante del vehículo saltaba al exterior. Un instante después, la doncella, que estaba tan despeinada y despistada como si en aquel instante se hubiese despertado del sueño más profundo, se presentó con una tarjeta en una bandeja. Al leerla Challenger dio un feroz bufido, y pareció que sus cabellos negros se erizaban de ira.

—¡Un periodista! —refunfuñó; pero luego con una sonrisa de excusa dijo—: Después de todo, es natural que todo el mundo tenga prisa por saber lo que pienso de semejante acontecimiento.

—No puede ser cierto —dijo Summerlee—. Ese hombre se encontraba dentro de su coche en la carretera antes que sobreviniese la crisis.

Miré la tarjeta: «James Baxter, corresponsal en Londres del New York Monitor».

—¿Va a recibirlo? —pregunté a Challenger.

—Ni hablar.

—¡George, deberías ser más amable y atento con los demás! Lo que hemos pasado debería haberte enseñado algo.

Challenger movió su cabeza obstinada, a derecha e izquierda refunfuñando:

—¡Menuda raza venenosa! ¿No es cierto, Malone? ¡Es la peor casta de hombres que ha producido la civilización moderna, una herramienta propicia para los charlatanes y un estorbo para los hombres respetables! ¿Acaso tuvieron jamás una frase amable para mí?

—¿Y acaso tuvo usted jamás una frase amable para ellos? —le contesté—. ¡Ea!, señor, se trata de un extranjero que ha hecho un viaje para visitarlo. Estoy seguro de que no se mostrará descortés con él.

—Bien, bien —refunfuñó—; venga usted conmigo y encárguese de mantener la conversación. Protesto de antemano ante tan intolerable intromisión en mi vida privada.

Me siguió igual que un mastín irritado y agresivo, mascullando y refunfuñando entre dientes.

El joven y apuesto norteamericano sacó su cuaderno de notas y se zambulló instantáneamente en el tema, diciendo:

—Señor, he venido a visitarle porque a nuestros lectores de Norteamérica les agradaría muchísimo conocer más detalles acerca del peligro que, en opinión de usted, apremia de manera inminente a la humanidad.

—Que yo sepa, no hay en este momento ningún peligro que apremie de manera inminente a nadie —contestó con brusquedad Challenger.

—Me refería, señor, a la probabilidad de que el mundo pudiera sumergirse en una zona venenosa de éter.

—En este momento no preveo semejante peligro —dijo Challenger.

El periodista que cada vez daba muestras de mayor perplejidad, preguntó:

—Estoy hablando con el profesor Challenger, ¿no es cierto?

—En efecto, señor; así me llamo.

—Pues entonces no acabo de entender cómo puede usted decir que no existe semejante peligro. Me estoy refiriendo a una carta suya, publicada con su firma en el Times de esta mañana.

Ahora le tocó poner cara de sorpresa a Challenger.

—¿De esta mañana? —contestó—. Esta mañana no se ha publicado el Times en Londres.

—No me cabe duda alguna —dijo el norteamericano con ligero acento de reconvención— que reconocerá usted que el Times de Londres es un periódico diario —sacó un número del bolsillo interior de su chaqueta—. Aquí tiene la carta a que me refiero.

Challenger gloglóteó de risa y se frotó las manos, diciendo:

—Empiezo a comprender. ¿De modo que usted la ha leído esta mañana?

—Sí, señor.

—¿Y se puso inmediatamente en camino para celebrar una entrevista conmigo?

—En efecto.

—¿No ha notado usted nada de particular en su viaje desde Londres?

—Pues verá: si he de serle franco, he encontrado a la gente más alegre y en general más tratable que de costumbre. El mozo de equipajes se puso a contarme una historia muy curiosa, y eso no me ha ocurrido jamás en este país.

—¿Nada más?

—Pues no, señor; no recuerdo nada.

—Veamos: ¿a qué hora salió usted de la estación Victoria?

El norteamericano sonrió.

—Profesor, he venido aquí para hacerle algunas preguntas; pero al parecer se han invertido los papeles como en aquel acertijo de «¿quién pesca a quién, el negro al pez o el pez al negro?» Resulta que es usted el que lleva la iniciativa.

—Porque me interesa el asunto. ¿Recuerda usted la hora?

—Desde luego. Serían las doce y media.

—¿Y la llegada?

—Las dos y cuarto.

—¿Alquiló usted un coche?

—Sí.

—¿Qué distancia cree usted que hay desde la estación a mi casa?

—Según mis cálculos, cerca de las dos millas.

—¿Y qué tiempo cree usted que tardó en recorrerlas?

—Pues verá: quizá media hora, por culpa del caballo asmático que tiraba del coche.

—Según eso, deberían ser las tres.

—Sí, o tal vez un poco más.

—Quiere mirar.

—¡Cómo! —exclamó—. Se le acabó la cuerda. Este caballo ha superado todas las marcas. Ahora que me fijo, el sol está ya mi bajo. Pues, la verdad, aquí hay algo que no comprendo.

—¿No recuerda si le ha ocurrido algo extraño cuando subían por la cuesta de la colina?

—Sí, creo recordar que me entró un gran sueño, y, ahora que lo pienso, recuerdo que quise decirle algo al cochero, sin conseguir que me hiciese caso. Supongo que sería por el calor; pero experimenté un instante de mareo. Nada más.

—Ahí tiene usted lo que piensa todo el género humano —me dijo Challenger—. Todos sintieron un momento de mareo. Nadie se ha percatado aún de lo ocurrido. Todos habrán reanudado sus interrumpidas ocupaciones de la misma manera que Austin ha seguido con su manguera y los jugadores de golf con el juego en que estaban enfrascados. Su director, Malone, seguirá publicando su periódico, y se quedará muy asombrado al encontrarse con que le falta un número. Sí, joven amigo —agregó, dirigiéndose esta vez al informador norteamericano con un súbito acceso de divertida simpatía—; tal vez le interese saber que el mundo ha atravesado una zona ponzoñosa que avanza en remolino por el océano del éter como una especie de corriente del golfo. Tenga también la amabilidad de tomar nota, por lo que pueda convenirle, de que hoy no es viernes, veintisiete de agosto, sino sábado, veintiocho de agosto, y que usted ha permanecido sin sentido en el interior de su coche durante veintiocho horas en la cuesta de la colina de Rotherfield.

Y, sin más, voy a concluir esta narración, que no es, como probablemente lo habrán ustedes advertido, sino una versión más completa y más detallada del relato que se publicó en la edición del lunes de la Gaceta Diaria, un relato reconocido universalmente como el éxito más grande del periodismo de todos los tiempos, que hizo que se vendiesen no menos de tres millones y medio de ejemplares de aquel número. En mi despacho, dentro de un marco, tengo colgado en la pared aquel magnífico titular:

Durante veintiocho horas el mundo ha estado en coma.

UN SUCESO SIN PRECEDENTES

Challenger tenía razón. —Nuestro informador se salva—. Emocionante relato.— La habitación oxigenada. — Fantástica excursión en automóvil.— Londres, muerto. — Sustitución de la página que falta. Enormes incendios y pérdidas de vidas
¿SE REPETIRÁ?

Bajo aquel magnífico encabezamiento venían nueve columnas y media de texto con el primero, último y único de los relatos de la historia de nuestro planeta durante un día largo de su existencia, hasta donde un modesto observador fue capaz de anotarlo. Challenger y Summerlee han escrito sobre el tema y en colaboración una monografía científica; pero solo yo pude escribir un relato periodístico. Desde luego, podría entonar el *nunc dimittis*. Después de aquello, cualquier otra noticia parece vulgar y sin interés en la carrera de un periodista.

Sin embargo, no quiero terminar con sensacionalismos ni simples notas de un éxito personal. Prefiero copiar los sonoros párrafos con que el más importante de los diarios cerraba su admirable artículo editorial sobre lo ocurrido, un artículo que todo hombre razonable haría bien en archivar para consultarlo. Decía el Times:

«Perogrullada de la que se ha abusado mucho es la afirmación de que el género humano es muy poca cosa frente a las fuerzas del cosmos que nos rodea. Desde los antiguos profetas y hasta los filósofos contemporáneos nos ha llegado siempre ese idéntico mensaje, tal afirmación acabó perdiendo algo de su actualidad y convicción. Hacía falta una lección, un hecho tangible, para que todos nos convenciésemos. Acabamos de salir de una prueba de esa clase, saludable, pero terrible. Nuestras mentes no han vuelto del todo en sí por lo súbito del golpe, y nuestros ánimos se encuentran más templados después de haber comprobado nuestras limitaciones y nuestra impotencia. El mundo ha pagado un precio espantoso por esa lección. Todavía no poseemos el relato completo de la catástrofe, pero los incendios que han destruido Nueva York, Orleáns y Brighton constituyen por sí mismos una de las tragedias más grandes de la historia de la Humanidad. Cuando hayamos terminado de contar los accidentes de ferrocarril y de navegación, obtendremos lectura dolorosa, aunque existen pruebas de que, en la mayoría de los casos, los conductores de trenes y los maquinistas de vapores lograron apagar la fuerza motriz antes de caer víctimas del tóxico. Pero, por grandes que hayan sido los daños materiales, tanto en vidas como en riqueza, no es lo que constituye en el día de hoy la máxima preocupación de nuestros espíritus. Con el tiempo se olvidará todo eso. Lo que no se olvidará y lo que seguirá, o deberá seguir, obsesionando nuestras imaginaciones, es esta revelación de las posibilidades del Universo; esta destrucción de nuestra satisfecha ignorancia; esta demostración de lo angosta que es la senda de nuestra existencia material y de los abismos que se abren a su alrededor. La solemnidad y la humildad forman en el día de hoy la base de nuestras emociones. ¡Ojalá sean esos los fundamentos sobre los que una Humanidad más seria y reverente construya otro templo más digno!».

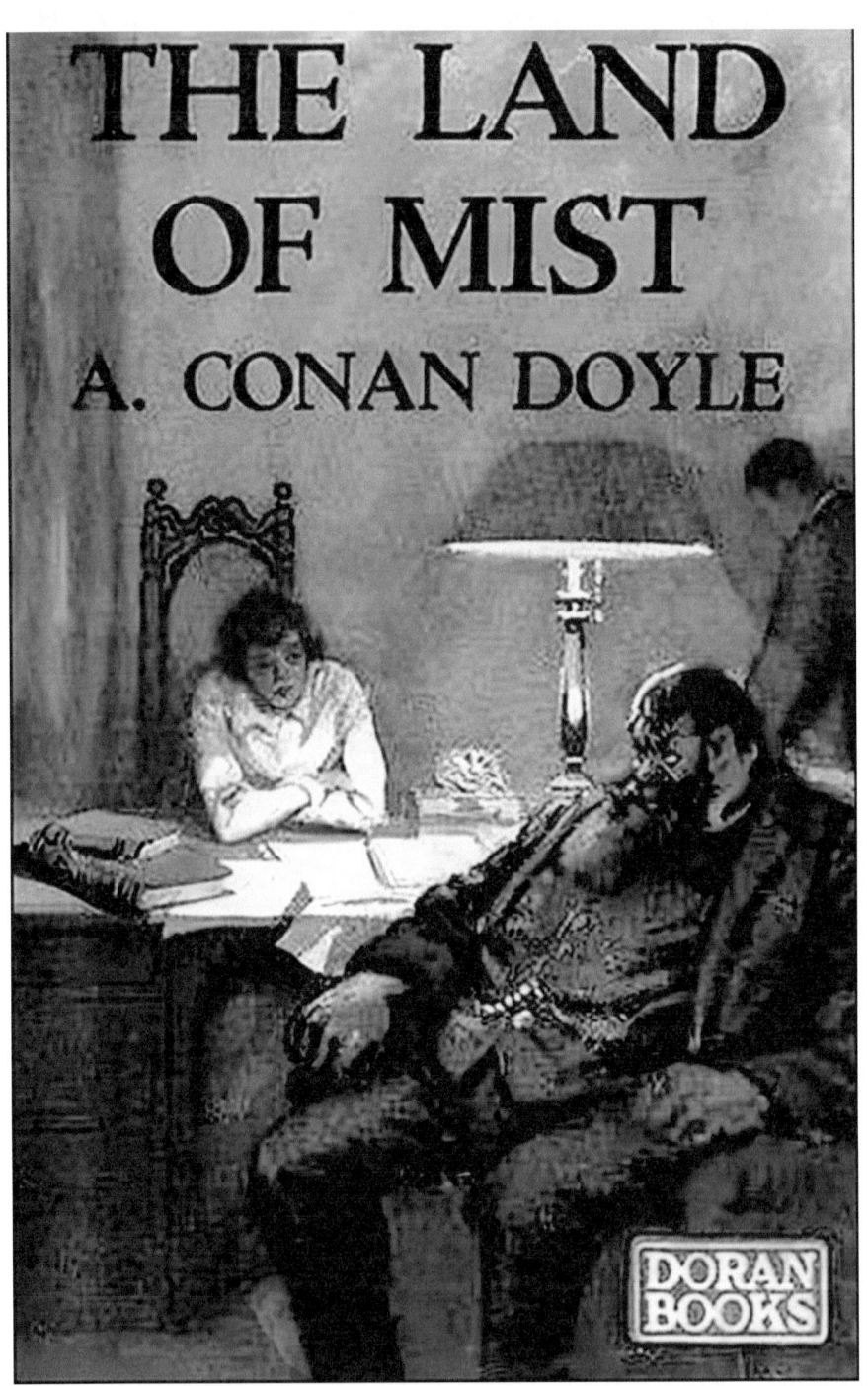

THE LAND
OF MIST

A. CONAN DOYLE

DORAN
BOOKS

EL PAÍS DE LA BRUMA
(1926)

A story of the Great Beyond in which Professor Challenger,
Lord John Roxton and Mr. Malone figure.

I. — EN EL QUE NUESTROS COMISIONADOS ESPECIALES
DAN EL INICIO

El gran profesor Challenger ha sido utilizado en la ficción de forma muy incorrecta e imperfecta. Un autor atrevido lo colocó en situaciones imposibles y románticas para ver cómo reaccionaba ante ellas. Su reacción llegó hasta el punto de ser demandado por difamación, apelar en vano a la censura, provocar un motín en Sloane Street, dos agresiones personales y perder su puesto como profesor de fisiología en la Escuela de Higiene Subtropical de Londres. Por lo demás, el asunto transcurrió con más tranquilidad de lo que se hubiera podido esperar.

Pero estaba perdiendo algo de su fuego. Sus enormes hombros estaban un poco encorvados. La barba asiria en forma de pala mostraba marañas de gris entre el negro, sus ojos eran un poco menos agresivos, su sonrisa menos complaciente, su voz tan monstruosa como siempre, pero menos dispuesta a rugir a toda oposición. Sin embargo, era peligroso, como todos a su alrededor lo sabían dolorosamente. El volcán no se había extinguido y los constantes estruendos amenazaban con una nueva explosión. La vida todavía tenía mucho que enseñarle, pero era un poco menos intolerante a la hora de aprender.

Había una fecha concreta para el cambio que se había operado en él. Era la muerte de su esposa. Aquella mujercita había hecho su nido en el corazón del gran hombre. Tenía toda la ternura y caballerosidad que los fuertes pueden tener por los débiles. Al cederlo todo, ella lo había ganado todo, como puede hacerlo una mujer dulce y diplomática. Y cuando ella murió repentinamente de una neumonía virulenta después de una gripe, el hombre se tambaleó y cayó. Volvió a levantarse, sonriendo tristemente como el boxeador herido y dispuesto a seguir adelante durante muchos rounds con el destino. Pero no era el mismo hombre, y si no hubiera sido por la ayuda y la camaradería de su hija Enid, tal vez nunca se hubiera recuperado del golpe. Fue ella quien, con astucia, lo atrajo hacia todos los temas que excitarían su naturaleza combativa y enfurecerían su mente, hasta que vivió una vez más en el presente y no en el pasado. Fue sólo cuando lo vio turbulento en la controversia, violento con los periodistas y generalmente ofensivo con quienes lo rodeaban, que sintió que estaba realmente en camino de recuperarse.

Enid Challenger era una muchacha extraordinaria y merecería un párrafo para ella. Con el pelo negro azabache de su padre y los ojos azules y el color fresco de su madre, su aspecto era sorprendente, aunque no hermoso. Era tranquila, pero muy fuerte. Desde su infancia tuvo que tomar partido contra su padre o bien consentir en ser aplastada y convertirse en un simple autómata manejado por sus fuertes dedos. Era lo bastante fuerte para defenderse con suavidad y elasticidad, adaptándose a sus estados de ánimo y reafirmándose cuando estos habían pasado. Últimamente había sentido que la presión constante era demasiado opresiva y la había aliviado buscando una carrera propia. De vez en cuando hacía trabajos ocasionales para la prensa londinense y los hacía de tal manera que su nombre empezaba a ser conocido en Fleet Street. Para encontrar esta oportunidad la había ayudado mucho un viejo amigo de su padre (y posiblemente del lector), el señor Edward Malone, del Daily Gazette.

Malone seguía siendo el mismo deportista irlandés que había ganado su selección de rugby, pero la vida también lo había suavizado y lo había convertido en un hombre más sereno y reflexivo. Había acumulado mucho cuando guardó definitivamente sus botas de fútbol. Puede que sus músculos se hubieran atrofiado y sus articulaciones se hubieran endurecido, pero su mente era más profunda y activa. El niño había muerto y el hombre había nacido. En su aspecto físico había cambiado poco, pero su bigote era más grueso, su espalda un poco más redondeada y algunas líneas de pensamiento se dibujaban en su frente. Las condiciones de posguerra y los nuevos problemas mundiales habían dejado su huella. Por lo demás, se había hecho un nombre en el periodismo e incluso, en pequeña medida, en la literatura. Seguía siendo soltero, aunque algunos pensaban que su dominio de esa condición era precario y que los deditos blancos de la señorita Enid Challenger podían deshacerlo. Sin duda eran muy buenos amigos.

Era una tarde de domingo de octubre y las luces empezaban a brillar entre la niebla que había envuelto Londres desde la madrugada. El apartamento del profesor Challenger en Victoria West Gardens estaba en el tercer piso y la niebla cubría las ventanas, mientras que el zumbido sordo del tráfico dominical, atenuado, se elevaba desde una autopista invisible que se perfilaba sólo por manchas dispersas de luz opaca. El profesor Challenger estaba sentado con sus piernas gruesas y arqueadas extendidas hacia el fuego y las manos hundidas profundamente en los bolsillos de los pantalones. Su vestimenta tenía un toque de la excentricidad del genio, pues llevaba una camisa de cuello suelto, una gran corbata de seda color granate anudada y una chaqueta de esmoquin de terciopelo negro que, junto con su barba suelta, le daba el aspecto de un artista anciano y bohemio. A un lado de él, lista para una excursión, con sombrero de copa, vestido negro de falda corta y todos los demás artificios de moda con que las mujeres se las ingenian para deformar las bellezas de la naturaleza, estaba sentada su hija, mientras Malone, sombrero en mano, esperaba junto a la ventana.

"Creo que deberíamos bajar, Enid. Son casi las siete", dijo.

Estaban escribiendo artículos conjuntos sobre las denominaciones religiosas de Londres y cada domingo por la tarde salían juntos a probar alguna nueva y conseguir una copia para el número de la semana siguiente de la Gazette.

"No son hasta las ocho, Ted. Tenemos mucho tiempo".

—¡Siéntese, señor! ¡Siéntese! —gritó Challenger, tirándose de la barba como era su costumbre cuando se enfadaba—. No hay nada que me moleste más que tener a alguien detrás de mí. Una reliquia del atavismo y del miedo a una daga, pero aun así persistente. Así es. ¡Por el amor de Dios, bájese el sombrero! Tiene un aire perpetuo de estar cogiendo un tren.

"Así es la vida periodística", dijo Malone. "Si no tomamos el tren perpetuo, nos quedamos atrás. Incluso Enid está empezando a entenderlo. Pero aun así, como dices, hay tiempo de sobra".

"¿Hasta dónde has llegado?", preguntó Challenger.

Enid consultó una libreta de notas de periodista que parecía muy profesional. "Hemos hecho siete. Estaba la Abadía de Westminster para la Iglesia en su forma más pintoresca, y Santa Águeda para la Iglesia Mayor, y Tudor Place para la Iglesia Menor. Luego estaba la Catedral de Westminster para los católicos, Endell Street para los presbiterianos y Gloucester Square para los unitarios. Pero esta noche estamos tratando de introducir algo de variedad. Estamos haciendo los espiritistas".

Challenger resopló como un búfalo enojado.

—La semana que viene, supongo que habrá manicomios —dijo—. No me estarás diciendo, Malone, que esos fantasmas tienen sus propias iglesias.

"He estado investigando eso", dijo Malone. "Siempre busco datos y cifras antes de emprender un trabajo. Tienen más de cuatrocientas iglesias registradas en Gran Bretaña".

Los resoplidos de Challenger ahora sonaban como los de una manada entera de búfalos.

"Me parece que no hay límites para la estupidez y la credulidad de la raza humana. ¡Homo sapiens! ¡Homo *idioticus*! ¿A quién le rezan? ¿A los fantasmas?"

"Bueno, eso es lo que queremos averiguar. Deberíamos conseguirles una copia. No hace falta que diga que comparto totalmente su opinión, pero últimamente he visto algo de Atkinson, del Hospital St. Mary. Es un cirujano en ascenso, ¿sabe?"

"He oído hablar de él. Es un trastorno cerebroespinal".

"Ése es el hombre. Es sensato y se lo considera una autoridad en materia de investigación psíquica, como llaman a la nueva ciencia que se ocupa de estos temas".

"¡Ciencia, en verdad!"

—Bueno, así es como lo llaman. Parece que se toma a esta gente en serio. Le consulto cuando necesito una referencia, porque tiene la literatura al alcance de la mano. «Pioneros de la raza humana», esa fue su descripción.

—¡Los estamos llevando al manicomio! —gruñó Challenger—. ¡Y literatura! ¿Qué literatura tienen?

—Bueno, esa fue otra sorpresa. Atkinson tiene quinientos volúmenes, pero se queja de que su biblioteca psíquica es muy imperfecta. Verá, hay francés, alemán, italiano, además del nuestro.

"Bueno, gracias a Dios que toda esta locura no se limita a la pobre y vieja Inglaterra. ¡Qué tontería pestilente!"

—¿Lo has leído todo, padre? —preguntó Enid.

—¡Léelo! ¡Yo, con todos mis intereses y sin tiempo para la mitad de ellos! Enid, eres demasiado absurda.

—Lo siento, padre. Hablaste con tanta seguridad que pensé que sabías algo al respecto.

La enorme cabeza de Challenger giró y su mirada de león se posó sobre su hija.

"¿Crees que un cerebro lógico, un cerebro de primer orden, necesita leer y estudiar antes de poder detectar un absurdo manifiesto? ¿Tengo que estudiar matemáticas para refutar al hombre que me dice que dos y dos son cinco? ¿Tengo que estudiar física una vez más y quitarme de encima mis Principia porque algún pícaro o tonto insiste en que una mesa puede elevarse en el aire contra la ley de la gravedad? ¿Se necesitan quinientos volúmenes para informarnos de algo que se prueba en todos los tribunales de policía cuando se descubre a un impostor? ¡Enid, me avergüenzo de ti!"

Su hija rio alegremente.

—Bueno, papá, ya no tienes por qué gritarme más. Me rindo. De hecho, tengo la misma sensación que tú.

—No obstante —dijo Malone—, algunos hombres buenos los apoyan. No creo que puedas reírte de Lodge, Crookes y los demás.

—No seas absurda, Malone. Toda gran mente tiene su lado más débil. Es una especie de reacción contra todo el sentido común. De repente te encuentras con una veta de auténticas tonterías. Eso es lo que les pasa a estos tipos. No, Enid, no he leído sus razones y tampoco tengo intención de hacerlo; algunas cosas son inaceptables. Si reabrimos todas las viejas cuestiones, ¿cómo podremos avanzar con las nuevas? Este asunto está resuelto por el sentido común, la ley de Inglaterra y por el asentimiento universal de todos los europeos cuerdos.

"¡Así que eso es todo!" dijo Enid.

—Sin embargo —continuó—, admito que a veces hay excusas para los malentendidos sobre este punto. —Bajó la voz y sus grandes ojos grises miraron tristemente al vacío—. He conocido casos en los que el intelecto más

71

frío, incluso el mío, podría haber sido sacudido por un momento.

Copia con aroma a Malone.

"¿Sí, señor?"

Challenger vaciló. Parecía estar luchando consigo mismo. Quería hablar, pero hablar le resultaba difícil. Entonces, con un gesto brusco e impaciente, se lanzó a contar su historia:

—Nunca te lo dije, Enid. Fue demasiado... demasiado íntimo. Quizá demasiado absurdo. Me avergoncé de haberme sentido tan conmovida. Pero esto demuestra que incluso las personas más equilibradas pueden ser tomadas por sorpresa.

"¿Sí, señor?"

—Fue después de la muerte de mi esposa. La conocías, Malone. Puedes adivinar lo que significó para mí. Fue la noche después de la cremación... ¡horrible, Malone, horrible! Vi el querido cuerpecito deslizarse hacia abajo, hacia abajo... y luego el resplandor de las llamas y la puerta se cerró con un ruido metálico. —Su gran cuerpo se estremeció y se pasó la mano grande y peluda por los ojos.

—No sé por qué te cuento esto; la conversación parecía conducir a esto. Puede que sea una advertencia para ti. Esa noche, la noche después de la cremación, me senté en el vestíbulo. Ella estaba allí —dijo, señalando a Enid con la cabeza—. Se había quedado dormida en una silla, la pobre chica. Ya conoces la casa de Rotherfield, Malone. Estaba en el gran salón. Me senté junto a la chimenea, la habitación estaba envuelta en sombras, y mi mente también. Debería haberla enviado a la cama, pero estaba recostada en su silla y no quería despertarla. Puede que fuera la una de la mañana; recuerdo la luna brillando a través de la ventana de vidrio de colores. Me senté y cavilé. De repente, se escuchó un ruido.

"¿Sí, señor?"

—Al principio, era un tictac bajo. Luego se hizo más fuerte y más claro: un claro *rat-tat-tat*. Ahora viene la extraña coincidencia, el tipo de cosa de la que surgen las leyendas cuando la gente crédula las moldea. Debes saber que mi esposa tenía una manera peculiar de llamar a la puerta. En realidad, era una melodía que tocaba con los dedos. Me acostumbré a ella de alguna manera para que cada uno supiera cuándo llamaba el otro. Bueno, me pareció (por supuesto, mi mente estaba tensa y anormal) que los golpes se adaptaban al ritmo bien conocido de su llamada. No podía localizarlo. Puedes imaginarte con qué afán lo intenté. Estaba encima de mí, en algún lugar de la madera. Perdí la noción del tiempo. Me atrevería a decir que se repitió una docena de veces por lo menos.

—¡Oh, papá, nunca me lo dijiste!

—No, pero te desperté y te pedí que te quedaras un rato conmigo en silencio.

-¡Sí, lo recuerdo!

Bueno, nos sentamos, pero no pasó nada. Ni un sonido más. Por supuesto que era una ilusión. Algún insecto en el bosque, la hiedra en la pared exterior. Mi propio cerebro proporcionó el ritmo. Así nos hacemos tontos y niños. Pero me dio una idea. Vi cómo incluso un hombre inteligente puede ser engañado por sus propias emociones".

—Pero ¿cómo sabe usted, señor, que no era su esposa?

—¡Absurdo, Malone! ¡Absurdo, digo! Te digo que la vi en las llamas. ¿Qué quedó?

"Su alma, su espíritu".

Challenger meneó la cabeza tristemente.

—Cuando ese querido cuerpo se disolvió en sus elementos, cuando sus gases se evaporaron en el aire y sus residuos sólidos se hundieron en un polvo gris, fue el fin. No hubo más. Ella había desempeñado su papel, lo había desempeñado hermosamente, noblemente. Estaba hecho. La muerte lo acaba todo, Malone. Esta charla del alma es el animismo de los salvajes. Es una superstición, un mito. Como fisiólogo, me encargaré de producir crimen o virtud mediante el control vascular o la estimulación cerebral. Convertiré a un Jekyll en un Hyde mediante una operación quirúrgica. Otro puede hacerlo mediante una sugestión psicológica. El alcohol lo hará. Las drogas lo harán. ¡Absurdo, Malone, absurdo! Como cae el árbol, así yace. No hay mañana siguiente, ni noche siguiente, ni noche eterna, ni descanso prolongado para el trabajador cansado.

"Bueno, es una filosofía triste".

"Más vale triste que falsa".

—Tal vez sea así. Hay algo viril y masculino en enfrentarse a lo peor. No quiero contradecirte. Mi razón está contigo.

—¡Pero mis instintos me lo impiden! —exclamó Enid—. No, no, jamás lo creeré. —Se abrazó al cuello del gran toro—. ¡No me digas, papá, que tú, con todo tu complejo cerebro y tu maravillosa personalidad, eres una cosa sin más vida en el más allá que un reloj roto!

—Cuatro baldes de agua y una bolsa llena de sales —dijo Challenger mientras, sonriendo, se soltaba de la mano de su hija—. ése es tu papá, hija mía, y más vale que te acostumbres a ello. Bueno, son las ocho menos veinte. Vuelve, si puedes, Malone, y cuéntame tus aventuras entre los locos.

II.— QUE DESCRIBE UNA VELADA EN EXTRAÑA COMPAÑÍA

El amorío de Enid Challenger y Edward Malone no tiene el menor interés para el lector por la sencilla razón de que no tiene el menor interés para el autor. El atractivo invisible e inadvertido del feto es común a toda la humanidad joven. En esta crónica tratamos asuntos menos comunes y de mayor interés. Sólo se menciona para explicar esos términos de camaradería franca e íntima que revela la narración. Si la raza humana ha mejorado obviamente en algo -en los países anglo-célticos, al menos- es que las afectaciones remilgadas y los engaños astutos del pasado han disminuido, y que los hombres y las mujeres jóvenes pueden encontrarse en igualdad de condiciones de camaradería limpia y honesta.

Un taxi llevó a los aventureros por Edgware Road hasta la calle lateral llamada Helbeck Terrace. A mitad de camino, la aburrida hilera de casas de ladrillo se interrumpía por un hueco resplandeciente, donde un arco abierto arrojaba un torrente de luz sobre la calle. El taxi se detuvo y el hombre abrió la puerta.

—Esta es la Iglesia Espiritualista, señor —dijo. Luego, mientras saludaba para agradecer la propina, añadió con la voz sibilante del hombre de todos los tiempos: —Yo lo llamo Tommy-rot, señor. Después de tranquilizarse así, subió a su asiento y un momento después su luz trasera roja era un círculo menguante en la penumbra. Malone se rio.

"*Vox populi,* Enid. Eso es lo más lejos que ha llegado el público por el momento".

"Bueno, eso es lo más lejos que hemos llegado, de hecho".

—Sí, pero estamos dispuestos a darles un espectáculo. No creo que Cabby lo esté. ¡Por Júpiter, será mala suerte si no podemos entrar!

Había una multitud en la puerta y un hombre los enfrentaba desde lo alto del escalón, agitando los brazos para mantenerlos alejados.

—No es bueno, amigos. Lo siento mucho, pero no podemos evitarlo. Nos han amenazado dos veces con un proceso judicial por hacinamiento. —Se puso gracioso—. Nunca he oído hablar de una iglesia ortodoxa que se haya metido en problemas por eso. No, señor, no.

"Vengo desde Ammersmith", se lamentó una voz. La luz iluminó el rostro ansioso y ansioso de la mujer que hablaba, una mujer menuda vestida de negro con un bebé en brazos.

—Ha venido en busca de clarividencia, señora —dijo el acomodador con inteligencia—. Mire, deme el nombre y la dirección y le escribiré, y la señora Debbs le concederá una sesión gratis. Eso es mejor que correr el riesgo entre la multitud cuando, con toda la voluntad del mundo, no todos pueden conseguir un turno. La tendrá para usted sola. No, señor, no tiene sentido empujar. ¿Qué es eso? ¿Presionar?

Había agarrado a Malone por el codo.

—¿Dijo la prensa? La prensa nos boicotea, señor. Si tiene dudas, mire la lista semanal de servicios del *Times* del sábado. No sabría que existe el espiritismo... ¿Qué periódico, señor?... *The Daily Gazette*. Bueno, bueno, vamos avanzando. ¿Y la señora también?... ¡Un artículo especial, por Dios! No se desvíe de mí, señor, y veré qué puedo hacer. Cierre las puertas, Joe. No sirve de nada, amigos. Cuando el fondo de construcción aumente un poco, tendremos más espacio para usted. Ahora, señorita, por aquí, por favor.

Este camino resultó ser calle abajo y alrededor de un callejón lateral que los llevó a una pequeña puerta con una lámpara roja brillando encima de ella.

"Tendré que ponerte en la plataforma; no hay espacio para estar de pie en el cuerpo del salón".

—¡Dios mío! —gritó Enid.

"Tendrá una vista excelente, señorita, y tal vez pueda hacer una lectura usted misma si tiene suerte. Suele suceder que quienes están más cerca del médium tienen la mejor oportunidad. Ahora, señor, ¡entre!"

Había una habitación pequeña y desaliñada con algunos sombreros y abrigos que cubrían las paredes sucias y encaladas. Una mujer delgada y austera, con ojos que brillaban tras sus gafas, calentaba sus manos demacradas sobre un pequeño fuego. De espaldas al fuego, en la tradicional actitud británica, había un hombre grande y gordo, de rostro exangüe, bigote rojizo y curiosos ojos de color azul claro, los ojos de un marinero de aguas profundas. Un hombre pequeño y calvo con enormes gafas de montura de concha y un joven muy atractivo y atlético con un traje de estar por casa azul completaban el grupo.

—Los demás ya han subido al andén, señor Peeble. Sólo quedan cinco asientos para nosotros. —Era el hombre gordo el que hablaba.

—Lo sé, lo sé —dijo el hombre al que se habían referido como Peeble, una persona nerviosa, fibrosa y seca como se veía ahora a la luz—. Pero aquí estamos los periódicos, señor Bolsover. Un artículo especial del Daily Gazette... Malone, el nombre, y Challenger. Este es el señor Bolsover, nuestro presidente. Esta es la señora Debbs de Liverpool, la famosa clarividente. Este es el señor James, y este joven caballero alto es el señor Hardy Williams, nuestro enérgico secretario. El señor Williams es un clavador del fondo de construcción. No pierda de vista sus bolsillos si el señor Williams está cerca.

Todos se rieron.

"La recolección viene después", dijo el señor Williams sonriendo.

"Un buen artículo que entusiasme a los demás es nuestra mejor colección", dijo el corpulento presidente. "¿Ha asistido alguna vez a una reunión, señor?"

"No", dijo Malone.

"No sé mucho sobre el tema, supongo".

"No, no lo hago".

—Bueno, bueno, debemos esperar una crítica. Al principio la reciben desde el punto de vista humorístico. Te haremos escribir un relato muy cómico. Nunca he podido ver nada muy gracioso en el espíritu de la esposa muerta de alguien, pero es una cuestión de gusto y de conocimiento también. Si no lo saben, ¿cómo pueden tomárselo en serio? No los culpo. Nosotros también éramos así en su momento. Yo era uno de los hombres de Bradlaugh y estuve a las órdenes de Joseph MacCabe hasta que llegó mi anciano padre y me sacó de allí.

"¡Bien por él!", dijo el médium de Liverpool.

"Fue la primera vez que descubrí que tenía poderes propios. Lo vi como te veo ahora".

"¿Era uno de nosotros en el cuerpo?"

"No sabía más que yo. Pero aparecen de forma sorprendente en el otro lado si la gente adecuada los atrapa".

—¡Se acabó el tiempo! —dijo el señor Peeble, haciendo sonar su reloj—. Usted está a la derecha de la silla, señora Debbs. ¿Quiere empezar? Luego usted, señor presidente. Después ustedes dos y yo. Póngase a la izquierda, señor Hardy Williams, y dirija el canto. Quieren calentar y usted puede hacerlo. ¡Ahora, por favor!

El andén ya estaba abarrotado, pero los recién llegados se abrieron paso hasta el frente en medio de un decoroso murmullo de bienvenida. El señor Peeble empujó y exhortó y aparecieron dos asientos en los extremos, en los que se sentaron Enid y Malone. La disposición les vino bien, porque podían usar sus cuadernos libremente al abrigo de la gente que estaba delante.

—¿Cuál es tu reacción? —susurró Enid.

"Aún no estoy impresionado".

—No, yo tampoco —dijo Enid—, pero de todos modos es muy interesante.

Las personas que hablan en serio siempre son interesantes, tanto si se está de acuerdo con ellas como si no, y era imposible dudar de que esas personas eran extremadamente serias. La sala estaba abarrotada y, al mirar hacia abajo, se veían filas y filas de rostros vueltos hacia arriba, curiosamente parecidos en cuanto a tipología, predominando las mujeres, pero muy de cerca los hombres. Ese tipo no era distinguido ni intelectual, pero era innegablemente saludable, honesto y sensato. Pequeños comerciantes, comerciantes masculinos y femeninos, artesanos de clase alta, mujeres de clase media baja agotadas por las tareas domésticas, jóvenes ocasionales en busca de una sensación: esas eran las impresiones que el público transmitía a la observación entrenada de Malone.

El presidente gordo se levantó y levantó la mano.

"Amigos míos", dijo, "hemos tenido que excluir una vez más a un gran número de personas que deseaban estar con nosotros esta noche. Todo es una cuestión del fondo de construcción, y el Sr. Williams a mi izquierda estará encantado de saber de cualquiera de ustedes. Estuve en un hotel la semana pasada y tenían un aviso colgado en la recepción: 'No se aceptan cheques'. Esa no es la forma de hablar del hermano Williams. Simplemente, pruébelo".

El público se rio. El ambiente era más el de una sala de conferencias que el de una iglesia.

"Hay una cosa más que quiero decir antes de sentarme. No estoy aquí para hablar. Estoy aquí para sostener esta silla y tengo la intención de hacerlo. Es algo difícil de pedir. Quiero que los espiritistas se mantengan alejados los domingos por la noche. Ocupan el espacio que deberían tener los que buscan información. Puedes tener el servicio de la mañana. Pero es mejor para la causa que haya espacio para el extraño. Ya has tenido suficiente. Gracias a Dios por ello. Dale una oportunidad al otro hombre". El presidente se dejó caer en su silla.

El señor Peeble se puso de pie de un salto. Era claramente el hombre de utilidad general que surge en todas las sociedades y probablemente se convierte en su autócrata. Con su rostro delgado y ansioso y sus manos ágiles, era más que un cable con corriente: era un montón de cables con corriente. La electricidad parecía chisporrotear en las puntas de sus dedos.

"¡Himno Uno!", gritó.

Sonó un armonio y el público se puso de pie. Era un himno hermoso y cantado con entusiasmo:

"El mundo ha sentido un aliento acelerado desde la orilla eterna del Cielo, y las almas triunfantes sobre la muerte regresan a la tierra una vez más".

Se escuchó un tono de júbilo en las voces mientras sonaba el estribillo:

"Por esto celebramos nuestro Jubileo. Por esto cantamos con alegría: Oh Tumba, ¿dónde está tu victoria? Oh Muerte, ¿dónde está tu aguijón?"

Sí, aquellas personas hablaban en serio. Y no parecían mentalmente más débiles que sus compañeros. Y, sin embargo, tanto Enid como Malone sintieron una gran compasión al mirarlos. ¡Qué triste ser engañados en un asunto tan íntimo como este, ser embaucados por impostores que usaban sus sentimientos más sagrados y a sus seres queridos muertos como contrapartida para engañarlos! ¿Qué sabían de las leyes de la evidencia, de los decretos fríos e inmutables de la ley científica? ¡Pobres personas serias, honestas y engañadas!

—¡Ahora! —gritó el señor Peeble—. Le pediremos al señor Munro, de Australia, que nos dé la invocación.

Un anciano de aspecto salvaje, con una barba peluda y un fuego latente en los ojos se levantó y permaneció allí unos segundos con la mirada baja. Luego comenzó una oración, muy sencilla, muy espontánea. Malone anotó la primera frase: «Oh, Padre, somos gente muy ignorante y no sabemos muy bien cómo acercarnos a ti, pero te rezaremos lo mejor que sepamos». Todo estaba escrito en ese tono humilde. Enid y Malone intercambiaron una rápida mirada de agradecimiento.

Hubo otro himno, menos exitoso que el primero, y el presidente anunció entonces que el Sr. James Jones, de Gales del Norte, pronunciaría ahora un discurso de trance que encarnaría las opiniones de su conocido líder, Alasha el Atlante.

El señor James Jones, un hombrecillo enérgico y decidido, con un traje de cuadros descoloridos, se acercó al frente y, tras permanecer de pie durante un minuto más o menos como si estuviera pensando profundamente, dio un violento estremecimiento y empezó a hablar. Hay que admitir que, salvo cierta mirada fija y un vago brillo en los ojos, no había nada que indicara que el orador fuera alguien más que el señor James Jones, de Gales del Norte. También hay que decir que si el señor Jones se estremeció al principio, fue el turno de su audiencia el que se estremeció después. Concediendo su propia afirmación, había demostrado claramente que un espíritu atlante podía ser un fastidio ominoso. Continuó hablando de lugares comunes e ineptitudes mientras Malone le susurraba a Enid que si Alasha era un buen ejemplo de la población, era mejor que su tierra natal estuviera a salvo sumergida en el océano Atlántico. Cuando, con otro estremecimiento bastante melodramático, emergió de su trance, el presidente se puso de pie de un salto con una presteza que demostraba que no corría ningún riesgo por si el Atlante regresaba.

—Tenemos entre nosotros esta noche —exclamó— a la señora Debbs, la famosa clarividente de Liverpool. La señora Debbs, como muchos de ustedes saben, está ricamente dotada con varios de esos dones del espíritu de los que habla San Pablo, y el discernimiento de espíritus es uno de ellos. Estas cosas dependen de leyes que están más allá de nuestro control, pero es esencial una atmósfera de simpatía, y la señora Debbs les pedirá sus buenos deseos y sus oraciones mientras intenta ponerse en contacto con algunos de esos seres brillantes del otro lado que puedan honrarnos con su presencia esta noche.

El presidente se sentó y la señora Debbs se levantó entre discretos aplausos. Muy alta, muy pálida, muy delgada, con el rostro aguileño y los ojos brillantes detrás de sus gafas de montura dorada, estaba de pie frente a su expectante audiencia. Tenía la cabeza inclinada. Parecía estar escuchando.

—¡Vibraciones! —gritó por fin—. Quiero vibraciones útiles. Por favor, dígame un verso sobre el armonio.

El instrumento cantó: *Jesús, amante de mi alma*.

El público permaneció sentado en silencio, expectante y un poco asombrado.

La sala no estaba muy bien iluminada y en los rincones se cernían sombras oscuras. La médium seguía inclinando la cabeza como si estuviera aguzando el oído. Luego levantó la mano y la música se detuvo.

—¡Ahora! ¡Ahora! ¡Todo a su debido tiempo! —dijo la mujer, dirigiéndose a un compañero invisible. Luego, dirigiéndose al público—: No creo que las condiciones sean muy buenas esta noche. Haré todo lo que pueda y ellos también lo harán. Pero primero debo hablar con ustedes.

Y ella habló. Lo que dijo les pareció a los dos desconocidos un completo galimatías. No tenía sentido, aunque de vez en cuando una frase o una oración llamaban la atención. Malone se guardó el estilete en el bolsillo. No tenía sentido denunciar a un lunático. Un espiritista que estaba a su lado vio su desconcertado disgusto y se inclinó hacia él.

"Está sintonizando. Está captando su longitud de onda", susurró. "Todo es cuestión de vibración. ¡Ah, ahí estás!"

Se detuvo en medio de una frase. Su largo brazo y su tembloroso dedo índice se extendieron. Señaló a una mujer mayor que estaba en la segunda fila.

—¡Tú! Sí, tú, la de la pluma roja. No, tú no. La mujer robusta que está delante. ¡Sí, tú! Hay un espíritu que se está formando detrás de ti. Es un hombre. Es un hombre alto, de un metro ochenta, tal vez. Frente amplia, ojos grises o azules, barbilla larga, bigote castaño y arrugas en la cara. ¿Lo reconoces, amigo?

La mujer corpulenta parecía alarmada, pero meneó la cabeza.

—Bueno, a ver si puedo ayudarte. Tiene en la mano un libro, un libro marrón con broche. Es un libro de contabilidad como los que tienen en las oficinas. Entiendo las palabras «Caledonian Insurance». ¿Te sirve de algo?

La mujer corpulenta frunció los labios y meneó la cabeza.

—Bueno, puedo darte un poco más. Murió después de una larga enfermedad. Yo sufro de problemas en el pecho: asma.

La mujer corpulenta seguía obstinada, pero una persona pequeña, enojada y de cara roja, a dos lugares de ella, se puso de pie de un salto.

—Es mi marido, señora. Dígale que no quiero tener más tratos con él. —Se sentó con decisión.

—Sí, es cierto. Ahora se acerca a ti. Estaba más cerca del otro. Quiere decir que lo siente. No se debe guardar rencor a los muertos. Perdona y olvida. Se acabó. Tengo un mensaje para ti. Es: «Hazlo y mi bendición te acompañará». ¿Eso significa algo para ti?

La mujer enojada pareció complacida y asintió.

—Muy bien —la vidente de repente señaló con el dedo a la multitud que estaba en la puerta—. Es para el soldado.

Al frente del grupo de gente se encontraba un soldado vestido de color caqui, con aspecto muy asombrado.

"¿Qué pasa conmigo?" preguntó.

"Es un soldado. Tiene galones de cabo. Es un hombre grande con cabello canoso. Tiene una placa amarilla en los hombros. Entiendo las iniciales JH. ¿Lo conoces?"

—Sí, pero está muerto —dijo el soldado.

No había entendido que se trataba de una iglesia espiritista y todo el proceso había sido un misterio para él. Sus vecinos se lo explicaron rápidamente. "¡Dios mío!", gritó el soldado y desapareció entre risitas generales. En la pausa, Malone pudo oír el murmullo constante de la médium mientras hablaba con alguien invisible.

—Sí, sí, ¡espera tu turno! ¡Habla, mujer! Bueno, siéntate a su lado. ¿Cómo voy a saberlo? Bueno, lo haré si puedo. —Era como un conserje de teatro que ordenaba la cola.

Su siguiente intento fue un fracaso total. Un hombre corpulento, con patillas pobladas, se negó rotundamente a tener nada que ver con un caballero mayor que afirmaba tener parentesco con él. El médium trabajó con admirable paciencia, volviendo una y otra vez con nuevos detalles, pero no se pudo avanzar.

—¿Eres espiritualista, amigo?

"Sí, durante diez años".

"Bueno, ya sabes que hay dificultades".

"Sí, lo sé".

"Piénsalo bien. Puede que se te ocurra más tarde. Debemos dejarlo así. Lo único que siento es pena por tu amigo".

Hubo una pausa durante la cual Enid y Malone intercambiaron confidencias susurradas.

—¿Qué opinas de esto, Enid?

"No lo sé. Me confunde".

"Creo que se trata en parte de conjeturas y en parte de complicidades. Todas estas personas pertenecen a la misma iglesia y, naturalmente, conocen los asuntos de los demás. Si no lo saben, pueden preguntar".

"Alguien dijo que era la primera visita de la señora Debbs".

—Sí, pero podrían adiestrarla fácilmente. Todo es charlatanería y engaños. Debe serlo, porque imagínese lo que implicaría si no lo fuera.

"Telepatía, quizás".

—Sí, algo de eso también. ¡Escucha! Se ha ido otra vez.

Su siguiente intento fue más afortunado. Un hombre lúgubre que se encontraba al fondo del salón reconoció enseguida la descripción y las afirmaciones de su difunta esposa.

"Me pongo el nombre Walter".

"Sí, ese soy yo".

"¿Ella te llamó Wat?"

"No".

"Bueno, ahora te llama Wat. 'Dile a Wat que les dé mi amor a los niños'. Así es como lo entiendo. Ella está preocupada por los niños".

"Ella siempre lo hizo".

—Bueno, no cambian. Los muebles. Algo sobre los muebles. Dice que los regalaste. ¿Es así?

"Bueno, podría hacerlo también".

El público se rio entre dientes. Era extraño cómo lo más solemne y lo más cómico se mezclaban eternamente: algo extraño y, sin embargo, muy natural y humano.

"Tiene un mensaje: 'El hombre pagará y todo estará bien. Sé un buen hombre, Wat, y seremos más felices aquí que nunca en la Tierra'".

El hombre se tapó los ojos con la mano. Mientras la vidente permanecía indecisa, el joven y alto secretario se levantó a medias y le susurró algo al oído. La mujer lanzó una rápida mirada por encima del hombro izquierdo en dirección a los visitantes.

"Volveré sobre ello", dijo ella.

Hizo dos descripciones más al público, ambas bastante vagas, y ambas fueron reconocidas con algunas reservas. Era un hecho curioso que los detalles fueran tales que no podía ver a la distancia. Así, al tratar de una figura que, según ella, se había formado en el otro extremo de la sala, pudo, no obstante, dar el color de los ojos y los pequeños puntos de la cara. Malone anotó el punto como uno que podría utilizar para una crítica destructiva. Estaba anotándolo cuando la voz de la mujer sonó más fuerte y, al levantar la vista, descubrió que había girado la cabeza y sus gafas brillaban en su dirección.

—No suelo hacer una lectura desde la plataforma —dijo, mientras su rostro giraba entre él y el público—, pero tenemos amigos aquí esta noche y puede que les interese entrar en contacto con la gente espiritual. Hay una presencia que se está formando detrás del caballero con bigote, el caballero que está sentado al lado de la joven. Sí, señor, detrás de usted. Es un hombre de mediana estatura, más bien proclive a la baja estatura. Es viejo, tiene más de sesenta años, cabello blanco, nariz curva y una pequeña barba blanca de la variedad que se llama perilla. No es pariente, supongo, sino un amigo. ¿Eso le sugiere algo, señor?

Malone sacudió la cabeza con cierto desprecio. —Casi le quedaría bien a cualquier anciano —le susurró a Enid.

"Intentaremos acercarnos un poco más. Tiene arrugas profundas en el rostro. Debo decir que en vida fue un hombre irritable. Era rápido y nervioso en sus actos. ¿Eso te ayuda?"

Malone volvió a negar con la cabeza.

"¡Podredumbre! Podredumbre perfecta", murmuró.

"Bueno, parece muy ansioso, así que debemos hacer lo que podamos por él. Levanta un libro. Es un libro erudito. Lo abre y veo diagramas en él. Tal vez lo escribió, o tal vez enseñó a partir de él. Sí, asiente. Enseñó a partir de él. Era un maestro".

Malone permaneció sin responder.

"No sé si puedo ayudarlo más. ¡Ah! Hay una cosa: tiene un lunar sobre la ceja derecha".

Malone se sobresaltó como si le hubieran picado.

"¿Un lunar?", gritó.

Los anteojos volvieron a destellar.

"Dos lunares: uno grande y otro pequeño".

—¡Dios mío! —exclamó Malone—. ¡Es el profesor Summerlee!

—Ah, ya lo tienes. Hay un mensaje: «Saludos a los viejos...». Es un nombre largo y empieza con C. No lo entiendo. ¿Significa algo?

"Sí".

En un instante se dio la vuelta y se puso a describir algo o a alguien más, pero dejó a un hombre muy conmocionado en el andén, detrás de ella.

En ese momento, el ordenado oficio sufrió una interrupción notable que sorprendió tanto a los presentes como a los dos visitantes: la repentina aparición junto al presidente de un hombre alto, de rostro pálido y barba, vestido como un artesano de alto nivel, que levantó la mano con un gesto tranquilo y solemne, como quien está acostumbrado a ejercer autoridad. Luego se dio media vuelta y le dijo unas palabras al señor Bolsover.

"Soy el señor Miromar de Dalston", dijo el presidente. "El señor Miromar tiene un mensaje que transmitir. Siempre nos alegra recibir noticias del señor Miromar".

Los periodistas sólo pudieron ver de reojo el rostro del recién llegado, pero ambos quedaron impresionados por su porte noble y por la silueta maciza de su cabeza, que prometía una capacidad intelectual muy poco común. Su voz, cuando habló, resonó clara y agradablemente en la sala.

"Se me ha ordenado que transmita el mensaje allí donde creo que haya oídos para oírlo. Hay algunos aquí que están preparados para ello, y por eso he venido. Desean que la raza humana comprenda gradualmente la situación para que haya menos conmoción o pánico. Soy uno de los varios elegidos para llevar la noticia".

—¡Un lunático, me temo! —susurró Malone, escribiendo con fuerza sobre su rodilla. Entre el público había una tendencia general a sonreír, pero había algo en la actitud y la voz del hombre que hacía que todos estuvieran pendientes de cada palabra.

"Las cosas han llegado ahora a su clímax. La idea misma del progreso se ha materializado. El progreso consiste en avanzar rápidamente, enviar mensajes rápidos, construir nuevas máquinas. Todo esto es una desviación de la verdadera ambición. Sólo hay un progreso verdadero: el progreso espiritual. La humanidad le rinde homenaje de palabra, pero sigue adelante por su falso camino de ciencia material.

"La CIA reconoció que, en medio de toda esa apatía, también había muchas dudas honestas que habían superado las viejas creencias y que tenían derecho a nuevas pruebas. Por lo tanto, se enviaron nuevas pruebas, pruebas que hicieron que la vida después de la muerte fuera tan clara como el sol en el cielo. Los científicos se rieron de ellas, las iglesias las condenaron, se convirtieron en el blanco de los periódicos y fueron descartadas con desprecio. Ese fue el último y mayor error de la humanidad".

El público tenía ahora la frente en alto. Las especulaciones generales estaban más allá de su horizonte mental. Pero esto era muy claro para su comprensión. Hubo un murmullo de simpatía y aplausos.

"La situación era ahora desesperada. Había escapado a todo control. Por lo tanto, se necesitaba algo más severo, ya que el don del Cielo había sido desatendido. El golpe cayó. Diez millones de jóvenes yacían muertos en el suelo. El doble de ellos fue mutilado. Esa fue la primera advertencia de Dios a la humanidad. Pero fue en vano. El mismo materialismo aburrido prevaleció como antes. Se dieron años de gracia, y salvo las agitaciones del espíritu que se vieron en iglesias como estas, no se vio ningún cambio en ninguna parte. Las naciones acumularon nuevas cargas de pecado, y el pecado siempre debe ser expiado. Rusia se convirtió en un pozo negro. Alemania no se arrepintió de su terrible materialismo que había sido la causa principal de la guerra. España e Italia se hundieron alternativamente en el ateísmo y la superstición. Francia no tenía un ideal religioso. Gran Bretaña estaba confusa y distraída, llena de sectas de madera no tenían nada de vida en ellas. América había abusado de sus gloriosas oportunidades y, en lugar de ser el hermano menor amoroso de una Europa golpeada, detuvo toda reconstrucción económica con su dinero. Reclamaciones; deshonró la firma de su propio presidente y se negó a unirse a esa Liga de la Paz que era la única esperanza para el futuro. Todos han pecado, pero algunos más que otros, y su castigo será proporcional a ellos.

"Y ese castigo llegará pronto. Estas son las palabras exactas que me pidieron que les dijera. Las leí para no distorsionarlas de ninguna manera".

Sacó un trozo de papel de su bolsillo y leyó:

"Lo que queremos no es que la gente se asuste, sino que empiece a cambiar, a desarrollarse en líneas más espirituales. No estamos tratando de poner nerviosa a la gente, sino de prepararla mientras todavía hay tiempo. El mundo no puede seguir como hasta ahora. Se destruiría a sí mismo si así fuera. Por encima de todo, debemos barrer la nube oscura de la teología que se ha interpuesto entre la humanidad y Dios".

Dobló el periódico y lo guardó en su bolsillo. "Eso es lo que me han pedido que les diga. Difundan la noticia allí donde parezca que hay una ventana en el alma. Decidles: '¡Arrepiéntanse! ¡Refórmense! El momento está cerca'".

Se detuvo y pareció que iba a darse la vuelta. El hechizo se rompió. El público se agitó y se reclinó en sus asientos. Entonces se escuchó una voz desde atrás:

"¿Es este el fin del mundo, señor?"

"No", dijo secamente el extraño.

"¿Es la Segunda Venida?" preguntó otra voz.

"Sí".

Con pasos rápidos y ligeros, se abrió paso entre las sillas de la plataforma y se detuvo cerca de la puerta. Cuando Malone volvió a mirar, ya no estaba.

—Es uno de esos fanáticos de la Segunda Venida —le susurró a Enid—. Hay muchos: *cristadelfianos*, *russellianos*, estudiantes de la Biblia y demás. Pero él era impresionante.

"Mucho", dijo Enid.

"Estoy seguro de que nos ha interesado mucho lo que nos ha contado nuestro amigo", dijo el presidente. "El señor Miromar simpatiza sinceramente con nuestro movimiento, aunque no se puede decir que pertenezca realmente a él. Estoy seguro de que siempre será bienvenido en nuestras tribunas. En cuanto a su profecía, me parece que el mundo ya ha tenido suficientes problemas como para que esperemos más. Si es como dice nuestro amigo, no podemos hacer mucho para arreglar el asunto. Sólo podemos continuar con nuestras tareas diarias, hacerlas lo mejor que podamos y esperar el acontecimiento con plena confianza en la ayuda de arriba. Si mañana es el Día del Juicio", añadió sonriendo, "tengo la intención de ocuparme de mi almacén de provisiones en Hammersmith hoy. Ahora continuaremos con el servicio".

El joven secretario hizo un enérgico llamamiento pidiendo dinero y habló mucho sobre el fondo de construcción. "Es una vergüenza pensar que quedan más cosas en la calle que en el edificio un domingo por la noche. Todos prestamos nuestros servicios. Nadie se lleva ni un penique. La señora Debbs está aquí para cubrir sus gastos básicos. Pero necesitamos otras mil libras antes de poder empezar. Hay un hermano aquí que hipotecó su casa para ayudarnos. Ese es el espíritu que triunfa. Ahora veamos qué puede hacer por nosotros esta noche".

Circulaban una docena de platos de sopa y se cantaba un himno acompañado de un tintineo de monedas. Enid y Malone conversaban en voz baja.

"El profesor Summerlee murió, ya sabe, en Nápoles el año pasado".

"Sí, lo recuerdo bien".

—Y el viejo C era, por supuesto, tu padre.

"Fue realmente notable".

"Pobre Summerlee. Creía que sobrevivir era una absurdidad. Y aquí está... o aquí parece estar".

Los platos de sopa regresaron, en su mayoría de color marrón, por desgracia, y fueron depositados sobre la mesa, donde la mirada ansiosa del secretario evaluó su valor. Luego, el hombrecillo peludo de Australia pronunció una bendición de la misma manera sencilla que la oración inicial. No hizo falta una sucesión apostólica ni la imposición de manos para que uno sintiera que sus palabras provenían de un corazón humano y bien podrían ir directamente a uno divino. Luego, el público se puso de pie y cantó su último himno de despedida, un himno con una melodía cautivadora y un estribillo triste y dulce: "Dios te guarde a salvo hasta que nos encontremos una vez más". Enid se sorprendió al sentir que las lágrimas corrían por sus mejillas. Esas personas sinceras y sencillas, con sus métodos directos, habían obrado en ella más que todo el magnífico servicio y la música de fondo de la catedral.

El señor Bolsover, el corpulento presidente, estaba en la sala de espera y también la señora Debbs.

—Bueno, supongo que nos lo va a permitir —dijo riendo—. Estamos acostumbrados a ello, señor Malone. No nos importa. Pero algún día verá cómo cambia todo. Estos artículos pueden ser objeto de juicio.

"Lo trataré con justicia, te lo aseguro".

—Bueno, no pedimos más. —La médium estaba apoyada con el codo sobre la repisa de la chimenea, austera y distante.

"Me temo que estás cansado", dijo Enid.

"No, señorita, nunca me canso de hacer el trabajo de los espíritus. Ellos se encargan de eso".

—¿Puedo preguntarle —se aventuró Malone— si alguna vez conoció al profesor Summerlee?

La médium negó con la cabeza. "No, señor, no. Siempre creen que los conozco. No conozco a ninguno de ellos. Vienen y yo los describo".

"¿Cómo recibes el mensaje?"

"*Clariaudiente*. Lo oigo. Los oigo todo el tiempo. Todos esos pobres bichos quieren pasar y me tiran y me molestan en el andén. '¡Yo al lado... yo... yo!' Eso es lo que oigo. Hago lo mejor que puedo, pero no puedo con todos ellos".

"¿Puedes contarme algo sobre esa persona profética?", preguntó Malone al presidente. El señor Bolsover se encogió de hombros con una sonrisa despectiva.

"Es independiente. De vez en cuando lo vemos como una especie de cometa que pasa por delante de nosotros. Por cierto, me viene a la mente que profetizó la guerra. Yo mismo soy un hombre práctico. Cada día nos basta con lo que le queda de mal en peor. Tenemos mucho dinero en efectivo sin pagar nada a futuro. ¡Buenas noches! Trátennos lo mejor que puedan".

-Buenas noches-dijo Enid.

"Buenas noches", dijo la señora Debbs. "Por cierto, señorita, usted también es médium. ¡Buenas noches!"

Y así se encontraron de nuevo en la calle, respirando largas bocanadas del aire nocturno. Era agradable después de aquella sala abarrotada. Un minuto después estaban en medio de la afluencia de gente de Edgware Road y

Malone había llamado a un taxi para que los llevara de vuelta a Victoria Gardens.

III. — EN EL QUE EL PROFESOR CHALLENGER DA SU OPINIÓN

ENID había subido al taxi y Malone lo seguía cuando alguien lo llamó por su nombre y un hombre se acercó corriendo por la calle. Era un hombre alto, de mediana edad, apuesto y bien vestido, con el rostro bien afeitado y seguro de sí mismo del cirujano exitoso.

"¡Hola, Malone! ¡Detente!"

—¡Vaya, soy Atkinson! Enid, déjame presentarte. Este es el señor Atkinson de St. Mary's, de quien le hablé a tu padre. ¿Podemos llevarte? Vamos hacia Victoria.

—¡Excelente! —El cirujano los siguió hasta el taxi—. Me sorprendió mucho verte en una reunión espiritista.

"Sólo estábamos allí por motivos profesionales. La señorita Challenger y yo trabajamos en la prensa".

—¡Ah, sí! Supongo que el Daily Gazette, como antes. Bueno, tendrás un suscriptor más, porque quiero ver qué te pareció el programa de esta noche.

"Tendrás que esperar hasta el próximo domingo. Es una serie".

—Oh, digo, no puedo esperar tanto tiempo. ¿Qué te pareció?

—No lo sé. Mañana tendré que leer mis notas con atención y reflexionar sobre ello, y comparar mis impresiones con las de mi colega. Ella tiene esa intuición que tanto se aplica en cuestiones religiosas.

—¿Y cuál es su intuición, señorita Challenger?

—¡Bien! ¡Oh, sí, bien! ¡Pero qué mezcla tan extraordinaria!

"Sí, de hecho. He estado allí varias veces y siempre me deja la misma impresión contradictoria. Algunas cosas son ridículas, otras pueden ser deshonestas y, sin embargo, otras son claramente maravillosas".

—Pero tú no estás en la prensa. ¿Por qué estabas allí?

"Porque estoy profundamente interesado. Verá, soy un estudioso de los asuntos psíquicos y lo he sido durante algunos años. No estoy convencido, pero soy comprensivo y tengo suficiente sentido de la proporción para darme cuenta de que, aunque parezca que estoy juzgando al sujeto, en realidad puede ser el sujeto el que me esté juzgando a mí".

Malone asintió con la cabeza en señal de agradecimiento.

"Es enorme. Te darás cuenta de ello cuando lo conozcas de cerca. Es media docena de grandes temas en uno. Y todo está en manos de esta buena y humilde gente que, a pesar de todos los desalientos y pérdidas personales, lo han llevado adelante durante más de setenta años. En realidad, es muy parecido al surgimiento del cristianismo. Lo dirigían esclavos y subordinados hasta que gradualmente se extendió hacia arriba. Pasaron trescientos años entre el esclavo de César y la llegada de César a la luz".

—¡Pero el predicador! —gritó Enid en protesta.

El señor Atkinson se rio.

—Te refieres a nuestro amigo de la Atlántida. ¡Qué aburrido era ese tipo! Confieso que no sé qué pensar de actuaciones como ésa. Creo que se trata de un autoengaño y de la aparición temporal de una nueva faceta de personalidad que se dramatiza de esa manera. De lo único que estoy completamente seguro es de que no es realmente un habitante de la Atlántida el que llega de su largo viaje con este terrible cargamento de lugares comunes. ¡Pues bien, aquí estamos!

—Tengo que entregar a esta jovencita sana y salva a su padre —dijo Malone—. Escuche, Atkinson, no nos deje. Al profesor le gustaría mucho verlo.

—¡A estas horas! ¡Me tiraría por las escaleras!

—Has oído historias —dijo Enid—. En realidad, no es tan grave. Algunas personas lo molestan, pero estoy segura de que tú no eres una de ellas. ¿No te arriesgarás?

—Con ese estímulo, por supuesto. —Y los tres caminaron por el luminoso pasillo exterior hacia el ascensor. Challenger, vestido ahora con una brillante bata azul, los esperaba con impaciencia. Miró a Atkinson como un bulldog de pelea mira a un extraño canino. Sin embargo, la inspección pareció satisfacerlo, porque gruñó que se alegraba de conocerlo.

—He oído hablar de su nombre, señor, y de su creciente reputación. Tengo entendido que su resección de la médula espinal el año pasado causó cierto revuelo, pero ¿ha estado también entre los lunáticos?

"Bueno, si los llamamos así", dijo Atkinson riendo.

—¡Dios mío! ¿De qué otra manera podría llamarlos? Ahora recuerdo que mi joven amigo aquí presente (Challenger tenía una manera de aludir a Malone como si fuera un niño prometedor de diez años) me dijo que estaba usted estudiando el tema. —Se echó a reír con una carcajada ofensiva—. «El estudio adecuado de la humanidad son los fantasmas», ¿eh, señor Atkinson?

—Papá no sabe nada de eso, así que no te ofendas con él —dijo Enid—. Pero te aseguro, papá, que te habría interesado. —Procedió a contar una historia de sus aventuras, aunque interrumpida por un comentario continuo de gemidos, gruñidos y burlas. Sólo cuando llegaron al episodio de Summerlee, la indignación y el desprecio de Challenger ya no pudieron contenerse. El viejo volcán le voló la cabeza y un torrente de invectivas al rojo vivo descendió sobre sus oyentes.

—¡Esos bribones blasfemos! —gritó—. ¡Pensar que no pueden dejar que el pobre Summerlee descanse en su tumba! En su época tuvimos nuestras diferencias y admito que me vi obligado a tener una opinión moderada sobre su inteligencia... pero si volviera de la tumba, sin duda tendría algo que decirnos que valdría la pena escuchar. Es un absurdo, un absurdo malvado e indecente a primera vista. Me opongo a que un amigo mío sea convertido en un títere para la risa de un público de tontos. ¡No se rieron! Debieron de reírse cuando oyeron a un hombre culto, un hombre al que he conocido en igualdad de condiciones, decir esas tonterías. Yo digo que eran tonterías. No me contradiga, Malone. ¡No lo toleraré! Su mensaje podría haber sido la posdata de la carta de una colegiala. ¿No es una tontería que venga de una fuente así? ¿No está de acuerdo, señor Atkinson? ¡No! Esperaba mejores cosas de usted.

—¿Pero la descripción?

—¡Dios mío! ¿Dónde está tu cerebro? ¿No se han asociado los nombres de Summerlee y Malone con el mío en alguna ficción peculiarmente débil que alcanzó cierta notoriedad? ¿No se sabe también que ustedes dos, inocentes, hacían las iglesias semana tras semana? ¿No era evidente que tarde o temprano vendrían a una reunión espiritista? ¡Aquí había una oportunidad para un converso! Pusieron un cebo y el pobre Malone llegó y se lo tragó. Aquí está con el anzuelo todavía metido en su estúpida boca. Oh, sí, Malone, se necesita hablar claro y lo tendrás. La melena negra del profesor estaba erizada y sus ojos miraban fijamente de un miembro de la compañía a otro.

"Bueno, queremos que se expresen todos los puntos de vista", dijo Atkinson.

"Parece usted muy calificado, señor, para expresar la opinión negativa. Al mismo tiempo, quisiera repetir en mi propia persona las palabras de Thackeray. Él le dijo a un objetor: "Lo que usted dice es natural, pero si hubiera visto lo que yo he visto, podría cambiar su opinión". Tal vez algún día pueda examinar el asunto, ya que su alta posición en el mundo científico le daría gran peso a su opinión".

"Si tengo un lugar destacado en el mundo científico, como usted dice, es porque me he concentrado en lo que es útil y he descartado lo que es nebuloso o absurdo. Mi cerebro, señor, no corta los bordes, sino que corta a través de todo. Ha cortado a través de todo esto y ha encontrado el fraude y la locura".

—Ambos están allí a veces —dijo Atkinson—, y sin embargo... ¡y sin embargo! Ah, bueno, Malone, estoy bastante lejos de casa y es tarde. Me disculpará, profesor. Es un honor para mí haberlo conocido.

Malone también se iba y los dos amigos conversaron unos minutos antes de seguir caminos separados, Atkinson hacia Wimpole Street y Malone hacia South Norwood, donde vivía ahora.

—¡Qué gran amigo! —dijo Malone riéndose—. Nunca debes ofenderte con él. No tiene malas intenciones. Es espléndido.

—Por supuesto que lo es. Pero si hay algo que podría convertirme en un espiritista de verdad es ese tipo de intolerancia. Es muy común, aunque generalmente se expresa más en el tono de una mueca de desprecio que en el de un rugido ruidoso. Me gusta más este último. Por cierto, Malone, si quieres profundizar más en este tema, tal vez pueda ayudarte. ¿Has oído hablar de Linden?

"Linden, el médium profesional. Sí, me han dicho que es el mayor canalla que ha salido airoso".

—Ah, bueno, normalmente hablan de ellos así. Debes juzgar por ti mismo. Él se quitó la rótula el invierno pasado y yo se la volví a colocar, y eso ha creado un vínculo amistoso entre nosotros. No siempre es fácil conseguirlo, y por supuesto, un pequeño honorario, una guinea creo, es lo habitual, pero si quieres una sesión, puedo conseguirlo.

"¿Crees que es genuino?"

Atkinson se encogió de hombros.

"Me atrevo a decir que todos optan por la vía de menor resistencia. Lo único que puedo decir es que nunca lo he detectado en fraude. Debes juzgar por ti mismo".

—Lo haré —dijo Malone—. Me estoy poniendo al día con esta pista. Y también hay algo que decir al respecto. Cuando las cosas estén más fáciles, te escribiré, Atkinson, y podremos profundizar más en el asunto.

IV. — QUE DESCRIBE ALGUNOS EXTRAÑOS ACTOS EN HAMMERSMITH

El artículo de los Comisionados Conjuntos (tal era su glorioso título) despertó interés y controversia. Había sido acompañado por un breve comentario despectivo del subdirector que pretendía calmar las susceptibilidades de sus lectores ortodoxos, como si dijera: "Estas cosas tienen que ser notadas y parecen ser ciertas, pero por supuesto usted y yo reconocemos lo pestilente que es todo". Malone se vio inmediatamente inmerso en una enorme correspondencia, a favor y en contra, que en sí misma era suficiente para mostrar cuán vital era la cuestión en las mentes de los hombres. Todos los artículos anteriores sólo habían provocado un gruñido aquí y allá de un católico acérrimo o de un evangélico acérrimo, pero ahora su correo estaba lleno. La mayoría de ellos ridiculizaban la idea de que existían fuerzas psíquicas y muchos eran de escritores que, independientemente de lo que supieran sobre fuerzas psíquicas, obviamente aún no habían aprendido a deletrear. Los espiritistas en muchos casos no estaban más contentos que los demás, porque Malone había ejercido —incluso aunque su relato era verdadero— el privilegio del periodista de poner énfasis en los aspectos más humorísticos del asunto.

Una mañana de la semana siguiente, el señor Malone se percató de que había una gran presencia en la pequeña habitación en la que trabajaba en la oficina. Un paje que precedía al corpulento visitante había dejado en la esquina de la mesa una tarjeta que tenía escrita la leyenda «James Bolsover, comerciante de provisiones, High Street, Hammersmith». No era otro que el afable presidente de la congregación del domingo anterior. Agitó un papel en señal de acusación ante Malone, pero su rostro afable estaba envuelto en sonrisas.

—Bueno, bueno —dijo—. Te dije que el lado divertido te atraparía.

"¿No te parece un relato justo?"

—Sí, señor Malone, creo que usted y la joven han hecho todo lo posible por nosotros. Pero, por supuesto, ustedes no saben nada y todo esto les parece extraño. Ahora que lo pienso, sería mucho más extraño si todos los hombres inteligentes que abandonan esta tierra no pudieran encontrar entre ellos alguna forma de hacernos llegar una palabra.

"Pero a veces es una palabra tan estúpida".

—Bueno, hay mucha gente estúpida que abandona el mundo. No cambian. Y además, ya sabe, uno nunca sabe qué tipo de mensaje es necesario. Ayer vino un clérigo a ver a la señora Debbs. Estaba destrozado porque había perdido a su hija. La señora Debbs recibió varios mensajes diciendo que estaba feliz y que sólo su dolor la dolía. «Eso no sirve de nada», dijo. «Cualquiera podría decir eso. Esa no es mi chica". Y de repente ella dijo: «Pero me gustaría que no llevaras un cuello romano con una camisa de color». Eso sonó como un mensaje trivial, pero el hombre se puso a llorar. «Es ella», sollozó. «Siempre me estaba molestando por mis cuellos». Son las pequeñas cosas las que cuentan en esta vida, sólo las cosas íntimas y hogareñas, señor Malone.

Malone meneó la cabeza.

"Cualquiera se fijaría en una camisa de color y un cuello clerical".

El señor Bolsover se rio. "Es una propuesta difícil. Yo también lo fui en su momento, así que no puedo culparlo. Pero vine aquí con un propósito. Supongo que usted es un hombre ocupado y sé que yo lo soy, así que iré al grano. Primero, quería decir que toda nuestra gente que tiene un poco de sentido común está satisfecha con el artículo. El señor Algernon Mailey me escribió que sería bueno, y si él está satisfecho, todos estaremos satisfechos".

"¿Mailey el abogado?"

"Mailey, el reformador religioso. Así será conocido".

"Bueno, ¿qué más?"

—Sólo que le ayudaríamos si usted y la señorita quisieran profundizar en el asunto. No por publicidad, claro, sino por su propio bien, aunque nosotros tampoco nos asustamos de la publicidad. Yo realizo sesiones de espiritismo sobre fenómenos psíquicos en mi propia casa sin médium profesional, y si usted quisiera...

"No hay nada que me gustaría tanto".

—Entonces vendréis los dos. No tengo muchos forasteros. No aceptaría que uno de esos investigadores psíquicos entrara en mi casa. ¿Por qué debería salirme de mi camino para que me insulten con todas sus sospechas y sus trampas? Parecen pensar que la gente no tiene sentimientos. Pero tú tienes un poco de sentido común. Eso es todo lo que pedimos.

—Pero no lo creo. ¿No sería un obstáculo?

—De ninguna manera. Mientras seas justo y no alteres las condiciones, todo estará bien. A los espíritus que están fuera del cuerpo no les agrada la gente desagradable más que a los espíritus que están dentro del cuerpo. Sé amable y cortés, como lo serías con cualquier otra compañía.

-Bueno, eso lo puedo prometer.

—A veces son divertidos —dijo el señor Bolsover, en tono nostálgico—. Es mejor no perderlos de vista. No se les permite hacer daño a los humanos, pero todos hacemos cosas que no se nos permite hacer, y ellos mismos son muy humanos. Recuerdas cómo al corresponsal del Times le abrieron la cabeza con la pandereta en una de las sesiones de espiritismo de los hermanos Davenport. Muy mal, por supuesto, pero ocurrió. Ningún amigo se quedó con la cabeza abierta. Hubo otro caso en Stepney. Un prestamista fue a una sesión de espiritismo. Una víctima a la que había llevado al suicidio se convirtió en médium. Agarró al prestamista por el cuello y estuvo a punto de perder la vida. Pero me voy, señor Malone. Nos reunimos una vez a la semana y lo hemos hecho durante cuatro años sin descanso. Los jueves a las ocho en punto. Avísanos con un día de antelación y haré que el señor Mailey se reúna contigo. Él puede responder a las preguntas mejor que yo. ¡El próximo jueves! Muy bien. —Y el señor Bolsover salió tambaleándose de la habitación.

Tanto Malone como Enid Challenger tal vez se sintieron más afectados por su corta experiencia de lo que habían admitido, pero ambos eran personas sensatas que estaban de acuerdo en que todas las causas naturales posibles debían ser agotadas —y agotadas a fondo— antes de ampliar los límites de lo posible. Ambos sentían el máximo respeto por el intelecto de Challenger y se sintieron afectados por sus firmes opiniones, aunque Malone se vio obligado a admitir en las frecuentes discusiones en las que se vio envuelto que la opinión de un hombre inteligente que no ha tenido experiencia es en realidad de menos valor que la del hombre de la calle que realmente ha estado allí.

Estas discusiones, la mayoría de las veces, se producían con Mervin, editor del periódico psíquico Dawn, que trataba de todas las fases del ocultismo, desde la ciencia de los rosacruces hasta las extrañas regiones de los estudiantes de la Gran Pirámide, o de aquellos que defienden el origen judío de nuestros rubios anglosajones. Mervin era un hombre pequeño y entusiasta, con un cerebro de alto nivel, que podría haberlo llevado a las alturas más lucrativas de su profesión si no hubiera decidido sacrificar las perspectivas mundanas a fin de ayudar a lo que le parecía una gran verdad. Como Malone estaba ansioso de conocimiento y Mervin estaba igualmente ansioso de impartirlo, a los camareros del Club Literario no les resultó fácil apartarlos de la mesa del rincón junto a la ventana donde solían almorzar. Mientras contemplaban la larga y gris curva del Embankment y el noble río con su vista de puentes, la pareja se demoraba tomando café, fumando cigarrillos y discutiendo varios aspectos de este tema tan gigantesco y absorbente, que parecía haber abierto ya nuevos horizontes a la mente de Malone.

Mervin hizo una advertencia que despertó en Malone una impaciencia que rozaba la ira. Tenía la objeción hereditaria irlandesa a la coerción y le parecía que volvía a aparecer de una forma insidiosa y particularmente objetable.

—Vas a asistir a una de las sesiones espiritistas de la familia Bolsover —dijo Mervin—. Por supuesto, son muy conocidas entre nuestra gente, aunque pocos han sido admitidos, así que puedes considerarte un privilegiado. Está claro que le has tomado cariño.

"Él pensó que había escrito bastante sobre ellos".

"Bueno, no era un gran artículo, pero aun así, entre las tonterías deprimentes y cegadoras que nos asaltan, mostró algunos rastros de dignidad, equilibrio y sentido de la proporción".

Malone agitó un cigarrillo en señal de desprecio.

"Las sesiones de espiritismo de Bolsover y otras similares son, por supuesto, cosas que no tienen importancia para el verdadero psíquico. Son como los cimientos rudimentarios de un edificio que, sin duda, ayudan a sostenerlo, pero que se olvidan una vez que uno llega a habitarlo. Es la superestructura superior con la que tenemos que lidiar. Uno pensaría que los fenómenos físicos son el tema central -esos y una franja de fantasmas y casas encantadas- si se le hiciera caso a los periódicos baratos que se dedican a los sensacionalistas. Por supuesto, estos fenómenos físicos tienen una utilidad propia. Atrapan la atención del investigador y lo alientan a seguir adelante. Personalmente, habiéndolos visto todos, no cruzaría la calle para verlos de nuevo. Pero sí cruzaría muchos caminos para recibir mensajes elevados del más allá".

"Sí, aprecio mucho la distinción, viéndola desde tu punto de vista. Personalmente, por supuesto, soy igualmente agnóstico en cuanto a los mensajes y los fenómenos".

"Así es. San Pablo era un buen psíquico. Lo explica con tanta claridad que ni siquiera sus ignorantes traductores pudieron disfrazar los verdaderos significados ocultos, como lo lograron en tantos casos".

"¿Puedes citarlo?"

"Conozco bastante bien el Nuevo Testamento, pero no soy perfecto en su letra. Es el pasaje donde dice que el don de lenguas, que era algo evidentemente sensacional, era para los no instruidos, pero que las profecías, es decir, los mensajes espirituales reales, eran para los elegidos. En otras palabras, que un espiritualista experimentado no tiene necesidad de fenómenos".

"Buscaré ese pasaje".

"Creo que lo encontrarán en Corintios. Por cierto, debe haber habido un nivel de inteligencia bastante alto entre aquellas antiguas congregaciones si se les hubiera podido leer en voz alta las cartas de Pablo y las hubieran comprendido completamente".

—Eso es algo que generalmente se admite, ¿no es así?

—Bueno, es un ejemplo concreto de ello. Sin embargo, me he desviado del tema. Lo que quería decirte es que no debes tomarte demasiado en serio el pequeño circo espiritual de Bolsover. Es honesto hasta cierto punto, pero no llega muy lejos. Esta cacería de fenómenos es una enfermedad. Conozco a algunas de nuestras gentes, mujeres en su mayoría, que recorren continuamente las salas de sesiones espiritistas, viendo una y otra vez lo mismo, a veces real, a veces, me temo, imitación. ¿Qué mejor que eso como almas o como ciudadanos o en cualquier otro sentido? No, cuando tu pie esté firme en el peldaño más bajo, no marques el paso en él, sino que sube al siguiente peldaño y mantente firme en él.

"Entiendo perfectamente lo que dices, pero sigo pisando tierra firme".

—¡Sólido! —exclamó Mervin—. ¡Dios mío! Pero el periódico entra en imprenta hoy y yo tengo que ir a la imprenta. Con una tirada de unos diez mil ejemplares, hacemos las cosas con modestia, ya sabes, no como vosotros, los plutócratas de la prensa diaria. Yo soy prácticamente el personal.

"Dijiste que tenías una advertencia".

—Sí, sí, quería hacerte una advertencia. —El rostro enjuto y ansioso de Mervin se tornó intensamente serio—. Si tienes algún prejuicio religioso o de otro tipo que pueda hacer que rechaces este tema después de haberlo investigado, entonces no investigues en absoluto, porque es peligroso.

"¿Qué quieres decir con peligroso?"

"No les importan las dudas honestas ni las críticas honestas, pero si son maltratados son peligrosos".

"Quiénes son?"

—Ah, ¿quiénes son? Me pregunto. Guías, controladores, entidades psíquicas de algún tipo. Quiénes son los agentes de la venganza —o debería decir de la justicia—, en realidad no es esencial. El punto es que existen.

—¡Oh, maldición, Mervin!

"No estés tan seguro de eso".

"¡Qué podredumbre perniciosa! Son los viejos fantasmas teológicos de la Edad Media que vuelven a aparecer. ¡Me sorprende que haya un hombre sensato como usted!"

Mervin sonrió (tenía una sonrisa caprichosa), pero sus ojos, que miraban desde debajo de sus pobladas cejas amarillas, estaban tan serios como siempre.

"Puede que cambies de opinión. Hay aspectos curiosos de esta cuestión. Como amigo, te lo hago saber".

"Bueno, entonces ponme al tanto".

Así animado, Mervin se puso a investigar. Rápidamente esbozó la carrera y el destino de una serie de hombres que, en su opinión, habían jugado un juego injusto con esas fuerzas, se habían convertido en un obstáculo y habían sufrido por ello. Habló de jueces que habían dictado sentencias prejuiciosas contra la causa, de periodistas que habían inventado casos de engaño con fines sensacionalistas y para desacreditar al movimiento; de otros que habían entrevistado a médiums para burlarse de ellos o que, habiendo empezado a investigar, se habían echado atrás alarmados y habían dictado una sentencia negativa cuando en su fuero interno sabían que los hechos eran ciertos. Era una lista formidable, porque era larga y precisa, pero Malone no estaba dispuesto a dejarse llevar.

"Si se eligen los casos, no tengo ninguna duda de que se podría hacer una lista así sobre cualquier tema. El señor Jones dijo que Rafael era un chapucero, y el señor Jones murió de angina de pecho. Por lo tanto, es peligroso criticar a Rafael. ése parece ser el argumento".

"Bueno, si te gusta pensar así".

"Tomemos el otro lado. Miremos a Morgate. Siempre ha sido un enemigo, porque es un materialista convencido. Pero prospera. Miremos su cátedra".

—Ah, un escéptico sincero. Por supuesto. ¿Por qué no?

"Y Morgan, quien en un tiempo expuso a los médiums".

"Si realmente eran falsos habría prestado un buen servicio".

—¿Y Falconer, quién ha escrito tan amargamente sobre ti?

—¡Ah, Falconer! ¿Sabes algo de la vida privada de Falconer? No. Bueno, créeme, él tiene sus derechos. No sabe por qué. Algún día estos caballeros empezarán a comparar notas y entonces se darán cuenta. Pero lo entienden.

Continuó contando una horrible historia sobre alguien que había dedicado sus considerables talentos a desmantelar el espiritismo, aunque estaba realmente convencido de su verdad, porque con ello conseguía sus fines mundanos. El final fue espantoso, demasiado espantoso para Malone.

—¡Basta, Mervin! —gritó con impaciencia—. Diré lo que pienso, ni más ni menos, y no permitiré que tú ni tus fantasmas me obliguéis a cambiar mis opiniones.

"Nunca te lo pedí".

"Te has acercado un poco. Lo que has dicho me parece pura superstición. Si lo que dices es verdad, deberías ponerte a la policía tras de ti".

—Sí, si lo hiciéramos. Pero no está en nuestras manos. Sin embargo, Malone, por si sirve de algo, te he dado la advertencia y ahora puedes seguir tu camino. ¡Adiós! Siempre puedes llamarme a la oficina de Dawn.

Si quieres saber si un hombre es de sangre irlandesa, hay una prueba infalible: pónganlo delante de una puerta batiente que tenga impresa la palabra *push* (empujar) o *pull* (tirar). El inglés obedecerá como un hombre sensato. El irlandés, con menos sentido común pero más individualidad, hará inmediatamente y con vehemencia lo contrario. Así sucedió con Malone. La advertencia bienintencionada de Mervin simplemente despertó un espíritu rebelde en su interior, y cuando llamó a Enid para que la llevara a la sesión de Bolsover, había retrocedido varios grados en su naciente simpatía por el tema. Challenger se despidió de ellos con muchas burlas, con la barba proyectada hacia adelante y los ojos cerrados y las cejas levantadas, como era su costumbre cuando se inclinaba a ser gracioso.

—Tienes tu bolsa de pólvora, querida Enid. Si ves un ejemplar de ectoplasma especialmente bueno durante la velada, no te olvides de tu padre. Tengo un microscopio, reactivos químicos y todo lo necesario. Quizá incluso se te presente un pequeño duende. Cualquier bagatela será bienvenida.

Su risa de toro los siguió hasta el ascensor.

El establecimiento del comerciante de provisiones del señor Bolsover resultó ser un eufemismo para designar una tienda de comestibles antigua situada en la zona más concurrida de Hammersmith. La iglesia vecina estaba dando las tres cuartas partes cuando llegó el taxi y la tienda estaba llena de gente. Así que Enid y Malone pasearon de un lado a otro por la calle. Mientras estaban tan ocupados, llegó otro taxi y de él se bajó un hombre grande, de aspecto desaliñado y de barba desgarbada, vestido con un traje de tweed Harris. Miró su reloj y empezó a caminar de un lado a otro por la acera. Enseguida vio a los demás y se acercó a ellos.

"¿Puedo preguntar si ustedes son los periodistas que asistirán a la sesión espiritista? Me lo imaginaba. El viejo Bolsover está terriblemente ocupado, así que fue prudente esperar. Bendito sea, es uno de los santos de Dios a su manera".

"Supongo que usted es el señor Algernon Mailey".

—Sí. Soy el caballero cuya credulidad está provocando una considerable ansiedad en mis amigos, como comentó uno de los periodistas el otro día. — Su risa era tan contagiosa que los demás no pudieron evitar reírse también. Ciertamente, con sus proporciones atléticas, que habían decaído un poco pero todavía eran notables, y con su voz viril y su rostro fuerte aunque feo, no daba ninguna impresión de inestabilidad.

"Todos estamos etiquetados con algún estigma por nuestros oponentes", dijo. "Me pregunto cuál será el tuyo".

"No debemos navegar bajo banderas falsas, señor Mailey", dijo Enid. "Todavía no estamos entre los creyentes".

—Muy bien. Deberías tomarte tu tiempo para ello. Es infinitamente lo más importante del mundo, así que vale la pena tomarte tu tiempo. Yo mismo me tomé muchos años. Se puede culpar a la gente por descuidarlo, pero a nadie se le puede culpar por ser cauteloso al examinarlo. Ahora estoy totalmente comprometido con ello, como sabes, porque sé que es verdad. Hay una gran diferencia entre creer y saber. Doy muchas conferencias, pero nunca quiero convertir a mi público. No creo en las conversiones repentinas. Son cosas superficiales. Todo lo que quiero es exponer el asunto ante la gente lo más claramente que pueda. Simplemente les digo la verdad y por qué sabemos que es la verdad. Entonces mi trabajo está hecho. Pueden aceptarlo o dejarlo. Si son sabios, explorarán por los caminos que yo les indique. Si son necios, perderán su oportunidad. No quiero presionarlos ni hacer proselitismo. Es asunto de ellos, no mío.

—Bueno, eso parece una opinión razonable —dijo Enid, atraída por la franqueza de su nuevo conocido. Ahora estaban de pie bajo la luz que arrojaba el gran ventanal de Bolsover. Lo miró bien, su frente ancha, sus curiosos ojos grises, pensativos y, sin embargo, ansiosos, su barba de color paja que indicaba el contorno de un mentón agresivo. Era la solidez personificada, todo lo contrario del fanático que ella había imaginado. Su nombre había aparecido mucho en los periódicos últimamente como protagonista de la larga batalla, y recordó que nunca lo habían mencionado sin un bufido de respuesta de su padre.

"Me pregunto", le dijo a Malone, "¡qué pasaría si el señor Mailey estuviera encerrado en una habitación con papá!"

Malone se rio. "En la escuela había una pregunta que se planteaba qué ocurriría si una fuerza irresistible chocara contra un obstáculo invencible".

—Oh, usted es la hija del profesor Challenger —dijo Mailey con interés—. Es una figura importante en el mundo científico. ¡Qué mundo maravilloso sería si se diera cuenta de sus propias limitaciones!

"No te entiendo muy bien".

"Este mundo científico es el que se encuentra en la base de gran parte de nuestro materialismo. Nos ha ayudado a sentirnos cómodos, si es que la comodidad nos sirve de algo. Por lo demás, ha sido una maldición para nosotros, porque se ha proclamado a sí mismo progreso y nos ha dado la falsa impresión de que estamos progresando, cuando en realidad estamos retrocediendo a un ritmo muy constante".

"Realmente no estoy del todo de acuerdo con usted en eso, señor Mailey", dijo Malone, que se estaba poniendo nervioso ante lo que le parecía una afirmación dogmática. "Mire la radio. Mire la llamada de socorro en el mar. ¿No es eso un beneficio para la humanidad?"

"A veces todo sale bien. Valoro mucho mi lámpara eléctrica para leer, y es un producto de la ciencia. Nos brinda, como dije antes, comodidad y, en ocasiones, seguridad".

—¿Por qué entonces lo desvalorizas?

"Porque oscurece lo esencial, el objetivo de la vida. No fuimos puestos en este planeta para viajar a ochenta kilómetros por hora en un automóvil, ni para cruzar el Atlántico en una aeronave, ni para enviar mensajes con o sin cables. Estos son meros adornos y detalles de la vida. Pero estos hombres de ciencia han cautivado tanto nuestra atención en esos detalles que olvidamos el objetivo central".

"No te sigo".

"Lo que importa no es la velocidad con la que vas, sino el objetivo de tu viaje. No importa cómo envías un mensaje, sino el valor que pueda tener ese mensaje. En cada etapa, este llamado progreso puede ser una maldición, y sin embargo, mientras usemos esa palabra, la confundimos con el progreso real e imaginamos que estamos haciendo aquello para lo que Dios nos envió al mundo".

"¿Cuál es?"

91

—Para prepararnos para la siguiente fase de la vida. Hay una preparación mental y una preparación espiritual, y estamos descuidando ambas. Para ser mejores hombres y mujeres en la vejez, más desinteresados, más abiertos de miras, más afables y tolerantes, eso es lo que buscamos. Es una fábrica de almas, y está produciendo un mal artículo. Pero ¡vaya! — prorrumpió en su risa contagiosa—. Aquí estoy dando mi conferencia en la calle. Es una fuerza de la costumbre, ya ve. Mi hijo dice que si aprietas el tercer botón de mi chaleco, automáticamente doy una conferencia. Pero aquí está el bueno de Bolsover para rescatarte.

El digno tendero los había visto a través de la ventana y salió apresuradamente, desatando su delantal blanco.

—¡Buenas noches a todos! No quiero que esperen en el frío. Además, está el reloj y el tiempo se acabó. No conviene hacerlos esperar. La puntualidad para todos es mi lema y el de ellos. Mis muchachos cerrarán la tienda. Por aquí, y cuidado con el barril de azúcar.

Se abrieron paso entre cajas de frutos secos y montones de queso, y finalmente pasaron entre dos grandes toneles que apenas dejaban espacio para la corpulenta figura del tendero. Una puerta estrecha se abría a la parte residencial del establecimiento. Al subir la estrecha escalera, Bolsover abrió una puerta y los visitantes se encontraron en una habitación considerable en la que varias personas estaban sentadas alrededor de una gran mesa. Allí estaba la propia señora Bolsover, grande, alegre y pechugona como su marido. Tres hijas eran todas del mismo tipo agradable. Había una mujer mayor que parecía tener algún parentesco y otras dos mujeres descoloridas que fueron descritas como vecinas y espiritistas. El único hombre que quedaba era un hombre pequeño, de cabello gris, rostro agradable y ojos vivos y brillantes, que estaba sentado ante un armonio en la esquina.

—El señor Smiley, nuestro músico —dijo Bolsover—. No sé qué podríamos hacer sin el señor Smiley. Son vibraciones, ya sabe. El señor Mailey podría hablarle de eso. Señoras, ya conocen al señor Mailey, nuestro muy buen amigo. Y estos son los dos que nos han preguntado: la señorita Challenger y el señor Malone. Toda la familia Bolsover sonrió afablemente, pero la anodina anciana se puso de pie y los observó con rostro austero.

"Son muy bienvenidos aquí, ustedes dos, extranjeros", dijo. "Pero queremos decirles que queremos respeto externo. Respetamos a los que brillan y no permitiremos que los insulten".

"Les aseguro que somos muy serios y justos", afirmó Malone.

"Ya hemos aprendido la lección. No hemos olvidado el asunto de los Meadows, señor Bolsover".

—No, no, señora Seldon. Eso no volverá a suceder. Nos sentimos bastante molestos por eso —añadió Bolsover, volviéndose hacia los visitantes—. Ese hombre vino aquí como nuestro invitado y, cuando se apagaron las luces, pinchó a los demás asistentes con el dedo para hacerles creer que se trataba de una mano espiritual. Luego escribió todo el asunto como una denuncia en la prensa pública, cuando el único fraudulento presente había sido él mismo.

Malone se quedó realmente sorprendido: "Puedo asegurarle que somos incapaces de semejante conducta".

La anciana se sentó, pero los miró con recelo. Bolsover se puso a preparar todo.

"Siéntese aquí, señor Mailey. Señor Malone, ¿quiere sentarse entre mi esposa y mi hija? ¿Dónde le gustaría sentarse a la joven?"

Enid se sentía algo nerviosa. "Creo", dijo, "que me gustaría sentarme al lado del señor Malone".

Bolsover se rio entre dientes y le guiñó un ojo a su esposa.

—Así es. Estoy seguro de que es lo más natural. Todos ocuparon sus lugares. El señor Bolsover había apagado la luz eléctrica, pero una vela ardía en el centro de la mesa. Malone pensó que habría sido un cuadro digno de un Rembrandt. Unas sombras profundas la cubrían, pero la luz amarilla parpadeaba sobre el círculo de rostros: los rasgos fuertes, sencillos y pesados de Bolsover, la sólida línea de su círculo familiar, el rostro agudo y austero de la señora Seldon, los ojos serios y la barba amarilla de Mailey, los rostros cansados y desgastados de las dos mujeres espiritistas y, por último, el perfil firme y noble de la muchacha que estaba sentada a su lado. De repente, el mundo entero se había reducido a ese pequeño grupo, tan intensamente concentrado en su propio propósito.

Sobre la mesa había una curiosa colección de objetos esparcidos, que tenían el mismo aspecto de herramientas que habían sido utilizadas durante mucho tiempo. Había una trompeta de latón muy descolorida, una pandereta, una caja de música y varios objetos más pequeños. "Nunca sabemos lo que pueden querer", dijo Bolsover, agitando la mano sobre ellos. "Si Wee One pide algo y no está allí, nos lo cuenta todo... ¡Oh, sí, algo chocante!"

"Ella tiene su propio carácter, Wee One", comentó la señora Bolsover.

—¿Por qué no, querida? —dijo la austera dama—. Supongo que tendrá suficiente para probar con los investigadores y demás. A menudo me pregunto por qué se molesta en venir.

"Wee One es nuestra niñita guía", dijo Bolsover. "Ya la oirás".

"Espero que ella venga", dijo Enid.

"Bueno, ella nunca nos ha fallado hasta ahora, excepto cuando ese hombre, Meadows, agarró la trompeta y la puso fuera del círculo".

"¿Quién es el médium?" preguntó Malone.

"Bueno, ni nosotros mismos lo sabemos. Creo que todos ayudamos. Quizá yo doy tanto como cualquiera. Y mi madre es una ayuda".

"Nuestra familia es una tienda cooperativa", dijo su esposa y todos rieron.

"Pensé que era necesario un solo medio".

—Es lo habitual, pero no es necesario —dijo Mailey con su voz profunda y autoritaria—. Crawford lo demostró con bastante claridad en las sesiones de los Gallagher, cuando demostró, pesando sillas, que todos los que estaban en el círculo perdían de media a dos libras en una sesión, aunque la médium, la señorita Kathleen, perdió hasta diez o doce. He aquí la larga serie de sesiones... ¿Cuánto tiempo, señor Bolsover?

"Cuatro años ininterrumpidos".

"Las series largas han desarrollado a todos en cierta medida, de modo que hay una producción media elevada de cada uno, en lugar de una cantidad extraordinaria de uno".

"¿Salida de qué?"

"Magnetismo animal, ectoplasma... de hecho, poder. Esa es la palabra más amplia. El Cristo usó esa palabra: "Mucho poder ha salido de mí". Es *dunamis* en griego, pero los traductores no entendieron el punto y lo tradujeron como "virtud". Si un buen erudito griego que también fuera un profundo estudiante de lo oculto volviera a traducir el Nuevo Testamento, obtendríamos algunas revelaciones. El querido Ellis Powell hizo algo en esa dirección. Su muerte fue una pérdida para el mundo".

—Sí, claro —dijo Bolsover con voz reverente—. Pero ahora, antes de ponernos a trabajar, señor Malone, quiero que observe una o dos cosas. ¿Ve los puntos blancos en la trompeta y la pandereta? Son puntos luminosos para que podamos ver dónde están. La mesa es simplemente nuestra mesa de comedor, de buen roble británico. Puede examinarla si quiere. Pero verá cosas que no dependen de la mesa. Ahora, señor Smiley, apague la luz y le pediremos «La Roca de los Siglos".

El armonio zumbaba en la oscuridad y el círculo cantaba. Cantaban muy melodiosamente, porque las chicas tenían voces nuevas y oídos auténticos. El ritmo grave y vibrante, solemne, resultaba más impresionante cuando ningún otro sentido, salvo el del oído, estaba libre para actuar. Sus manos, según las instrucciones, se colocaron suavemente sobre la mesa y se les advirtió que no cruzaran las piernas. Malone, con su mano tocando la de Enid, podía sentir los pequeños temblores que demostraban que sus nervios estaban muy tensos. La voz sencilla y jovial de Bolsover alivió la tensión.

"Eso debería bastar", dijo. "Siento que las condiciones son buenas esta noche. Sólo hay un toque de escarcha en el aire. Les pido que se unan a mí en oración".

Fue eficaz aquella oración sencilla y sincera en la oscuridad, una oscuridad total que sólo fue interrumpida por el último resplandor rojo de un fuego moribundo.

—Oh, gran Padre de todos nosotros —dijo la voz—. Tú que estás más allá de nuestros pensamientos y que, sin embargo, impregnas nuestras vidas, concede que todo mal se aleje de nosotros esta noche y que tengamos el privilegio de ponernos en contacto, aunque sea por una hora, con aquellos que habitan en un plano superior al nuestro. Tú eres nuestro Padre y también el de ellos. Permítenos, por un breve espacio, reunirnos en hermandad, para que podamos tener un conocimiento adicional de esa vida eterna que nos espera, y así recibir ayuda durante nuestros años de espera en este mundo inferior. —Terminó con el Padre Nuestro, en el que todos nos unimos. Luego todos se sentaron en silencio expectante. Afuera se escuchaba el rugido sordo del tráfico y el ocasional graznido malhumorado de un automóvil que pasaba. Dentro había un silencio absoluto. Enid y Malone sintieron todos los sentidos alerta y todos los nervios en tensión mientras miraban hacia la penumbra.

—No hay nada que hacer, madre —dijo Bolsover por fin—. Es la extraña compañía. Nuevas vibraciones. Tienen que afinarlas para conseguir armonía. Denos otra melodía, señor Smiley. El armonio volvió a sonar. Todavía estaba tocando cuando una voz de mujer gritó—: ¡Alto! ¡Alto! ¡Están aquí!

Nuevamente esperaron sin resultado.

—¡Sí! ¡Sí! He oído a la Pequeña. Está aquí, claro que sí. Estoy segura de ello.

De nuevo hubo silencio, y luego vino todo: una maravilla para los visitantes, algo tan natural para el círculo.

"¡Buenas noches!", gritó una voz.

Se escuchó un estallido de saludos y risas de bienvenida en el círculo. Todos hablaban a la vez. "¡Buenas noches, pequeña!" "¡Ahí estás, querida!" "¡Sabía que vendrías!" "¡Bien hecho, pequeña guía!"

—¡Buenas noches a todos! —respondió la voz—. ¡Qué alegría para el pequeño ver a papá, a mamá y al resto! ¡Qué hombre tan grande con barba! Mailey, señor Mailey, ya lo había visto antes. Él, el grandote Mailey, yo, la pequeña hembra. Me alegro de verte, señor grandote.

Enid y Malone escucharon asombrados, pero era imposible ponerse nerviosos ante la forma perfectamente natural en que la compañía lo aceptó. La voz era muy fina y aguda, más de lo que cualquier falsete artificial podría producir. Era la voz de una niña. Eso era seguro. También que no había ninguna niña en la habitación a menos que hubiera entrado de contrabando después de que se apagara la luz. Eso era posible. Pero la voz parecía estar en medio de la mesa. ¿Cómo podía llegar allí una niña?

94

"Llegue con facilidad, señor caballero", dijo la voz, respondiendo a su pensamiento no expresado. "Papá, hombre fuerte. Papá, levanta a Wee One y colócalo sobre la mesa. Ahora te mostraré lo que papá no es capaz de hacer".

"¡Suena la trompeta!", gritó Bolsover.

El pequeño círculo de pintura luminosa se elevó en silencio por el aire y ahora se balanceaba sobre sus cabezas.

—¡Sube y golpéalo! —gritó Bolsover. Subió y oyeron el golpeteo metálico sobre ellos. Luego llegó la voz aguda desde arriba:

"¡Papá listo! Papá consiguió una caña de pescar y puso la trompeta en el techo. Pero, ¿cómo hace papá para poner la voz, eh? ¿Qué dices, linda señorita inglesa? Aquí tienes un regalo de Wee One".

Algo suave cayó sobre el regazo de Enid. Ella bajó la mano y lo sintió.

"Es una flor, un crisantemo. ¡Gracias, pequeñita!"

"¿Un aporte?" preguntó Mailey.

—No, no, señor Mailey —dijo Bolsover—. Estaban en el florero sobre el armonio. Hable con ella, señorita Challenger. Mantenga las vibraciones.

"¿Quién eres, Pequeñita?", preguntó Enid, mirando el punto que se movía sobre ella.

"Soy una niña negra. Una niña negra de ocho años".

—Ven, querida —dijo mamá con su voz rica y persuasiva—. Tenías ocho años cuando llegaste a vernos por primera vez, y eso fue hace años.

"Para ti, hace años. Para mí, todo el tiempo. Yo tenía que hacer mi trabajo cuando tenía ocho años. Cuando terminé mi trabajo, el pequeño se convirtió en el grande en un día. Aquí no tengo tiempo, igual que tú. Siempre tuve ocho años".

"En circunstancias normales, crecen exactamente igual que nosotros aquí", dijo Mailey. "Pero si tienen un trabajo especial para el que se necesita un niño, entonces siguen siendo niños. Es una especie de desarrollo detenido".

"Soy yo. 'Envolvimiento descansado'", dijo la voz orgullosamente. "Aprendí a ser buena Inglaterra cuando era un hombre grande".

Todos se rieron. Fue la asociación más cordial y relajada posible. Malone escuchó la voz de Enid susurrándole al oído.

"Pellízcame de vez en cuando, Edward, sólo para asegurarme de que no estoy soñando".

"Yo también tengo que pellizcarme".

"¿Y qué hay de tu canción, Wee One?", preguntó Bolsover.

—¡Oh, sí, claro! Wee One te canta. —Comenzó una canción sencilla, pero se desvaneció en un chillido, mientras la trompeta resonaba sobre la mesa.

"¡Ah, se acabó la luz!", dijo Mailey. "Creo que un poco más de música nos pondrá bien. 'Lead, Kindly Light'"

Cantaron juntos el hermoso himno. Al terminar la estrofa, ocurrió algo asombroso, asombroso al menos para los novicios, aunque no requirió comentarios del círculo. La trompeta todavía brillaba sobre la mesa, pero dos voces, aparentemente las de un hombre y una mujer, estallaron en el aire sobre ellos y se unieron muy melodiosamente al canto. El himno se apagó y todo fue silencio y una vez más una tensa expectación.

Una voz masculina y profunda interrumpió el sonido desde la oscuridad. Era una voz inglesa educada, bien modulada, una voz que hablaba de un modo que el buen Bolsover jamás podría alcanzar.

"Buenas noches, amigos. Parece que hay buena luz esta noche".

—Buenas noches, Luke. ¡Buenas noches! —gritaron todos.

"Es nuestro guía pedagógico", explicó Bolsover. "Es un espíritu elevado de la sexta esfera que nos da instrucciones".

—Quizás a ti te parezca que soy una persona superior —dijo la voz—, pero ¿qué soy para quienes me instruyen? No es mi sabiduría. No me des crédito. Yo solo la transmito.

"Siempre así", dijo Bolsover. "Sin ostentación. Es un signo de su altura".

"Veo que hay dos personas que me han preguntado. ¡Buenas noches, señorita! No sabe nada de sus propios poderes ni de su destino. Ya lo descubrirá. Buenas noches, señor, está en el umbral de un gran conocimiento. ¿Hay algún tema sobre el que le gustaría que dijera algunas palabras? Veo que está tomando notas".

De hecho, Malone había soltado su mano en la oscuridad y estaba anotando en taquigrafía la secuencia de acontecimientos.

¿De qué hablaré?

—De amor y matrimonio —sugirió la señora Bolsover, dándole un codazo a su marido.

—Bueno, diré algunas palabras al respecto. No tardaré mucho, porque hay otros esperando. La sala está llena de gente espiritual. Quiero que entiendas que hay un hombre, y sólo uno, para cada mujer, y una mujer sólo para cada hombre. Cuando esos dos se encuentran, vuelan juntos y son uno a través de toda la cadena infinita de la existencia. Hasta que se encuentran, todas las uniones son meros accidentes que no tienen sentido. Tarde o temprano, cada pareja se completa. Puede que no sea aquí. Puede que sea en la próxima esfera donde los sexos se encuentren como lo hacen en la Tierra. O puede que se demore más. Pero cada hombre y cada mujer tienen su afinidad, y la encontrará. De los matrimonios terrenales, tal vez uno de cada cinco sea permanente. Los demás son accidentales. El matrimonio real es del alma y el espíritu. Las acciones sexuales son un mero símbolo externo que no significa nada y son tontas, o incluso perniciosas, cuando falta lo que deberían simbolizar. ¿Estoy claro?

"Muy claro", dijo Mailey.

"Algunos tienen aquí la pareja equivocada. Otros no tienen pareja, lo que es más afortunado. Pero todos, tarde o temprano, conseguirán la pareja adecuada. Eso es seguro. No pienses que no tendrás necesariamente a tu actual marido cuando mueras".

"¡Alabado sea Dios! ¡Gracias a Dios!", gritó una voz.

—No, señora Melder, es el amor, el amor verdadero, lo que nos une aquí. Él sigue su camino, usted el suyo. Tal vez estén en planos separados. Algún día cada uno encontrará el suyo, cuando haya recuperado la juventud, como sucederá aquí.

—Hablas de amor. ¿Te refieres al amor sexual? —preguntó Mailey.

—¿Adónde vamos? —murmuró la señora Bolsover.

"Los niños no nacen aquí. Eso es sólo en el plano terrenal. Fue a este aspecto del matrimonio al que se refirió el gran Maestro cuando dijo: 'No habrá matrimonio ni entrega en matrimonio'. ¡No! Es más puro, más profundo, más maravilloso, una unidad de almas, una fusión completa de intereses y conocimientos sin pérdida de individualidad. Lo más cerca que puedes llegar a estar de eso es la primera pasión elevada, demasiado hermosa para la expresión física cuando dos amantes de alma elevada se encuentran en tu plano. Luego encuentran una expresión inferior, pero siempre sabrán en sus corazones que la primera unión delicada y exquisita del alma fue la más hermosa. Así es con nosotros. ¿Alguna pregunta?"

"Si una mujer ama a dos hombres por igual, ¿qué pasa entonces?", preguntó Malone.

"Eso sucede pocas veces. Casi siempre sabe quién es el más cercano a ella. Si así fuera, sería una prueba de que ninguno de los dos es el verdadero afín, pues él está destinado a estar por encima de todos. Por supuesto, si ella..".

La voz se fue apagando y la trompeta cayó.

—¡Canta *Los ángeles están flotando alrededor* —gritó Bolsover—. Smiley, toca ese viejo armonio. Las vibraciones están a cero.

Otro toque de música, otro silencio y luego una voz de lo más lúgubre. Enid nunca había oído una voz tan triste. Era como un montón de terrones sobre un ataúd. Al principio fue un murmullo profundo. Luego fue una oración —una oración en latín, al parecer—, pues dos veces sonó la palabra *domine* y una vez la palabra *peccavimus*. Había un aire indescriptible de depresión y desolación en la habitación.

—Por el amor de Dios, ¿qué es? —exclamó Malone.

El círculo estaba igualmente desconcertado.

"Creo que es un pobre tipo de las esferas inferiores", dijo Bolsover. "La gente ortodoxa dice que deberíamos evitarlos. Yo digo que deberíamos apresurarnos y ayudarlos".

—¡Muy bien, Bolsover! —dijo Mailey con gran aprobación—. ¡Hazlo, rápido!

"¿Podemos hacer algo por ti, amigo?"

Hubo silencio.

"Él no lo sabe. No entiende las condiciones. ¿Dónde está Luke? Él sabrá qué hacer".

—¿Qué pasa, amigo? —preguntó la agradable voz del guía.

"Hay un pobre hombre aquí. Queremos ayudarlo".

—¡Ah! Sí, sí, ha venido de las tinieblas de afuera —dijo Luke con voz comprensiva—. No sabe. No entiende. Vienen aquí con una idea fija, y cuando descubren que la realidad es muy diferente de todo lo que les han enseñado las Iglesias, se sienten impotentes. Algunos se adaptan y siguen adelante. Otros no, y simplemente siguen vagando sin cambiar, como este hombre. Era un clérigo, y uno muy estrecho e intolerante. Este es el crecimiento de su propia semilla mental sembrada en la tierra, sembrada en la ignorancia y cosechada en la miseria.

"¿Qué le pasa?"

"Él no sabe que está muerto. Camina en la niebla. Todo es un sueño maligno para él. Hace años que está así. Para él, parece una eternidad".

—¿Por qué no se lo dices? ¿Por qué no le das instrucciones?

"No podemos. Nosotros..."

La trompeta se estrelló.

"¡Música, Smiley, música! Ahora las vibraciones deberían ser mejores".

"Los espíritus superiores no pueden llegar a la gente que vive en la Tierra", dijo Mailey. "Ellos están en zonas de vibración muy diferentes. Somos nosotros quienes estamos cerca de ellos y podemos ayudarlos".

—¡Sí, tú! ¡Tú! —gritó la voz de Luke.

—Señor Mailey, hable con él. ¡Usted lo conoce! —El murmullo bajo había estallado de nuevo en el mismo tono cansado y monótono.

—Amigo, quisiera hablar contigo —dijo Mailey con voz firme y fuerte. El murmullo cesó y uno sintió que la presencia invisible estaba atrayendo su atención—. Amigo, lamentamos tu condición. Has partido. Nos ves y te preguntas por qué no te vemos. Estás en el otro mundo. Pero no lo sabes, porque no es como esperabas. No has sido recibido como imaginabas. Es porque imaginaste mal. Entiende que todo está bien, que Dios es bueno y que toda la felicidad te espera si tan solo elevas tu mente y rezas por ayuda, y sobre todo piensa menos en tu propia condición y más en esas otras pobres almas que están a tu alrededor.

Hubo un silencio y Luke volvió a hablar.

"Te ha escuchado. Quiere darte las gracias. Ahora tiene una idea de su estado. Crecerá en su interior. Quiere saber si puede volver".

—¡Sí! ¡Sí! —exclamó Bolsover—. Tenemos un buen número de personas que nos informan de sus progresos de vez en cuando. Dios te bendiga, amigo. Ven tan a menudo como puedas. El murmullo había cesado y parecía haber una nueva sensación de paz en el aire. Se oyó la voz aguda de Wee One.

"Todavía queda mucha potencia. Nube Roja está aquí. Demuestra lo que puede hacer, si papá quiere".

"Nube Roja es nuestro control indio. Normalmente está ocupado cuando hay que realizar algún fenómeno puramente físico. ¿Estás ahí, Nube Roja?"

Tres golpes fuertes, como un martillo sobre madera, sonaron desde la oscuridad.

"¡Buenas noches, Nube Roja!"

Una nueva voz, lenta, entrecortada, trabajosa, sonó por encima de ellos.

"¡Buen día, jefe! ¿Cómo está la india? ¿Cómo están los *papooses*[1]? Esta noche hay caras extrañas en el *wigwam*[2]".

"En busca del conocimiento, Nube Roja. ¿Puedes demostrar lo que puedes hacer?"

"Lo intento. Espero un poco. Hago todo lo que puedo".

De nuevo se produjo un largo silencio de expectación. Entonces los novicios se encontraron una vez más ante el milagro.

En la oscuridad se produjo un resplandor apagado. Era, al parecer, una voluta de vapor luminoso. Pasó de un lado a otro y luego trazó círculos en el aire. Poco a poco se condensó hasta formar un disco circular de resplandor del tamaño de una linterna. No se reflejaba a su alrededor y era simplemente un círculo nítido en la penumbra. Una vez se acercó al rostro de Enid y Malone lo vio claramente desde un costado.

—¡Pero si hay una mano que lo sostiene! —gritó con repentina sospecha.

—Sí, hay una mano materializada —dijo Mailey—. Puedo verla claramente.

"¿Le gustaría que lo tocara, señor Malone?"

"Sí, si así fuera".

La luz se desvaneció y un instante después Malone sintió presión sobre su propia mano. La giró con la palma hacia arriba y sintió claramente tres dedos apoyados sobre ella, dedos suaves y cálidos del tamaño de un adulto. Cerró los dedos y la mano pareció derretirse en su agarre.

"¡Se ha ido!", jadeó.

—¡Sí! Nube Roja no es muy buena materializándose. Quizá no le damos el poder adecuado. Pero sus luces son excelentes.

Habían surgido varias más. Eran de distintos tipos, nubes que se movían lentamente y pequeñas chispas danzantes como luciérnagas. Al mismo tiempo, ambos visitantes sintieron un viento frío que soplaba sobre sus rostros. No era una ilusión, pues Enid sintió que su cabello le caía sobre la frente.

—Tú alimentaste el viento impetuoso —dijo Mailey—. Algunas de estas

---

[1]Niño nativo americano. Ahora, apelativo cariñoso para referirse a un niño en Estados Unidos.

[2]Tierra india.

luces pasarían por lenguas de fuego, ¿no es así? Pentecostés no parece algo tan remoto o imposible, ¿verdad?

La pandereta se había elevado en el aire y el punto de pintura luminosa indicaba que estaba dando vueltas. Luego descendió y tocó las cabezas de todos, uno por uno. Luego, con un tintineo, cayó sobre la mesa.

"¿Por qué una pandereta? Siempre parece ser una pandereta", comentó Malone.

"Es un instrumento pequeño y práctico", explicó Mailey.

"El único que indica automáticamente por el ruido hacia dónde vuela. No sé qué otro podría sugerir excepto una caja de música".

"Nuestra caja vuela de un lado a otro de una forma asombrosa", dijo la señora Bolsover. "No le importa enroscarse en el aire mientras vuela. Además, es una caja pesada".

—Nueve libras —dijo Bolsover—. Bueno, parece que hemos llegado al final de las cosas. No creo que podamos conseguir mucho más esta noche. No ha sido una mala sesión, lo que yo llamaría una sesión bastante normal. Debemos esperar un poco antes de encender la luz. Bueno, señor Malone, ¿qué piensa de esto? Vamos a plantear nuestras objeciones antes de separarnos. Eso es lo peor que pueden hacer los investigadores, ¿sabe? A menudo se guardan las cosas en la cabeza y las dejan salir después, cuando habría sido fácil resolverlas en ese momento. Son muy amables y educados en nuestras caras, y luego somos una banda de estafadores en el informe.

A Malone le dolía la cabeza y se pasó la mano por la frente acalorada.

"Estoy confundido", dijo, "pero impresionado. Oh, sí, ciertamente impresionado. He leído sobre estas cosas, pero es muy diferente cuando las ves. Lo que más me pesa es la obvia sinceridad y cordura de todos ustedes. Nadie podría dudar de eso".

"Vamos, vamos a seguir adelante", dijo Bolsover.

"Intento pensar en las objeciones que podrían plantear otras personas que no estuvieron presentes. Tendré que responderlas. En primer lugar, está lo extraño de todo esto. Es muy diferente a nuestras preconcepciones sobre la gente espiritual".

—Debemos ajustar nuestras teorías a los hechos —dijo Mailey—. Hasta ahora hemos ajustado los hechos a nuestras teorías. Debe recordar que esta noche hemos estado tratando, con todo respeto a nuestros queridos anfitriones, con un tipo de espíritu simple, primitivo y terrenal, que tiene sus usos muy definidos, pero que no debe tomarse como un tipo promedio. También podría tomar al estibador que ve en el muelle como un representante del inglés.

"Ahí está Luke", dijo Bolsover.

—Ah, sí, por supuesto, es mucho más alto. Usted lo escuchó y pudo juzgarlo. ¿Qué más, señor Malone?

—¡Pues la oscuridad! Todo se hace en la oscuridad. ¿Por qué toda mediumnidad debería estar asociada con la penumbra?

—Te refieres a toda la mediumnidad física. Esa es la única rama del tema que necesita oscuridad. Es puramente química, como la oscuridad de la sala fotográfica. Conserva la delicada sustancia física que, extraída del cuerpo humano, es la base de estos fenómenos. Se utiliza un gabinete con el propósito de condensar esta misma sustancia vaporosa y ayudarla a solidificarse. ¿Estoy claro?

—Sí, pero de todos modos es una lástima. Le da a todo el asunto un aire de engaño horrible.

—De vez en cuando, señor Malone, nos vemos en la oscuridad —dijo

Bolsover—. No sé si Wee One ya se ha ido. ¡Espere un momento! ¿Dónde están las cerillas? —Encendió la vela, que hizo que todos parpadearan después de la larga oscuridad—. Ahora veamos qué podemos hacer.

Entre los diversos objetos que había sobre la mesa había una bandeja de madera redonda o un círculo de madera que servía de juguetes a las fuerzas extrañas. Bolsover la miró. Todos la miraron. Se habían levantado, pero nadie estaba a menos de un metro de ella.

—¡Por favor, pequeñito, por favor! —gritó la señora Bolsover. Malone apenas podía creer lo que veía. El disco empezó a moverse. Tembló y luego repiqueteó sobre la mesa, exactamente como lo haría la tapa de una olla hirviendo.

—¡Arriba, pequeñito! —Todos aplaudían.

El círculo de madera, a plena luz de la vela, se levantó sobre un borde y se quedó allí temblando, como si tratara de mantener el equilibrio.

"Da tres vueltas, pequeñito".

El disco se inclinó hacia adelante tres veces. Luego cayó plano y permaneció así.

"Me alegro mucho de que hayas visto eso", dijo Mailey. "Es la telequinesis en su forma más simple y decisiva".

"¡No lo podía creer!", exclamó Enid.

—Yo tampoco —dijo Malone—. He ampliado mi conocimiento de lo que es posible. Sr. Bolsover, usted ha ampliado mis puntos de vista.

"¡Bien, señor Malone!"

"Sigo sin saber qué poder hay detrás de estas cosas. En cuanto a las cosas en sí, no tengo la menor duda, ni ahora ni en adelante. Sé que son ciertas. Les deseo a todos buenas noches. No es probable que la señorita Challenger o yo olvidemos jamás la velada que pasamos bajo su techo".

Fue como si fuera otro mundo cuando salieron al aire helado y vieron los taxis que llevaban de regreso a los buscadores de placer del teatro o del cine. Mailey se quedó de pie junto a ellos mientras esperaban un taxi.

—Sé exactamente cómo te sientes —dijo sonriendo—. Miras a toda esa gente ajetreada y complaciente y te maravillas al pensar lo poco que saben de las posibilidades de la vida. ¿No quieres detenerlos? ¿No quieres decírselo? Y, sin embargo, sólo pensarían que eres un mentiroso o un lunático. Es una situación curiosa, ¿no?

"He perdido todo mi sentido de la orientación por el momento".

—Volverán mañana por la mañana. Es curioso lo fugaces que son estas impresiones. Os convenceréis de que habéis estado soñando. Bueno, adiós... y avisadme si puedo ayudaros con vuestros estudios en el futuro. Los amigos —aún no se les podía llamar amantes— estuvieron absortos en sus pensamientos durante el trayecto a casa. Cuando llegó a Victoria Gardens, Malone acompañó a Enid hasta la puerta del apartamento, pero no entró con ella. De algún modo, las burlas de Challenger, que normalmente despertaban en él cierta simpatía, ahora le ponían los nervios de punta. Así las cosas, oyó su saludo en el vestíbulo.

—Bueno, Enid, ¿dónde está tu fantasma? Déjalo fuera de la bolsa en el suelo y déjanos echarle un vistazo. —La aventura de la noche terminó como había comenzado, con un estallido de risas que lo persiguió por el ascensor.

V. — DONDE NUESTROS COMISIONADOS TIENEN UNA EXPERIENCIA NOTABLE

Malone estaba sentado a la mesa auxiliar del salón de fumadores del Club Literario. Tenía ante sí las impresiones de Enid sobre la sesión espiritista — eran muy sutiles y observadoras— y estaba tratando de fusionarlas con su propia experiencia. Un grupo de hombres fumaba y charlaba junto al fuego. Esto no perturbó al periodista, que descubrió, como ocurre con muchos, que su cerebro y su pluma funcionaban mejor a veces cuando eran estimulados por el conocimiento de que formaba parte de un mundo ajetreado. Sin embargo, de pronto alguien que observó su presencia llevó la conversación a temas psíquicos, y entonces le resultó más difícil mantenerse al margen. Se reclinó en su silla y escuchó.

Allí estaba Polter, el famoso novelista, un hombre brillante con una mente sutil que utilizaba con demasiada frecuencia para evitar la verdad obvia y defender alguna posición imposible en aras de un ejercicio dialéctico vacío. Ahora estaba hablando ante un público admirado, pero no del todo servil.

"La ciencia", dijo, "está barriendo gradualmente el mundo de todas esas viejas telarañas de superstición. El mundo era como un viejo desván polvoriento, y el sol de la ciencia está irrumpiendo, inundándolo de luz, mientras el polvo se asienta gradualmente en el suelo".

"Por ciencia", dijo alguien maliciosamente, "se refiere, por supuesto, a hombres como Sir William Crookes, Sir Oliver Lodge, Sir William Barrett, Lombroso, Richet, etc.".

Polter no estaba acostumbrado a que le contraatacaran y normalmente se volvía grosero.

—No, señor, no me refiero a nada tan absurdo —respondió con una mirada fulminante—. Ningún nombre, por eminente que sea, puede pretender representar a la ciencia mientras sea miembro de una minoría insignificante de científicos.

"Es, entonces, un chiflado", dijo Pollifex, el artista, que habitualmente hacía de chacal para Polter.

El objetor, un tal Millworthy, periodista independiente, no se dejó silenciar tan fácilmente.

"Galileo era un chiflado en su época", dijo. "Y Harvey era un chiflado cuando se burlaron de él por la circulación de la sangre".

"Lo que está en juego es la circulación del Daily Gazette ", dijo Marrible, el humorista del club. "Si siguen con su truco, supongo que no les importará un bledo qué es verdad y qué no lo es".

"No me imagino por qué se deben investigar estas cosas, salvo en un tribunal de policía", dijo Polter. "Es una dispersión de energía, una desviación del pensamiento humano hacia caminos que no conducen a ninguna parte. Tenemos muchas cosas obvias y materiales que examinar. Sigamos con nuestro trabajo".

Atkinson, el cirujano, formaba parte del círculo y se había sentado en silencio, escuchando. Ahora habló.

"Creo que los organismos científicos deberían encontrar más tiempo para considerar los asuntos psíquicos".

"Menos", dijo Polter.

"No se puede tener menos que nada. Los ignoran por completo. Hace algún tiempo tuve una serie de casos de relación telepática que deseaba presentar ante la Royal Society. Mi colega Wilson, el zoólogo, también tenía un artículo que se propuso leer. Se presentaron juntos. El suyo fue aceptado y el mío rechazado. El título de su artículo era 'El sistema reproductivo del escarabajo pelotero'".

Se escuchó una risa general.

—Muy cierto —dijo Polter—. El humilde escarabajo pelotero era al menos un hecho. Todo este asunto psíquico no lo es.

—Sin duda tiene buenas razones para sus opiniones —dijo con picardía el travieso Millworthy, un joven apacible de modales aterciopelados—. Tengo poco tiempo para leer libros serios, así que me gustaría preguntarle cuál de los tres libros del doctor Crawford considera usted el mejor.

"Nunca he oído hablar de ese tipo".

Millworthy simuló una intensa sorpresa.

"¡Dios mío, hombre! Él es la autoridad. Si quieres experimentos de laboratorio puros, esos son los libros. Lo mismo podrías decir con claridad sobre zoología y confesar que nunca habías oído hablar de Darwin".

"Esto no es ciencia", afirmó Polter con énfasis.

"Lo que realmente no es ciencia", dijo Atkinson con cierta vehemencia, "es el establecimiento de leyes sobre cuestiones que no se han estudiado. Son esas conversaciones las que me han llevado al borde del espiritismo, cuando comparo esta ignorancia dogmática con la búsqueda seria de la verdad llevada a cabo por los grandes espiritistas. Muchos de ellos necesitaron veinte años de trabajo antes de llegar a sus conclusiones".

"Pero sus conclusiones no valen nada porque defienden una opinión formada".

—Pero cada uno de ellos luchó mucho antes de formarse esa opinión. Conozco a unos cuantos y no hubo ninguno al que no le costó mucho convencer. Polter se encogió de hombros.

"Bueno, pueden quedarse con sus fantasmas si eso los hace más felices, siempre y cuando me dejen mantener los pies firmes en la tierra".

"O atrapado en el barro", dijo Atkinson.

"Prefiero estar en el barro con gente sensata que con lunáticos", dijo Polter. "Conozco a algunos de esos espiritistas y creo que se los puede dividir en partes iguales entre tontos y granujas".

Malone había escuchado con interés y luego con creciente indignación. Ahora, de repente, se enfureció.

—Mire, Polter —dijo, volviendo su silla hacia los presentes—, son los tontos y los idiotas como usted los que están frenando el progreso del mundo. Usted reconoce que no ha leído nada de esto, y juro que no ha visto nada. Sin embargo, utiliza la posición y el nombre que ha ganado en otros asuntos para desacreditar a una serie de personas que, sean lo que sean, son sin duda muy serias y muy reflexivas.

—Oh —dijo Polter—, no tenía ni idea de que habías llegado tan lejos. No te atreves a decirlo en tus artículos. Entonces eres un espiritista. Eso desmerece un poco tus opiniones, ¿no es así?

"No soy un espiritista, pero soy un investigador honesto, y eso es más de lo que tú has sido nunca. Los llamas bribones y tontos, pero, por poco que yo sepa, estoy seguro de que algunos de ellos son hombres y mujeres cuyas botas no eres digno de limpiar".

—¡Oh, vamos, Malone! —gritaron una o dos voces, pero Polter, insultado, se puso de pie—. Son hombres como tú los que vacían este club —gritó mientras salía—. Nunca volveré a venir aquí para que me insulten.

—¡Digo que lo has logrado, Malone!

"Me sentí inclinado a ayudarlo con una patada. ¿Por qué debería pasar por encima de los sentimientos y creencias de otras personas? Él ha progresado y la mayoría de nosotros no, por lo que cree que es una condescendencia estar entre nosotros".

—¡Querido viejo irlandés! —dijo Atkinson, dándole una palmadita en el hombro—. ¡Descansa, espíritu perturbado, descansa! Pero quería hablar contigo. De hecho, te estaba esperando aquí porque no quería interrumpirte.

—¡Ya he tenido suficientes interrupciones! —gritó Malone—. ¿Cómo podría trabajar con ese maldito burro rebuznando en mi oído?

—Bueno, sólo tengo unas palabras que decir. Esta noche tengo una sesión con Linden, la famosa médium de la que te hablé, en el Psychic College. Tengo una entrada extra. ¿Te gustaría venir?

"¿Ven? ¡Eso creo!"

—Tengo otra entrada. Debería haberle preguntado a Polter si no hubiera sido tan ofensivo. A Linden no le molestan los escépticos, pero sí los que se burlan de ellos. ¿A quién debería preguntarle?

"Deja que venga la señorita Enid Challenger. Trabajamos juntas, ¿sabes?"

"Por supuesto que lo haré. ¿Se lo harás saber?"

"Ciertamente".

"Hoy a las siete de la noche. El Colegio Psíquico. Ya conoces el lugar en Holland Park".

-Sí, tengo la dirección. Muy bien, la señorita Challenger y yo estaremos allí.

Así pues, he aquí que la pareja se embarcaba en una nueva aventura psíquica. Recogieron a Atkinson en Wimpole Street y luego recorrieron esa larga y rugiente calle principal de la gran ciudad que se extiende a través de Oxford Street y Bayswater hasta Notting Hill y las majestuosas casas victorianas de Holland Park. El taxi se detuvo en una de ellas, un edificio grande e imponente que se alzaba un poco apartado de la carretera. Una elegante doncella los recibió y la tenue luz de la lámpara de cristal del vestíbulo cayó sobre el reluciente linóleo y la pulida carpintería con el brillo de las estatuas de mármol blanco en la esquina. Las percepciones femeninas de Enid le indicaron que se trataba de un establecimiento bien administrado y bien equipado, con una dirección competente al frente. Esta dirección tomó la forma de una amable dama escocesa que los recibió en el vestíbulo y saludó al señor Atkinson como a un viejo amigo. A su vez, ella fue presentada a los periodistas como la señora Ogilvy. Malone ya había oído cómo su marido y ella habían fundado y dirigido este notable instituto, que es el centro de experimentos psíquicos en Londres, con un coste muy grande, tanto en trabajo como en dinero, para ellos mismos.

—Linden y su esposa ya han subido —dijo la señora Ogilvy—. Parece que él cree que las condiciones son favorables. Los demás están en el salón. ¿No quiere acompañarlos unos minutos?

Se había reunido un buen número de personas para asistir a la sesión, algunos de ellos antiguos estudiantes de videntes que estaban ligeramente interesados, otros, principiantes, que miraban a su alrededor con ojos bastante sorprendidos, preguntándose qué sucedería a continuación. Un hombre alto estaba de pie cerca de la puerta, se dio la vuelta y dejó al descubierto la barba morena y el rostro franco de Algernon Mailey. Les estrechó la mano a los recién llegados.

—¿Otra experiencia, señor Malone? Bueno, creo que ha dado un relato muy justo de la última. Todavía es un neófito, pero está dentro de las puertas del templo. ¿Está alarmada, señorita Challenger?

—No creo que pudiera estarlo mientras tú estuvieras cerca —respondió ella.

Él se rio.

—Por supuesto, una sesión de materialización es un poco diferente a cualquier otra; en cierto modo, es más impresionante. Te resultará muy instructiva, Malone, en lo que respecta a la fotografía psíquica y otros asuntos. Por cierto, deberías intentar hacerte una foto psíquica. El famoso Hope trabaja arriba.

"Siempre pensé que eso al menos era un fraude".

—Por el contrario, yo diría que es el fenómeno mejor establecido de todos, el que deja la prueba más permanente. He estado una docena de veces en todas las condiciones de prueba posibles. El verdadero problema no es que se preste al fraude, sino que se preste a la explotación por parte de ese periodismo villano que sólo se preocupa por la sensación. ¿Conoce a alguien aquí?

"No, no lo hacemos".

—La dama alta y hermosa es la duquesa de Rossland. Luego están Lord y Lady Montnoir, la pareja de mediana edad que está junto al fuego. Son gente buena y real, y están entre los pocos miembros de la aristocracia que han demostrado seriedad y coraje moral en este asunto. La dama habladora es la señorita Badley, que vive para las sesiones espiritistas, una mujer de la alta sociedad hastiada en busca de nuevas sensaciones, siempre visible, siempre audible y siempre vacía. No conozco a los dos hombres. Oí a alguien decir que eran investigadores de la universidad. El hombre corpulento con la dama de negro es Sir James Smith; perdieron a dos hijos en la guerra. La persona alta y morena es un hombre extraño llamado Barclay, que vive, según tengo entendido, en una habitación y rara vez sale, salvo para una sesión espiritista.

"¿Y el hombre de las gafas de cuerno?"

"Ese tipo pomposo llamado Weatherby es uno de esos que vagan por los oscuros confines de la masonería, hablando en susurros y con reverencia de misterios donde no los hay. El espiritismo, con sus misterios reales y terribles, es para él algo vulgar porque brinda consuelo a la gente común, pero le encanta leer artículos sobre el culto palladiano, los ritos escoceses antiguos y aceptados y las figuras *baphometistas*. Eliphas Levi es su profeta".

"Suena muy erudito", dijo Enid.

—O muy absurdo. Pero, ¡hola! Aquí hay amigos en común. —Los dos Bolsover habían llegado, muy acalorados, desaliñados y cordiales. No existe un nivelador de clases como el espiritismo, y la asistenta con fuerza psíquica es superior al millonario que carece de ella. Los Bolsover y los aristócratas confraternizaron al instante. La duquesa estaba pidiendo la entrada al círculo de tenderos cuando entró la señora Ogilvy.

"Creo que ya estamos todos aquí", dijo. "Es hora de subir".

La sala de sesiones era una habitación grande y cómoda en el primer piso, con un círculo de sillones y un diván con cortinas que hacía las veces de gabinete. El médium y su esposa esperaban allí. El señor Linden era un hombre amable, de rasgos grandes, de complexión robusta, pecho profundo, bien afeitado, con ojos azules soñadores y cabello rubio y rizado que se elevaba en una pirámide en la parte superior de su cabeza. Era de mediana edad. Su esposa era bastante más joven, con la expresión aguda y quejumbrosa del ama de llaves cansada y ojos rápidos y críticos, que se suavizaban hasta convertirse en algo parecido a la adoración cuando miraba a su marido. Su papel era explicar los asuntos y proteger sus intereses mientras estaba inconsciente.

"Lo mejor es que los asistentes ocupen sus propios lugares", dijo la médium. "Si pueden alternar los sexos, también. No crucen las rodillas, eso corta la corriente. Si tenemos una materialización, no la agarren. Si lo hacen, corren el riesgo de lastimarme".

Los dos detectives de la Sociedad de Investigación se miraron con complicidad. Mailey lo observó.

"Muy cierto", dijo. "He visto dos casos de hemorragia peligrosa en el médium provocada por esa misma causa".

"¿Por qué?" preguntó Malone.

"Porque el ectoplasma que se utiliza se extrae del médium. Rebota sobre él como una banda elástica que se rompe. Si atraviesa la piel, se produce un hematoma. Si atraviesa la membrana mucosa, se produce un sangrado".

"Y cuando surge de la nada, no se obtiene nada", afirma el investigador sonriendo.

—Les explicaré el procedimiento en pocas palabras —dijo la señora Ogilvy cuando todos estuvieron sentados—. El señor Linden no entra en el armario. Se sienta fuera y, como tolera la luz roja, podrán comprobar que no se levanta de su asiento. La señora Linden se sienta al otro lado. Está allí para regular y explicar. En primer lugar, nos gustaría que examinaran el armario. Uno de ustedes también podría cerrar la puerta por dentro y ser responsable de la llave.

El armario resultó ser una simple tienda de campaña con cortinas, separada de la pared y colocada sobre una plataforma sólida. Los investigadores hurgaron en su interior y pisotearon las tablas. Todo parecía sólido.

—¿De qué sirve? —le susurró Malone a Mailey.

"Sirve como depósito y lugar de condensación para el vapor ectoplasmático del medio, que de otro modo se difundiría por la habitación".

"Se sabe que también sirve para otros fines", comentó uno de los investigadores, que escuchó la conversación.

"Es muy cierto", dijo Mailey filosóficamente. "Estoy totalmente a favor de la cautela y la supervisión".

"Bueno, en este caso parece que no hay fraude, si el médium se sienta afuera". Los dos investigadores coincidieron en esto.

El médium estaba sentado a un lado de la pequeña tienda y su esposa al otro. La luz estaba apagada y una pequeña lámpara roja cerca del techo era suficiente para permitir ver claramente los contornos. A medida que los ojos se acostumbraban a ella, también se podían observar algunos detalles.

—El señor Linden comenzará con unas lecturas clarividentes —dijo la señora Linden. Su actitud, sentada junto al armario con las manos en el regazo y con aire de propietaria, hizo sonreír a Enid, pues pensó en la señora Jarley y sus figuras de cera.

Linden, que no estaba en trance, empezó a dar clarividencia. No fue muy buena. Posiblemente la influencia mixta de tantos asistentes de distintos tipos en un espacio tan cercano era demasiado perturbadora. Esa fue la excusa que se dio a sí mismo cuando varias de sus descripciones no fueron reconocidas. Pero Malone se sorprendió más por las que sí fueron reconocidas, ya que era tan claro que la palabra había sido puesta en boca del médium. Fue la locura del asistente más que la culpa del médium, pero de todos modos fue desconcertante.

"Veo a un hombre joven con ojos marrones y un bigote bastante caído".

—¡Oh, cariño, cariño! ¿Ya has vuelto? —exclamó la señorita Badley—. ¿Tiene algún mensaje?

"Él manda su amor y no lo olvida".

—¡Qué evidencia! ¡Es exactamente lo que hubiera dicho el querido muchacho! Mi primer amante, ya sabéis —añadió con voz burlona dirigiéndose a los presentes—. Nunca deja de venir. El señor Linden lo ha traído una y otra vez.

"Hay un joven vestido de caqui que está construyendo a la izquierda. Veo un símbolo sobre su cabeza. Podría ser una cruz griega".

—¡Jim! ¡Seguro que es Jim! —exclamó Lady Smith.

"Sí. Él asiente con la cabeza".

—Y la cruz griega probablemente sea una hélice —dijo Sir James—. Estaba en el Servicio Aéreo, ¿sabe? Malone y Enid estaban bastante sorprendidos. Mailey también estaba inquieto.

—Esto no es bueno —le susurró a Enid—. ¡Espera un poco! Ya conseguirás algo mejor.

Hubo varios buenos reconocimientos y luego se describió a alguien parecido a Summerlee para Malone. Él lo descartó sabiamente, ya que Linden podría haber estado entre el público en la primera ocasión. La exhibición de la señora Debbs le pareció mucho más convincente que la de Linden.

"¡Espera un momento!" repitió Mailey.

"La médium intentará ahora materializarlas", dijo la señora Linden. "Si las figuras aparecen, le pediría que no las toque, salvo que se lo pida. Víctor le dirá si puede hacerlo. Víctor es el control de la médium".

El médium se había acomodado en su silla y comenzó a tomar aire con silbidos, inhalando profundamente y exhalando el aire entre los labios. Finalmente se tranquilizó y pareció hundirse en un coma profundo, con la barbilla apoyada en el pecho. De pronto habló, pero parecía que su voz estaba mejor modulada y más cultivada que antes.

"¡Buenas noches a todos!" dijo la voz.

Se escuchó un murmullo general de "Buenas noches, Víctor".

"Me temo que las vibraciones no son muy armoniosas. El elemento escéptico está presente, pero no creo que sea predominante, por lo que podemos esperar resultados. Martin Lightfoot está haciendo lo que puede".

—Ese es el control indio —susurró Mailey.

"Creo que si pudieras poner en marcha el gramófono, sería de gran ayuda. Un himno siempre es lo mejor, aunque no hay ninguna objeción real a la música secular. Danos lo que creas que es mejor, señora Ogilvy".

Se oyó el chirrido de una aguja que aún no había encontrado su ranura. Luego se empezó a cantar "Lead, Kindly Light". El público se sumó a la canción de manera discreta. La señora Ogilvy lo cambió por "Oh, Dios, nuestra ayuda en épocas pasadas".

"A menudo cambian ellos mismos los discos", dijo la señora Ogilvy, "pero esta noche no hay suficiente energía".

—Sí, claro —dijo la voz—. Hay energía suficiente, señora Ogilvy, pero estamos ansiosos por conservarla toda para las materializaciones. Martin dice que se están acumulando muy bien.

En ese momento la cortina que había delante del gabinete empezó a oscilar, se abombó como si soplara un fuerte viento detrás de ella. Al mismo tiempo, todos los que estaban en el círculo sintieron una brisa acompañada de una sensación de frío.

—Hace bastante frío —susurró Enid, con un escalofrío.

—No es una sensación subjetiva —respondió Mailey—. El señor Harry Price la ha comprobado con lecturas termométricas. Lo mismo hizo el profesor Crawford.

—¡Dios mío! —gritó una voz asustada. Era la del pomposo aficionado a los misterios, que de pronto se encontraba ante un verdadero misterio. Las cortinas del gabinete se habían abierto y una figura humana había salido sigilosamente. A un lado se veía claramente a la médium. Al otro lado estaba la señora Linden, que se había puesto de pie de un salto. Y, entre ellas, la pequeña figura negra, vacilante, que parecía aterrorizada por su propia posición. La señora Linden la tranquilizó y la animó.

"No te alarmes, querida. Todo está bien. Nadie te hará daño".

"Es alguien que nunca ha pasado por aquí antes", explicó a la compañía. "Por supuesto, le parece muy extraño. Tan extraño como si hubiéramos entrado en su mundo. Así es, querida. Estás ganando fuerza, puedo ver. ¡Bien hecho!"

La figura avanzaba. Todos permanecían sentados, fascinados, con los ojos abiertos. La señorita Badley empezó a reír histéricamente. Weatherby se recostó en su silla, jadeando de horror. Ni Malone ni Enid sentían miedo, sino que los consumía la curiosidad. Qué maravilloso era oír el monótono fluir de la vida en la calle y encontrarse cara a cara con semejante espectáculo.

La figura se movió lentamente. Ahora estaba cerca de Enid y entre ella y la luz roja. Al agacharse, pudo ver claramente la silueta. Era la de una mujer pequeña y mayor, de rasgos definidos y definidos.

—¡Soy Susan! —gritó la señora Bolsover—. ¡Oh, Susan! ¿No me conoces?

La figura se giró y asintió con la cabeza.

—Sí, sí, querida, es tu hermana Susie —gritó su marido—. Nunca la había visto vestida de otra manera que no fuera la de negro. ¡Susan, háblanos!

La cabeza se sacudió.

—La primera vez que vienen, rara vez hablan —dijo la señora Linden, cuyo aire más bien indiferente y serio contrastaba con la intensa emoción de los presentes—. Me temo que no podrá aguantar mucho tiempo. ¡Ah, ya está! ¡Se ha ido!

La figura había desaparecido. Hubo un pequeño movimiento hacia atrás en dirección al armario, pero a los observadores les pareció que se hundió en el suelo antes de llegar a él. En cualquier caso, había desaparecido.

—¡Gramófono, por favor! —dijo la señora Linden. Todos se relajaron y se sentaron con un suspiro. El gramófono comenzó a tocar una melodía animada. De repente, las cortinas se abrieron y apareció una segunda figura.

Era una muchacha joven, con el pelo suelto por la espalda, que avanzó con rapidez y perfecta seguridad hasta el centro del círculo.

La señora Linden rio satisfecha.

—Ahora tendrás algo bueno —dijo—. Aquí está Lucille.

—¡Buenas noches, Lucille! —gritó la duquesa—. Te conocí el mes pasado, como recordarás, cuando tu médium llegó a Maltraver Towers.

—Sí, sí, señora, me acuerdo de usted. Tiene un niño pequeño, Tommy, en nuestro lado de la vida. ¡No, no, no está muerto, señora! Estamos mucho más vivos que usted. ¡Toda la diversión y el jolgorio están con nosotros! —habló con voz clara y aguda y en un inglés perfecto.

—¿Quieres que te enseñe lo que hacemos aquí? —Comenzó a bailar con gracia y deslizándose, mientras silbaba melodiosamente como un pájaro—. La pobre Susan no podría hacer eso. Susan no tiene práctica. Lucille sabe cómo utilizar un cuerpo musculoso.

"¿Te acuerdas de mí, Lucille?", preguntó Mailey.

"Me acuerdo de usted, señor Mailey. Un hombre corpulento con barba amarilla".

Por segunda vez en su vida, Enid tuvo que pellizcarse con fuerza para asegurarse de que no estaba soñando. ¿Era aquella graciosa criatura, que ahora se había sentado en el centro del círculo, una materialización real del ectoplasma, utilizada por el momento como una máquina de expresión por un alma que había fallecido, o era una ilusión de los sentidos, o era un fraude? Existían las tres posibilidades. Una ilusión era absurda cuando todos tenían la misma impresión. ¿Era un fraude? Pero ciertamente no era la anciana. Era unos centímetros más alta y rubia, no morena. Y el armario era a prueba de fraudes. Lo habían examinado meticulosamente. Entonces era verdad. Pero si era verdad, ¡qué panorama de posibilidades se abría! ¿No era con diferencia el asunto más importante que podía reclamar la atención del mundo?

Mientras tanto, Lucille se había mostrado tan natural y la situación tan normal que hasta los más nerviosos se habían relajado. La muchacha contestaba con gran alegría a todas las preguntas, que le llovían por todos lados.

"¿Dónde vivías, Lucille?"

—Tal vez sea mejor que responda a eso —intervino la señora Linden—. Así ahorraremos energía. Lucille se crio en Dakota del Sur, Estados Unidos, y falleció a los catorce años. Hemos verificado algunas de sus declaraciones.

—¿Estás contenta de haber muerto, Lucille?

"Me alegro por mí, pero lo siento por mi madre".

"¿Tu madre te ha visto desde entonces?"

"La pobre madre es una caja cerrada. Lucille no puede abrir la tapa".

"¿Estás feliz?"

"Oh, sí, tan gloriosamente feliz".

"¿Es correcto que puedas regresar?"

"¿Lo permitiría Dios si no fuera justo? ¡Qué malvado debes ser al preguntar!"

"¿Qué religión tenías?"

"Éramos católicos romanos".

"¿Es esa la religión correcta?"

"Todas las religiones son correctas si te hacen mejor".

"Entonces no importa".

"Es lo que la gente hace en la vida diaria, no lo que cree".

"Cuéntanos más, Lucille".

"Lucille tiene poco tiempo. Hay otros que desean venir. Si Lucille usa demasiado poder, los demás tienen menos. ¡Oh, Dios es muy bueno y bondadoso! Ustedes, los pobres de la tierra, no saben cuán bueno y bondadoso es Él porque está gris allá abajo. Pero es gris por su propio bien. Es para darles la oportunidad de ganar todas las cosas hermosas que los esperan. Pero solo podrán darse cuenta de cuán maravilloso es Él cuando lleguen aquí".

"¿Lo has visto?"

—¡Lo he visto! ¿Cómo puedes ver a Dios? No, no, Él está a nuestro alrededor y en nosotros y en todas las cosas, pero no lo vemos. Pero yo he visto al Cristo. ¡Oh, Él era glorioso, glorioso! Ahora, adiós... ¡adiós! —Retrocedió hacia el armario y se hundió en las sombras.

[Malone avanzó y miró, atónito, el rostro de la aparición]

Entonces llegó una experiencia tremenda para Malone. Una figura peque-
ña, morena y bastante ancha de mujer apareció lentamente del armario. La
señora Linden la animó y luego se acercó al periodista.

"Es para ti. Puedes romper el círculo. Acércate a ella".

Malone avanzó y miró, atónito, el rostro de la aparición. No había ni un pie entre ellos. ¡Seguro que esa cabeza grande, ese contorno sólido y cuadrado le resultaban familiares! Acercó aún más su rostro; casi lo tocaba. Forzó la vista. Le pareció que los rasgos eran semifluidos, que se moldeaban a sí mismos en una forma, como si una mano invisible los estuviera modelando en masilla.

—¡Madre! —gritó—. ¡Madre!

Al instante, la figura levantó ambas manos en un gesto de alegría salvaje. El movimiento pareció destruir su equilibrio y desapareció.

—No había pasado por aquí antes. No podía hablar —dijo la señora Linden, con su tono profesional—. Era tu madre.

Malone volvió a su asiento medio aturdido. Sólo cuando estas cosas llegan a nuestro propio conocimiento comprendemos toda su fuerza. ¡Su madre! Diez años en su tumba y, sin embargo, de pie ante él. ¿Podría jurar que era su madre? No, no podría. ¿Estaba moralmente seguro de que era su madre? Sí, estaba moralmente seguro. Estaba conmocionado hasta la médula.

Pero otros prodigios distrajeron sus pensamientos. Un joven había salido rápidamente del gabinete y se había dirigido hacia el frente de Mailey, donde se había detenido.

—¡Hola, Jock! ¡Mi querido Jock! —dijo Mailey—. Mi sobrino —explicó a los presentes—. Siempre viene cuando estoy con Linden.

—La luz se está agotando —dijo el muchacho con voz clara—. No puedo quedarme mucho tiempo. Me alegro mucho de verte, tío. Ya sabes, con esta luz podemos ver con claridad, aunque tú no puedas.

—Sí, sé que puedes. Jock, quería decirte que le dije a tu madre que te había visto. Ella dijo que su Iglesia le había enseñado que eso estaba mal.

—Lo sé. Y que yo era un demonio. ¡Oh, está podrido, podrido, podrido, y las cosas podridas caerán! —Su voz se quebró en un sollozo.

"No la culpes, Jock, ella lo cree".

"No, no, no la culpo. Algún día lo sabrá mejor. Pronto llegará el día en que toda la verdad se manifestará y todas estas iglesias corruptas serán barridas de la tierra con sus doctrinas crueles y sus caricaturas de Dios".

—¡Jock, te estás volviendo un verdadero hereje!

—¡Amor, tío! ¡Amor! Eso es todo lo que cuenta. ¿Qué importa lo que creas si eres dulce, amable y desinteresado como lo fue Cristo en la antigüedad?

«¿Has visto a Cristo?», preguntó alguien.

"Todavía no. Quizás llegue el momento".

"¿No está entonces en el cielo?"

"Hay muchos cielos. Yo estoy en uno muy humilde. Pero es glorioso de todos modos".

Enid había echado la cabeza hacia delante durante el diálogo. Sus ojos se habían acostumbrado a la luz y podía ver con más claridad que antes. El hombre que se encontraba a unos pocos pies de ella no era humano. De eso no tenía la menor duda, y sin embargo los detalles eran muy sutiles. Algo en su extraño color blanco amarillento que contrastaba con los rostros de sus vecinos. Algo también en la curiosa rigidez de su porte, como la de un hombre con corsé muy rígido.

—Ahora, Jock —dijo Mailey—, dale una dirección a la compañía. Cuéntales algunas palabras sobre tu vida.

La figura bajó la cabeza, exactamente como lo haría un joven tímido en vida.

"Oh, tío, no puedo".

"Ven, Jock, nos encanta escucharte".

—Enséñale a la gente lo que es la muerte —empezó a decir la figura—. Dios quiere que lo sepan. Por eso nos permite volver. No es nada. No cambias más que si hubieras ido a la habitación de al lado. No puedes creer que estás muerto. Yo no lo creía. Sólo cuando vi al viejo Sam lo supe, porque estaba seguro de que estaba muerto de todos modos. Entonces volví con mi madre. Y —se le quebró la voz— ella no me recibió.

—No te preocupes, querido Jock —dijo Mailey—. Aprenderá a ser sabia.

"¡Enséñeles la verdad! ¡Enséñeles la verdad! ¡Oh, es mucho más importante que todas las cosas de las que hablan los hombres! Si los periódicos durante una semana prestaran tanta atención a las cosas psíquicas como le prestan al fútbol, todo el mundo lo sabría. Es la ignorancia la que se mantiene..".

Los observadores percibieron una especie de destello hacia el gabinete, pero el joven había desaparecido.

"Se acabó la energía", dijo Mailey. "Pobre muchacho, se aferró al último. Siempre lo hacía. Así fue como murió".

Hubo una larga pausa. El gramófono se puso en marcha de nuevo. Luego se oyó un movimiento de las cortinas. Algo estaba surgiendo. La señora Linden se levantó de un salto y le hizo un gesto a la figura para que se retirara. El médium se movió por primera vez en su silla y gimió.

"¿Qué pasa, señora Linden?"

—Sólo está a medio formar —respondió ella—. La cara inferior no se ha materializado. Algunos de ustedes se habrían alarmado. Creo que no tendremos más esta noche. La energía ha bajado mucho.

Así fue como se produjo. Las luces se fueron encendiendo poco a poco. El médium yacía en su silla con el rostro pálido y la frente húmeda, mientras su esposa lo vigilaba con asiduidad, desabrochándole el cuello y lavándole la cara con un vaso de agua. La compañía se dividió en pequeños grupos y conversaron sobre lo que habían visto.

—¡Oh, no fue emocionante! —exclamó la señorita Badley—. Realmente fue muy emocionante. Pero qué lástima que no pudiéramos ver al que tenía la cara semimaterializada.

—Gracias, ya he visto bastante —dijo el pomposo místico, despojado de toda su pomposidad—. Confieso que ha sido demasiado para mis nervios.

El señor Atkinson se encontró cerca de los investigadores psíquicos.

"Y bien, ¿qué opinas de ello?", preguntó.

"Lo he visto mejor hecho en Maskelyne's Hall", dijo uno.

—¡Oh, vamos, Scott! —dijo el otro—. No tienes derecho a decir eso. Admitiste que el gabinete era a prueba de fraudes.

"Bueno, lo mismo hacen los comités que suben al escenario en Maskelyne's".

—Sí, pero es el escenario de Maskelyne. No es el escenario de Linden. No tiene maquinaria.

—*Populus vult decepi* —respondió el otro encogiéndose de hombros—. Sin duda, me reservaré mi opinión. —Se alejó con la dignidad de quien no se deja engañar, mientras su compañero, más racional, seguía discutiendo con él mientras avanzaban.

"¿Has oído eso?", dijo Atkinson. "Hay una cierta clase de investigadores psíquicos que son absolutamente incapaces de recibir evidencias. Hacen un mal uso de sus cerebros al forzarlos a encontrar un camino alternativo cuando el camino está completamente despejado ante ellos. Cuando la raza humana avance hacia su nuevo reino, estos hombres intelectuales formarán la retaguardia absoluta".

—No, no —dijo Mailey riendo—. Los obispos están predestinados a ser la retaguardia. Los veo marchar todos al paso, un cuerpo sólido, con sus polainas y sus sotanas, los últimos en todo el mundo en alcanzar la verdad espiritual.

—Vamos —dijo Enid—, eso es demasiado severo. Todos son buenos hombres.

—Por supuesto que sí. Es algo fisiológico. Son un grupo de hombres mayores, y el cerebro de los ancianos está esclerosado y no puede registrar nuevas impresiones. No es culpa de ellos, pero el hecho es que eres muy silencioso, Malone. —Pero Malone estaba pensando en una figura pequeña, rechoncha y oscura que agitaba las manos con alegría cuando él le hablaba. Fue con esa imagen en la mente que se alejó de esa sala de maravillas y bajó a la calle.

VI. — EN EL QUE SE MUESTRAN AL LECTOR LAS HÁBITOS DE UN CRIMINAL NOTORIO

Ahora dejaremos a ese pequeño grupo con el que hemos hecho nuestra primera exploración de estas regiones grises y poco definidas, pero inmensamente importantes, del pensamiento y las experiencias humanas. De los investigadores pasaremos a lo investigado. Ven conmigo y visitaremos al señor Linden en su casa y examinaremos las luces y sombras que conforman la vida de un médium profesional.

Para llegar hasta él, atravesaremos la concurrida calle de Tottenham Court Road, donde los enormes almacenes de muebles flanquean el camino, y nos adentraremos en una pequeña calle de casas grises que conduce hacia el este, hacia el Museo Británico. Tullis Street es el nombre y 40 el número. Aquí está, una de las hileras, de fachadas planas, colores apagados y comunes, con escalones con barandilla que conducen a una puerta descolorida y una ventana en la sala principal, en la que una enorme Biblia con bordes dorados sobre una pequeña mesa redonda tranquiliza al tímido visitante. Con la llave maestra universal de la imaginación, abrimos la puerta sucia, pasamos por un pasillo oscuro y subimos una escalera estrecha. Son casi las diez de la mañana y, sin embargo, es en su dormitorio donde debemos buscar al famoso hacedor de milagros. El hecho es que, como hemos visto, ha tenido una sesión agotadora la noche anterior y que tiene que conservar sus fuerzas por las mañanas.

En el momento de nuestra inoportuna, pero invisible, visita, estaba sentado, apoyado en las almohadas, con una bandeja con el desayuno sobre las rodillas. La visión que nos presentó habría divertido a quienes habían rezado con él en los templos espiritistas o se habían sentado con asombro en las sesiones espiritistas en las que había exhibido los equivalentes modernos de los dones del Espíritu. Parecía enfermizamente pálido a la tenue luz de la mañana, y su pelo rizado se alzaba en una pirámide enmarañada sobre su frente amplia e intelectual. El cuello abierto de su camisón mostraba un cuello ancho de toro, y la profundidad de su pecho y la amplitud de sus hombros mostraban que era un hombre de considerable fuerza personal. Estaba desayunando con avidez mientras conversaba con la pequeña y ansiosa esposa de ojos oscuros que estaba sentada al borde de la cama.

—¿Y te parece que fue un buen encuentro, Mary?

—De acuerdo, Tom. Había dos investigadores que estaban dando vueltas con los pies y molestando a todo el mundo. ¿Crees que esa gente de la Biblia habría obtenido sus fenómenos si hubiera habido tipos como ese en el lugar? 'De común acuerdo', eso es lo que dice el libro.

—¡Por supuesto! —exclamó Linden con entusiasmo—. ¿La duquesa se sintió contenta?

—Sí, creo que ella estaba muy contenta. También lo estaba el señor Atkinson, el cirujano. Había un nuevo hombre allí llamado Malone, de la Prensa. Luego, Lord y Lady Montnoir obtuvieron pruebas, y también sir James Smith y el señor Mailey.

"No me satisfizo la clarividencia", dijo la médium. "Esos idiotas tontos no paraban de meterme cosas en la cabeza: 'Seguro que ese es mi tío Sam', etc. Me nubla tanto que no puedo ver nada con claridad".

—Sí, ¡y creen que te están ayudando! Te están ayudando a confundirte y a engañarte a ti mismo. Conozco a esa clase de personas.

"Pero me fui sin problemas y me alegro de que hubiera algunas buenas materializaciones. Pero me dejó sin fuerzas. Esta mañana estoy hecho un lío".

"Te hacen trabajar demasiado, querida. Te llevaré a Margate y te ayudaré a recuperarte".

—Bueno, quizá en Pascua podríamos hacer una semana. Estaría bien. No me importan las lecturas y la clarividencia, pero los exámenes físicos te ponen a prueba. No soy tan malo como Hallows. Dicen que él simplemente se queda blanco y jadeante en el suelo después de ellos.

—Sí —exclamó la mujer con amargura—. Y luego corren a por él con whisky, y así le enseñan a confiar en la botella y te dan otra caja de médium borracho. Los conozco. ¡No te metas en eso, Tom!

—Sí, uno de los nuestros debería limitarse a los refrescos. Si puede limitarse también a las verduras, mucho mejor, pero no puedo predicar eso mientras estoy devorando huevos con jamón. ¡Por Dios, Mary! Son más de las diez y esta mañana me esperan un montón. Voy a hacer un poco hoy.

"Lo entregas tan rápido como lo haces, Tom".

"Bueno, me llegan algunos casos difíciles. Mientras podamos llegar a fin de mes, ¿qué más queremos? Espero que nos cuiden bien".

"Han defraudado a muchos otros médiums pobres que hicieron un buen trabajo en su época".

"Los culpables son los ricos, no los espíritus", dijo Tom Linden con vehemencia. "Me pongo colorado cuando recuerdo a esta gente, Lady This y Countess That, declarando todo el bienestar que han tenido, y luego dejando que quienes se lo dieron mueran en la cuneta o se pudran en el asilo. Los pobres Tweedy y Soames y el resto, todos viviendo de pensiones de jubilación y los periódicos hablando del dinero que ganan los médiums, mientras que un maldito mago gana más que todos nosotros juntos con una imitación podrida con dos toneladas de maquinaria para ayudarlo".

—No te preocupes, querido —gritó la esposa del médium, acariciando con su mano delgada la melena enmarañada de su hombre—. Todo se arregla con el tiempo y cada uno paga el precio de lo que ha hecho.

Linden se rio a carcajadas. "Es mi mitad galesa la que sale cuando me pongo furioso. Que los magos se queden con su dinero sucio y que los ricos mantengan sus carteras cerradas. Me pregunto para qué creen que sirve el dinero. Pagar impuestos de sucesión es la única diversión que algunos de ellos parecen obtener de ello. Si yo tuviera su dinero...".

Se escuchó un golpe en la puerta.

—Por favor, señor, su hermano Silas está abajo. —Los dos se miraron con cierta consternación.

"Más problemas", dijo tristemente la señora Linden.

Linden se encogió de hombros.

—¡Muy bien, Susan! —gritó—. Dile que bajaré. Ahora, querida, haz que siga adelante y estaré contigo en un cuarto de hora.

En menos tiempo del que había previsto, se encontraba en la sala de estar, su consultorio, donde su esposa evidentemente tenía algunas dificultades para mantener una conversación agradable con su visitante. Era un hombre grande y pesado, no muy distinto de su hermano mayor, pero con toda la gordura cordial de los médiums, convertida en pura brutalidad. Tenía la misma mata de pelo rizado, pero estaba bien afeitado y tenía una papada fuerte y obstinada. Estaba sentado junto a la ventana con sus enormes manos pecosas sobre las rodillas. Una parte muy importante del señor Silas Linden yacía en esas manos, pues había sido boxeador profesional y en un tiempo se lo consideraba un campeón de peso welter de Inglaterra. Ahora, como dejaban claro su traje de tweed manchado y sus botas deshilachadas, había caído en días malos, que trataba de mitigar haciéndole bromas a su hermano.

—Buenos días, Tom —dijo con voz ronca. Luego, cuando la mujer salió de la habitación, dijo—: ¿Tienes un trago de whisky? Esta mañana me he puesto nervioso. Anoche me encontré con algunos de los antiguos compañeros en el Admiral Vernon. Fue una reunión muy especial. No había visto a gente desde mis mejores días en el ring.

—Lo siento, Silas —dijo el médium, sentándose detrás de su escritorio—. No tengo nada en casa.

—Hay suficientes bebidas espirituosas, pero no del tipo adecuado —dijo Silas.

—Bueno, el precio de una bebida también me vendrá bien. Si tienes un Bradbury a mano, me vendría bien, porque no tengo nada que hacer.

Torn Linden tomó un billete de una libra de su escritorio.

—Aquí tienes, Silas. Mientras yo tenga algo, tú tendrás tu parte. Pero la semana pasada tenías dos libras. ¿Se acabaron?

—¡Ya se fue! ¡Me atrevería a decirlo! —Guardó la nota en su bolsillo—. Mira, Tom, quiero hablarte muy en serio, como si fuera una conversación entre hombres.

—Sí, Silas, ¿qué pasa?

"¡Ves eso!", señaló un bulto en el dorso de su mano. "¡Es un hueso! ¿Ves? Nunca estará bien. Fue cuando golpeé a Curly Jenkins en el tercer asalto y lo desvelé en el NSC que me desvelé de por vida esa noche. Puedo hacer una pelea de exhibición, pero estoy acabado para lo real. Mi derecha se ha ido al oeste".

"Es un caso difícil, Silas".

—¡Es muy difícil! Pero eso no viene al caso. Lo que importa es que tengo que ganarme la vida y quiero saber cómo hacerlo. Un viejo peleón no encuentra muchas oportunidades. Te echan a la calle en un bar con bebidas gratis. No hay nada que hacer allí. Lo que quiero saber, Tom, es qué tiene de malo que me convierta en médium.

"¿Un médium?"

"¿Por qué demonios me miras así? Si es lo suficientemente bueno para ti, es lo suficientemente bueno para mí".

"Pero tú no eres un médium".

—¡Oh, vamos! Deja eso para los periódicos. Es todo de familia y, entre tú y yo, ¿cómo lo haces?

"No lo hago. No hago nada".

"Y te dan cuatro o cinco libras a la semana por ello. Es una buena historia. A mí no me puedes engañar. Tom, no soy uno de esos idiotas que te pagan un dineral por una hora en la oscuridad. Estamos en la misma situación, tú y yo. ¿Cómo lo haces?"

"¿Hacer lo?"

—Bueno, por ejemplo, esos raps. Te he visto sentado allí, en tu escritorio, como es lógico, y los raps vienen a responder preguntas que tienes en la estantería. Es muy ingenioso, siempre los deja perplejos. ¿Cómo los consigues?

"Te digo que no. Está fuera de mí".

—¡Ratas! Puedes decírmelo, Tom. Soy Griffiths, el hombre seguro. Si pudiera hacerlo, me aseguraría el resto de mi vida.

Por segunda vez en una mañana la cepa galesa del médium tomó el control.

—Eres un sinvergüenza insolente y blasfemo, Silas Linden. Son hombres como tú los que se unen a nuestro movimiento y le dan mala fama. Deberías conocerme mejor que nadie para no pensar que soy un tramposo. ¡Sal de mi casa, sinvergüenza desagradecido!

"No hables demasiado", gruñó el rufián.

—Vete o te echaré, hermano o no. —Silas cerró los puños y pareció feo por un momento. Luego, la expectativa de los favores que le esperaban suavizó su humor.

—Bueno, bueno, no quise hacerte daño —gruñó mientras se dirigía hacia la puerta—. Supongo que podré intentarlo sin tu ayuda. —Su agravio de repente superó su prudencia mientras permanecía en la puerta—. Maldito hipócrita, hipócrita y mentiroso. Ya me las arreglaré contigo.

La pesada puerta se cerró de golpe detrás de él.

La señora Linden se apresuró a ir a ver a su marido.

—¡Ese granuja corpulento! —gritó—. Lo escuché. ¿Qué quería?

"Quería que le enseñara a ser un médium. Cree que es algún tipo de truco que podría enseñarle".

—¡Qué tonto! Menos mal, porque no se atreverá a volver a aparecer por aquí.

"Oh, ¿no lo hará?"

"Si lo hace, le daré una bofetada. ¡Pensar que te ha molestado de esta manera... Estás temblando por todas partes!"

"Supongo que no sería médium si no fuera muy nerviosa. Alguien dijo que éramos poetas, sólo que más. Pero es malo justo cuando el trabajo está empezando".

"Te daré curación".

Ella puso sus pequeñas manos desgastadas por el trabajo sobre su frente alta y las mantuvo allí en silencio.

—¡Eso está mejor! —dijo—. Bien hecho, Mary. Fumaré un cigarrillo en la cocina. Eso terminará.

—No, hay alguien aquí. —Miró por la ventana—. ¿Está en condiciones de verla? Es una mujer.

"Sí, sí. Ya estoy bien. Hazla pasar".

Un instante después entró una mujer, una figura pálida y trágica vestida de negro, cuya apariencia contaba por sí sola. Linden le indicó que se sentara en una silla lejos de la luz. Luego miró sus papeles.

—Usted es la señora Blount, ¿no es así? ¿Tenía una cita?

"Sí, quería preguntar...".

"Por favor, no me preguntes nada. Me confunde".

La miraba con la mirada del médium en sus ojos gris claro, esa mirada que mira alrededor y a través de las cosas en lugar de mirarlas directamente.

—Ha sido usted muy prudente al venir, muy prudente. Hay alguien a su lado que tiene un mensaje urgente que no puede demorarse. Me ha dado un nombre... Francis... sí, Francis. —La mujer juntó las manos.

"Sí, sí, es el nombre".

"Un hombre moreno, muy triste, muy serio... ¡oh, tan serio! Hablará. ¡Tiene que hablar! Es urgente. Dice: 'Tink-a-bell'. ¿Quién es Tink-a-bell?"

-Sí, sí, así me llamó. ¡Oh, Frank, Frank, háblame! ¡Habla!

"Está hablando. Su mano está sobre tu cabeza. 'Tink-a-bell', dice, 'si haces lo que te propones hacer, dejarás una brecha que tardarás muchos años en cruzar'. ¿Eso significa algo?"

Saltó de su silla. "Significa todo. Oh, señor Linden, esta era mi última oportunidad. Si esto hubiera fallado, si hubiera descubierto que realmente lo había perdido, tenía la intención de ir a buscarlo. Me habría envenenado esta noche".

"Gracias a Dios por haberla salvado. Es algo terrible, señora, quitarse la vida. Es una violación de las leyes de la Naturaleza, y las leyes de la Naturaleza no pueden violarse sin castigo. Me alegro de que haya podido salvarla. Tiene más que decirle. Su mensaje es: "Si vive y cumple con su deber, estaré siempre a su lado, mucho más cerca de usted de lo que estuve en vida. Mi presencia la rodeará y la protegerá a usted y a nuestros tres bebés".

¡Qué cambio tan maravilloso! La mujer pálida y cansada que había entrado en la habitación estaba ahora de pie, con las mejillas sonrosadas y los labios sonrientes. Es cierto que le corrían lágrimas por la cara, pero eran lágrimas de alegría. Batía palmas y hacía pequeños movimientos convulsivos, como si fuera a bailar.

"¡No está muerto! ¡No está muerto! ¿Cómo puede estar muerto si puede hablarme y estar más cerca de mí que nunca? ¡Oh, es glorioso! Oh, señor Linden, ¿qué puedo hacer por usted? ¡Me ha salvado de una muerte vergonzosa! ¡Me ha devuelto a mi marido! ¡Oh, qué poder tan divino tiene!"

El médium era un hombre emotivo y sus propias lágrimas corrían por sus mejillas.

"Mi querida señora, no diga más. No soy yo. No hago nada. Puede agradecer a Dios que en Su misericordia permite que algunos de Sus mortales distingan un espíritu o lleven un mensaje. Bueno, bueno, una guinea es mi tarifa, si puede permitírselo. Vuelva a mí si alguna vez tiene problemas".

"Ahora me conformo", exclamó secándose los ojos, "con esperar la voluntad de Dios y cumplir con mi deber en el mundo hasta que se ordene que nos unamos una vez más".

La viuda salió de la casa caminando en el aire. Tom Linden también sintió que las nubes que había dejado la visita de su hermano habían desaparecido con este alegre incidente, pues no hay felicidad como la de dar felicidad y ver los efectos benéficos del propio poder. Sin embargo, apenas se había acomodado en su silla cuando entró otro cliente. Esta vez era un hombre de mundo elegantemente vestido, con levita y manto blanco, con un aire ajetreado como el de alguien para quien los minutos son preciosos.

—Señor Linden, ¿no? He oído hablar de sus poderes. Me han dicho que, al manipular un objeto, a menudo se puede obtener alguna pista sobre su propietario.

"A veces pasa. No puedo ordenarlo".

"Me gustaría ponerte a prueba. Tengo una carta que recibí esta mañana.

116

¿Podrías probar tus poderes con ella?"

El médium tomó la carta doblada y, reclinándose en su silla, la apretó contra su frente. Se quedó sentado con los ojos cerrados durante un minuto o más. Luego devolvió el papel.

"No me gusta", dijo. "Siento una sensación de maldad. Veo a un hombre vestido todo de blanco. Tiene la cara oscura. Escribe en una mesa de bambú. Siento una sensación de calor. La carta es de los trópicos".

—Sí, de Centroamérica.

"No puedo decirte más".

"¿Son tan limitados los espíritus? Creí que lo sabían todo".

"Ellos no lo saben todo. Su poder y su conocimiento son tan limitados como los nuestros. Pero esto no es asunto de los espíritus. Lo que yo hacía entonces era psicometría, que, hasta donde sabemos, es un poder del alma humana".

"Bueno, tienes razón en lo que has dicho. Este hombre, mi corresponsal, quiere que yo ponga el dinero para la mitad de las acciones de una explotación petrolífera. ¿Lo hago?"

Tom Linden meneó la cabeza.

"Estos poderes se nos han dado a algunos de nosotros, señor, para el consuelo de la humanidad y como prueba de inmortalidad. Nunca fueron concebidos para un uso mundano. Su uso siempre trae problemas, problemas para el médium y problemas para el cliente. No entraré en detalles".

"El dinero no es un problema", dijo el hombre, sacando una billetera de su bolsillo interior.

—No, señor, ni siquiera a mí. Soy pobre, pero nunca he malgastado mi don.

—¡Entonces, el regalo me sirve de mucho! —dijo el visitante, levantándose de su silla—. Puedo conseguir todo el resto de los párrocos que tienen licencia, y usted no. Tiene su guinea, pero no he podido aprovecharla.

"Lo siento, señor, pero no puedo romper ninguna regla. Hay una dama a su lado, cerca de su hombro izquierdo, una señora mayor…".

—¡Bah! ¡Bah! —exclamó el financiero volviéndose hacia la puerta.

"Lleva un gran relicario de oro con una cruz de esmeraldas sobre el pecho".

El hombre se detuvo, se giró y miró fijamente.

"¿Dónde aprendiste eso?"

"Lo veo ante mí, ahora".

—¡Caramba, hombre, eso es lo que siempre llevaba mi madre! ¿Me dices que puedes verla?

"No, ella se ha ido".

"¿Cómo era ella? ¿Qué estaba haciendo?"

"Ella era tu madre. Ella lo dijo. Estaba llorando".

—¡Llorando! ¡Mi madre! ¡Si alguna mujer ha estado en el cielo, ella está en él! ¡En el cielo no se llora!

"No en el cielo imaginario. Lo hacen en el cielo real. Somos sólo nosotros quienes los hacemos llorar. Ella dejó un mensaje".

"¡Dámelo!"

"El mensaje era: '¡Oh, Jack! ¡Jack! Te estás alejando cada vez más de mi alcance'"

El hombre hizo un gesto de desprecio.

"Fui un estúpido al dejarte saber mi nombre cuando concerté la cita. Has estado haciendo averiguaciones. No me engañas con tus trucos. ¡Ya he tenido suficiente de esto, más que suficiente!"

Por segunda vez esa mañana la puerta fue cerrada de golpe por un visitante enojado.

—No le gustó el mensaje —le explicó Linden a su esposa—. Fue su pobre madre. Está preocupada por él. ¡Señor! Si la gente supiera estas cosas, les haría más bien que todas las ceremonias y ceremonias.

—Bueno, Tom, no es tu culpa si no lo hacen —respondió su esposa—. Hay dos mujeres esperando verte. No tienen presentación, pero parecen estar en serios problemas.

"Me duele un poco la cabeza. No me he recuperado de anoche. Silas y yo estamos igual. El trabajo de la noche anterior nos sorprende a la mañana siguiente. Me llevaré sólo esto y nada más, porque es malo dejar a alguien triste lejos si uno puede evitarlo".

Las dos mujeres aparecieron, ambas de figura austera, vestidas de negro; una era una persona de aspecto severo, de unos cincuenta años, y la otra de aproximadamente la mitad de esa edad.

"Creo que sus honorarios son una guinea", dijo el anciano, poniendo esa suma sobre la mesa.

"A quienes puedan permitírselo", respondió Linden. De hecho, la guinea solía ir en la dirección contraria.

"Sí, puedo permitírmelo", dijo la mujer. "Estoy en serios problemas y me dijeron que tal vez usted podría ayudarme".

"Bueno, lo haré si puedo. Para eso estoy".

"Perdí a mi pobre marido en la guerra. Lo mataron en Ypres. ¿Podría ponerme en contacto con él?"

"No parece que traigas ninguna influencia contigo. No tengo ninguna impresión. Lo siento, pero no podemos dar órdenes a estas cosas. Entiendo el nombre de Edmund. ¿Ese era su nombre?"

"No".

"¿O Alberto?"

"No".

"Lo siento, pero parece confuso: vibraciones cruzadas, tal vez, y una mezcla de mensajes, como cables telegráficos cruzados".

¿Te ayuda el nombre Pedro?

—¡Pedro! ¡Pedro! No, no entiendo nada. ¿Pedro era un hombre mayor?

"No, no soy mayor".

"No puedo obtener ninguna impresión".

"Esta chica es sobre la que realmente quería un consejo. Mi marido me habría dicho qué hacer. Ella se ha comprometido con un joven, un ajustador de profesión, pero hay un par de cosas que no le convienen y quiero saber qué hacer".

"Danos algún consejo", dijo la joven mirando fijamente a la médium.

—Lo haría si pudiera, querida. ¿Amas a este hombre?

"Oh, sí, está bien".

—Bueno, si no sientes nada más por él, debería dejarlo en paz. De un matrimonio así sólo se derivan desgracias.

—Entonces, ¿ves la desdicha que le aguarda?

"Veo que hay muchas posibilidades de que eso ocurra. Creo que debería tener cuidado".

"¿Ves a alguien más venir?"

"Todos, hombres o mujeres, conocen a su pareja en algún momento y en algún lugar".

- ¿Entonces ella conseguirá una pareja?

"Por supuesto que lo hará".

"Me pregunto si debería tener familia", preguntó la niña.

—No, eso es más de lo que puedo decir.

—Y dinero... ¿tendrá dinero? Estamos desanimados, señor Linden, y nos falta algo.

En ese momento se produjo una interrupción sorprendente. La puerta se abrió de golpe y la pequeña señora Linden entró corriendo en la habitación, con el rostro pálido y los ojos llameantes.

—Son mujeres policía, Tom. Me han advertido sobre ellas. Acaba de llegar. Salid de esta casa, par de hipócritas llorones. ¡Oh, qué tonta! ¡Qué tonta fui al no reconocer lo que erais! Las dos mujeres se habían levantado.

—Sí, ha llegado bastante tarde, señora Linden —dijo el mayor—. El dinero ya pasó.

"¡Llévatelo de vuelta! ¡Llévatelo de vuelta! Está sobre la mesa".

—No, no, el dinero ya pasó. Nos han dicho el futuro. Ya oirá más cosas al respecto, señor Linden.

"¡Sois un par de impostores! ¡Habláis de impostores cuando sois vosotros los impostores todo el tiempo! Él no os habría visto si no hubiera sido por compasión".

"No tiene sentido que nos regañen", respondió la mujer. "Nosotros cumplimos con nuestro deber y no hemos hecho la ley. Mientras esté en el Código de Leyes, tenemos que hacerla cumplir. Debemos informar del caso a la sede central".

Tom Linden parecía aturdido por el golpe, pero cuando las policías desaparecieron, rodeó con su brazo a su llorosa esposa y la consoló lo mejor que pudo.

—La mecanógrafa de la comisaría ha enviado la advertencia —dijo—. ¡Oh, Tom, es la segunda vez! —gritó—. Significa cárcel y trabajos forzados para ti.

"Bueno, querida, mientras estemos conscientes de no haber hecho nada malo y de haber hecho la obra de Dios lo mejor que pudimos, debemos aceptar lo que venga con buen corazón".

—Pero ¿dónde estaban? ¿Cómo pudieron defraudarte de esa manera? ¿Dónde estaba tu guía?

—Sí, Víctor —dijo Tom Linden, sacudiendo la cabeza en dirección al aire—, ¿dónde estabas? Tengo que hablar contigo sobre un cuervo. Ya sabes, querida —añadió—, que así como un médico nunca puede tratar su propio caso, un médium es muy impotente cuando las cosas llegan a su propia dirección. Esa es la ley. Y, sin embargo, debería haberlo sabido. Estaba sintiendo la situación a oscuras. No tenía inspiración de ningún tipo. Era sólo una estúpida compasión y simpatía que me guiaba cuando no tenía ningún mensaje real. Bueno, querida Mary, aceptaremos lo que nos espera con un corazón valiente. Tal vez no tengan lo suficiente para presentar un caso, y tal vez el pico no sea tan ignorante como la mayoría de ellos. Esperemos que todo salga bien.

A pesar de sus valientes palabras, el médium temblaba y se estremecía por el impacto. Su esposa le había puesto las manos encima y estaba tratando de calmarlo, cuando Susan, la criada, que no sabía nada del problema, dejó entrar a un nuevo visitante en la habitación. No era otro que Edward Malone.

—No puede atenderla —dijo la señora Linden—. El médium está enfermo. No verá a nadie esta mañana.

Pero Linden había reconocido a su visitante.

—Este es el señor Malone, querido, del Daily Gazette. Estuvo con nosotros anoche. Tuvimos una buena sesión, ¿no es así, señor?

119

—¡Maravilloso! —dijo Malone—. ¿Pero qué es lo que pasa?

Tanto el marido como la mujer expresaron sus penas.

—¡Qué asunto más sucio! —gritó Malone con disgusto.

"Estoy seguro de que el público no se da cuenta de cómo se aplica esta ley, o se armaría un escándalo. Este asunto de los agentes provocadores es completamente ajeno a la justicia británica. Pero en cualquier caso, Linden, usted es un auténtico médium. La ley se hizo para reprimir a los falsos".

—En la ley británica no hay verdaderos médiums —dijo Linden con pesar—. Supongo que cuanto más real seas, mayor será la ofensa. Si eres un médium y aceptas dinero, eres responsable. Pero ¿cómo puede vivir un médium si no acepta dinero? Es el trabajo de todo un hombre y necesita de todas sus fuerzas. No puedes ser carpintero todo el día y un médium de primera clase por la noche.

"¡Qué ley tan perversa! Parece que está sofocando deliberadamente toda prueba física de poder espiritual".

"Sí, así es. Si el diablo aprobara una ley, sería justamente eso. Se supone que es para la protección del público y, sin embargo, nunca se ha sabido de ningún miembro del público que se haya quejado. Todos los casos son una trampa policial. Y, sin embargo, la policía sabe tan bien como usted o yo que cada fiesta benéfica al aire libre de la Iglesia tiene su clarividente o su adivino".

"Parece monstruoso. ¿Qué pasará ahora?"

"Bueno, supongo que llegará una citación. Luego, un proceso ante la policía. Después, una multa o prisión. Es la segunda vez, ¿entiendes?"

"Bueno, tus amigos testificarán por ti y tendremos un buen hombre para defenderte".

Linden se encogió de hombros.

"Nunca sabes quiénes son tus amigos. Se te escapan como el agua cuando llega el momento".

—Bueno, yo no lo haré —dijo Malone con entusiasmo—. Mantenme al tanto de lo que está pasando. Pero llamé porque tenía algo que preguntarte.

—Lo siento, pero realmente no estoy en forma —Linden extendió una mano temblorosa.

—No, no, nada psíquico. Simplemente quería preguntarte si la presencia de un escéptico fuerte detendría todos tus fenómenos.

"No necesariamente. Pero, por supuesto, hace que todo sea más difícil. Si se muestran tranquilos y razonables, podemos obtener resultados. Pero no saben nada, violan todas las leyes y arruinan sus propias sesiones. El otro día, cuando sonaron los golpes en la mesa, se levantó de un salto, puso la mano en la pared y gritó: "Ahora, denme un golpe en la palma de la mano en cinco segundos". Como no lo entendió, declaró que todo era una tontería y salió de la sala. No quieren admitir que en esto, como en todo lo demás, hay leyes fijas".

—Bueno, debo confesar que el hombre en el que estoy pensando podría ser igualmente irracional. Se trata del gran profesor Challenger.

—Sí, he oído que es un caso difícil.

"¿Le darías una sesión?"

"Sí, si así lo deseas".

"No vendrá a verte ni a ningún lugar que le digas. Se imagina todo tipo de cables y artilugios. Quizá tengas que ir a su casa de campo".

"No me negaría si eso pudiera convertirlo".

"¿Y cuándo?"

"No puedo hacer nada hasta que termine este horrible asunto. Tardará un mes o dos".

"Bueno, me mantendré en contacto contigo hasta entonces. Cuando todo vuelva a estar bien, haremos nuestros planes y veremos si podemos presentarle estos hechos, tal como me los han presentado a mí. Mientras tanto, déjame decirte cuánto te comprendo. Formaremos un comité con tus amigos y haremos todo lo que podamos".

VII. — EN EL QUE EL CRIMINAL NOTORIO OBTIENE LO QUE LA LEY BRITÁNICA CONSIDERA SU MERECIMIENTO

ANTES de continuar con las aventuras psíquicas de nuestro héroe y heroína, sería bueno ver cómo la ley británica trató a ese hombre malvado, el Sr. Tom Linden.

Las dos policías regresaron triunfantes a la comisaría de Bardley Square, donde el inspector Murphy, que las había enviado, las estaba esperando para que les entregaran su informe. Murphy era un hombre de aspecto alegre, rostro colorado y bigote negro, que tenía un trato alegre y paternal con las mujeres que no se justificaba en absoluto por su edad o virilidad. Estaba sentado detrás de su mesa oficial, con sus papeles esparcidos frente a él.

—Bueno, chicas —dijo mientras las dos mujeres entraban—, ¿qué suerte tenéis?

"Creo que está todo en orden, señor Murphy", dijo la policía de mayor edad. "Tenemos las pruebas que desea".

El inspector tomó una lista escrita de preguntas de su escritorio.

"¿Lo hiciste siguiendo las líneas generales que sugerí?", preguntó.

—Sí. Dije que mi marido fue asesinado en Ypres.

"¿Qué hizo?"

"Bueno, parecía que sentía pena por mí".

"Eso, por supuesto, es parte del juego. Él se arrepentirá de sí mismo antes de terminar con esto. No dijo: '¿Eres una mujer soltera y nunca has tenido marido?'"

"No".

"Bueno, eso es algo que le pone en aprietos, ¿no? Eso debería impresionar a la Corte. ¿Qué más?"

"Buscó nombres por todos lados. Todos eran erróneos".

"¡Bien!"

"Me creyó cuando le dije que la señorita Bellinger era mi hija".

"¡Bien de nuevo! ¿Probaste el truco de Pedro?"

—Sí, consideró el nombre, pero no obtuve nada.

—Ah, qué lástima. Pero, de todos modos, él no sabía que Pedro era tu perro alsaciano. Consideró el nombre. Eso es suficiente. Haz reír al jurado y tendrás tu veredicto. Ahora, ¿qué hay de la adivinación? ¿Hiciste lo que te sugerí?

"Sí, pregunté por el novio de Amy. No me dio muchos detalles concretos".

"¡Qué demonio más astuto! Sabe lo que hace".

"Pero él dijo que ella sería infeliz si se casaba con él".

—Ah, sí, ¿no? Bueno, si lo difundimos un poco, ya tenemos todo lo que queremos. Ahora siéntate y dicta tu informe mientras lo tienes fresco. Luego podemos revisarlo juntos y ver cómo podemos hacerlo mejor. Amy también debe escribir uno.

"Muy bien, señor Murphy".

—Entonces solicitaremos la orden judicial. Ya ves, todo depende del magistrado ante el que se presente. El señor Dalleret dejó libre a una médium el mes pasado. No es un nosotros para nosotros. Y el señor Lancing ha estado involucrado con esta gente. El señor Melrose es un materialista estricto. Podíamos confiar en él y hemos programado el arresto en consecuencia. Nunca estaría bien que no lográramos que nos condenaran.

"¿No pudieron conseguir que algún ciudadano lo corroborara?", se rio el inspector.

"Se supone que debemos proteger al público, pero entre tú y yo, ningún ciudadano ha pedido nunca protección. No hay quejas. Por lo tanto, nos corresponde a nosotros hacer cumplir la ley lo mejor que podamos. Mientras exista, tenemos que hacerla cumplir. Bueno, adiós, chicas. Dame el informe a las cuatro en punto".

—Supongo que no hay nada que hacer —dijo la mujer mayor con una sonrisa.

—Espera, querida. Si nos dan veinticinco libras de multa, tendrá que ir a parar a algún lado... al fondo de la policía, por supuesto, pero puede que sobre algo. De todos modos, ve y desembolsa el dinero y luego ya veremos.

A la mañana siguiente, una criada asustada irrumpió en el modesto estudio de Linden. "Por favor, señor, es un oficial".

El hombre de azul la siguió de cerca.

—¿Cómo se llama Linden? —preguntó, y, entregando una hoja de papel doblada, se marchó.

La afligida pareja que dedicó su vida a brindar consuelo a los demás también necesitaba consuelo. Ella le rodeó el cuello con el brazo mientras leían el triste documento:

> Para THOMAS LINDEN de 40, Tullis Street, NW
> El día de hoy, Patrick Murphy, inspector de policía, ha presentado información de que usted, el susodicho Thomas Linden, el día 10 de noviembre, en la vivienda antes mencionada, le dijo a Henrietta Dresser y a Amy Bellinger que leía la buenaventura para engañar y engañar a ciertos súbditos de Su Majestad, a saber, los mencionados anteriormente. Por lo tanto, se le cita a comparecer ante el magistrado del Tribunal de Policía en Bardsley Square el próximo miércoles 17, a las 11 de la mañana, para responder a dicha información.
> Fechado el día 10 de noviembre.
> (firmado) B.J. WITHERS

Esa misma tarde, Mailey visitó a Malone y se sentaron a debatir sobre este documento. Luego fueron juntos a ver a Summerway Jones, un abogado agudo y un estudioso serio de los asuntos psíquicos. Por cierto, era un jinete duro con los perros, un buen boxeador y un hombre que llevaba un aire fresco a los despachos de abogados más mohosos. Arqueó las cejas al oír la citación.

—¡El pobre diablo no tiene ni un delito terrenal! —dijo—. Tiene suerte de que le citen. Normalmente actúan con una orden judicial. Entonces se lo llevan enseguida, lo tienen en el calabozo toda la noche y lo juzgan a la mañana siguiente sin que nadie lo defienda. La policía es lo bastante lista, por supuesto, para elegir como magistrado a un católico romano o a un materialista. Además, según la hermosa sentencia del presidente del Tribunal Supremo Lawrence (la primera, creo, que dictó en tan alta función), la profesión de médium o de hacer milagros es en sí misma un delito legal, sea auténtica o no, de modo que ninguna defensa basada en buenos resultados tiene cabida. Es una mezcla de persecución religiosa y chantaje policial. En cuanto al público, ¡no le importa un bledo! ¿Por qué debería importarle? Si no quieren que les adivinen el futuro, no van. Todo esto es una absoluta tontería y una vergüenza para nuestra legislatura.

"Lo escribiré", dijo Malone, brillando con fuego celta. "¿Cómo se llama la Ley?"

—Bueno, hay dos leyes, cada una más pútrida que la otra, y ambas aprobadas mucho antes de que se supiera hablar del espiritismo. Está la Ley de Brujería, que data de Jorge II. Se ha vuelto demasiado absurda, por lo que solo la utilizan como segunda opción. Luego está la Ley de Vagancia de 1824. Se aprobó para controlar a los gitanos errantes en los caminos, y nunca se pretendió, por supuesto, que se usara de esta manera. —Buscó entre sus papeles—. Aquí está lo más espantoso. «Toda persona que profese leer la buenaventura o utilice cualquier arte, medio o artificio sutil para engañar y engañar a cualquiera de los súbditos de Su Majestad será considerada un bribón y un vagabundo», y así sucesivamente. Las dos leyes juntas habrían atrapado a todo el movimiento cristiano primitivo con tanta seguridad como lo hizo la persecución romana.

"Por suerte ahora no hay leones", dijo Malone.

—¡Imbéciles! —dijo Mailey—. ese es el sustituto moderno. Pero ¿qué vamos a hacer?

—¡Que me aspen si lo sé! —dijo el abogado, rascándose la cabeza—. ¡Es totalmente inútil!

—¡Maldita sea! —exclamó Malone—. No podemos renunciar a él tan fácilmente. Sabemos que ese hombre es un hombre honesto.

Mailey se giró y agarró la mano de Malone.

—No sé si usted se considera todavía un espiritista —dijo—, pero es el tipo de persona que necesitamos. Hay demasiada gente cobarde en nuestro movimiento que adula a un médium cuando todo va bien y lo abandona al primer aliento de acusación. Pero, gracias a Dios, hay algunos incondicionales. Están Brookes, Rodwin y Sir James Smith. Podemos reunir a un centenar o dos entre nosotros.

"¡Muy bien!", dijo el abogado alegremente. "Si eso es lo que te parece, te daremos una paliza".

"¿Qué tal un KC?"

"Bueno, en los juzgados de policía no se presentan alegatos. Si lo dejas en mis manos, supongo que puedo hacerlo tan bien como cualquiera, porque he tenido muchos casos de este tipo. Además, eso reducirá los costes".

"Bueno, estamos contigo. Y tendremos algunos buenos hombres que nos respaldarán".

"Si no hacemos nada más, lo ventilaremos", dijo Malone.

"Creo en el buen pueblo británico. Lento y estúpido, pero sensato en el fondo. No tolerarán la injusticia si logras hacerles entrar la verdad en la cabeza".

"Es muy probable que necesiten una trepanación antes de poder llevarlo allí", dijo el abogado. "Bueno, usted hará su parte y yo haré la mía y veremos qué pasa".

Llegó la fatídica mañana y Linden se encontró en el banquillo de los acusados frente a un hombre de mediana edad, de aspecto atildado y mandíbulas afiladas, el señor Melrose, el temible magistrado de policía. El señor Melrose tenía fama de ser severo con los adivinos y todos los que predijeron el futuro, aunque pasaba los intervalos en su tribunal leyendo a los profetas deportivos, pues era un ferviente seguidor del Turf, y su elegante abrigo de color beige y su elegante sombrero eran objetos habituales en todas las carreras de caballos que estaban a su alcance. No estaba de un humor especialmente bueno esa mañana cuando miró el acta de acusación y luego examinó al prisionero. La señora Linden había conseguido un puesto debajo del banquillo de los acusados y, de vez en cuando, extendía la mano para acariciar la del prisionero que descansaba en el borde. El tribunal estaba abarrotado y muchos de los clientes del prisionero habían asistido para mostrar su simpatía.

"¿Se defiende este caso?", preguntó el señor Melrose.

—Sí, señoría —dijo Summerway Jones—. ¿Puedo, antes de que se abra, plantear una objeción?

"Si cree que vale la pena, señor Jones".

"Le ruego que me permita respetuosamente solicitarle su decisión antes de que se proceda con el caso. Mi cliente no es un vagabundo, sino un miembro respetable de la comunidad, que vive en su propia casa, paga impuestos y tasas y está en igualdad de condiciones que cualquier otro ciudadano. Ahora se le está procesando en virtud de la cuarta sección de la Ley de Vagancia de 1824, que se titula "Ley para castigar a las personas ociosas y desordenadas, a los granujas y vagabundos". La ley tenía por objeto, como implican sus palabras, restringir a los gitanos y otros sin ley que en ese momento infestaban el país. Solicito a su señoría que dictamine que mi cliente claramente no es una persona comprendida en el ámbito de aplicación de esta ley ni pasible de sus sanciones".

El magistrado meneó la cabeza.

"Temo, señor Jones, que haya habido demasiados precedentes para que la ley se interprete ahora de esta manera tan limitada. Pediré al abogado que lleva la acusación en nombre del comisario de policía que presente sus pruebas". Un hombrecillo de aspecto pequeño, con patillas y voz ronca se puso de pie de un salto.

"Llamo a Henrietta Dresser".

La anciana policía apareció en la cabina con la presteza de quien está acostumbrado a ello. Sostenía en la mano un cuaderno abierto.

"Eres policía ¿no?"

"Sí, señor".

"Tengo entendido que usted vigiló la casa del prisionero el día antes de visitarlo".

"Sí, señor".

"¿Cuantas personas entraron?"

"Catorce, señor".

"Catorce personas. Y creo que el precio medio por prisionero es de diez chelines y seis peniques".

"Sí".

"¡Siete libras en un día! Un salario bastante bueno, cuando muchos hombres honrados se conforman con cinco chelines".

"¡Esos eran los comerciantes!", gritó Linden.

"Debo pedirle que no me interrumpa. Usted ya está muy bien representado", dijo severamente el magistrado.

—Ahora, Henrietta Dresser —continuó el fiscal, moviendo sus quevedos—, escuchemos lo que ocurrió cuando usted y Amy Bellinger visitaron al prisionero.

La mujer policía dio un relato que en lo fundamental era cierto, leyéndolo de su libro. No era una mujer casada, pero el médium había aceptado su afirmación de que lo era. Había probado varios nombres y parecía muy confundido. Le habían dado el nombre de un perro: Pedro, pero no lo había reconocido como tal. Finalmente, había respondido a preguntas sobre el futuro de su supuesta hija, que, en realidad, no tenía ninguna relación con ella, y había predicho que sería infeliz en su matrimonio.

"¿Alguna pregunta, señor Jones?" preguntó el magistrado.

"¿Viniste a ver a este hombre como alguien que necesitaba consuelo? ¿Y él intentó dártelo?"

"Supongo que podría decirse así".

"Entiendo que expresaste un profundo dolor".

"Traté de dar esa impresión".

- ¿No consideras que eso sea hipocresía?

"Hice lo que era mi deber".

"¿No vio usted ninguna señal de poder psíquico ni nada anormal?" preguntó el fiscal.

—No, parecía un hombre muy agradable y corriente.

La siguiente testigo fue Amy Bellinger, que apareció con su cuaderno en la mano.

—¿Puedo preguntar, señoría, si es conveniente que estos testigos lean su declaración? —preguntó el señor Jones.

"¿Por qué no?", preguntó el magistrado. "Queremos conocer los hechos con exactitud, ¿no es así?"

"Sí, pero es posible que el señor Jones no", dijo el fiscal.

"Es evidente que se trata de un método para garantizar que las declaraciones de estos dos testigos coincidan", afirmó Jones. "Afirmo que estos relatos están cuidadosamente preparados y cotejados".

"Naturalmente, la policía prepara su caso", dijo el magistrado. "No veo que tenga usted ningún motivo de queja, señor Jones. Ahora, testigo, permítanos escuchar su declaración".

Siguió exactamente las líneas del otro.

"¿Hiciste preguntas sobre tu prometido? No tenías ningún prometido", dijo el señor Jones.

"Así es".

"De hecho, ¿ambos dijeron una larga secuencia de mentiras?"

"Con un buen objetivo en vista".

"¿Creías que el fin justificaba los medios?"

"Cumplí mis instrucciones".

"¿Cuáles te fueron dados de antemano?"

"Sí, nos dijeron qué preguntar".

"Creo", dijo el magistrado, "que las mujeres policías han prestado declaración de manera muy justa y correcta. ¿Tiene algún testigo de defensa, señor Jones?"

"Hay varias personas en el tribunal, señoría, que se han beneficiado mucho de la mediumnidad del prisionero. He citado a una mujer que, según sus propias palabras, se salvó del suicidio esa misma mañana gracias a lo que él le dijo. Tengo a otro hombre que era ateo y había perdido toda creencia en la vida futura. Se convirtió por completo gracias a su experiencia de los fenómenos psíquicos. Puedo presentar a hombres de la más alta eminencia en la ciencia y la literatura que darán testimonio de la naturaleza real de los poderes del señor Linden".

El magistrado meneó la cabeza.

"Debe saber, señor Jones, que semejante prueba no tiene nada que ver con el caso. El fallo del Lord Presidente del Tribunal Supremo y otros ha establecido claramente que la ley de este país no reconoce poderes sobrenaturales de ningún tipo y que la pretensión de poseer tales poderes cuando hay un pago de por medio constituye un delito en sí mismo. Por lo tanto, su sugerencia de que debería citar a testigos no podría conducir a nada más que a una pérdida de tiempo del tribunal. Al mismo tiempo, por supuesto, estoy dispuesto a escuchar cualquier observación que desee hacer después de que el abogado de la acusación haya hablado".

"Me atrevo a señalar, señoría", dijo Jones, "que una decisión de ese tipo significaría la condenación de cualquier persona sagrada o santa de la que tengamos algún registro, ya que incluso las personas santas tienen que vivir y, por lo tanto, tienen que recibir dinero".

"Si se refiere a los tiempos apostólicos, señor Jones", dijo el magistrado con severidad, "sólo puedo recordarle que la era apostólica ya pasó y también que la reina Ana está muerta. Semejante argumento no es digno de su inteligencia. Ahora, señor, si tiene algo que añadir..".

Así animado, el fiscal pronunció un breve discurso, apuñalando el aire a intervalos con sus quevedos, como si cada puñalada perforara de nuevo todas las pretensiones del espíritu. Se refirió a la miseria que reinaba en las clases trabajadoras, y sin embargo los charlatanes, al presentar afirmaciones perversas y blasfemas, eran capaces de ganarse la vida ricamente. Que tuvieran poderes reales era, como se había observado, algo ajeno al asunto, pero incluso esa excusa quedó destrozada por el hecho de que esas policías, que habían desempeñado un deber desagradable de la manera más ejemplar, no habían recibido más que tonterías a cambio de su dinero. ¿Era probable que otros clientes tuvieran mejor suerte? Esos parásitos estaban aumentando en número, explotando los sentimientos más nobles de los padres afligidos, y ya era hora de que algún castigo ejemplar les advirtiera de que sería mejor que se dedicaran a un negocio más honesto.

El señor Summerway Jones respondió lo mejor que pudo. Comenzó señalando que las leyes se estaban utilizando para un fin para el que nunca fueron concebidas. ("¡Ese punto ya se ha considerado!", espetó el magistrado.) Toda la situación era susceptible de crítica. Las condenas se consiguieron con pruebas de agentes provocadores, quienes, si se había cometido algún delito, eran obviamente los instigadores y también los participantes. Las multas obtenidas a menudo se desviaban a fines en los que la policía tenía un interés directo.

—¡Seguramente, señor Jones, no pretende poner en tela de juicio la honestidad de la policía!

La policía era humana y, naturalmente, tendía a forzar las cosas cuando se veían afectados sus propios intereses. Todos estos casos eran artificiales. No había constancia en ningún momento de ninguna queja real del público ni de ninguna demanda de protección. Había fraudes en todas las profesiones, y si un hombre invertía deliberadamente y perdía una guinea en un medio falso, no tenía más derecho a protección que el que invertía su dinero en una mala compañía en la Bolsa. Mientras la policía perdía el tiempo en esos casos y sus agentes lloraban lágrimas de cocodrilo en el papel de tristes dolientes, muchas de las ramas del delito real recibían mucha menos atención de la que merecían. La ley actuaba de forma completamente arbitraria. Toda gran fiesta en el jardín, incluso, como le habían informado, toda fiesta policial, estaba incompleta sin su adivino o quiromántico.

Hace algunos años, el Daily Mail había lanzado una protesta contra los adivinos. La defensa había puesto en el banquillo a ese gran hombre, el difunto Lord Northcliffe, y se había demostrado que uno de sus otros periódicos publicaba una columna de quiromancia y que los honorarios que recibía se dividían por igual entre el quiromántico y los propietarios. Mencionó esto sin ánimo de menospreciar la memoria de ese gran centro comercial, sino simplemente como un ejemplo de lo absurdo de la ley tal como se aplicaba en ese momento. Cualquiera que fuese la opinión individual de los miembros de ese tribunal, era incontrovertible que un gran número de ciudadanos inteligentes y útiles consideraban que este poder de la mediumnidad era una notable manifestación del poder del espíritu, que contribuía a la gran mejora de la raza. ¿No era una política sumamente fatal en estos días de materialismo aplastar por ley aquello que en su manifestación superior podría funcionar para la regeneración de la humanidad? En cuanto al hecho indudable de que la información recibida por las policías era incorrecta y que sus declaraciones mentirosas no fueron detectadas por la médium, era una ley psíquica que las condiciones armoniosas eran esenciales para los resultados verdaderos, y que el engaño de un lado producía confusión en el otro. Si el tribunal adoptara por un momento la hipótesis espiritista, se daría cuenta de lo absurdo que sería esperar que las huestes angelicales descendieran para responder las preguntas de dos investigadores mercenarios e hipócritas.

Tal fue, en resumen, la línea general de la defensa del señor Summerway Jones, que hizo llorar a la señora Linden y sumió al secretario del magistrado en un profundo sueño. El propio magistrado concluyó rápidamente el asunto.

"Su disputa, señor Jones, parece ser con la ley, y eso está fuera de mi competencia. La administro como la encuentro, aunque puedo señalar que estoy completamente de acuerdo con ella. Hombres como el acusado son los hongos nocivos que se acumulan en una sociedad corrupta, y el intento de comparar sus vulgaridades con los hombres santos de la antigüedad, o de reclamar dones similares, debe ser reprobado por todos los hombres de bien.

—En cuanto a ti, Linden —añadió, fijando su severa mirada en el prisionero—, temo que seas un delincuente empedernido, ya que ninguna condena anterior ha alterado tu conducta. Por lo tanto, te condeno a dos meses de trabajos forzados sin opción a multa.

Se escuchó un grito de la señora Linden.

"Adiós, querida, no te preocupes", dijo el médium, mirando por el costado del muelle. Un instante después, lo llevaron rápidamente a la celda.

Summerway Jones, Mailey y Malone se encontraron en el pasillo, y Mailey se ofreció como voluntario para acompañar a la pobre mujer afligida a su casa.

"¿Qué había hecho él sino brindar consuelo a todos?", se lamentó. "¿Hay un hombre mejor en toda la gran ciudad de Londres?"

"No creo que haya otro más útil", dijo Mailey. "Me atrevo a decir que todo el Directorio de Crockford, con los arzobispos a la cabeza, no podría probar las cosas de la religión como he visto que lo hizo Tom Linden, ni convertir a un ateo como he visto que Linden lo hizo".

—¡Es una vergüenza! ¡Una verdadera vergüenza! —dijo Malone con vehemencia.

"El toque de vulgaridad me resultó gracioso", dijo Jones. "Me pregunto si él piensa que los Apóstoles eran personas muy cultas. Bueno, hice lo que pude. No tenía esperanzas y todo salió como pensaba. Es una pura pérdida de tiempo".

—No, en absoluto —respondió Malone—. Se ha ventilado un mal. Había periodistas en el tribunal. Seguramente algunos de ellos tienen algo de sentido común. Se darán cuenta de la injusticia.

—No, no —dijo Mailey—. La prensa no tiene remedio. ¡Dios mío, qué responsabilidad asume esta gente y qué poco se imaginan el precio que cada uno va a pagar! Lo sé. He hablado con ellos mientras lo pagaban.

"Bueno, yo por mi parte hablaré", dijo Malone, "y creo que otros también lo harán. La prensa es más independiente e inteligente de lo que usted parece pensar".

Pero, después de todo, Mailey tenía razón. Cuando dejó a la señora Linden en su solitaria casa y llegó a Fleet Street una vez más, Malone compró un *Planet*. Cuando lo abrió, un titular aterrador le llamó la atención:

IMPOSTOR EN EL JUZGADO DE POLICÍA. CONFUNDIERON A UN PERRO CON UN HOMBRE. ¿QUIÉN ERA PEDRO? SENTENCIA EJEMPLAR

Arrugó el papel en su mano.

"No es de extrañar que estos espiritistas se sientan amargados", pensó. "Tienen buenas razones".

Sí, el pobre Tom Linden tuvo mala prensa. Bajó a su miserable celda en medio de una censura universal. The Planet, un periódico vespertino que dependía para su circulación de los pronósticos deportivos del Capitán Touch-and-go, comentó lo absurdo de pronosticar el futuro. Honest John, un periódico semanal que se había visto involucrado en algunos de los mayores fraudes del siglo, opinaba que la deshonestidad de Linden era un escándalo público. Un rico rector rural escribió a The Times para expresar su indignación por el hecho de que alguien se atreviera a vender los dones del espíritu. El clérigo comentó que tales incidentes surgían de la creciente infidelidad, mientras que el librepensador veía en ellos una regresión a la superstición. Finalmente, el señor Maskelyne mostró al público, con gran ventaja para su taquilla, exactamente cómo se perpetraba la estafa. Así que durante unos días Tom Linden fue lo que los franceses llaman un *succès d'execration*. Luego el mundo siguió su curso y él quedó abandonado a su suerte.

VIII. — EN EL QUE TRES INVESTIGADORES SE ENCUENTRAN CON UN ALMA OSCURA

Lord Roxton había regresado de una cacería de animales pesados en América Central y había llevado a cabo de inmediato una serie de ascensiones alpinas que habían satisfecho y sorprendido a todos, excepto a él mismo.

"La cima de los Alpes se está convirtiendo en un perfecto jardín de osos", dijo. "Aparte del Everest, no parece que quede ningún lugar de privacidad decente".

Su llegada a Londres fue celebrada con una cena ofrecida en su honor en el restaurante Travellers, organizado por la Heavy Game Society. La ocasión fue privada y no hubo periodistas, pero el discurso de Lord Roxton quedó grabado palabra por palabra en la mente de todos los asistentes y se ha conservado de forma imperecedera. Se retorció durante veinte minutos bajo los floridos y elogiosos discursos del presidente, y se levantó en el estado de indignación confusa que siente el británico cuando recibe la aprobación pública. "¡Oh, digo! ¡Por Júpiter! ¡Qué!", fue su discurso, tras el cual volvió a sentarse y transpiró profusamente.

Malone se enteró por primera vez del regreso de Lord Roxton a través de McArdle, el viejo y pelirrojo redactor de noticias, cuya calva se proyectaba cada vez más desde su flequillo rojizo a medida que los años lo encontraban trabajando como esclavo en las tareas más agotadoras. Conservaba su agudo olfato para lo que era un buen texto, y fue ese sentido lo que lo impulsó una mañana de invierno a llamar a Malone a su presencia. Se quitó de los labios el largo tubo de vidrio que usaba como boquilla y miró a su subordinado parpadeando a través de sus grandes gafas redondas.

"¿Sabes que Lord Roxton está de regreso en Londres?"

"No lo había oído".

"Sí, ha vuelto. Seguro que has oído que resultó herido en la guerra. Lideró una pequeña columna en África Oriental y se dedicó a la guerra hasta que una bala de elefante le atravesó el pecho. Oh, le ha ido bien desde entonces, de lo contrario no podría estar escalando estas montañas. Es un hombre demonio y siempre está provocando algo nuevo".

—¿Qué es lo último? —preguntó Malone, mirando un trozo de papel que McArdle agitaba entre su índice y su pulgar.

—Bueno, ahí es donde te afecta. Estaba pensando que tal vez podrían cazar en parejas y que habría un texto. Hay una editorial en el Evening Standard. —Se la entregó. Decía así:

"Un curioso anuncio en las columnas de un periódico contemporáneo muestra que el famoso Lord John Roxton, tercer hijo del Duque de Pomfret, está buscando nuevos mundos para conquistar. Habiendo agotado las aventuras deportivas de este globo terrestre, ahora está volviéndose hacia las de las regiones oscuras, oscuras y dudosas de la investigación psíquica. Al parecer, está buscando cualquier ejemplar genuino de una casa embrujada y está abierto a recibir información sobre cualquier manifestación violenta o peligrosa que requiera investigación. Como Lord John Roxton es un hombre de carácter decidido y uno de los mejores tiradores de revólver de Inglaterra, advertimos a cualquier bromista que sería mejor que se mantuviera al margen y dejara este asunto en manos de aquellos que, según se dice, son tan inmunes a las balas como sus partidarios al sentido común".

McArdle soltó una risita seca ante las palabras finales.

"Creo que se están poniendo en plan pareja, amigo Malone, porque si no eres un partidario, vas por buen camino. Pero ¿no crees que este muchacho y tú juntos podrían hacer que se espante y conseguir dos columnas atrevidas de él?"

—Bueno, puedo ver a Lord Roxton —dijo Malone—. Supongo que todavía está en sus antiguas habitaciones en Albany. De todas formas, me gustaría pasar a visitarlo para poder abrir esto también.

Así fue como, al caer la tarde, justo cuando la oscuridad de Londres se transformaba en círculos plateados, el impresor se encontró caminando de nuevo por Vigo Street y abordó al portero en la oscura entrada de las antiguas habitaciones. Sí, Lord John Roxton estaba allí, pero con él había un caballero. Aceptaría una tarjeta. Enseguida regresó con la noticia de que, a pesar del visitante anterior, Lord Roxton vería a Malone de inmediato. Un instante después, lo habían conducido a las antiguas y lujosas habitaciones con sus trofeos de guerra y caza. El dueño de las mismas, con la mano extendida, estaba de pie en la puerta, alto, delgado, austero, con el mismo rostro demacrado y caprichoso de Don Quijote de antaño. No había ningún cambio, salvo que estaba más aguileño y sus cejas sobresalían más espesas sobre sus ojos temerarios e inquietos.

—¡Hola, jovencito! —gritó—. Esperaba que sacaras esta vieja manta una vez más. Iba a la oficina a buscarte. ¡Pasa! ¡Pasa! Permíteme presentarte al reverendo Charles Mason.

Un clérigo muy alto y delgado, que estaba acurrucado en una gran silla de mimbre, se fue desenrollando poco a poco y tendió una mano huesuda al recién llegado. Malone notó dos ojos grises, muy serios y humanos, que lo miraban inquisitivamente, y una sonrisa amplia y acogedora que dejaba al descubierto una doble hilera de dientes excelentes. Era un rostro desgastado y cansado, el rostro cansado del luchador espiritual, pero no por ello dejaba de ser amable y sociable. Malone había oído hablar de aquel hombre, un vicario de la Iglesia de Inglaterra, que había abandonado su parroquia modelo y la iglesia que él mismo había construido para predicar libremente las doctrinas del cristianismo, con el nuevo conocimiento psíquico añadido.

"¡Pero si nunca logro alejarme de los espiritistas!", exclamó.

—Nunca lo sabrá, señor Malone —dijo el clérigo delgado, riendo—. El mundo nunca lo sabrá hasta que haya absorbido este nuevo conocimiento que Dios ha enviado. No puede escapar de él. Es demasiado grande. En este momento, en esta gran ciudad no hay un solo lugar donde se reúnan hombres o mujeres en el que no surja este tema. Y, sin embargo, no lo sabría por la prensa.

—Bueno, no puedes hacer ese reproche al Daily Gazette —dijo Malone—. Es posible que hayas leído mis propios artículos descriptivos.

"Sí, los leo. Al menos son mejores que las horribles tonterías sensacionalistas que suele ofrecer la prensa londinense, salvo cuando las ignora por completo. Si lees un periódico como The Times, nunca te enterarías de que este movimiento vital existe. La única alusión editorial que recuerdo fue en un artículo editorial, cuando el gran periódico anunció que creería en él cuando descubriera que, por medio de él, podía elegir más ganadores en una carrera que por otros medios".

—También es útil —dijo Lord Roxton—. Es justo lo que yo debería haber dicho. ¡Qué!

El rostro del clérigo estaba serio y meneó la cabeza.

—Eso me lleva de nuevo al objeto de mi visita —dijo, y se volvió hacia Malone—. Me tomé la libertad de llamar a Lord Roxton en relación con su anuncio para decirle que, si se embarcaba en una búsqueda de ese tipo con buenas intenciones, no se podría encontrar un trabajo mejor en el mundo, pero si lo hacía por amor al deporte, siguiendo a alguna pobre alma terrenal con el mismo espíritu con el que siguió al rinoceronte blanco del Lido, podría estar jugando con fuego.

—Bueno, padre, he estado jugando con fuego toda mi vida y eso no es nada nuevo. Lo que quiero decir es que, si quiere que mire este asunto de los fantasmas desde el punto de vista religioso, no hay nada que hacer, porque la Iglesia de Inglaterra en la que me crie satisface mi modesta necesidad. Pero si tiene un toque de peligro, como usted dice, entonces vale la pena. ¡Qué!

El reverendo Charles Mason sonrió con su sonrisa amable y llena de dientes.

—Es incorregible, ¿no es cierto? —le dijo a Malone—. Bueno, sólo puedo desearle una mejor comprensión del tema. —Se levantó como si fuera a marcharse.

—¡Espere un momento, padre! —gritó Lord Roxton apresuradamente—. Cuando estoy explorando, empiezo por buscar a un nativo amistoso. Supongo que usted es el hombre indicado. ¿No quiere venir conmigo?

"¿Adonde?"

—Bueno, siéntate y te lo contaré. —Rebuscó entre una pila de cartas que tenía sobre el escritorio—. ¡Una excelente selección de fantasmas! —dijo—. Ya he encontrado más de veinte en el primer correo. Sin embargo, este es un ganador fácil. Léelo tú mismo. Casa solitaria, hombre enloquecido, inquilinos que huyen por la noche, espectro horrible. Suena bien... ¡¿qué?!

El clérigo leyó la carta con el ceño fruncido.

"Parece un caso grave", dijo.

"Bueno, supongamos que vienes. ¡Qué! Tal vez puedas ayudar a aclararlo".

El reverendo Mason sacó un almanaque de bolsillo. "El miércoles tengo un servicio para exmilitares y una conferencia esa misma tarde".

"Pero podríamos empezar hoy mismo".

"Es un largo camino".

"Sólo Dorsetshire. Tres horas".

"¿Cuál es tu plan?"

"Bueno, supongo que una noche en casa debería bastar".

"Si hay alguna pobre alma en apuros, se convierte en un deber. Muy bien, iré".

"Y seguro que hay lugar para mí", suplicó Malone.

—¡Claro que sí, jovencito! Lo que quiero decir es que supongo que ese pájaro viejo y pelirrojo de la oficina te envió por aquí sin ningún otro propósito. Ah, ya me lo imaginaba. Bueno, puedes escribir una aventura que no sea una tontería perfecta para variar... ¡Qué! Hay un tren desde Victoria a las ocho en punto. Podemos encontrarnos allí y echaré un vistazo al viejo Challenger cuando pase.

Cenaron juntos en el tren y después de cenar se reunieron en el vagón de primera clase, que es el medio de transporte más cómodo que el mundo puede ofrecer. Roxton, detrás de un gran puro negro, estaba entusiasmado con su visita al Challenger.

—El viejo es el mismo de siempre. Me mordió la cabeza una o dos veces a su manera habitual. Habló de tonterías. Dice que tengo un cerebro ablandador, si pudiera pensar que existe algo así como un fantasma de verdad. «Cuando estás muerto, estás muerto". ése es el alegre lema del viejo. «Al examinar a sus contemporáneos», dijo, «la extinción era algo muy bueno». «Es la única esperanza del mundo», dijo. «Imagínese la terrible perspectiva si sobrevivieran». Quería darme una botella de cloro para arrojarle al fantasma. Le dije que si mi automática no era un parapléjico, no serviría nada más. Dígame, padre, ¿es esta la primera vez que va de safari después de este tipo de juego?

—Usted trata el asunto con demasiada ligereza, Lord John —dijo el clérigo con gravedad—. Es evidente que no tiene experiencia en ello. En respuesta a su pregunta, puedo decir que he intentado ayudar varias veces en casos similares.

—¿Y te lo tomas en serio? —preguntó Malone mientras tomaba notas para su artículo.

"Muy, muy en serio".

¿Cuáles crees que son estas influencias?

—No soy una autoridad en la cuestión general. Conoces a Algernon Mailey, el abogado, ¿no? Él podría darte datos y cifras. Yo abordo el tema más bien desde el punto de vista del instinto y la emoción. Recuerdo que Mailey dio una conferencia sobre el libro del profesor Bozzano sobre fantasmas, en el que se daban más de quinientos ejemplos bien autentificados, cada uno de ellos suficiente para establecer un caso a priori. También está Flammarion. No se puede hacer caso omiso de pruebas de ese tipo.

"También he leído a Bozzano y Flammarion", dijo Malone, "pero es tu propia experiencia y tus propias conclusiones lo que quiero".

"Bueno, si me citan, recuerden que no me considero una gran autoridad en investigación psíquica. Puede que aparezcan cerebros más sabios que el mío y den alguna otra explicación. Aun así, lo que he visto me ha llevado a ciertas conclusiones. Una de ellas es pensar que hay algo de verdad en la idea teosófica de las conchas".

"¿Qué es eso?"

"Se imaginaban que todos los cuerpos espirituales cerca de la tierra eran cascarones vacíos o cáscaras de las que había partido la entidad real. Ahora bien, por supuesto, sabemos que una afirmación general de ese tipo es una tontería, porque no podríamos obtener las gloriosas comunicaciones que obtenemos de nada que no sean inteligencias superiores. Pero también debemos tener cuidado con las generalizaciones. No todas son inteligencias superiores. Algunas son tan inferiores que creo que la criatura es puramente externa y es una apariencia más que una realidad".

—Pero ¿por qué debería estar allí?

"Sí, esa es la cuestión. Generalmente se admite que existe el cuerpo natural, como lo llamó San Pablo, que se disuelve al morir, y el cuerpo etérico o espiritual que sobrevive y funciona en un plano etérico. Esas son las cosas esenciales. Pero en realidad podemos tener tantas capas como una cebolla y puede haber un cuerpo mental que se desprenda en cualquier lugar donde se haya experimentado una gran tensión mental o emocional. Puede ser un simulacro automático y aburrido y, sin embargo, llevar algo de nuestra apariencia y pensamientos".

—Bueno —dijo Malone—, eso resolvería hasta cierto punto la dificultad, porque nunca podría imaginar que un asesino o su víctima pudieran pasar siglos enteros repitiendo el mismo crimen. ¿Qué sentido tendría?

—Tienes toda la razón, jovencito —dijo Lord Roxton—. Tenía un amigo mío, Archie Soames, el caballero Jock, que tenía una antigua casa en Berkshire. Bueno, Nell Gwynne había vivido allí una vez, y él estaba dispuesto a jurar que la había visto una docena de veces en el pasillo. Archie nunca se inmutó ante el gran salto del Grand National, pero, ¡por Júpiter!, sí se inmutó ante esos pasillos después del anochecer. Era una mujer muy elegante y todo eso, pero ¡maldita sea! Lo que quiero decir... hay que poner un límite... ¡¿qué?!

—¡Así es! —respondió el clérigo—. No se puede imaginar que el alma real de una personalidad tan viva como Nell pudiera pasar siglos recorriendo esos pasadizos. Pero si por casualidad se hubiera devorado el corazón en esa casa, cavilando y preocupándose, se podría pensar que se habría deshecho de una cáscara y habría dejado tras de sí alguna imagen mental de sí misma.

"Dijiste que habías tenido experiencias propias".

—Tuve uno antes de saber nada sobre el espiritismo. No espero que me creas, pero te aseguro que es verdad. Yo era un cura muy joven en el norte. Había una casa en el pueblo que tenía un *poltergeist*, una de esas influencias muy dañinas que causan tantos problemas. Me ofrecí voluntario para exorcizarlo. Tenemos una forma oficial de exorcismo en la Iglesia, ya sabes, así que pensé que estaba bien armado. Me quedé en el salón que era el centro de los disturbios, con toda la familia de rodillas a mi lado, y leí el servicio. ¿Qué crees que sucedió?

El rostro demacrado de Mason se iluminó con una risa dulce y humorística. "Justo cuando llegué a Amen, cuando la criatura debería haberse alejado avergonzada, la enorme alfombra de piel de oso que había junto a la chimenea se puso de punta y simplemente me envolvió. Me avergüenza decir que salí de esa casa en dos saltos. Fue entonces cuando me di cuenta de que ningún procedimiento religioso formal tiene efecto alguno".

"Entonces ¿qué pasa?"

—Bueno, la bondad y la razón pueden hacer algo. Verá, varían mucho. Algunas de estas criaturas terrenales o interesadas en la tierra son neutrales, como estos simulacros o cascarones de los que hablo. Otras son esencialmente buenas, como estos monjes de Glastonbury, que se han manifestado tan maravillosamente en los últimos años y que Bligh Bond ha registrado. Están atados a la tierra por una memoria piadosa. Algunos son niños traviesos como los *poltergeists*. Y algunos, sólo unos pocos, espero, son mortales más allá de lo que se puede describir con palabras, criaturas fuertes y malévolas demasiado cargadas de materia para elevarse por encima de nuestro plano terrestre, tan cargadas de materia que sus vibraciones pueden ser lo suficientemente bajas como para afectar la retina humana y hacerse visibles. Si han sido brutales y astutos en vida, son crueles y astutos aún, con más poder para hacer daño. Son monstruos malvados de esta clase los que se liberan en nuestro sistema de pena capital, porque mueren con vitalidad sin usar que puede gastarse en venganza.

"Este fantasma de Dryfont tiene un historial terrible", dijo Lord Roxton.

—Exactamente. Por eso desapruebo la frivolidad. Me parece que es el tipo de criatura de la que hablo. Del mismo modo que un pulpo puede tener su guarida en una cueva del océano y salir flotando como una imagen silenciosa y horrorosa para atacar a un nadador, así me imagino a un espíritu así acechando en la oscuridad de la casa que maldice con su presencia y dispuesto a salir flotando sobre todo aquel a quien pueda herir.

La mandíbula de Malone comenzó a caer.

—¡Digo! —exclamó—, ¿no tenemos protección?

"Sí, creo que sí. Si no lo hubiéramos hecho, una criatura así podría devastar la Tierra. Nuestra protección es que existen fuerzas blancas y oscuras. Podemos llamarlos 'ángeles guardianes' como hacen los católicos, o 'guías' o 'controles', pero como sea que los llamemos, realmente existen y nos protegen del mal en el plano espiritual".

—¿Y qué hay del tipo que se volvió loco, padre? ¿Dónde estaba tu guía cuando el fantasma te puso la manta encima? ¡¿Qué?!

"El poder de nuestros guías puede depender de nuestra propia valía. El mal siempre puede triunfar por un tiempo. El bien triunfa al final. Esa es mi experiencia en la vida".

Lord Roxton meneó la cabeza.

"Si gana el bien, se corre una carrera de larga espera y la mayoría de nosotros no llegamos a ver el final. Miren a esos demonios de goma con los que tuve una pelea río arriba en el Putomayo. ¿Dónde están? ¡Qué! La mayoría están en París pasándosela bien. Y los pobres negros a los que asesinaron. ¿Qué pasa con ellos?"

"Sí, a veces necesitamos tener fe. Tenemos que recordar que no vemos el final. 'Continuará en la próxima' es la conclusión de toda historia de vida. Ahí es donde entra en juego el enorme valor de los relatos del otro mundo.

Nos ofrecen al menos un capítulo más".

"¿Dónde puedo conseguir ese capítulo?" preguntó Malone.

"Hay muchos libros maravillosos, aunque el mundo aún no ha aprendido a apreciarlos: relatos de la vida del más allá. Recuerdo un incidente (puede tomarlo como una parábola, si lo desea), pero en realidad es más que eso. El hombre rico muerto se detiene ante la hermosa vivienda. Su triste guía lo aleja. "No es para usted. Es para su jardinero". Le muestra una choza miserable. "No nos dio nada con qué construir. Fue lo mejor que pudimos hacer". Ese puede ser el próximo capítulo en la historia de nuestros millonarios del caucho".

Roxton rio tristemente.

—Les di a algunos una choza de seis pies de largo y dos de profundidad —dijo—. No vale la pena sacudir la cabeza, padre. Lo que quiero decir es que no amo a mi prójimo como a mí mismo y nunca lo amaré. A algunos de ellos los odio como al veneno.

—Bueno, deberíamos odiar el pecado, y, por mi parte, nunca he sido lo suficientemente fuerte para separar el pecado del pecador. ¿Cómo puedo predicar cuando soy tan humano y débil como cualquiera?

—Es el único sermón que podría escuchar —dijo Lord Roxton—. El tipo del púlpito está por encima de mí. Si se pone a mi nivel, me será de utilidad. Bueno, me parece que no dormiremos mucho esta noche. Sólo tenemos una hora antes de llegar a Dryfont. Tal vez sea mejor aprovecharla.

Eran más de las once de la noche de una noche fría y helada cuando el grupo llegó a su destino. La estación del pequeño balneario estaba casi desierta, pero un hombre pequeño y gordo con un abrigo de piel corrió a recibirlos y los saludó calurosamente.

—Soy el señor Belchamber, dueño de la casa. ¿Cómo están, caballeros? Recibí su telegrama, lord Roxton, y todo está en orden. Es muy amable de su parte venir. Si puede hacer algo para aliviar mi carga, se lo agradeceré.

El señor Belchamber los condujo hasta el pequeño hotel de la estación, donde comieron unos bocadillos y tomaron café, que había pedido con mucho cariño. Mientras comían, les contó algo de sus problemas. «No es que yo fuera un hombre rico, caballeros. Soy ganadero jubilado y tengo todos mis ahorros en tres casas. Esa es una de ellas, la Villa Maggiore. Sí, la conseguí barata, es cierto. Pero ¿cómo pude pensar que había algo de cierto en esta historia del doctor loco?».

"Cuentemos un poco", dijo Lord Roxton mientras masticaba un sándwich.

—Estuvo allí en tiempos de la reina Victoria. Yo mismo lo he visto. Era un hombre alto, fibroso, de rostro oscuro, con la espalda encorvada y una extraña forma de andar arrastrando los pies. Dicen que había estado en la India toda su vida y algunos creían que se escondía de algún crimen, porque nunca se dejaba ver por el pueblo y rara vez salía hasta después de oscurecer. Le rompió la pata a un perro con una piedra y se habló de arrestarlo por ello, pero la gente le tenía miedo y nadie lo persiguió. Los niños pequeños pasaban corriendo porque se sentaba con el ceño fruncido y triste en la ventana delantera. Un día no llevó la leche y lo mismo al día siguiente, así que forzaron la puerta y estaba muerto en el baño, pero era un baño de sangre, porque se había abierto las venas del brazo. Su nombre era Tremayne. Aquí nadie lo olvida.

"¿Y compraste la casa?"

—Bueno, la empapelaron, la pintaron, la fumigaron y la arreglaron por fuera. Se diría que era una casa nueva. Luego se la alquilé al señor Jenkins, de la cervecería. La ocupó durante tres días. Bajé el alquiler y la alquiló el señor Beale, el tendero jubilado. Fue él quien se volvió loco, completamente loco, después de una semana. Y desde entonces la tengo en mis manos: sesenta libras de mis ingresos y los impuestos que tengo que pagar, además. Si pueden hacer algo, caballeros, ¡háganlo por el amor de Dios! Si no, me convendría quemarla.

La Villa Maggiore se encontraba a media milla del pueblo, en la ladera de una colina baja. El señor Belchamber los acompañó hasta allí, e incluso hasta la puerta del vestíbulo. Era un lugar ciertamente deprimente, con un enorme tejado abuhardillado que bajaba sobre las ventanas superiores y casi las ocultaba. Había media luna y a su luz pudieron ver que el jardín era una maraña de vegetación raquítica de invierno que, en algunos lugares, casi había cubierto el camino. Todo estaba muy tranquilo, muy sombrío y muy siniestro.

—La puerta no está cerrada con llave —dijo el dueño—. Encontrará algunas sillas y una mesa en la sala de estar, a la izquierda del vestíbulo. Encendí el fuego allí y hay un cubo lleno de carbón. Espero que se sienta muy cómoda. No me culpará por no haber entrado, pero mis nervios ya no están tan bien como antes. Tras unas cuantas palabras de disculpa, el dueño se marchó y se quedaron solos con su tarea.

Lord Roxton había traído una potente linterna eléctrica. Al abrir la puerta mohosa, proyectó un túnel de luz por el pasillo, sin alfombras y lúgubre, que terminaba en una amplia escalera de madera recta que conducía al piso superior. Había puertas a ambos lados del pasillo. La de la derecha conducía a una habitación grande, triste y vacía, con un cortacésped abandonado en un rincón y una pila de libros y periódicos viejos. Había una habitación correspondiente a la izquierda, que era un apartamento mucho más alegre. En la chimenea ardía un fuego vivo, había tres sillas cómodas y una mesa de pino con una jarra de agua, un cubo de carbón y algunas otras comodidades. Estaba iluminada por una gran lámpara de aceite. El clérigo y Malone se acercaron al fuego, porque hacía mucho frío, pero Lord Roxton completó sus preparativos. De un pequeño bolso de mano sacó su pistola automática, que puso sobre la repisa de la chimenea. Luego sacó un paquete de velas, colocando dos de ellas en el vestíbulo. Finalmente tomó una bola de lana y ató cordones a lo largo del pasillo trasero y de la puerta opuesta.

"Echaremos un vistazo", dijo cuando terminó los preparativos. "Luego podemos esperar aquí abajo y tomar lo que venga".

El pasillo superior conducía en ángulo recto a izquierda y derecha desde lo alto de la escalera recta. A la derecha había dos habitaciones grandes, vacías y polvorientas, con el papel pintado colgando a tiras y el suelo cubierto de yeso esparcido. A la izquierda había una sola habitación grande en el mismo estado de abandono. Fuera de ella estaba el baño de trágico recuerdo, con la bañera alta de zinc todavía en su lugar. Grandes manchas rojas yacían en su interior, y aunque eran sólo manchas de óxido, parecían ser terribles recordatorios del pasado. Malone se sorprendió al ver al clérigo tambalearse y apoyarse contra la puerta. Su rostro estaba pálido y tenía la frente húmeda. Sus dos compañeros lo ayudaron a bajar las escaleras, y se sentó un rato, como si estuviera exhausto, antes de hablar.

"¿De verdad no sintieron nada?", preguntó. "El caso es que yo mismo soy médium y muy abierto a las impresiones psíquicas. Esta en particular fue horrible, más allá de toda descripción".

—¿Qué es lo que has conseguido, padre?

"Es difícil describir estas cosas. Sentí un profundo desánimo, una sensación de absoluta desolación. Todos mis sentidos se vieron afectados. Mis ojos se nublaron. Sentí un terrible olor a putrefacción. Parecía que me faltaban las fuerzas. Créame, Lord Roxton, no es cosa fácil lo que nos espera esta noche".

El deportista se mostró inusualmente serio. "Empiezo a pensar", dijo. "¿Crees que eres apto para el trabajo?"

—Lamento haber sido tan débil —respondió el señor Mason—. Sin duda, me ocuparé de todo. Cuanto peor sea el caso, más necesaria será mi ayuda. Ahora estoy bien —añadió con su alegre risa, mientras sacaba un viejo brezo carbonizado de su bolsillo—. Este es el mejor remedio para los nervios alterados. Me sentaré aquí y fumaré hasta que me necesiten.

"¿Qué forma esperas que adopte?", le preguntó Malone a Lord Roxton.

—Bueno, es algo que se puede ver. Eso es seguro.

"Eso es lo que no puedo entender, a pesar de todas mis lecturas", dijo Malone. "Todas esas autoridades están de acuerdo en que existe una base material, y que esa base material proviene del cuerpo humano. Llámese ectoplasma o como quiera, pero es de origen humano, ¿no es así?"

"Por supuesto", respondió Mason.

—Entonces, ¿debemos suponer que este doctor Tremayne construye su propia apariencia basándose en información de usted y de mí?

"Creo, por lo que he entendido, que en la mayoría de los casos lo hace un espíritu. Creo que cuando el espectador siente que se enfría, que se le erizan los pelos y todo eso, en realidad es consciente de esa corriente de aire que se ejerce sobre su propia vitalidad y que puede ser suficiente para hacerle desmayar o incluso matarle. Quizá estaba dibujándome a mí en ese momento".

"¿Qué pasaría si no fuéramos médiums? ¿Qué pasaría si no diésemos nada?"

"Recientemente leí un caso muy completo", respondió el señor Mason. "Fue observado de cerca, relatado por el profesor Neillson de Islandia. En ese caso, el espíritu maligno solía ir a ver a un fotógrafo desafortunado de la ciudad, sacarle sus suministros y luego regresar y utilizarlos. Decía abiertamente: "Dame tiempo para ir a ver a fulano. Entonces te mostraré lo que puedo hacer". Era una criatura formidable y tuvieron grandes dificultades para dominarlo".

"Me sorprende, jovencito, que hayamos aceptado un contrato más grande de lo que pensábamos", dijo Lord Roxton. "Bueno, hemos hecho lo que hemos podido. El pasillo está bien iluminado. Nadie puede venir a por nosotros excepto por la escalera sin romper la lana. No hay nada más que podamos hacer excepto esperar".

Así que esperaron. Era un momento cansador. Habían colocado un reloj de carruaje sobre la repisa de madera descolorida y sus manecillas iban pasando lentamente de la una a las dos y de las dos a las tres. Fuera, un búho ululaba lúgubremente en la oscuridad. La villa estaba en un camino secundario y no había ningún sonido humano que los conectara con la vida. El padre dormitaba en su silla. Malone fumaba sin parar. Lord Roxton hojeaba las páginas de una revista. Se oían de vez en cuando los extraños golpecitos y crujidos que se escuchan en el silencio de la noche. Nada más hasta que...

Alguien bajó por la escalera.

No cabía duda alguna. Era un paso furtivo, pero claro. ¡Crujido! ¡Crujido! ¡Crujido! Entonces llegó al nivel. Entonces llegó a la puerta. Todos estaban sentados erguidos en sus sillas, Roxton agarrando su automática. ¿Había entrado? La puerta estaba entreabierta, pero no se había abierto más. Sin embargo, todos tenían la sensación de que no estaban solos, de que los observaban. De repente parecía hacer más frío y Malone temblaba. Un instante

136

después, los pasos se alejaban. Eran bajos y rápidos, mucho más rápidos que antes. Uno podía imaginar que un mensajero regresaba a toda velocidad con información para algún gran maestro que acechaba en las sombras de arriba.

Los tres se sentaron en silencio, mirándose unos a otros.

—¡Por Júpiter! —dijo por fin Lord Roxton. Su rostro estaba pálido pero firme. Malone garabateó algunas notas y marcó la hora. El clérigo estaba rezando.

—Bueno, estamos en una situación muy complicada —dijo Roxton después de una pausa—. No podemos dejarlo así. Tenemos que seguir adelante. No me importa decirle, padre, que he seguido a un tigre herido en la espesa jungla y nunca he tenido la misma sensación que tengo ahora. Si busco sensaciones, las tengo. Pero me voy arriba.

—Nosotros también iremos —gritaron sus compañeros levantándose de sus sillas.

—¡Quédate aquí, jovencito! Y tú también, padre. Somos tres y hacemos demasiado ruido. Te llamaré si te necesito. Mi idea es simplemente salir a escondidas y esperar tranquilamente en la escalera. Si esa cosa, sea lo que fuere, vuelve, tendrá que pasar por mi lado.

Los tres entraron en el pasillo. Las dos velas arrojaban pequeños círculos de luz y la escalera estaba muy iluminada, con sombras densas en lo alto. Roxton se sentó a mitad de la escalera, pistola en mano. Se llevó un dedo a los labios e hizo un gesto impaciente a sus compañeros para que volvieran a la habitación. Luego se sentaron junto al fuego, esperando, esperando.

Media hora, tres cuartos... y de repente, llegó el momento. Se oyó un ruido como de pies que se apresuraban, el eco de un disparo, una pelea y una fuerte caída, con un fuerte grito de socorro. Temblando de horror, corrieron hacia el pasillo. Lord Roxton estaba tendido boca abajo en medio de un montón de yeso y escombros. Parecía medio aturdido cuando lo levantaron y sangraba donde le habían raspado la piel de la mejilla y las manos. Al mirar hacia arriba, las sombras parecían más negras y espesas en la parte superior de la escalera.

—Estoy bien —dijo Roxton mientras lo llevaban a su silla—. Sólo deme un minuto para recuperar el aliento y tendré otra ronda con el diablo... porque si este no es el diablo, entonces nadie ha caminado jamás sobre la tierra.

"No irás solo esta vez", dijo Malone.

"Nunca deberías hacerlo", añadió el clérigo. "Pero cuéntanos qué pasó".

"No me lo sé muy bien. Estaba sentado, como has visto, de espaldas al rellano superior. De repente oí un ruido. Me di cuenta de que había algo oscuro justo encima de mí. Me di media vuelta y disparé. Al instante siguiente, me lanzaron al suelo como si fuera un bebé. Todo ese yeso cayó sobre mí. Eso es todo lo que puedo contarte".

—¿Por qué deberíamos profundizar más en el asunto? —dijo Malone—. Estás convencido de que esto es algo más que humano, ¿no es así?

"De eso no hay duda".

-Bueno, entonces ya has tenido tu experiencia. ¿Qué más puedes pedir?

"Bueno, yo al menos quiero algo más", dijo el señor Mason. "Creo que necesitamos nuestra ayuda".

—Me parece que vamos a necesitar ayuda —dijo Lord Roxton, frotándose la rodilla—. Necesitaremos un médico antes de terminar. Pero estoy de acuerdo con usted, padre. Creo que debemos llegar hasta el final. Si no le gusta, jovencito... La mera sugerencia fue demasiado para la sangre irlandesa de Malone.

—¡Subo solo! —gritó, dirigiéndose hacia la puerta.

—No, en verdad. Estoy contigo. —El clérigo corrió tras él.

—¡Y no irás sin mí! —gritó Lord Roxton, cojeando en la retaguardia.

Estaban juntos en el pasillo iluminado por velas y envuelto en sombras. Malone tenía la mano apoyada en la balaustrada y el pie en el escalón inferior cuando ocurrió.

¿Qué era? No podían decirlo. Sólo sabían que las sombras negras en lo alto de la escalera se habían espesado, se habían unido, habían tomado una forma definida, como la de un murciélago. ¡Dios mío! ¡Se estaban moviendo! ¡Se precipitaban velozmente y silenciosamente hacia abajo! Negras, negras como la noche, enormes, imprecisas, semihumanas y completamente malvadas y condenables. Los tres hombres gritaron y se tambalearon hacia la puerta. Lord Roxton cogió el picaporte y la abrió de golpe. Era demasiado tarde; la cosa estaba sobre ellos. Sintieron un contacto cálido y pegajoso, un olor purulento, un rostro a medio formar y terrible y miembros entrelazados. Un instante después, los tres yacían medio aturdidos y horrorizados, arrojados hacia la grava del camino de entrada. La puerta se había cerrado con un estruendo.

Malone gimió y Roxton maldijo, pero el clérigo guardó silencio mientras se reunían, todos ellos muy conmocionados y magullados, pero con un horror interior que hacía que toda enfermedad física pareciera insignificante. Allí estaban, de pie en un pequeño grupo a la luz de la luna que se ponía, con los ojos fijos en el cuadrado negro de la puerta.

—Ya es suficiente —dijo finalmente Roxton.

"Más que suficiente", dijo Malone. "No volvería a entrar en esa casa por nada que Fleet Street pudiera ofrecer".

"¿Estás herido?"

"Profanado, degradado... ¡oh, era repugnante!"

"¡Qué asco!", dijo Roxton. "¿Has percibido el olor? ¿Y el calor purulento?"

Malone lanzó un grito de disgusto. "¡Sin rasgos distintivos, salvo por los ojos espantosos! ¡Semimaterializado! ¡Horrible!"

"¿Qué pasa con las luces?"

"¡Malditas sean las luces! ¡Que ardan! ¡No pienso volver a entrar!"

—Bueno, Belchamber puede venir por la mañana. Quizá nos esté esperando en la posada.

—Sí, vayamos a la posada. Volvamos a la humanidad. Malone y Roxton se dieron la vuelta, pero el clérigo se mantuvo firme. Había sacado un crucifijo de su bolsillo.

"Puedes irte", dijo. "Yo me voy".

—¡Qué! ¿Entrar a la casa?

"Si, dentro de la casa".

"Padre, ¡esto es una locura! Te va a romper el cuello. Todos estábamos como muñecos de peluche en sus garras".

"Bueno, que me rompa el cuello. Me voy".

—¡No lo eres! ¡Aquí, Malone, agárralo!

Pero ya era demasiado tarde. Con unos cuantos pasos rápidos, el señor Mason llegó a la puerta, la abrió de golpe, entró y la cerró tras él. Cuando sus compañeros intentaron seguirlo, oyeron un crujido metálico al otro lado. El padre los había echado. Había una gran rendija donde había estado el buzón. Por ella, Lord Roxton le rogó que volviera.

[¡Las sombras negras se precipitaban rápida y
silenciosamente hacia abajo!]

—¡Quédense ahí! —dijo la voz rápida y severa del clérigo—. Tengo que hacer mi trabajo. Vendré cuando esté terminado. Un momento después empezó a hablar. Su acento dulce, hogareño y afectuoso resonó por el pasillo. Sólo se oían fragmentos del exterior, fragmentos de oraciones, fragmentos de exhortaciones, fragmentos de saludos amables. Al mirar a través de la estrecha abertura, Malone pudo ver la figura erguida y oscura a la luz de las velas, de espaldas a la puerta, con el rostro hacia las sombras de la escalera y el crucifijo en alto en la mano derecha.

Su voz se hundió en el silencio y entonces se produjo otro de los milagros de aquella noche llena de acontecimientos. Una voz le respondió. Era un sonido que ninguno de los oyentes había oído antes: un enunciado gutural, áspero, croante, indescriptiblemente amenazador. Lo que dijo fue breve, pero el clérigo respondió al instante, con un tono agudizado por la emoción. Su enunciado parecía una exhortación y fue respondido de inmediato por la siniestra voz que venía del otro lado. Una y otra vez, y otra vez más, se repitió el discurso y la respuesta, a veces más breves, a veces más largas, variando en todos los tonos de súplica, discusión, oración, consuelo y todo menos reproche. Helados hasta la médula, Roxton y Malone se agacharon junto a la puerta, captando fragmentos de aquel diálogo inconcebible. Entonces, después de lo que pareció un tiempo agotador, aunque fue menos de una hora, el señor Mason, en un tono alto, pleno y exultante, repitió el "Padre Nuestro". ¿Era una fantasía, un eco o realmente había una voz que lo acompañaba en la oscuridad, más allá de él? Un momento después, la luz se apagó en la ventana de la izquierda, se corrió el cerrojo y el clérigo apareció con la bolsa de Lord Roxton. Su rostro parecía cadavérico a la luz de la luna, pero su actitud era vivaz y feliz.

"Creo que aquí encontrarás de todo", dijo entregándole la bolsa.

Roxton y Malone lo tomaron de cada brazo y lo llevaron rápidamente a la carretera.

—¡Por Júpiter! ¡No nos vuelvas a dar patadas! —exclamó el noble—. Padre, deberías tener una hilera de Cruces Victoria.

"No, no, era mi deber. Pobre hombre, necesitaba ayuda desesperadamente. Yo no soy más que un pecador como él y, sin embargo, pude dársela".

"¿Le hiciste bien?"

"Espero humildemente que así sea. Yo no fui más que un instrumento de fuerzas superiores. La casa ya no está embrujada. Él lo prometió. Pero no hablaré de ello ahora. Puede que sea más fácil en el futuro".

El posadero y las doncellas se quedaron mirando atónitos a los tres aventureros cuando, a la fría luz del amanecer invernal, se presentaron una vez más en la posada. Cada uno de ellos parecía haber envejecido cinco años en la noche. El señor Mason, con esa reacción, se dejó caer en el sofá de crin de caballo del humilde salón de café y se quedó dormido al instante.

"¡Pobre muchacho! ¡Tiene muy mal aspecto!", dijo Malone. De hecho, su rostro pálido y demacrado y sus miembros largos y flácidos podrían haber sido los de un cadáver.

—Le prepararemos una taza de té caliente —respondió Lord Roxton, calentándose las manos junto al fuego que acababa de encender la doncella—. ¡Por Júpiter! Nosotros tampoco estaremos tan mal. Bueno, jovencito, ya tenemos lo que vinimos a buscar. Yo he tenido mi sensación y tú has tenido tu copia.

"Y ha logrado salvar un alma. Bueno, hay que reconocer que nuestros objetivos parecen muy humildes comparados con los suyos".

Cogieron el primer tren a Londres y tuvieron un vagón para ellos solos.

Mason había hablado poco y parecía perdido en sus pensamientos. De pronto se volvió hacia sus compañeros.

—Oiga, ¿les importaría unirse a mí en oración?

Lord Roxton hizo una mueca.

—Le advierto, padre, que estoy un poco fuera de práctica.

"Por favor, arrodíllate conmigo. Quiero tu ayuda".

Se arrodillaron uno al lado del otro, el padre en el medio. Malone tomó nota mental de la oración.

"Padre, todos somos tus hijos, pobres, débiles, indefensas criaturas, arrastradas por el destino y las circunstancias. Te imploro que mires con compasión al hombre, Rupert Tremayne, que se alejó de ti y ahora está en la oscuridad. Se ha hundido profundamente, muy profundamente, porque tenía un corazón orgulloso que no se ablandaba y una mente cruel, llena de odio. Pero ahora quiere volverse hacia la luz, y por eso te pido ayuda para él y para la mujer, Emma, que por amor a él se ha hundido en la oscuridad. Que ella lo levante, como había intentado hacerlo. Que ambos rompan los lazos del mal recuerdo que los ata a la tierra. Que a partir de esta noche puedan ascender hacia esa gloriosa luz que tarde o temprano brilla incluso sobre los más bajos".

Se levantaron de rodillas.

—¡Eso está mejor! —exclamó el padre, golpeándose el pecho con su mano huesuda y esbozando una amplia y dentada sonrisa—. ¡Qué noche! ¡Dios mío, qué noche!

IX. — QUE INTRODUCE ALGUNOS FENÓMENOS MUY FÍSICOS

Malone parecía destinado a verse enredado en los asuntos de la familia Linden, pues apenas había visto lo último del desafortunado Tom cuando se vio involucrado de una manera mucho más desagradable con su desagradable hermano.

El episodio comenzó con un timbre telefónico por la mañana y la voz de Algernon Mailey al otro lado del cable.

"¿Estás libre para esta tarde?"

"A su servicio".

—Digo, Malone, eres un hombre corpulento. Jugaste al rugby con Irlanda, ¿no? No te importa que haya algún problema, ¿verdad?

Malone sonrió por el auricular.

"Puedes contar conmigo".

"Puede que sea realmente algo formidable. Es posible que tengamos que enfrentarnos a un boxeador profesional".

"¡Muy bien!" dijo Malone alegremente.

"Y queremos a otro hombre para el trabajo. ¿Conoces a alguien que quiera venir con nosotros sólo por el placer de la aventura? Si sabe algo sobre cuestiones psíquicas, mucho mejor".

Malone se quedó perplejo por un momento. Luego tuvo una inspiración.

—Ahí está Roxton —dijo—. No es un cobarde, pero es un hombre útil en el mundo de la fila. Creo que podría conseguirlo. Ha estado muy interesado en tu tema desde su experiencia en Dorsetshire.

"¡Bien! ¡Traedlo! Si no puede venir, tendremos que encargarnos nosotros mismos del trabajo. Cuarenta y uno, Belshaw Gardens, SW Cerca de la estación Earl's Court. A las tres de la tarde". ¡Bien!

Malone llamó inmediatamente a Lord Roxton y pronto oyó la voz familiar.

"¿Qué es eso, jovencito? ¿Una pelea? Por supuesto. ¿Qué? Quiero decir que jugué un partido de golf en Richmond Deer Park, pero esto suena más atractivo... ¿Qué? Muy bien. Te veré allí".

Y así sucedió que a las tres de la tarde, Mailey, Lord Roxton y Malone se encontraban sentados junto al fuego en el confortable salón del abogado. Su esposa, una mujer dulce y hermosa, que era su compañera tanto en su vida espiritual como en la material, estaba allí para darles la bienvenida.

—Querida, no participarás en este acto —dijo Mailey—. Te retirarás discretamente a los bastidores. No te preocupes si oyes un alboroto.

"Pero me preocupa, querida. Te lastimarás".

Mailey se rio.

—Creo que es posible que tus muebles se dañen. No tienes nada más que temer, querida. Y todo es por el bien de la Causa. Eso siempre lo resuelve todo —explicó, mientras su esposa salía de la habitación a regañadientes—. Realmente creo que ella iría a la hoguera por la Causa. Su gran corazón amoroso y femenino sabe lo que significaría para esta tierra gris si la gente pudiera alejarse de la sombra de la muerte y darse cuenta de la gran felicidad que está por venir. ¡Por Júpiter! Ella es una inspiración para mí... Bueno —continuó riendo—, no debo seguir con ese tema. Tenemos algo muy diferente en lo que pensar, algo tan horrible y vil como ella es hermosa y buena. Se trata del hermano de Tom Linden.

"He oído hablar de ese tipo", dijo Malone. "Yo solía boxear un poco y todavía soy miembro del NSC. Silas Linden estuvo muy cerca de ser campeón en peso welter".

"Ése es el hombre. Está sin trabajo y pensó que podría dedicarse a la mediumnidad. Naturalmente, yo y otros espiritistas lo tomamos en serio, porque todos amamos a su hermano y estos poderes suelen transmitirse en las familias, de modo que su afirmación parecía razonable. Así que anoche le hicimos una prueba".

"Bueno, ¿qué pasó?"

"Desde el principio sospeché de este tipo. Ya sabes que es casi imposible que un médium engañe a un espiritista experimentado. Cuando hay engaño, es a costa de extraños. Lo observé atentamente desde el principio y me senté cerca del gabinete. Enseguida apareció vestido de blanco. Corté el contacto por acuerdo previo con mi esposa, que estaba sentada a mi lado, y lo sentí cuando pasó a mi lado. Por supuesto, iba de blanco. Tenía un par de tijeras en el bolsillo y corté un poco del borde".

Mailey sacó un trozo de lino triangular de su bolsillo.

—Ahí lo tienes, ¿lo ves? Es una tela muy corriente. No tengo ninguna duda de que el tipo llevaba puesto el camisón.

"¿Por qué no se presentó de inmediato?" preguntó Lord Roxton.

"Había varias mujeres allí y yo era el único hombre físicamente apto en la sala".

—Bueno, ¿qué propones?

"He quedado con él para que venga a las tres y media. Tiene que venir ahora. A menos que haya notado el pequeño corte en su ropa interior, no creo que tenga la menor sospecha de por qué lo necesito".

"¿Qué vas a hacer?"

—Bueno, eso depende de él. Tenemos que detenerlo a cualquier precio.

142

Así es como nuestra Causa se ve envuelta en un lío. Algún villano que no sabe nada de esto entra en esto por dinero y así se desestima el trabajo de los médiums honestos. El público los clasifica a todos en el mismo saco de forma muy natural. Con tu ayuda puedo hablar con este tipo en igualdad de condiciones, algo que ciertamente no podría hacer si estuviera solo. ¡Por Júpiter, aquí está!

Se oyeron pasos fuertes en el exterior. Se abrió la puerta y entró Silas Linden, falso médium y ex boxeador. Sus pequeños ojos grises de cerdo bajo sus cejas peludas miraron con sospecha a los tres hombres. Luego forzó una sonrisa y asintió con la cabeza hacia Mailey.

"Buen día, señor Mailey. Pasamos una buena velada anoche, ¿no es así?"

—Siéntate, Linden —dijo Mailey, señalando una silla—. Quiero hablar contigo sobre lo que pasó anoche. Nos engañaste.

El pesado rostro de Silas Linden se puso rojo de ira.

"¿Qué es eso?" gritó con fuerza.

"Nos engañaste. Te disfrazaste y fingiste ser un espíritu".

—¡Eres un maldito mentiroso! —gritó Linden—. Yo no hice nada parecido.

Mailey sacó el trapo de lino de su bolsillo y lo extendió sobre su rodilla.

"¿Qué pasa con eso?", preguntó.

"Bueno, ¿y qué pasa con eso?"

—Lo recorté del vestido blanco que llevabas puesto. Lo recorté yo mismo mientras estabas de pie frente a mí. Si examinas el vestido, encontrarás el lugar. No sirve de nada, Linden. El juego ha terminado. No puedes negarlo.

Por un momento, el hombre quedó completamente desconcertado. Luego comenzó a soltar una sarta de horribles blasfemias.

—¿Cuál es el juego? —gritó, mirando a su alrededor—. ¿Crees que soy fácil y que puedes tomarme por tonto? ¿Es una trampa o qué? Has elegido al hombre equivocado para una prueba de ese tipo.

—No tiene sentido ser ruidoso o violento, Linden —dijo Mailey en voz baja—. Podría llevarte a juicio mañana mismo. No quiero ningún escándalo público, por el bien de tu hermano. Pero no te vayas de esta habitación hasta que hayas firmado un papel que tengo aquí sobre mi escritorio.

—Oh, no, ¿no? ¿Quién me lo impedirá?

"Lo haremos".

Los tres hombres estaban entre él y la puerta.

—¡Lo harás! ¡Pues inténtalo! —Se paró frente a ellos con rabia en los ojos y sus grandes manos entrelazadas—. ¿Quieres quitarte del camino?

No respondieron, pero los tres lanzaron el gruñido de pelea que es quizás la más antigua de todas las expresiones humanas. Un instante después, Linden estaba sobre ellos, lanzando sus puños con una fuerza terrible. Mailey, que había boxeado en su juventud, detuvo un golpe, pero el siguiente le hizo bajar la guardia y cayó con estrépito contra la puerta. Lord Roxton fue arrojado a un lado, pero Malone, con instinto de futbolista, agachó la cabeza y atrapó al boxeador en las rodillas. Si un hombre es demasiado bueno para ti de pie, entonces ponlo boca arriba, porque no puede ser científico en ese aspecto. Linden cayó y se estrelló contra un sillón antes de llegar al suelo. Se tambaleó sobre una rodilla y recibió un pequeño golpe en la barbilla, pero Malone lo derribó de nuevo y la mano huesuda de Roxton se cerró sobre su garganta. Silas Linden tenía una veta amarilla en el cuerpo y estaba acobardado.

—¡Basta! —gritó—. ¡Ya basta!

Ahora yacía boca arriba con las piernas abiertas. Malone y Roxton se inclinaban sobre él. Mailey se había recuperado, pálido y tembloroso después de la caída.

—¡Estoy bien! —gritó, en respuesta a una voz femenina al otro lado de la puerta—. No, todavía no, querida, pero pronto estaremos listos para recibirte. Ahora, Linden, no es necesario que te levantes, porque puedes hablar muy bien donde estás. Tienes que firmar este papel antes de salir de la habitación.

—¿Qué es ese periódico? —graznó Linden, mientras Roxton relajaba su agarre en el cuello.

"Te lo leeré".

Mailey lo tomó del escritorio y lo leyó en voz alta.

'Yo, Silas Linden, admito por la presente que he actuado como un canalla y un sinvergüenza al simular ser un espíritu, y juro que nunca más en mi vida fingiré ser un médium. Si rompo este juramento, esta confesión firmada podrá utilizarse para condenarme en el tribunal de policía".

"¿Firmarías eso?"

—¡No, estoy condenado si lo hago!

—¿Le doy otro apretón? —preguntó Lord Roxton—. Tal vez pueda ahogarlo para que entre en razón... ¡Qué!

—De ninguna manera —dijo Mailey—. Creo que su caso ahora sería positivo en el tribunal de policía, porque demostraría al público que estamos decididos a mantener nuestra casa limpia. Te daré un minuto para que lo pienses, Linden, y luego llamaré a la policía.

Pero no pasó ni un minuto para que el impostor tomara una decisión.

—Está bien —dijo con voz enfadada—, firmaré. Le permitieron levantarse con la advertencia de que si hacía alguna broma, no saldría tan bien librado la segunda vez. Pero ya no le quedaban fuerzas y garabateó un gran y grosero «Silas Linden» al pie del papel sin decir palabra. Los tres hombres firmaron como testigos.

—¡Ahora, sal de aquí! —dijo Mailey con brusquedad—. ¡En el futuro, busca un negocio honesto y deja en paz las cosas sagradas!

—¡Guárdate tu maldita jerga! —respondió Linden, y se marchó, refunfuñando y maldiciendo, hacia la oscuridad exterior de la que había salido. Apenas había pasado cuando la señora Mailey entró corriendo en la habitación para tranquilizarse respecto a su marido. Una vez satisfecha, se lamentó por su silla rota, pues, como todas las buenas mujeres, se enorgullecía y se regocijaba personalmente por cada detalle de su pequeño grupo.

—No te preocupes, querida. Es un precio muy bajo que pagar para sacar a ese canalla del movimiento. No os vayáis, muchachos. Quiero hablar con vosotros.

"Y el té acaba de llegar".

—Tal vez algo más fuerte sería mejor —dijo Mailey, y, en efecto, los tres estaban bastante exhaustos, porque fue un golpe fuerte mientras duró. Roxton, que había disfrutado muchísimo de todo el asunto, estaba lleno de vitalidad, pero Malone estaba conmocionado y Mailey había escapado por poco de una lesión grave a causa de ese golpe poderoso.

—He oído —dijo Mailey, mientras todos se sentaban alrededor del fuego— que este canalla lleva años sacándole dinero al pobre Tom Linden. Era una forma de chantaje, porque era perfectamente capaz de denunciarlo. ¡Por Júpiter! —exclamó, con una inspiración repentina—, eso explicaría la redada policial. ¿Por qué habrían de elegir a Linden entre todos los médiums de

Londres? Ahora recuerdo que Tom me dijo que el tipo había pedido que le enseñaran a ser médium y que él se había negado a enseñarle.

—¿Podría enseñarle? —preguntó Malone. Mailey reflexionó sobre esta pregunta. —Bueno, quizá podría —dijo al fin—. Pero Silas Linden como falso médium sería mucho menos peligroso que Silas Linden como verdadero médium.

"No te sigo".

"La mediumnidad puede desarrollarse", dijo la señora Mailey. "Casi se podría decir que es contagiosa".

"Eso era lo que significaba la imposición de manos en la Iglesia primitiva", explicó Mailey. "Era la concesión de poderes taumatúrgicos. Ahora no podemos hacerlo tan rápidamente. Pero si un hombre o una mujer se sientan con el deseo de desarrollarse, y especialmente si esa sesión se realiza en presencia de un médium real, es probable que los poderes lleguen".

—Pero ¿por qué dices que eso sería peor que la falsa mediumnidad?

"Porque podría utilizarse para el mal. Te aseguro, Malone, que hablar de magia negra y de entidades malignas no es una invención del enemigo. Esas cosas ocurren y giran en torno a un médium malvado. Puedes llegar a un punto en el que se asemeja a la idea popular de la brujería. Es deshonesto negarlo".

"Lo similar atrae a lo similar", explicó la señora Mailey, que era una exponente tan capaz como su marido. "Uno recibe lo que se merece. Si uno se sienta con gente malvada, recibe visitas malvadas".

—¿Entonces hay un lado peligroso en esto?

"¿Conoce usted algo en la Tierra que no tenga un lado peligroso si se lo maneja mal y se lo exagera? Este lado peligroso existe bastante aparte del espiritismo ortodoxo, y nuestro conocimiento es la forma más segura de contrarrestarlo. Creo que la brujería de la Edad Media era algo muy real, y que la mejor manera de enfrentarse a tales prácticas es cultivar los poderes superiores del espíritu. Dejar el asunto en paz es abandonar el campo a las fuerzas del mal".

Lord Roxton intervino de manera inesperada.

"Cuando estuve en París el año pasado", dijo, "había un tipo llamado La Paix que se dedicaba a la magia negra. Hacía círculos y cosas así. Lo que quiero decir es que no había mucho daño en ello, pero tampoco era lo que se podría llamar muy espiritual".

"Es un aspecto que, como periodista, me gustaría ver si quiero informar imparcialmente sobre el tema", dijo Malone.

"¡Muy bien!", asintió Mailey. "Queremos poner todas las cartas sobre la mesa".

—Bueno, jovencito, si me dieras una semana de tu tiempo y vinieras a París, te presentaré a La Paix —dijo Roxton.

"Es curioso, pero también tenía en mente visitar París para nuestro amigo", dijo Mailey. "El doctor Maupuis, del Instituto Métapsychique, me ha invitado a ver algunos de los experimentos que está realizando con un médium gallego. Es realmente el lado religioso de este asunto lo que me interesa, y eso es algo que falta notablemente en las mentes de estos científicos del continente; pero en cuanto a un examen preciso y cuidadoso de los hechos psíquicos, están por delante de todos, excepto del pobre Crawford de Belfast, que se destacaba por encima de todos. Le prometí a Maupuis que iría y ciertamente ha estado obteniendo algunos resultados maravillosos, en algunos aspectos, bastante alarmantes".

"¿Por qué alarmante?"

—Bueno, sus materializaciones últimamente no han sido para nada humanas. Eso lo confirman las fotografías. No diré más, pues lo mejor es que, si vais, lo hagáis con la mente abierta.

"Sin duda iré", dijo Malone. "Estoy seguro de que mi jefe lo desearía".

El té había llegado para interrumpir la conversación de la manera irritante en que nuestras necesidades corporales interfieren con nuestros objetivos más elevados, pero Malone estaba demasiado ansioso como para perder el rastro.

"Hablas de esas fuerzas malignas. ¿Alguna vez has estado en contacto con ellas?"

Mailey miró a su esposa y sonrió.

"Continuamente", dijo. "Es parte de nuestro trabajo. Nos especializamos en eso".

"Entendí que cuando había una intrusión de ese tipo la ahuyentabas".

—No necesariamente. Si podemos ayudar a algún espíritu inferior, lo hacemos, y sólo podemos hacerlo alentándolo a que nos cuente sus problemas. La mayoría de ellos no son malvados. Son pobres criaturas ignorantes y atrofiadas que sufren los efectos de las opiniones estrechas y falsas que han aprendido en este mundo. Tratamos de ayudarlos, y lo hacemos.

"¿Cómo sabes que lo haces?"

"Porque nos informan después y registran sus avances. Estos métodos son utilizados a menudo por nuestra gente. Se llaman 'círculos de rescate'".

"He oído hablar de los círculos de rescate. ¿Dónde podría asistir a uno? Esto me atrae cada vez más. Siempre parece que se abren nuevos abismos. Sería un gran favor si me ayudaras a ver este lado nuevo de esto". Mailey se quedó pensativa.

—No queremos hacer un espectáculo de estas pobres criaturas. Por otra parte, aunque todavía no podemos decir que usted sea un espiritista, ha tratado el tema con cierta comprensión y simpatía. —Miró inquisitivamente a su esposa, que sonrió y asintió.

—Ah, tienes permiso. Bueno, entonces debes saber que tenemos nuestro propio círculo de rescate, y que hoy a las cinco tenemos nuestra sesión semanal. El señor Terbane es nuestro médium. Normalmente no tenemos a nadie más que al señor Charles Mason, el clérigo. Pero si ambos quieren tener la experiencia, estaremos muy contentos si se quedan. Terbane debería estar aquí inmediatamente después del té. Es mozo de estación, ya sabes, así que su tiempo no es suyo. Sí, el poder psíquico en sus diversas manifestaciones se encuentra en los barrios humildes, pero seguramente esa ha sido su característica principal desde el principio: pescadores, carpinteros, fabricantes de tiendas, camelleros, estos fueron los profetas de la antigüedad. En este momento algunos de los dones psíquicos más elevados de Inglaterra se encuentran en un minero, un trabajador del algodón, un mozo de estación, un barquero y una asistenta. Así se repite la historia, y ese pico tonto, con Tom Linden antes que él, no era más que Félix juzgando a Paul. La vieja rueda sigue girando.

X. — *DE PROFUNDIS*

Todavía estaban tomando el té cuando el señor Charles Mason entró. Nada une a las personas en una relación tan íntima de alma a alma como la búsqueda psíquica, y así fue como Roxton y Malone, que sólo lo habían conocido en un episodio, se sintieron más cerca de este hombre que de otros con los que habían estado asociados durante años. Esta camaradería vital y cercana es una de las características sobresalientes de tal comunión. Cuando su figura clerical, de complexión suelta, desgarbada y delgada, apareció por la puerta, con ese rostro demacrado y desgastado iluminado por su sonrisa humana y dignificado por sus ojos serios, ambos sintieron como si hubiera entrado un viejo amigo. Su propio saludo fue igualmente cordial.

—¡Seguimos explorando! —gritó mientras les estrechaba la mano—. Esperamos que sus nuevas experiencias no les resulten tan estresantes como las anteriores.

—¡Por Júpiter, padre! —dijo Roxton—. Desde entonces, se me ha gastado el ala del sombrero al quitármelo.

—¿Qué hizo? —preguntó la señora Mailey.

—¡No, no! —exclamó Mason—. Traté, a mi pobre manera, de guiar a un alma en tinieblas. Dejémoslo así. Pero eso es exactamente para lo que estamos aquí ahora, y lo que estas queridas personas hacen todas las semanas de sus vidas. Fue del señor Mailey que aprendí cómo intentarlo.

—Bueno, sin duda tenemos mucha práctica —dijo Mailey—. Has visto suficiente, Mason, para saberlo.

—¡Pero no logro captar el tema en absoluto! —exclamó Malone—. ¿Podrías aclararme un poco la idea? Acepto, por el momento, tu hipótesis de que estamos rodeados de espíritus materiales ligados a la tierra que se encuentran en condiciones extrañas que no comprenden y que necesitan consejo y guía. Eso lo expresa más o menos, ¿no es así?

Los dos Maileys asintieron en señal de acuerdo.

"Bueno, sus amigos y parientes muertos probablemente estén del otro lado y sean conscientes de su condición de ignorancia. Ellos saben la verdad. ¿No podrían atender las necesidades de estos afligidos mucho mejor que nosotros?"

"Es una pregunta muy natural", respondió Mailey. "Por supuesto, les planteamos esa objeción y no podemos hacer más que aceptar su respuesta. Parecen estar anclados en la superficie de esta tierra, demasiado pesados y groseros para elevarse. Los demás están, presumiblemente, en un nivel espiritual y muy separados de ellos. Explican que están mucho más cerca de nosotros y que nos conocen, pero no de nada superior. Por lo tanto, somos nosotros quienes podemos llegar mejor a ellos".

"Había una pobre alma oscura querida..".

"Mi esposa ama a todo el mundo y todo lo que hay en ella", explicó Mailey. "Es capaz de hablar del pobre diablo".

—¡Pues bien, hay que tenerles compasión y amarlos! —exclamó la señora—. A este pobre muchacho lo cuidamos semana tras semana. Había salido realmente de las profundidades. Entonces, un día, gritó extasiado: «¡Mi madre ha venido! ¡Mi madre está aquí!». Naturalmente, dijimos: «¿Pero por qué no vino antes?". «¿Cómo pudo venir?», dijo él, «si yo estaba en un lugar tan oscuro que no podía verme".

"Está muy bien", dijo Malone, "pero hasta donde puedo seguir sus métodos, es algún guía o control o Espíritu superior el que regula todo el asunto y trae al paciente hasta usted. Si él puede ser consciente, uno pensaría que otros espíritus superiores también podrían serlo".

"No, porque es su misión particular", dijo Mailey. "Para mostrar cuán marcadas son las divisiones, recuerdo una ocasión en la que teníamos un alma oscura aquí. Nuestra propia gente pasó y no sabía que estaba allí hasta que les llamamos la atención. Cuando le dijimos al alma oscura: "¿No ves a nuestros amigos a tu lado?", respondió: "Puedo ver una luz, pero nada más".

En ese momento, la conversación se vio interrumpida por la llegada del señor John Terbane, procedente de la estación Victoria, donde se encontraban sus tareas cotidianas. Iba vestido de civil y parecía un hombre pálido, de rostro triste, bien afeitado, de rasgos regordetes y ojos soñadores y pensativos, pero sin ninguna otra indicación de los extraordinarios usos que se le daban.

"¿Tienes mi disco?" fue su primera pregunta.

La señora Mailey, sonriendo, le entregó un sobre. "Lo teníamos todo listo para usted, pero puede leerlo en casa. Verá", explicó, "el pobre señor Terbane está en trance y no sabe nada de la maravillosa obra de la que es instrumento, así que después de cada sesión, mi marido y yo le hacemos un informe".

"Me quedé muy sorprendido cuando lo leí", dijo Terbane.

"Y muy orgulloso, me imagino", añadió Mason.

—Bueno, no lo sé —respondió Terbane con humildad—. No creo que la herramienta deba enorgullecerse porque el trabajador la utilice. Sin embargo, es un privilegio, por supuesto.

—¡El buen viejo Terbane! —dijo Mailey, poniendo su mano afectuosamente sobre el hombro del ferroviario—. Cuanto mejor es el médium, más desinteresado es. ésa es mi experiencia. El concepto de médium es el de alguien que se entrega para el uso de los demás, y eso es incompatible con el egoísmo. Bueno, supongo que será mejor que nos pongamos a trabajar o el señor Chang nos regañará.

"¿Quién es él?", preguntó Malone.

—¡Oh, pronto conocerás al señor Chang! No hace falta que nos sentemos alrededor de la mesa. Un semicírculo alrededor del fuego queda muy bien. Las luces están medio apagadas. Está bien. Ponte cómodo, Terbane. Acurrúcate entre los cojines.

La médium estaba en un rincón de un cómodo sofá y se quedó dormida de inmediato. Mailey y Malone estaban con sus cuadernos sobre las rodillas esperando que se produjeran los acontecimientos.

No tardaron en llegar. Terbane se incorporó de repente, su yo soñador se transformó en una individualidad muy despierta y magistral. Un cambio sutil se había producido en su as. Una sonrisa ambigua se dibujó en sus labios, su mirada parecía más oblicua y menos abierta, su rostro proyectado. Las dos manos estaban metidas en las mangas de su chaqueta azul.

—Buenas noches —dijo, hablando con voz clara y con frases cortas y entrecortadas—. ¡Caras nuevas! ¿Quiénes son estos?

—Buenas noches, Chang —dijo el dueño de la casa.

"Ya conoces al señor Mason. Este es el señor Malone, que estudia nuestro tema. Este es Lord Roxton, que me ha ayudado hoy".

A medida que se mencionaba cada nombre, Terbane hacía un gesto oriental de saludo, bajando la mano de la frente. Su porte era sumamente digno y muy diferente del humilde hombrecillo que se había sentado unos minutos antes.

—¡Lord Roxton! —repitió—. ¡Un milord inglés! Conocí a Lord... Lord Macart... No... no puedo decirlo. ¡Ay! Entonces lo llamé «diablo extranjero». Chang también tenía mucho que aprender.

"Está hablando de Lord Macartney. Eso fue hace más de cien años. Chang era un gran filósofo en ese entonces", explicó Mailey.

—¡No perdamos tiempo! —gritó el mando—. Hay mucho que hacer hoy. Hay una multitud esperando. Algunos nuevos, otros viejos. Reúno gente extraña en mi red. Ahora me voy. —Se hundió entre los cojines. Pasó un minuto y de repente se incorporó.

"Quiero agradecerte", dijo, hablando un inglés perfecto. "Vine hace dos semanas. He pensado en todo lo que dijiste. El camino es más fácil".

¿Fuiste tú el espíritu que no creyó en Dios?

—¡Sí, sí! Lo dije en mi ira. Estaba tan cansado, tan cansado. ¡Oh, el tiempo, el tiempo interminable, la niebla gris, el peso pesado del remordimiento! ¡Sin esperanza! ¡Sin esperanza! Y tú me trajiste consuelo, tú y este gran espíritu chino. Me diste las primeras palabras amables que he recibido desde que morí.

"¿Cuando fue que moriste?"

"¡Oh! Parece una eternidad. Nosotros no medimos como vosotros. Es un sueño largo y horrible, sin cambios ni interrupciones".

"¿Quién era rey en Inglaterra?"

"Victoria era reina. Yo había adaptado mi mente a la materia y por eso se aferraba a ella. No creía en una vida futura. Ahora sé que estaba totalmente equivocada, pero no podía adaptar mi mente a las nuevas condiciones".

"¿Está mal donde estás?"

"Todo es gris. Eso es lo más terrible. El entorno es horrible".

"Pero hay muchos más. No estás solo".

—No, pero ellos no saben más que yo. Ellos también se burlan, dudan y son miserables.

"Pronto saldrás".

"¡Por el amor de Dios, ayúdame a hacerlo!"

—¡Pobre alma! —dijo la señora Mailey con su voz dulce y acariciadora, una voz que podía atraer a cualquier animal a su lado—. Has sufrido mucho, pero no pienses en ti misma. Piensa en esos otros. Intenta sacar adelante a uno de ellos y así te salvarás mejor.

-Gracias, señora, lo haré. Hay alguien aquí a quien he traído. Él la ha escuchado. Seguiremos juntos. Tal vez algún día encontremos la luz.

"¿Te gusta que oren por ti?"

"¡Sí, sí, claro que lo hago!"

—Rezaré por ti —dijo Mason—. ¿Podrías decir el Padrenuestro ahora? Pronunció la antigua oración universal, pero antes de terminar, Terbane se desplomó de nuevo entre los cojines. Se incorporó de nuevo como Chang.

"Ha salido bien", dijo el controlador. "Le ha dado tiempo a los demás que esperan. Eso es bueno. Ahora tengo un caso difícil. ¡Ay!"

Lanzó un grito cómico de desaprobación y se dejó caer hacia atrás. Al instante siguiente estaba de pie, con el rostro alargado y solemne, las palmas de las manos juntas.

—¿Qué es esto? —preguntó con voz precisa y afectada—. No sé qué derecho tiene ese chino a llamarme aquí. Tal vez usted pueda explicármelo.

"Es que tal vez podamos ayudarte".

"Cuando deseo ayuda, señor, la pido. En este momento no la deseo. Todo este procedimiento me parece una gran libertad. Por lo que este chino puede explicar, deduzco que soy el espectador involuntario de algún tipo de servicio religioso".

"Somos un círculo espiritualista".

"Es una secta sumamente perniciosa. Es un proceder sumamente blasfemo. Como humilde párroco protesto contra tales profanaciones".

"Amigo, esas opiniones estrechas te frenan. Eres tú quien sufre. Queremos aliviarte".

"¿Sufrir? ¿Qué quiere decir, señor?"

"¿Te das cuenta que has pasado al otro lado?"

"¡Estás diciendo tonterías!"

—¿Te das cuenta que estás muerto?

149

—¿Cómo puedo estar muerto cuando estoy hablando contigo?

"Porque estás usando el cuerpo de este hombre".

"Ciertamente he acabado en un manicomio".

—Sí, un asilo para casos graves. Me temo que usted es uno de ellos. ¿Está contento donde está?

"¿Feliz? No, señor. Mi entorno actual me resulta absolutamente inexplicable".

"¿Tienes algún recuerdo de haber estado enfermo?"

"Estuve muy enferma realmente".

"Tan enfermo que moriste".

"Estás realmente loco".

"¿Cómo sabes que no estás muerto?"

"Señor, debo darle algunas instrucciones religiosas. Cuando uno muere y ha llevado una vida honorable, asume un cuerpo glorificado y se asocia con los ángeles. Ahora estoy exactamente en el mismo cuerpo que en vida, y estoy en un lugar muy aburrido y monótono. Los compañeros que tengo no son como los que he estado acostumbrado a relacionarme en vida, y ciertamente nadie podría describirlos como ángeles. Por lo tanto, su absurda conjetura puede ser descartada".

"No sigas engañándote a ti mismo. Queremos ayudarte. Nunca podrás progresar hasta que te des cuenta de tu posición".

—En serio, estás poniendo a prueba mi paciencia demasiado. ¿No te he dicho...?

El médium se dejó caer entre los cojines. Un instante después, el mando chino, con su sonrisa caprichosa y las manos escondidas en las mangas, estaba hablando al círculo.

"Ese buen hombre... ¡tonto! ¡Entiende pronto! Tráelo de vuelta. No pierdas más tiempo. ¡Oh, Dios mío! ¡Dios mío! ¡Ayuda! ¡Misericordia! ¡Ayuda!"

Se había desplomado sobre el sofá, boca arriba, y sus gritos eran tan terribles que el pequeño público se puso de pie de un salto. "¡Una sierra! ¡Una sierra! ¡Traed una sierra!", gritó el médium. Su voz se convirtió en un gemido.

Incluso Mailey estaba nervioso. El resto estaba horrorizado.

"Alguien lo ha obsesionado. No lo puedo entender. Puede ser alguna entidad maligna muy poderosa".

"¿Hablo con él?" preguntó Mason.

"¡Espera un momento! Deja que se desarrolle. Pronto lo veremos".

El médium se retorció de dolor. —¡Oh, Dios mío! ¿Por qué no traes una sierra? —gritó—. Está aquí, sobre mi esternón. ¡Se está partiendo! ¡Lo siento! ¡Hawkin! ¡Hawkin! ¡Sácame de debajo! ¡Hawkin! ¡Sube la viga! ¡No, no, eso es peor! ¡Y está en llamas! ¡Oh, horrible! ¡Horrible!

Sus gritos eran espeluznantes. Todos estaban helados de horror. De repente, el chino los miró parpadeando con sus ojos rasgados.

—¿Qué opina de eso, señor Mailey?

"Fue terrible, Chang. ¿Qué fue?"

—Era para él —dijo señalando a Malone con la cabeza—. Quiere un artículo de periódico, se lo doy. Lo entenderá. No hay tiempo, explica. Hay demasiada gente esperando. El marinero viene después. ¡Aquí viene!

El chino se había ido y una sonrisa jovial y perpleja se dibujó en el rostro del médium. Se rascó la cabeza.

—Bueno, maldita sea —dijo—. Nunca pensé que aceptaría órdenes de un chino, pero él dice «¡*hist*!» y, por Dios, hay que gritar y no contestar. Bueno, aquí estoy. ¿Qué querías?

"No queríamos nada".

—Bueno, al parecer el chino creyó que así era, porque me arrojó aquí.

"Fuiste tú quien quería algo. Querías conocimiento".

—Bueno, es verdad que he perdido el rumbo. Sé que estoy muerto porque he visto al artillero saqueador, y ha volado en pedazos ante mis ojos. Si él está muerto, yo también estoy muerto, y todos los demás, porque estamos en el último lugar. Pero nos reímos de nuestro piloto del cielo, porque está tan desconcertado como el resto de nosotros. Maldito piloto, lo llamo yo. Ahora todos estamos haciendo nuestros propios sondeos.

"¿Cuál era tu barco?"

"El Monmouth".

"¿La que cayó en batalla contra los alemanes?"

—Así es. Aguas sudamericanas. Fue un auténtico infierno. Sí, fue un auténtico infierno. —Había un mundo de emoción en su voz—. Bueno —añadió más alegremente—, he oído que nuestros compañeros se pusieron a la altura de ellos más tarde. Así es, señor, ¿no es así?

"Sí, todos se fueron al fondo".

"No hemos visto nada de ellos por este lado. Menos mal, no nos olvidamos de nada".

—Pero debes hacerlo —dijo Mailey—. Eso es lo que te pasa. Por eso el control chino te trajo aquí. Estamos aquí para enseñarte. Lleva nuestro mensaje a tus compañeros.

"Dios mío, señor, todos están aquí detrás de mí".

"Bien, entonces, os digo a vosotros y a ellos que el tiempo de los pensamientos duros y de las luchas mundanas ha terminado. Vuestros rostros deben estar vueltos hacia delante, no hacia atrás. Dejad esta tierra que todavía os ata con los lazos del pensamiento y dejad que todo vuestro deseo sea haceros altruistas y dignos de una vida más elevada, más pacífica, más bella. ¿Podéis comprender?"

—Lo entiendo, señor. Ellos también. Necesitamos que alguien nos guíe, señor, porque, en verdad, hemos recibido instrucciones equivocadas y nunca esperamos encontrarnos en una situación tan precaria. Habíamos oído hablar del cielo y del infierno, pero esto no parece encajar con ninguno de los dos. Pero este caballero chino dice que el tiempo se acabó y que podemos informar nuevamente la semana que viene. Le agradezco, señor, por haberme acompañado. Volveré.

Hubo silencio.

—¡Qué conversación tan increíble! —exclamó Malone.

"Si yo considerara que el lenguaje y la jerga marineros de ese hombre emanaban de un mundo de espíritus, ¿qué diría el público?"

Mailey se encogió de hombros.

"¿Acaso importa lo que diga el público? Empecé siendo una persona bastante sensible, y ahora un tanque presta tanta atención a los detalles como yo a los ataques de los periódicos. Honestamente, ni siquiera me interesan. Apeguémonos a la verdad lo más cerca que podamos de ella, y dejemos que todo lo demás encuentre su propio nivel".

"No pretendo saber mucho de estas cosas", dijo Roxton, "pero lo que más me sorprende es que esta gente es gente común y corriente. ¿Qué? ¿Por qué tienen que andar vagando en la oscuridad y ser arrastrados hasta aquí por este chino cuando no han hecho ningún daño en particular en la vida?"

"Es el fuerte vínculo con la tierra y la ausencia de cualquier nexo espiritual en cada caso", explicó Mailey. "Aquí tenemos a un clérigo con la mente enredada en fórmulas y rituales. Aquí tenemos a un materialista que se ha sintonizado deliberadamente con la materia. Aquí tenemos a un marinero que rumia pensamientos vengativos. Están ahí por millones".

"¿Dónde?" preguntó Malone.

—Aquí —respondió Mailey—. En realidad, en la superficie de la Tierra. Bueno, creo que lo viste con tus propios ojos cuando fuiste a Dorsetshire. Eso fue en la superficie, ¿no? Fue un caso muy grave, y eso lo hizo más visible y obvio, pero no cambió la ley general. Creo que todo el globo está infestado de seres terrenales, y que cuando llegue una gran purificación, como se profetiza, será para su beneficio tanto como para el de los vivos.

Malone pensó en el extraño visionario Miromar y su discurso en la Iglesia Espiritista en la primera noche de su búsqueda.

"¿Cree usted entonces en algún acontecimiento inminente?" preguntó.

Mailey sonrió. "Es un tema bastante amplio para abrir", dijo. "Creo... ¡Pero aquí está el señor Chang otra vez!"

El control se unió a la conversación.

"Te he oído. Me siento y escucho", dijo. "Ahora hablas de lo que está por venir. ¡Que así sea! ¡Que así sea! El momento no ha llegado todavía. Se te dirá cuándo es bueno que lo sepas. Recuerda esto. Todo es lo mejor. Todo lo que venga es lo mejor. Dios no comete errores. Ahora, los demás que están aquí y desean tu ayuda, los dejo".

Varios espíritus aparecieron en rápida sucesión. Uno de ellos era un arquitecto que dijo que había vivido en Bristol. No había sido un hombre malvado, sino que simplemente había desterrado todos los pensamientos sobre el futuro. Ahora estaba en la oscuridad y necesitaba orientación. Otro había vivido en Birmingham. Era un hombre culto, pero materialista. Se negó a aceptar las garantías de Mailey y no estaba en absoluto convencido de que estuviera realmente muerto. Luego apareció un hombre muy ruidoso y violento, de un tipo crudamente religioso, estrecho e intolerante, que habló repetidamente de "la sangre".

"¿Qué es esta tontería obscena?" preguntó varias veces.

"No es ninguna tontería. Estamos aquí para ayudar", afirmó Mailey.

¿Quién quiere ser ayudado por el diablo?

"¿Es posible que el diablo quiera ayudar a las almas en problemas?"

"Es parte de su engaño. ¡Les digo que es del diablo! ¡Tengan cuidado! No volveré a participar en esto".

El chino plácido y caprichoso regresó como un rayo.

—Buen hombre, pero estúpido —repitió una vez más—. Ya habrá tiempo de sobra. Algún día aprenderá mejor. Ahora le traigo un caso grave, un caso muy grave. ¡Ay!

Reclinó la cabeza en el cojín y no la levantó cuando estalló la voz, una voz femenina:

—¡Janet! ¡Janet!

Hubo una pausa.

—¡Janet, digo! ¿Dónde está el té de la mañana? ¡Janet! ¡Esto es intolerable! ¡Te he llamado una y otra vez, Janet! La figura se incorporó, parpadeando y frotándose los ojos.

—¿Qué es esto? —gritó la voz—. ¿Quién eres? ¿Qué derecho tienes aquí? ¿Sabes que esta es mi casa?

—No amigo, esta es mi casa.

"¡Tu casa! ¿Cómo puede ser tu casa si esta es mi habitación? ¡Vete ahora mismo!"

—No, amigo. No entiendes tu posición.

—Haré que te echen. ¡Qué insolencia! ¡Janet! ¡Janet! ¿Nadie me cuidará esta mañana?

"Mire a su alrededor, señora. ¿Es este su dormitorio?"

Terbane miró a su alrededor con una mirada salvaje.

"Es una habitación que nunca he visto en mi vida. ¿Dónde estoy? ¿Qué significa? Pareces una dama amable. Dime, por el amor de Dios, ¿qué significa? ¡Oh, estoy tan aterrorizada, tan aterrorizada! ¿Dónde están John y Janet?"

"¿Qué es lo último que recuerdas?"

"Recuerdo haberle hablado con severidad a Janet. Es mi criada, ¿sabes? Se ha vuelto muy descuidada. Sí, estaba muy enojada con ella. Estaba tan enojada que me sentí mal. Me fui a la cama sintiéndome muy mal. Me dijeron que no debía emocionarme. ¿Cómo puede uno evitar emocionarse? Sí, recuerdo que me quedé sin aliento. Eso fue después de que se apagara la luz. Traté de llamar a Janet. Pero ¿por qué debería estar en otra habitación?"

"Pasaste por encima en la noche".

"¿Pasé al otro lado? ¿Quieres decir que morí?"

"Sí, señora, usted murió".

Hubo un largo silencio. Luego se oyó un grito agudo: "¡No, no, no! ¡Es un sueño! ¡Una pesadilla! ¡Despiértame! ¡Despiértame! ¿Cómo puedo estar muerta? ¿No estaba preparada para morir? Nunca había pensado en algo así. Si estoy muerta, ¿por qué no estoy en el cielo o en el infierno? ¿Qué es esta habitación? Esta habitación es una habitación real".

"Sí, señora, usted ha sido traída aquí y se le ha permitido utilizar el cuerpo de este hombre".

—¿Un hombre? —Tocó convulsivamente el abrigo y se pasó la mano por el rostro—. Sí, es un hombre. ¡Oh, estoy muerta! ¡Estoy muerta! ¿Qué debo hacer?

"Estás aquí para que te lo expliquemos. Creo que has sido una mujer mundana, una mujer de sociedad. Has vivido siempre para las cosas materiales".

"Yo iba a la iglesia. Estaba en San Salvador todos los domingos".

"Eso no es nada. Lo que cuenta es la vida interior cotidiana. Tú eras material. Ahora estás atado al mundo. Cuando abandones el cuerpo de este hombre volverás a estar en tu propio cuerpo y en tu antiguo entorno. Pero nadie te verá. Permanecerás allí sin poder mostrarte. Tu cuerpo de carne será enterrado. Seguirás persistiendo, igual que siempre".

"¿Qué voy a hacer? Oh, ¿qué puedo hacer?"

"Tomaréis lo que os llegue con buen espíritu y comprenderéis que es para vuestra purificación. Sólo nos deshacemos de la materia mediante el sufrimiento. Todo irá bien. Oraremos por vosotros".

—¡Oh, hazlo! ¡Lo necesito tanto! ¡Oh, Dios mío!... —La voz se fue apagando.

—Mal caso —dijo el chino, incorporándose—. ¡Mujer egoísta! ¡Mal mujer! Vive para el placer. Es dura con quienes la rodean. Tiene mucho que sufrir. Pero tú la pusiste en el camino correcto. Ahora mi médium está cansada. Hay que esperar mucho, pero no más por hoy.

"¿Lo hemos hecho bien, Chang?"

"Muy bueno. Muy bueno".

"¿Dónde está toda esta gente, Chang?"

"Te lo digo antes".

—Sí, pero quiero que estos caballeros escuchen.

"Hay siete esferas alrededor del mundo, la más pesada abajo, la más liviana arriba. La primera esfera está en la tierra. Estas personas pertenecen a esa esfera. Cada esfera está separada de las demás. Por lo tanto, es más fácil para ti hablar con estas personas que con las de cualquier otra esfera".

"¿Y es más fácil para ellos hablar con nosotros?"

-Sí. Por eso debes tener mucho cuidado cuando no sabes con quién estás

153

hablando. Prueba con los espíritus.

"¿A qué esfera perteneces, Chang?"

"Vengo de la esfera número cuatro".

"¿Cuál es la primera esfera realmente feliz?"

"Número tres. Summerland. El libro bíblico lo llama el tercer cielo. El libro bíblico tiene mucho sentido, pero la gente no lo entiende".

¿Y el séptimo cielo?

—¡Ah! Allí están los Cristos. Todos llegan allí al fin: tú, yo, todos.

"¿Y después de eso?"

—Demasiadas preguntas, señor Mailey. El pobre Chang no sabe ni lo que dice. ¡Adiós! ¡Que Dios lo bendiga! Me voy.

Fue el final de la sesión del círculo de rescate. Unos minutos más tarde, Terbane estaba sentado sonriendo y alerta, pero aparentemente sin recordar nada de lo que había ocurrido. Tenía poco tiempo y vivía lejos, por lo que tuvo que partir sin recibir remuneración, salvo con la bendición de aquellos a quienes había ayudado. Hombrecillo modesto y poco venal, ¿dónde se situará cuando todos encontremos nuestro verdadero lugar en el orden de la creación en el otro lado?

El círculo no se disolvió de inmediato. Los visitantes querían hablar y los Mailey querían escuchar.

—Lo que quiero decir —dijo Roxton— es que no es muy interesante y todo eso, pero hay en ello un elemento de espectáculo de variedades. ¡Qué! Es difícil estar seguro de que sea real, si entiendes lo que quiero decir.

—Eso es lo que yo también siento —dijo Malone—. Por supuesto, a primera vista es simplemente indescriptible. Es algo tan grande que todos los sucesos ordinarios se vuelven comunes. Eso lo reconozco. Pero la mente humana es muy extraña. He leído el caso que examinaron Moreton Prince, y Miss Beauchamp y el resto; también los resultados de Charcot, la gran escuela hipnótica de Nancy. Podían convertir a un hombre en cualquier cosa. La mente parece ser como una cuerda que puede desenredarse en sus diversos hilos. Luego, cada hilo es una personalidad diferente que puede tomar forma dramática y actuar y hablar como tal. Ese hombre es honesto y normalmente no podría producir esos efectos. Pero ¿cómo sabemos que no está autohipnotizado y que en esas condiciones una hebra de él se convierte en el señor Chang y otra en un marinero y otra en una dama de la alta sociedad, y así sucesivamente?

Mailey se rio. "Cada uno tiene su Cinquevalli", dijo, "pero es una objeción racional y hay que afrontarla".

"Hemos rastreado algunos casos", dijo la señora Mailey. "No hay duda alguna: nombres, direcciones, todo".

—Bueno, entonces, tenemos que considerar la cuestión del conocimiento normal de Terbane. ¿Cómo es posible que sepas lo que ha aprendido? Creo que un mozo de tren es particularmente capaz de captar ese tipo de información.

"Usted ha visto a uno sentado", respondió Mailey. "Si hubiera estado presente en tantos como nosotros y hubiera notado el efecto acumulativo de la evidencia, no sería escéptico".

—Es muy posible —respondió Malone—. Y me atrevo a decir que mis dudas te resultan muy molestas. Y, sin embargo, en un caso como este es inevitable ser brutalmente honesto. De todos modos, sea cual sea la causa última, pocas veces he pasado una hora tan emocionante. ¡Cielos! Si fuera cierto, y si tuvieras mil círculos en lugar de uno, ¿qué regeneración resultaría?

—Ya llegará —dijo Mailey con su tono paciente y decidido—. Viviremos para verlo. Lamento que esto no te haya convencido. Sin embargo, debes volver.

Pero sucedió que no fue necesaria otra experiencia. La convicción llegó en masa y de una manera extraña esa misma tarde. Malone apenas había regresado a la oficina y estaba sentado en su escritorio redactando una especie de relato a partir de sus notas sobre todo lo que había sucedido durante la tarde, cuando Mailey irrumpió en la habitación, con su barba amarilla erizada de emoción. Agitaba en la mano un Evening News. Sin decir palabra, se sentó al lado de Malone y hojeó el periódico. Luego comenzó a leer:

ACCIDENTE EN LA CIUDAD

Esta tarde, poco después de las cinco, una vieja casa, que se dice que data del siglo XV, se derrumbó de repente. Estaba situada entre Lesser Colman Street y Elliot Square, y al lado de la sede de la Sociedad Veterinaria. Unas grietas preliminares alertaron a los ocupantes y la mayoría de ellos tuvieron tiempo de escapar. Sin embargo, tres de ellos, James Beale, William Moorson y una mujer cuyo nombre no se ha podido determinar, fueron atrapados por los escombros que caían. Dos de ellos parecen haber perecido al mismo tiempo, pero el tercero, James Beale, quedó inmovilizado por una gran viga y pidió ayuda a gritos. Trajeron una sierra y uno de los ocupantes de la casa, Samuel Hawkin, demostró gran valentía en un intento de liberar al desafortunado hombre. Mientras serraba la viga, se produjo un incendio entre los escombros que lo rodeaban y, aunque perseveró con valentía y continuó hasta que él mismo resultó gravemente quemado, le fue imposible salvar a Beale, que probablemente murió asfixiado. Hawkin fue trasladado al Hospital de Londres y, según se informó esta noche, no corre peligro inmediato.

—¡Eso es todo! —dijo Mailey, doblando el periódico—. Ahora, señor Thomas Didymus, le dejo que saque sus propias conclusiones —y el entusiasta desapareció de la oficina tan precipitadamente como había entrado.

XI.— DONDE SILAS LINDEN ENTRA EN CONOCIMIENTO

Silas Linden, boxeador y falso médium, había tenido algunos días buenos en su vida, días repletos de incidentes para bien o para mal. Hubo un momento en que había apostado por Rosalind 100 a 1 en el Oaks y había pasado veinticuatro horas de brutal desenfreno gracias a ello. Hubo también un día en que su uppercut de derecha favorito había conectado de la manera más precisa y rítmica con el mentón saliente de Bull Wardell de Whitechapel, con lo que Silas se puso en el camino de un cinturón Lonsdale y una oportunidad por el campeonato. Pero nunca en toda su variada carrera había tenido un día como este supremo, por lo que vale la pena que lo sigamos hasta el final. Los creyentes fanáticos han insistido en que es peligroso cruzar el camino de las cosas espirituales cuando el corazón no está limpio. El nombre de Silas Linden podría agregarse a su lista de ejemplos, pero su copa de pecado estaba llena y rebosante antes de que cayera el juicio.

Salió de la habitación de Algernon Mailey con todas las razones para saber que el apretón de manos de Lord Roxton era tan fuerte como siempre. En la excitación de la lucha apenas se había dado cuenta de sus heridas, pero ahora estaba de pie fuera de la puerta con la mano en la garganta magullada y un ronco torrente de juramentos brotando de ella. También le dolía el pecho donde Malone había plantado su rodilla, e incluso el golpe con éxito que había derribado a Mailey había tenido su retribución, o había sacudido esa mano herida de la que se había quejado a su hermano. En conjunto, si Silas Linden estaba de un humor de perros, había una muy buena razón para su estado de ánimo.

—Los atraparé de uno en uno —gruñó, mirando hacia atrás con sus furiosos ojos de cerdo hacia la puerta exterior de los apartamentos—. ¡Esperen, muchachos, y verán! —Luego, con un propósito repentino, se alejó calle abajo.

Se dirigió a la comisaría de policía de Bardsley Square, donde encontró sentado en su escritorio al jovial, rubicundo y bigotudo inspector Murphy.

—Bueno, ¿qué desea? - preguntó el inspector con un tono no muy amistoso.

"Escuché que acertaste con ese medio de manera correcta y apropiada".

—Sí, lo hicimos. Me enteré de que era tu hermano.

—Eso no tiene nada que ver con esto. No estoy de acuerdo con esas cosas en ningún hombre. Pero tú tienes tu convicción. ¿Qué hay para mí en ello?

"Ni un chelín".

"¿Qué? ¿No fui yo quien dio la información? ¿Dónde habrías estado si no te hubiera dado la oficina?"

"Si hubiera habido una multa, podríamos haberte dado algo. También habríamos obtenido algo. El señor Melrose lo envió a la cárcel. No hay nada para nadie".

—Así lo dices. Estoy seguro de que tú y esas dos mujeres habéis sacado algo de provecho. ¿Por qué demonios debería entregar a mi propio hermano por alguien como tú? La próxima vez encontrarás a tu propia chica.

Murphy era un hombre colérico que se sentía muy importante. No se le permitía llevar esa barba en su propio puesto. Se levantó con el rostro muy rojo.

—Te diré una cosa, Silas Linden, podría encontrar mi propio pájaro y no moverme nunca de esta habitación. Será mejor que salgas de aquí rápido, o podrías quedarte aquí más tiempo del que te gustaría. Hemos recibido quejas sobre el trato que le diste a esos dos niños tuyos, y la gente de protección infantil se está interesando. Ten cuidado de que nosotros no nos interesemos también.

Silas Linden salió de la habitación con más ira que nunca, y un par de copas de ron con agua en el camino a casa no contribuyeron a apaciguarlo. Al contrario, siempre había sido un hombre que se volvía más peligroso bajo los efectos de la bebida. Muchos de sus compañeros se negaban a beber con él.

Silas vivía en una de las casitas de ladrillo de una hilera de casas llamadas Bolton's Court, situadas en la parte trasera de Tottenham Court Road. La suya era la última casa de un callejón sin salida, con la pared lateral de una enorme fábrica de cerveza al otro lado. Estas viviendas eran muy pequeñas, lo que probablemente era la razón por la que los habitantes, tanto adultos como niños, pasaban la mayor parte del tiempo en la calle. Varios de los ancianos ya habían salido y, cuando Silas pasó bajo la solitaria farola, fruncieron el ceño al ver su figura rechoncha, pues aunque la moralidad de Bolton's Court no era de gran orden, no por ello dejaba de ser graduada y Silas estaba en cero. Una mujer judía alta, Rebecca Levi, delgada, aguileña y de mirada feroz, vivía al lado del boxeador. Ahora estaba de pie en la puerta, con un niño sosteniéndole el delantal.

—Señor Linden —dijo al pasar—, sus hijos necesitan más cuidados de los que reciben. La pequeña Margery estuvo aquí hoy. Esa niña no tiene suficiente para comer.

—¡Maldito seas, ocúpate de tus propios asuntos! —gruñó Silas—. Ya te he dicho antes que no metas ese pico largo y brillante tuyo en mis asuntos. Si fueras un hombre, sabría mejor cómo hablarte.

"Si yo fuera hombre, quizá no te atreverías a hablarme así. Te digo que es una vergüenza, Silas Linden, cómo tratan a esos niños. Si se trata de un caso judicial, sabré qué decir".

—¡Vete al infierno! —dijo Silas, y abrió de una patada la puerta que tenía abierta. Una mujer grande y desaliñada, con una mata de pelo teñido y algunos restos de una belleza rubicunda, ahora demasiado madura, miró desde la puerta de la sala de estar.

"Oh, eres tú, ¿verdad?", dijo ella.

"¿Quién creías que era? ¿El Duque de Wellington?"

"Pensé que era un toro loco que tal vez se había extraviado por el camino y se había estrellado contra nuestra puerta".

"Es gracioso, ¿no?"

—Tal vez lo sea, pero no tengo mucho de qué reírme. Ni un chelín en casa, ni siquiera una pinta de cerveza, y estos malditos hijos tuyos me siguen molestando.

—¿Qué han estado haciendo? —preguntó Silas con el ceño fruncido. Cuando esta digna pareja no podía sacar nada en claro el uno del otro, generalmente unían sus fuerzas contra los niños. Él había entrado en la sala de estar y se había dejado caer en el sillón de madera.

"Han estado viendo al Número Uno otra vez".

"¿Cómo sabes eso?"

"Le oí decir algo al respecto. "Mamá estaba allí", dice. Luego tuvo uno de esos ataques de sueño".

"Está en la familia".

—Sí, lo es —replicó la mujer—. Si no tuvieras ataques de sueño, tendrías algo que hacer, como los demás hombres.

—¡Oh, cállate, mujer! Lo que quiero decir es que mi hermano Tom tiene ataques y se dice que este muchacho es la viva imagen de su tío. Así que tuvo un trance, ¿no? ¿Qué hiciste?

La mujer dio una sonrisa malvada.

"Hice lo que tú hiciste".

"¿Qué, el lacre otra vez?"

—No mucho. Sólo lo suficiente para despertarlo. Es la única manera de sacárselo de encima.

Silas se encogió de hombros.

—¡Ten cuidado, muchacha! Se habla de la policía y, si ven esas quemaduras, puede que tú y yo acabemos juntos en el banquillo de los acusados.

—Silas Linden, ¡eres un tonto! ¿Acaso un padre no puede corregir a su propio hijo?

—Sí, pero no es tu propio hijo, y las madrastras tienen mala fama, ¿entiendes? Ahí está esa mujer judía de al lado. Te vio cuando le llevaste la cuerda de la ropa a la pequeña Margery el último día de lavado. Me habló de eso y hoy volvió a hablar de la comida.

"¿Qué pasa con la comida? ¡Esos cabrones glotones! Comieron un bocado de pan cada uno cuando yo comí. Un poco de hambre real no les vendría mal, y yo tendría menos salsa".

"¿Qué, Willie te ha dado salsa?"

"Sí, cuando se despertó".

"¿Después de haberle arrojado encima el lacre caliente?"

—Bueno, lo hice por su bien, ¿no? Fue para curarlo de un mal hábito.

"¿Qué dijo?"

"Me maldijo como si nada. Me contó todo lo que su madre me haría. ¡Estoy harta de su madre!"

"No hables demasiado de Amy. Era una buena mujer".

—Eso dices ahora, Silas Linden, pero según todos los informes, tenías una forma extraña de demostrarlo cuando ella estaba viva.

—¡Cállate, mujer! Ya he tenido bastante con lo que enfadarme hoy sin que empieces a hacer berrinches. Estás celosa de la tumba. Eso es lo que te pasa.

"Y sus mocosos pueden insultarme como quieran, a mí, que he cuidado de ti durante estos cinco años".

—No, no he dicho eso. Si te ha insultado, me corresponde a mí encargarme de él. ¿Dónde está esa correa? ¡Ve a buscarlo!

La mujer se acercó y lo besó.

-Sólo te tengo a ti, Silas.

—¡Oh, demonios! No me hagas el tonto. No estoy de humor. Ve a buscar a Willie. Puedes llevar a Margery también. Eso también la deja sin aliento, porque creo que ella lo siente más que él.

La mujer salió de la habitación pero regresó al instante.

—¡Se ha ido otra vez! —dijo—. Me pone de los nervios verlo. ¡Ven aquí, Silas! ¡Échale un vistazo!

Entraron juntos en la cocina trasera. En la chimenea ardía un pequeño fuego. Junto a él, acurrucado en una silla, estaba sentado un niño rubio de unos diez años. Su delicado rostro estaba vuelto hacia el techo. Tenía los ojos entrecerrados y sólo se le veía el blanco. Había una expresión de gran paz en sus rasgos delgados y espirituales. En un rincón, una pobre niñita acobardada, uno o dos años más joven, miraba con ojos tristes y asustados a su hermano.

—Tiene un aspecto horrible, ¿no? —dijo la mujer—. No parece pertenecer a este mundo. Ojalá se fuera al otro. No sirve de mucho aquí.

—¡Eh, despierta! —gritó Silas—. ¡No te hagas el tonto! ¡Despierta! ¿Me oyes? —Lo sacudió con fuerza por el hombro, pero el niño seguía durmiendo. El dorso de sus manos, que descansaban sobre su regazo, estaba cubierto de brillantes manchas escarlatas.

—Dios mío, ya le has echado bastante cera caliente encima. ¿Quieres decirme, Sarah, que hizo falta todo eso para despertarlo?

—Quizá dejé caer uno o dos más para que me diera suerte. Me molesta tanto que apenas puedo envejecer. Pero no creerías lo poco que puede sentir cuando está así. Puedes hablarle con un búho en la oreja. No se da cuenta. ¡Mira aquí!

Ella agarró al muchacho por el pelo y lo sacudió con violencia. Él gimió y se estremeció. Luego volvió a sumirse en su sereno trance.

—¡Oye! —gritó Silas, mientras se acariciaba la barbilla cubierta de barba mientras miraba pensativamente a su hijo—. Creo que hay dinero en esto si se maneja como es debido. ¿Qué tal una vuelta por los pasillos, eh? 'El chico prodigio o ¿cómo se hace?' Ese es un nombre para las facturas. Así la gente sabrá el nombre de su tío, así que podrán confiar en él.

"Pensé que ibas a entrar en el negocio tú mismo".

158

—Eso es un fracaso —gruñó Silas—. No hables de ello. Se acabó.

"¿Ya te atraparon?"

—¡Te digo que no hables de ello, mujer! —gritó el hombre—. Estoy de humor para darte la paliza de tu vida, así que no me saques de quicio o lo lamentarás. —Se acercó y pellizcó el brazo del muchacho con todas sus fuerzas—. ¡Por Dios, es una maravilla! Veamos hasta dónde llega.

Se volvió hacia el fuego que se apagaba y con las tenazas sacó una brasa medio roja y la colocó sobre la cabeza del muchacho. Había un olor a pelo quemado, luego a carne asada y, de repente, con un grito de dolor, el muchacho volvió en sí.

—¡Madre! ¡Madre! —gritó. La niña del rincón se sumó al grito. Eran como dos corderos balando juntos.

—¡Maldita sea tu madre! —gritó la mujer, sacudiendo a Margery por el cuello de su frágil vestido negro—. ¡Deja de chillar, pequeña apestosa! —Golpeó a la niña en la cara con la mano abierta. El pequeño Willie corrió hacia ella y le dio patadas en las espinillas hasta que un golpe de Silas lo tiró a un rincón. El bruto cogió un palo y azotó a los dos niños encogidos de miedo, mientras ellos gritaban pidiendo clemencia y trataban de cubrir sus cuerpecitos de los crueles golpes.

—¡Detén eso! —gritó una voz en el pasillo.

—¡Es esa maldita judía! —dijo la mujer, y se dirigió a la puerta de la cocina—. ¿Qué demonios estás haciendo en nuestra casa? ¡Ábrela, rápido, o será peor para ti!

"Si vuelvo a oír a esos niños gritar, iré a la policía".

—¡Sal de ahí! ¡Arriba, te digo! —La desaliñada madrastra se lanzó a toda vela, pero la delgada y flaca judía se mantuvo firme. Al instante siguiente se encontraron. La señora Silas Linden gritó y se tambaleó hacia atrás con la sangre corriendo por su rostro, donde cuatro clavos habían dejado otros tantos surcos rojos. Silas, con un juramento, empujó a su esposa fuera del camino, agarró a la intrusa por la cintura y la arrojó por la puerta. Ella quedó tendida en el camino con sus largas y flacas extremidades desparramadas como un ave medio muerta. Sin levantarse, agitó sus puños en el aire y gritó maldiciones a Silas, quien cerró la puerta de un portazo y la dejó, mientras los vecinos corrían de todos lados para escuchar los detalles de la pelea. La señora Linden, que miraba por la persiana delantera, vio con cierto alivio que su enemiga había logrado levantarse y regresar cojeando a su propia puerta, desde donde se la podía oír pronunciar una larga y estridente arenga sobre sus agravios. Los agravios de un judío no se olvidan a la ligera, pues la raza puede amar y odiar.

-Está bien, Silas. Pensé que tal vez la habías matado.

—Es lo que ella quiere, esa maldita hipócrita. Ya es bastante malo tenerla en la calle sin que se atreva a poner un pie en mi puerta. Voy a cortarle el pellejo a ese joven Willie. Él es la causa de todo. ¿Dónde está?

"Corrieron hacia su habitación. Escuché que cerraban la puerta con llave".

"Eso les hará mucho bien".

—No los tocaría ahora, Silas. Los vecinos están de pie y no tenemos por qué buscar problemas.

—¡Tienes razón! —gruñó—. Se mantendrá así hasta que regrese.

"¿A dónde vas?"

"Voy a por el 'Almirante Vernon'. Hay una posibilidad de conseguir un trabajo como sparring de Long Davis. Él va a entrenar el lunes y necesita un hombre de mi peso".

—Bueno, te espero cuando te vea. Me gusta mucho ese pub tuyo. Sé lo que significa "Almirante Vernon".

"Significa el único lugar en la tierra de Dios donde obtengo paz y descanso", dijo Silas.

"Tengo mucho, o al menos no he tenido nunca desde que me casé contigo".

—Así es. ¡Quejaos! —gruñó—. Si quejarse hiciera feliz a un hombre, tú serías el campeón.

Cogió su sombrero y se alejó caminando lentamente por la calle; sus fuertes pisadas resonaban en la gran puerta de madera que cubría las bodegas de la cervecería.

En un ático lúgubre, dos figuritas estaban sentadas al borde de una miserable cama de paja, con los brazos entrelazados, las mejillas tocándose y las lágrimas entremezcladas. Tenían que llorar en silencio, pues cualquier sonido podía recordarle su existencia al ogro de abajo. De vez en cuando, una sollozaba incontrolablemente y la otra susurraba: «¡Silencio! ¡Silencio! ¡Oh, silencio!». De pronto, oían el portazo de la puerta de entrada y el ruido de pisadas pesadas que resonaban sobre la puerta de madera. Se abrazaban de alegría. Tal vez, cuando volviera, las mataría, pero al menos durante unas pocas horas estarían a salvo de él. En cuanto a la mujer, era rencorosa y cruel, pero no parecía tan letal como el hombre. De alguna manera, sentían que había perseguido a su madre hasta la tumba y que podía hacer lo mismo por ellas.

La habitación estaba a oscuras, salvo por la luz que entraba por la única ventana sucia. Proyectaba una franja en el suelo, pero a su alrededor había sombras negras. De pronto, el niño se puso rígido, abrazó a su hermana con más fuerza y miró fijamente hacia la oscuridad.

—¡Ya viene! —murmuró—. ¡Ya viene! La pequeña Margery se aferró a él.

"Oh, Willie, ¿eres mamá?"

—Es una luz, una hermosa luz amarilla. ¿No la ves, Margery?

Pero la niña, como todo el mundo, no tenía visión. Para ella todo era oscuridad.

—Dime, Willie —susurró con voz solemne. En realidad no estaba asustada, pues muchas veces antes la madre muerta había regresado durante las vigilias de la noche para consolar a sus afligidos hijos.

—Sí. Sí, ya viene. ¡Oh, madre! ¡Madre!

—¿Qué dice ella, Willie?

"Oh, ella es hermosa. No está llorando. Está sonriendo. Es como la imagen que vimos del ángel. Se ve tan feliz. ¡Querida, querida madre! Ahora está hablando. 'Se acabó', dice. 'Todo ha terminado'. Lo dice de nuevo. Ahora hace un gesto con la mano. Tenemos que seguirla. Se ha acercado a la puerta".

—Oh, Willie, no me atrevo.

—Sí, sí —asiente con la cabeza—. Nos pide que no temamos nada ahora que ha atravesado la puerta. Ven, Margery, ven, o la perderemos.

Los dos pequeños bichos se arrastraron por la habitación y Willie abrió la puerta. La madre estaba de pie en lo alto de la escalera haciéndoles señas para que siguieran adelante. Paso a paso la siguieron hasta una cocina vacía. La mujer parecía haber salido. Todo estaba en silencio en la casa. El fantasma todavía les hacía señas para que siguieran adelante.

"Tenemos que salir".

"Oh, Willie, no tenemos sombreros".

—Debemos seguirla, Madge. Ella está sonriendo y saludando.

"Padre nos matará por esto".

"Ella sacude la cabeza. Dice que no debemos tener miedo a nada. ¡Venid!"

Abrieron la puerta de golpe y salieron a la calle. Siguieron la reluciente y elegante presencia por el patio desierto y atravesaron una maraña de calles bajas hasta llegar a la abarrotada calle Tottenham Court Road. Una o dos veces, en medio de todo aquel ciego torrente de humanidad, algún hombre o mujer, bendecido con el precioso don del discernimiento, se sobresaltó y se quedó mirando como si fuera consciente de la presencia de un ángel y de dos niños pequeños de cara blanca que los seguían, el niño con la mirada fija y absorta, la niña mirando siempre aterrorizada por encima del hombro. Recorrieron la larga calle, luego volvieron a pasar por entre viviendas más humildes y finalmente llegaron a una tranquila y monótona hilera de casas de ladrillo. En el escalón de una de ellas, el espíritu se detuvo.

"Tenemos que llamar a la puerta", dijo Willie.

—Oh, Willie, ¿qué diremos? No los conocemos.

"Tenemos que tocar a la puerta", repitió con firmeza. ¡*Rat-tat*!

"Está bien, Madge. Está aplaudiendo y riendo".

Así fue como la señora Tom Linden, sentada sola en su miseria y cavilando sobre su mártir en la cárcel, fue llamada de repente a la puerta y encontró a dos pequeñas figuras disculpándose afuera. Unas pocas palabras, un impulso de instinto femenino y sus brazos rodearon a los niños. Estos pequeños esquifes maltratados, que habían comenzado el viaje de su vida tan tristemente, habían encontrado un puerto de paz donde ninguna tormenta los molestaría más.

Aquella noche, en Bolton's Court ocurrieron algunos sucesos extraños. Algunas personas pensaron que no tenían relación entre sí. Uno o dos pensaron que sí la tenían. La ley británica no vio nada y no tenía nada que decir.

En la penúltima casa, un rostro agudo, como el de un halcón, escudriñaba la calle oscura desde detrás de una persiana. Una vela encendida se escondía tras aquel rostro temeroso, oscuro como la muerte, despiadado como una tumba. Detrás de Rebecca Levi se encontraba un joven cuyos rasgos demostraban que procedía de la misma raza oriental. Durante una hora —una segunda hora— la mujer permaneció sentada sin decir palabra, observando, observando. A la entrada del patio había una lámpara colgante que proyectaba un círculo de luz amarilla. Sus ojos meditabundos estaban fijos en ese charco de luz.

De pronto, vio lo que había estado esperando. Se sobresaltó y siseó una palabra. El joven salió corriendo de la habitación y salió a la calle. Desapareció por una puerta lateral hacia la cervecería.

Silas Linden, borracho, volvía a casa. Se encontraba en un estado de confusión, de tristeza y de mal humor. Una sensación de ofensa llenaba su mente. No había conseguido el puesto que buscaba. Su mano herida había estado contra él. Había estado esperando en el bar a que le trajeran algo de beber, pero no lo suficiente. Ahora estaba de un humor peligroso. ¡Ay del hombre, la mujer o el niño que se cruzara en su camino! Pensó con furia en la judía que vivía en aquella casa a oscuras. Pensó con furia en todos sus vecinos. ¿Se interpondrían entre él y sus hijos? Se los demostraría. A la mañana siguiente los sacaría a ambos a la calle y los ataría hasta casi matarlos. Eso les demostraría a todos lo que Silas Linden pensaba de sus opiniones. ¿Por qué no hacerlo ahora? Si despertaba a los vecinos con los gritos de sus hijos, les demostraría de una vez por todas que no podían desafiarlo impunemente. La idea le agradaba. Salió con más rapidez. Ya casi estaba en la puerta cuando...

Nunca quedó del todo claro cómo fue que la puerta del sótano no estaba bien cerrada aquella noche. El jurado se inclinó a culpar a la cervecería, pero el forense señaló que Linden era un hombre corpulento, que podría haberse caído sobre ella si hubiera estado borracho, y que se habían tomado todas las precauciones razonables. Fue una caída de dieciocho pies sobre piedras irregulares, y se rompió la espalda. No lo encontraron hasta la mañana siguiente, porque, curiosamente, su vecina, la judía, nunca oyó el sonido del accidente. El médico pareció pensar que la muerte no había llegado rápidamente. Había horribles señales de que se había quedado allí. Abajo, en la oscuridad, vomitando sangre y cerveza, el hombre terminó su sucia vida con una muerte sucia.

No hay que malgastar palabras ni compasión por la mujer que había abandonado. Aliviada de su terrible compañero, volvió al escenario del music-hall del que él, con su virilidad y su fuerza de toro, la había sacado. Trató de recuperar su lugar con:

"¡Hola! ¡Hola! ¡Hola! Soy la última cri,
la chica con el sombrero de rueda de carro".

Esa era la cancioncilla que le había ganado su nombre. Pero se hizo dolorosamente evidente que ella era cualquier cosa menos la última canción y que nunca podría volver atrás. Lentamente se hundió de los grandes salones a los pequeños salones, de los pequeños salones a los pubs, y así cada vez más y más, absorbida por las terribles y silenciosas arenas movedizas de la vida que la arrastraban cada vez más hasta que ese vacío rostro pintado y esa cabeza desaliñada ya no se vieron más.

XII. — HAY ALTURAS Y HAY PROFUNDIDADES

El Instituto Métapsychique era un imponente edificio de piedra en la Avenida Wagram, con una puerta que parecía un castillo señorial. Allí se presentaron los tres amigos a última hora de la tarde. Un lacayo los hizo pasar a una sala de recepción, donde fueron recibidos en persona por el doctor Maupuis. La famosa autoridad en ciencias psíquicas era un hombre bajo y ancho, de cabeza grande, rostro bien afeitado y una expresión en la que se mezclaban la sabiduría mundana y el altruismo bondadoso. Conversaba en francés con Mailey y Roxton, que hablaban bien el idioma, pero tuvo que recurrir a un inglés mal hablado con Malone, que sólo podía responderle en un francés aún más mal hablado. Expresó su placer por la visita, como sólo un francés elegante puede hacerlo, dijo unas palabras sobre las maravillosas cualidades de Panbek, el médium gallego, y finalmente los condujo escaleras abajo, a la sala en la que se llevarían a cabo los experimentos. Su aire de vívida inteligencia y penetrante sagacidad ya había mostrado a los extraños cuán absurdas eran aquellas teorías que intentaban explicar sus maravillosos resultados suponiendo que él era un hombre víctima fácil de impostores.

Al descender por una escalera de caracol, se encontraron en una gran sala que a primera vista parecía un laboratorio químico, pues las paredes estaban llenas de estanterías llenas de botellas, retortas, tubos de ensayo, balanzas y otros aparatos. Sin embargo, estaba amueblada con más elegancia que un simple taller, y una gran mesa de roble macizo ocupaba el centro de la habitación con una hilera de cómodas sillas. En un extremo de la sala había un gran retrato del profesor Crookes, flanqueado por un segundo de Lombroso, mientras que entre ellos había un notable retrato de una de las sesiones de espiritismo de Eusapia Palladino. Alrededor de la mesa se había reunido un grupo de hombres que hablaban en voz baja, demasiado absortos en su propia conversación para prestar mucha atención a los recién llegados.

"Tres de ellos son visitantes distinguidos como ustedes", afirmó el Dr. Maupuis. —Otros dos son mis ayudantes de laboratorio, el doctor Sauvage y el doctor Buisson. Los demás son parisinos ilustres. La prensa está representada hoy por el señor Forte, subdirector del Matin. El hombre alto y moreno que parece un general retirado probablemente lo conozca usted... ¿No? Ese es el profesor Charles Richet, nuestro honorable decano, que ha demostrado un gran valor en este asunto, aunque no ha llegado a las mismas conclusiones que usted, señor Mailey. Pero eso también puede suceder. Debe recordar que tenemos que mostrar política y que cuanto menos mezclemos esto con la religión, menos problemas tendremos con la Iglesia, que todavía es muy poderosa en este país. El hombre de aspecto distinguido y frente alta es el conde de Grammont. El caballero con cabeza de Júpiter y barba blanca es Flammarion, el astrónomo. Ahora, caballeros —añadió en voz más alta—, si toman sus puestos, nos pondremos a trabajar.

Se sentaron al azar alrededor de la mesa larga, los tres británicos permanecían juntos. En un extremo había una gran cámara fotográfica en alto. Dos cubos de zinc también ocupaban un lugar destacado en una mesa auxiliar. La puerta estaba cerrada y la llave fue entregada al profesor Richet. El doctor Maupuis estaba sentado en un extremo de la mesa con un hombre pequeño, de mediana edad, con bigote, calvo e inteligente, a su derecha.

—Algunos de ustedes no conocen al señor Panbek —dijo el doctor—. Permítanme que se lo presente. El señor Panbek, señores, ha puesto sus extraordinarios poderes a nuestra disposición para la investigación científica, y todos le debemos una deuda de gratitud. Tiene ahora cuarenta y siete años, es un hombre de salud normal, con una disposición neuroartrítica. Se observa cierta hiperexcitabilidad de su sistema nervioso y sus reflejos están exagerados, pero su presión sanguínea es normal. El pulso está ahora en setenta y dos, pero sube a cien en condiciones de trance. Hay zonas de marcada hiperestesia en sus miembros. Su campo visual y la reacción pupilar son normales. No sé si hay algo que agregar.

"Yo diría", observó el profesor Richet, "que la hipersensibilidad es tanto moral como física. Panbek es impresionable y está lleno de emociones, con el temperamento del poeta y todas esas pequeñas debilidades, si podemos llamarlas así, que el poeta paga como rescate por sus dones. Un gran médium es un gran artista y debe ser juzgado con los mismos criterios".

—Me parece, señores, que los está preparando para lo peor —dijo la médium con una sonrisa encantadora, mientras los presentes reían con simpatía.

"Estamos sentados con la esperanza de que algunas materializaciones notables que hemos tenido recientemente puedan renovarse de tal forma que podamos obtener un registro permanente de ellas", dijo el Dr. Maupuis con su voz seca y sin emoción. "Estas materializaciones han tomado formas muy inesperadas últimamente, y le pido a la compañía que reprima cualquier sentimiento de miedo, por extrañas que puedan ser estas formas, ya que es muy necesaria una atmósfera tranquila y judicial. Ahora apagaremos la luz blanca y comenzaremos con el grado más bajo de luz roja hasta que las condiciones permitan una mayor iluminación".

Las lámparas se controlaban desde el asiento del Dr. Maupuis en la mesa. Por un momento quedaron sumidas en la más absoluta oscuridad. Luego, un resplandor rojo apagado apareció en el rincón, lo suficiente como para mostrar las siluetas borrosas de los hombres que estaban sentados alrededor de la mesa. No había música ni ambiente religioso de ningún tipo. Los presentes conversaban en susurros.

"Esto es diferente al procedimiento inglés", dijo Malone.

—Mucho —respondió Mailey—. Me parece que estamos expuestos a cualquier cosa que pueda suceder. Todo está mal. No se dan cuenta del peligro.

"¿Qué peligro puede haber?"

"Bueno, desde mi punto de vista, es como sentarse en el borde de un estanque en el que puede haber ranas inofensivas o cocodrilos devoradores de hombres. No se puede predecir lo que puede pasar".

El profesor Richet, que hablaba un inglés excelente, escuchó las palabras.

—Conozco sus opiniones, señor Mailey —dijo—. No crea que las trato a la ligera. Algunas cosas que he visto me hacen apreciar su comparación entre la rana y el cocodrilo. En esta misma habitación he sido consciente de la presencia de criaturas que, si se enfadaban, podrían hacer que nuestros experimentos parecieran bastante peligrosos. Creo, como usted, que la gente malvada que hay aquí podría traer un reflejo maligno a nuestro círculo.

"Me alegro, señor, de que usted avance en nuestra dirección", dijo Mailey, pues, como todos los demás, consideraba a Richet uno de los grandes hombres del mundo.

"Quizá me esté moviendo, pero no puedo afirmar que todavía estoy del todo contigo. Los poderes latentes del espíritu humano encarnado pueden ser tan maravillosos que pueden extenderse a regiones que ahora parecen estar más allá de su alcance. Como viejo materialista, lucho cada centímetro del terreno, aunque admito que he perdido varias líneas de trincheras. Mi ilustre amigo Challenger todavía mantiene su frente intacto, según tengo entendido".

"Sí, señor", dijo Malone, "y aun así tengo algunas esperanzas...".

—¡Silencio! —gritó Maupuis con voz ansiosa. Se hizo un silencio sepulcral. Luego se oyó un ruido de movimiento incómodo con una extraña vibración.

-¡El pájaro! -dijo un susurro asombrado.

Se hizo el silencio y luego de nuevo se escuchó el sonido de un movimiento y un aleteo impaciente.

"¿Estás todo listo, René?", preguntó el médico.

"Todo está listo".

"¡Entonces dispara!"

El destello de la mezcla luminosa llenó la habitación mientras el obturador de la cámara se cerraba. En ese repentino resplandor de luz, los visitantes tuvieron la oportunidad de vislumbrar un espectáculo maravilloso. El médium yacía con la cabeza apoyada sobre las manos, en aparente insensibilidad. Sobre sus hombros redondeados se posaba una enorme ave de rapiña, un gran halcón o un águila. Por un instante, la extraña imagen quedó impresa en sus retinas, al igual que en la placa fotográfica. Luego, la oscuridad volvió a cerrarse, salvo por las dos lámparas rojas, como los ojos de un demonio siniestro que acecha en un rincón.

—¡Dios mío! —jadeó Malone—. ¿Lo viste?

"Un cocodrilo salió del estanque", dijo Mailey.

—Pero es inofensivo —añadió el profesor Richet—. El pájaro ha estado con nosotros varias veces. Mueve las alas, como habrás oído, pero por lo demás es inerte. Puede que tengamos otro visitante más peligroso.

El destello de la luz había disipado, por supuesto, todo el ectoplasma. Era necesario empezar de nuevo. La compañía pudo haber estado sentada durante un cuarto de hora cuando Richet tocó el brazo de Mailey.

—¿Huele algo, señor Mailey?

Mailey olfateó el aire.

"Sí, claro, me recuerda a nuestro zoológico de Londres".

"Hay otra analogía más común. ¿Alguna vez has estado en una habitación cálida con un perro mojado?"

—Exactamente —dijo Mailey—. Es una descripción perfecta. Pero ¿dónde está el perro?

"No es un perro. ¡Espera un poco! ¡Espera!"

El olor animal se hizo más intenso. Era abrumador. De pronto, Malone se dio cuenta de que algo se movía alrededor de la mesa. Bajo la tenue luz roja, percibió una figura deforme, agachada, mal formada, con cierto parecido a un hombre. La silueteó contra el resplandor opaco. Era corpulenta, ancha, con una cabeza como una bala, un cuello corto, hombros pesados y torpes. Caminaba lentamente alrededor del círculo. Luego se detuvo y un grito de sorpresa, no exento de miedo, salió de uno de los asistentes.

"No se alarme", dijo el doctor Maupuis con voz tranquila. "Es el Pithecanthropus. Es inofensivo". Si hubiera sido un gato el que entró en la habitación, el científico no habría podido hablar del asunto con más calma.

"Tiene garras largas. Las puso sobre mi cuello", gritó una voz.

—Sí, sí. Lo dice como una caricia.

—¡Puedes tener mi parte de sus caricias! —gritó la modelo con voz temblorosa.

"No lo rechaces. Puede ser algo serio. Tiene buena disposición. Pero sin duda tiene sus sentimientos, como el resto de nosotros".

La criatura había reanudado su sigiloso avance. Ahora se encontraba en el extremo de la mesa y se situó detrás de los tres amigos. Su respiración se formaba en bocanadas rápidas en la nuca de los tres. De repente, Lord Roxton lanzó una fuerte exclamación de disgusto.

—¡Silencio! ¡Silencio! —gritó Maupuis.

"¡Me está lamiendo la mano!", gritó Roxton.

Un instante después, Malone se percató de que una cabeza peluda se extendía entre Lord Roxton y él. Con su mano izquierda podía sentir un pelo largo y áspero. Se volvió hacia él y necesitó de todo su autocontrol para mantener la mano quieta cuando una lengua larga y suave lo acarició. Luego desapareció.

—En el nombre del cielo, ¿qué es? —preguntó.

"Nos han pedido que no lo fotografiemos. Es posible que la luz lo enfurezca. La orden que nos ha dado el médium ha sido clara. Sólo podemos decir que se trata de un hombre simiesco o de un simio con apariencia humana. Lo hemos visto con más claridad que esta noche. La cara es simiesca, pero la frente es recta; los brazos largos, las manos enormes, el cuerpo cubierto de pelo".

—Tom Linden nos dio algo mejor que eso —susurró Mailey. Hablaba en voz baja, pero Richet captó sus palabras.

"La naturaleza entera es el campo de nuestro estudio, señor Mailey. No nos corresponde a nosotros elegir. ¿Clasificaremos las flores y dejaremos de lado los hongos?"

—Pero admites que es peligroso.

"Los rayos X eran peligrosos. ¿Cuántos mártires perdieron sus brazos, articulación por articulación, antes de que se dieran cuenta de esos peligros? Y, sin embargo, era necesario. Lo mismo sucede con nosotros. Todavía no sabemos qué es lo que estamos haciendo. Pero si podemos demostrar al mundo que este Pithecanthropus puede venir a nosotros desde lo Invisible y partir de nuevo como vino, entonces el conocimiento es tan tremendo que incluso si nos destrozara con esas formidables garras, no por ello dejaría de ser nuestro deber seguir adelante con nuestros experimentos".

"La ciencia puede ser heroica", dijo Mailey. "¿Quién puede negarlo? Y, sin embargo, he oído a esos mismos científicos decirnos que ponemos en peligro nuestra razón cuando tratamos de ponernos en contacto con fuerzas espirituales. Con mucho gusto sacrificaríamos nuestra razón, o nuestras vidas, si pudiéramos ayudar a la humanidad. ¿No deberíamos hacer tanto por el progreso espiritual como ellos por el material?"

Las luces se habían encendido y hubo una pausa para relajarse antes de intentar el gran experimento de la noche. Los hombres se dividieron en pequeños grupos y charlaron en voz baja sobre su reciente experiencia. Al mirar alrededor, a la cómoda habitación con sus modernos aparatos, el extraño pájaro y el sigiloso monstruo parecían sueños. Y, sin embargo, habían sido muy reales, como demostró enseguida el fotógrafo, a quien se le había permitido salir y que ahora salía corriendo con excitación de la habitación oscura adyacente agitando la placa que acababa de revelar y fijar. La sostuvo contra la luz y allí, efectivamente, estaba la cabeza calva del médium hundida entre sus manos y, agazapada sobre sus hombros, la silueta de aquella siniestra figura. El doctor Maupuis se frotó las manitas regordetas con regocijo. Como todos los pioneros, había soportado mucha persecución por parte de la prensa parisina y cada nuevo fenómeno era un arma más para su propia defensa.

—¡*Nous marchons*! ¡*Hein*! ¡*Nous marchons*! —repetía una y otra vez, mientras Richet, absorto en sus pensamientos, respondía mecánicamente:

"Sí, mi amigo, ¡estás marchando!"

El gallego estaba sentado mordisqueando una galleta con un vaso de vino tinto delante. Malone se acercó a él y descubrió que había estado en Estados Unidos y que podía hablar un poco de inglés.

¿Estás cansado? ¿Te agotas?

—Con moderación, no. Dos sesiones por semana. Mira mi ración. El médico no me permitirá más.

"¿Recuerdas algo?"

"Me llega como si fuera un sueño. Un poco aquí, un poco allá".

"¿El poder siempre ha estado contigo?"

"Sí, sí, desde que era un niño. Y mi padre y mi tío. Hablaban de visiones. En mi caso, me iba a sentar en el bosque y me rodeaban animales extraños. Me llevé una gran sorpresa cuando descubrí que los demás niños no podían verlos".

"Est ce que vous êtes prêtes?", preguntó el doctor Maupuis.

—*Parfaitment* —respondió la médium, mientras retiraba las migajas. El doctor encendió una lámpara de alcohol bajo uno de los cubos de cinc.

—Señores, estamos a punto de colaborar en un experimento que, de una vez por todas, convencerá al mundo de la existencia de estas formas ectoplásmicas. Su naturaleza puede ser discutida, pero su objetividad estará fuera de toda duda a partir de ahora, a menos que mis planes fracasen. Primero, quisiera explicarles estos dos cubos. Este, que estoy calentando, contiene parafina, que ahora está en proceso de licuefacción. Este otro contiene agua. Quienes no hayan estado presentes antes deben comprender que los fenómenos de Panbek ocurren generalmente en el mismo orden, y que a esta altura de la noche podemos esperar la aparición del anciano. Esta noche acechamos al anciano y, espero, lo inmortalizaremos en la historia de la investigación psíquica. Vuelvo a sentarme y enciendo la luz roja, la número tres, que permite una mayor visibilidad.

El círculo era ahora perfectamente visible. La cabeza del médium había caído hacia adelante y sus profundos ronquidos indicaban que ya estaba en trance. Todos los rostros estaban vueltos hacia él, pues el maravilloso proceso de materialización se estaba desarrollando ante sus propios ojos. Al principio era un remolino de vapor ligero, parecido al vapor, que giraba alrededor de su cabeza. Luego se produjo una especie de ondulación, como de una tela diáfana y blanca, detrás de él. Se espesó. Se consolidó. Se endureció en su contorno y tomó una forma definida. Había una cabeza. Había hombros. De ellos surgían brazos. Sí, no podía haber ninguna duda al respecto: había un hombre, un anciano, de pie detrás de la silla. Movía la cabeza lentamente de un lado a otro. Parecía estar mirando indeciso hacia los presentes. Uno podía imaginar que se estaba preguntando: "¿Dónde estoy y para qué estoy aquí?".

"No habla, pero oye y tiene inteligencia", dijo el Dr. Maupuis, mirando por encima del hombro a la aparición. "Estamos aquí, señor, con la esperanza de que nos ayude en un experimento muy importante. ¿Podemos contar con su cooperación?"

La figura inclinó la cabeza en señal de asentimiento.

—Te lo agradecemos. Cuando hayas alcanzado tu máximo poder, sin duda te alejarás del médium. La figura volvió a inclinarse, pero permaneció inmóvil. A Malone le pareció que se estaba volviendo más densa a cada momento. Vislumbró su rostro. Sin duda era el de un anciano, de rostro pesado, nariz larga y un labio inferior curiosamente saliente. De repente, con un movimiento brusco, se apartó de Panbeck y entró en la habitación.

—Ahora, señor —dijo Maupuis con su estilo preciso—, verá el cubo de cinc a la izquierda. Le rogaría que tuviera la amabilidad de acercarse y sumergir la mano derecha en él.

La figura se acercó. Parecía interesada en los cubos, pues los examinó con atención. Luego metió una de sus manos en lo que el médico le había indicado.

—¡Excelente! —exclamó Maupuis con voz estridente por la excitación—. Ahora, señor, ¿podría pedirle que tenga la amabilidad de sumergir la misma mano en el agua fría del otro balde?

El formulario así lo hizo.

"Ahora, señor, usted llevaría nuestro experimento al éxito total si pusiera su mano sobre la mesa, y mientras ella descansa allí usted se desmaterializaría y regresaría al médium".

La figura inclinó la cabeza en señal de comprensión y asentimiento. Luego avanzó lentamente hacia la mesa, se inclinó sobre ella, extendió la mano y desapareció. La respiración pesada del médium cesó y se movió inquieto como si estuviera a punto de despertar. Maupuis encendió la luz blanca y levantó las manos con un fuerte grito de asombro y alegría que fue repetido por los presentes.

Sobre la brillante superficie de madera de la mesa había un delicado guante de parafina de color amarillo rosado, ancho en los nudillos, fino en la muñeca, con dos de los dedos doblados hacia la palma. Maupuis estaba fuera de sí de alegría. Se desprendió un trocito de cera de la muñeca y se lo entregó a un ayudante, que salió apresuradamente de la habitación.

—¡Es definitivo! —gritó—. ¿Qué pueden decir ahora? Caballeros, les pido que lo hagan. Han visto lo que ocurrió. ¿Alguno de ustedes puede dar una explicación racional de ese molde de parafina, salvo que fue el resultado de la desmaterialización de la mano que estaba dentro de él?

"No veo otra solución", respondió Richet. "Pero se trata de gente muy obstinada y con muchos prejuicios. Si no pueden negarlo, probablemente lo ignorarán".

"La prensa está aquí y representa al público", dijo Maupuis. "Para la prensa, señor Malone", continuó con su voz entrecortada, "¿es que ve alguna respuesta?"

"No veo ninguna", respondió Malone.

—¿Y usted, señor? —se dirigió al representante del Matin.

El francés se encogió de hombros.

"Para nosotros, que tuvimos el privilegio de estar presentes, fue realmente convincente", dijo, "pero sin embargo, seguramente encontrarán objeciones. No se darán cuenta de lo frágil que es este objeto. Dirán que el médium lo trajo consigo y lo puso sobre la mesa".

Maupuis aplaudió triunfantemente. Su ayudante acababa de traerle un papelito de la habitación contigua.

"Ya he respondido a su objeción", exclamó agitando el papel en el aire. "Lo había previsto y había puesto un poco de colesterol entre la parafina en el cubo de zinc. Habrá observado que rompí una esquina del molde. Era para realizar un análisis químico. Eso ya se ha hecho. Está aquí y se ha detectado colesterol".

"¡Excelente!", dijo el periodista francés. "Has cerrado el último agujero. ¿Pero qué sigue?"

—Lo que hemos hecho una vez, lo podemos volver a hacer —respondió Maupuis—. Prepararé varios de estos moldes. En algunos casos tendré puños y manos. Luego haré moldes de yeso a partir de ellos. Pasaré el yeso por el interior del molde. Es delicado, pero se puede hacer. Haré que se traten así docenas de ellos y los enviaré a todas las capitales del mundo para que la gente pueda verlos con sus propios ojos. ¿No los convencerá eso por fin de la realidad de nuestras conclusiones?

—No esperes demasiado, mi pobre amigo —dijo Richet, poniendo su mano sobre el hombro del entusiasta—. Aún no te has dado cuenta de la enorme fuerza de inercia del mundo. Pero, como has dicho, *"Vous marchez... vous marchez toujours"*.

"Y nuestra marcha está regulada", dijo Mailey. "Hay una liberación gradual para adaptarla a la receptividad de la humanidad".

Richet sonrió y meneó la cabeza.

—¡Siempre trascendental, señor Mailey! ¡Siempre viendo más de lo que parece y convirtiendo la ciencia en filosofía! Me temo que es usted incorregible. ¿Es razonable su postura?

—Profesor Richet —dijo Mailey con gran seriedad—, le pido que responda a la misma pregunta. Tengo un profundo respeto por su talento y simpatizo plenamente con su cautela, pero ¿no ha llegado a un punto intermedio? Ahora se encuentra en la posición de admitir —debe admitir— que una aparición inteligente con forma humana, formada a partir de la sustancia que usted mismo ha llamado ectoplasma, puede caminar por la habitación y llevar a cabo instrucciones mientras el médium yace inconsciente ante nuestros ojos, y sin embargo duda en afirmar que el espíritu tiene una existencia independiente. ¿Es eso razonable?

Richet sonrió y meneó la cabeza. Sin responder, se volvió y se despidió del doctor Maupuis, ofreciéndole sus felicitaciones. Unos minutos más tarde, la reunión se había disuelto y nuestros amigos estaban en un taxi que se dirigía a toda velocidad hacia su hotel.

Malone quedó profundamente impresionado con lo que había visto, y pasó la mitad de la noche escribiendo un relato completo para el Central News, con los nombres de quienes habían respaldado el resultado, nombres honorables que nadie en el mundo podría asociar con la locura o el engaño.

"Sin duda, sin duda, este será un punto de inflexión y una época". Así decía su sueño. Dos días después, abrió uno tras otro los grandes diarios de Londres. Columnas sobre fútbol. Columnas sobre golf. Una página entera sobre el valor de las acciones. Una larga y sincera correspondencia en The Times sobre los hábitos de las avefrías. Ni una sola palabra en ninguno de ellos sobre las maravillas que había visto y relatado. Mailey se rio de su rostro abatido.

—Un mundo loco, mis amos —dijo—. ¡Un mundo loco! ¡Pero el fin aún no ha llegado!

XIII. — EN EL QUE EL PROFESOR CHALLENGER SALE A LA BATALLA

El profesor Challenger estaba de mal humor, y cuando eso sucedía, su familia se daba cuenta de ello. Los efectos de su ira no se limitaban a quienes lo rodeaban, pues la mayoría de esas terribles cartas que aparecían de vez en cuando en la prensa, desollando y matando a algún desdichado oponente, eran relámpagos de un Júpiter ofendido que se sentaba con sombría majestad en su trono de estudio en lo alto de un piso de Victoria. Los sirvientes difícilmente se atreverían a entrar en la habitación donde, sombría y ceñuda, la cabeza melena y barbada levantaba la vista de sus papeles como un león de un hueso. Sólo Enid podía desafiarlo en un momento así, e incluso ella sentía de vez en cuando ese hundimiento del corazón que puede experimentar el más valiente de los domadores cuando abre la puerta de la jaula. No estaba a salvo de la acritud de su lengua, pero al menos no tenía por qué temer la violencia física, que estaba dentro de las posibilidades de otros.

A veces, los ataques de furia del famoso profesor surgían de causas materiales. «¡Hepático, señor, hepático!», explicaba para atenuarse después de algún ataque agravado. Pero en esta ocasión en particular tenía una causa muy concreta para su descontento: ¡el espiritismo!

Nunca parecía librarse de esa maldita superstición, algo que iba en contra de toda la obra y filosofía de su vida. Intentaba desdeñarla, reírse de ella, ignorarla con desprecio, pero la maldita cosa insistía en entrometerse una vez más. El lunes la borraba definitivamente de sus libros, y antes del sábado estaba de nuevo metido en ella hasta el cuello. ¡Y era tan absurdo! Le parecía que su mente se alejaba de los grandes y acuciantes problemas materiales del universo para desperdiciarse en los cuentos de hadas de los hermanos Grimm o en los fantasmas de un novelista sensacionalista.

Después las cosas fueron a peor. Primero Malone, que a su manera sencilla había sido una figura representativa del ser humano normal y lúcido, había sido de algún modo acosado por esa gente y se había comprometido con sus perniciosas ideas. Luego Enid, su corderito, su único vínculo real con la humanidad, también había sido corrompida. Ella había estado de acuerdo con las conclusiones de Malone. Incluso había buscado una buena cantidad de pruebas por su cuenta. En vano él mismo había investigado un caso y había demostrado más allá de toda duda que el médium era un villano conspirador que traía mensajes del marido muerto de una viuda para poner a la mujer en su poder. Era un caso claro y Enid lo admitió. Pero ni ella ni Malone permitieron una aplicación general. "Hay bribones en todos los ámbitos de la vida", decían. "Debemos juzgar cada movimiento por lo mejor y no por lo peor".

Todo esto ya era bastante malo, pero aún le esperaba algo peor. Había sido humillado públicamente por los espiritistas, y eso por un hombre que admitió que no había tenido educación y que en cualquier otra materia del mundo se habría sentado como un niño a los pies del profesor. Y sin embargo, en un debate público... pero la historia debe contarse.

Sea sabido, pues, que Challenger, que despreciaba profundamente toda oposición y que no conocía la fuerza real de la causa que se le había de defender, en un momento fatal, había llegado a afirmar que descendería del Olimpo y se enfrentaría en un debate a cualquier representante que el otro partido eligiera. "Soy muy consciente", escribió, "de que con semejante condescendencia, yo, como cualquier otro hombre de ciencia de igual nivel, corro el riesgo de dar a estas absurdas y grotescas aberraciones del cerebro humano una dignidad que de otro modo no podrían pretender reivindicar, pero debemos cumplir con nuestro deber para con el público y, ocasionalmente, debemos apartarnos de nuestro trabajo serio y dedicar un momento a barrer esas efímeras telarañas que podrían acumularse y volverse ofensivas si no las dispersara la escoba de la Ciencia". Así, con la mayor confianza en sí mismo, Goliat salió al encuentro de su pequeño antagonista, un ex ayudante de imprenta y ahora editor de lo que Challenger describiría como una oscura publicación dedicada a cuestiones del espíritu.

Los detalles del debate son de dominio público y no es necesario relatar con gran detalle ese doloroso acontecimiento. Recordaremos que el gran hombre de ciencia bajó al Queen's Hall acompañado de muchos simpatizantes racionalistas que deseaban ver la destrucción final de los visionarios. Un gran número de estas pobres criaturas engañadas también asistieron, esperando contra toda esperanza que su campeón no fuera inmolado por completo en el altar de la Ciencia ultrajada. Entre ellos, las dos facciones llenaron la sala y se miraron con tanta enemistad como los Azules y los Verdes mil años antes en el Hipódromo de Constantinopla. Allí, a la izquierda de la plataforma estaban las sólidas filas de esos racionalistas duros e inflexibles que consideran a los agnósticos victorianos como crédulos y renuevan su fe mediante la lectura periódica de la Literary Gazette y el Freethinker.

Allí también se encontraban el doctor Joseph Baumer, el famoso conferenciante sobre los absurdos de la religión, junto con el señor Edward Mould, que ha insistido tan elocuentemente en la pretensión del hombre de la putrefacción definitiva del cuerpo y la extinción del alma. Al otro lado, la barba amarilla de Mailey flameaba como una oriflama. Su esposa se sentaba a un lado de él y Mervin, el periodista, al otro, mientras densas filas de hombres y mujeres sinceros de la Alianza Espiritual de Queen Square, del Colegio Psíquico, del Stead Bureau y de las iglesias de los alrededores se reunían para alentar a su campeón en su desesperada tarea. Los rostros cordiales de Bolsover, el tendero, con sus amigos de Hammersmith, Terbane, el médium ferroviario, el reverendo Charles Mason, con sus rasgos ascéticos, Tom Linden, ahora felizmente liberado de la esclavitud, la señora Linden, el círculo de Crewe, el doctor Atkinson, Lord Roxton, Malone y muchos otros rostros familiares se distinguían entre aquella densa pared de humanidad. Entre los dos partidos, solemne, impasible y gordo, se sentaba el juez Gaverson, del Tribunal del Rey, que había accedido a presidir. Era un hecho interesante y sugerente que en este debate crítico en el que se estaba poniendo en juego el núcleo mismo o el centro vital de la religión real, las iglesias organizadas se mantuvieran completamente distantes y neutrales. Soñolientas y semiconscientes, no podían discernir que el intelecto vivo de la nación estaba realmente llevando a cabo una inquisición sobre sus cuerpos para determinar si estaban condenados a la extinción hacia la que se dirigían rápidamente, o si una resurrección en otras formas estaba entre las posibilidades del futuro.

Delante, a un lado, con sus discípulos de amplias cejas detrás de él, se sentaba el profesor Challenger, portentoso y amenazador, con su barba asiria proyectada en su forma más agresiva, una media sonrisa en sus labios y los párpados caídos insolentemente sobre sus intolerantes ojos grises. En la posición correspondiente, al otro lado, estaba sentado un personaje deslucido y sin pretensiones sobre cuya humilde cabeza el sombrero de Challenger habría descendido hasta los hombros. Estaba pálido y aprensivo, mirando de vez en cuando con aire de disculpa y desprecio a su oponente leonino. Sin embargo, quienes mejor conocían a James Smith eran los menos alarmados, porque eran conscientes de que detrás de su apariencia común y democrática se escondía un conocimiento de su tema, práctico y teórico, como pocos hombres vivos poseen. Los sabios de la Sociedad de Investigación Psíquica no son más que niños en cuanto a conocimiento psíquico en comparación con espiritistas practicantes como James Smith, hombres cuya vida entera transcurre en diversas formas de comunión con lo invisible. Estos hombres suelen perder el contacto con el mundo en el que viven y resultan inútiles para sus propósitos cotidianos, pero la dirección de un periódico vivo y la administración de una comunidad extensa y dispersa habían mantenido a Smith con los pies firmes sobre la tierra, mientras que sus excelentes facultades naturales, no corrompidas por una educación inútil, le habían permitido concentrarse en el único campo del conocimiento que ofrece en sí mismo un campo suficiente para el mayor intelecto humano. Por poco que Challenger pudiera apreciarlo, la contienda era en realidad entre un brillante aficionado discursivo y un profesional concentrado y altamente especializado.

Todos admitieron que la primera media hora de Challenger fue una magnífica exhibición de oratoria y argumentación. Su profunda voz de órgano — una voz que sólo un hombre con un pecho de cincuenta pulgadas puede producir— subía y bajaba en una cadencia perfecta que encantó a su audiencia. Había nacido para influir en una asamblea: era un líder evidente de la humanidad. A su vez, era descriptivo, humorístico y convincente. Imaginó el crecimiento natural del animismo entre los salvajes que se encogían de miedo bajo el cielo desnudo, incapaces de explicar el golpeteo de la lluvia o el rugido del trueno, y que veían una inteligencia benévola o maliciosa detrás de esas operaciones de la Naturaleza que la Ciencia ahora había clasificado y explicado.

De ahí que, sobre premisas falsas, se haya construido esa creencia en espíritus o seres invisibles externos a nosotros, que, por algún curioso atavismo, estaba resurgiendo en los tiempos modernos entre los estratos menos educados de la humanidad. Era deber de la ciencia resistir tendencias regresivas de ese tipo, y fue el sentido de ese deber lo que lo había llevado, a regañadientes, desde la privacidad de su estudio a la publicidad de esta plataforma. Rápidamente esbozó el movimiento tal como lo describían sus difamadores. Era una historia de lo más desagradable, una historia de articulaciones de los dedos de los pies que crujían, de pintura fosforescente, de fantasmas de muselina, de un sórdido y nauseabundo comercio de comisiones entre los huesos de los muertos por un lado y las lágrimas de las viudas por el otro. Esas personas eran las hienas de la raza humana que se alimentaban de las tumbas. (Aplausos de los racionalistas y risas irónicas de los espiritis-

171

tas.) No todos eran granujas. («¡Gracias, profesor!», dijo un estentóreo oponente.) Pero los demás eran tontos (risas). ¿Era una exageración llamar tonto a un hombre que creía que su abuela podía lanzar mensajes absurdos con la pata de una mesa de comedor? ¿Había algún salvaje que hubiera descendido a una superstición tan grotesca? Esas personas habían arrebatado la dignidad a la muerte y habían llevado su propia vulgaridad al sereno olvido de la tumba. Era un asunto odioso. Lamentaba tener que hablar con tanta fuerza, pero sólo el bisturí o el cauterio podían acabar con un tumor tan canceroso. Seguramente el hombre no tenía por qué molestarse en especulaciones grotescas sobre la naturaleza de la vida después de la tumba. Teníamos bastante que hacer en este mundo. La vida era algo hermoso. El hombre que apreciara sus verdaderos deberes y bellezas tendría lo suficiente para emplearlo sin tener que incursionar en pseudociencias que tenían sus raíces en fraudes, expuestos ya cientos de veces y que, sin embargo, encuentran nuevas multitudes de devotos tontos cuya credulidad insana y prejuicio irracional los hacían inmunes a todo argumento.

Este es el resumen más crudo y escueto de este poderoso argumento inicial. Los materialistas rugieron en aplausos; los espiritistas se mostraron enojados e inquietos, mientras que su portavoz se levantó, pálido pero decidido, para responder a la poderosa arremetida.

Su voz y su aspecto no tenían ninguna de esas cualidades que hacían de Challenger un personaje magnético, pero se le oía con claridad y exponía sus argumentos con la precisión de un obrero familiarizado con sus herramientas. Al principio se mostró tan cortés y se disculpó tanto que dio la impresión de que se había dejado intimidar. Le parecía casi presuntuoso que alguien que había tenido tan poca educación se enfrentara mentalmente por un instante a un antagonista tan famoso, a quien había reverenciado durante mucho tiempo. Sin embargo, le parecía que en la larga lista de logros del profesor —logros que lo habían convertido en un nombre conocido en todo el mundo— faltaba uno, y por desgracia, precisamente sobre ese había estado tentado de hablar. Había escuchado ese discurso con admiración en lo que se refería a su elocuencia, pero con sorpresa, y casi podría decir con desprecio, cuando analizó las afirmaciones que contenía. Estaba claro que el Profesor había preparado su caso leyendo toda la literatura antiespiritista que pudo conseguir —una fuente de información muy contaminada— mientras descuidaba las obras de aquellos que hablaban desde la experiencia y la convicción.

Toda esa charla sobre el crujido de porros y otros trucos fraudulentos era de ignorancia victoriana, y en cuanto a la abuela que hablaba a través de la pata de una mesa, él, el orador, no podía reconocerla como una descripción justa de los fenómenos espiritistas. Esas comparaciones recordaban los chistes sobre las ranas danzantes que impedían el reconocimiento de los primeros experimentos eléctricos de Volta. Eran indignos del profesor Challenger. Seguramente debía saber que el médium fraudulento era el peor enemigo del espiritismo, que era denunciado por su nombre en las revistas psíquicas cada vez que lo descubrían, y que esas revelaciones las hacían normalmente los propios espiritistas, que habían hablado de "hienas humanas" con tanta indignación como lo había hecho su oponente. Uno no condenaba a los bancos porque los falsificadores los utilizaban ocasionalmente con fines nefastos. Era perder el tiempo de un público tan escogido descender a ese nivel de argumentación. Si el profesor Challenger hubiera negado las implicaciones religiosas del espiritismo al tiempo que admitía los fenómenos, habría sido más difícil responderle, pero al negarlo todo se había colocado en una posi-

172

ción absolutamente imposible. Sin duda, el profesor Challenger había leído el trabajo reciente del profesor Richet, el famoso fisiólogo. Ese trabajo se había extendido durante treinta años. Richet había verificado todos los fenómenos.

Tal vez el profesor Challenger informaría a la audiencia de qué experiencia personal había tenido él mismo que le daba derecho a hablar de Richet, Lombroso o Crookes como si fueran salvajes supersticiosos. Posiblemente su oponente había llevado a cabo experimentos en privado de los que el mundo no sabía nada. En ese caso, debería darlos a conocer al mundo. Hasta que lo hiciera, sería poco científico y realmente indecente burlarse de hombres, apenas inferiores en reputación científica a él, que realmente habían realizado tales experimentos y los habían presentado ante el público.

En cuanto a la autosuficiencia de este mundo, un profesor exitoso con un cuerpo eupéptico podría adoptar ese punto de vista, pero si uno se encontrara con cáncer de estómago en una buhardilla de Londres, podría cuestionar la doctrina de que no hay necesidad de anhelar ningún estado del ser salvo aquel en el que nos encontremos.

Fue un esfuerzo profesional, ilustrado con hechos, fechas y cifras. Aunque no alcanzó la cima de la elocuencia, contenía mucho que necesitaba una respuesta. Y resultó el triste hecho de que Challenger no estaba en condiciones de responder. Había leído su propio caso, pero había descuidado el de su adversario, aceptando con demasiada facilidad las presunciones fáciles y engañosas de escritores incompetentes que manejaban un asunto que ellos mismos no habían investigado. En lugar de responder, Challenger perdió los estribos. El león comenzó a rugir. Sacudió su melena oscura y sus ojos brillaron, mientras su voz profunda reverberaba por la sala. ¿Quiénes eran esas personas que se refugiaban detrás de unos pocos nombres honorables pero equivocados? ¿Qué derecho tenían a esperar que los hombres de ciencia serios suspendieran sus trabajos para perder el tiempo en examinar sus conjeturas descabelladas? Algunas cosas eran evidentes y no requerían pruebas. La carga de la prueba recaía en quienes hacían las afirmaciones. Si este caballero, cuyo nombre no me resulta familiar, afirma que puede levantar espíritus, que llame a uno ahora ante una audiencia sensata y sin prejuicios. Si dice que recibe mensajes, que nos dé la noticia antes de que lleguen las agencias generales. ("¡Se ha hecho a menudo!", dicen los espiritistas). Eso dice usted, pero yo lo niego. Estoy demasiado acostumbrado a sus afirmaciones descabelladas como para tomarlas en serio (alboroto y el juez Gaverson se pone de pie). Si afirma que tiene una inspiración superior, que resuelva el asesinato de Peckham Rye. Si está en contacto con seres angelicales, que nos dé una filosofía que sea superior a la que la mente mortal puede desarrollar. Esta falsa exhibición de ciencia, este camuflaje de la ignorancia, este parloteo sobre el ectoplasma y otros productos míticos de la imaginación psíquica era mero oscurantismo, el hijo bastardo de la superstición y la oscuridad. Dondequiera que se investigara el asunto, se encontraba corrupción y putrefacción mental. Todos los médiums eran impostores deliberados. ("¡Eres un mentiroso!", dijo una mujer del barrio de Linden.) Las voces de los muertos no habían dicho más que tonterías infantiles. Los asilos estaban llenos de seguidores del culto y estarían aún más llenos si cada uno tuviera lo que le correspondía.

Fue un discurso violento, pero no efectivo. Evidentemente, el gran hombre estaba nervioso. Se dio cuenta de que había un caso que debía resolver y que no se había provisto del material con el que hacerlo. Por lo tanto, se había refugiado en palabras airadas y afirmaciones generales que sólo se pueden hacer con seguridad cuando no hay un antagonista presente que pueda aprovecharse de ellas. Los espiritistas parecían más divertidos que enojados. Los materialistas se agitaban inquietos en sus asientos. Entonces James Smith se levantó para su última entrada. Tenía una sonrisa traviesa. Había una amenaza silenciosa en todo su porte.

Debía pedir, dijo, una actitud más científica de su ilustre oponente. Era un hecho extraordinario que muchos científicos, cuando sus pasiones y prejuicios se excitaban, mostraban un ridículo desprecio por todos sus propios principios. De estos principios, ninguno era más rígido que el de que un tema debía ser examinado antes de ser condenado. Hemos visto en los últimos años, en asuntos como las máquinas inalámbricas o más pesadas que el aire, que las cosas más improbables pueden suceder. Es sumamente peligroso decir a priori que algo es imposible. Sin embargo, ése era el error en el que había caído el profesor Challenger. Había utilizado la fama que había ganado con justicia en temas que dominaba para desacreditar un tema que no dominaba. El hecho de que un hombre fuera un gran fisiólogo y físico no lo convertía en una autoridad en ciencia psíquica.

Estaba perfectamente claro que el profesor Challenger no había leído los libros de referencia sobre el tema en el que se presentaba como autoridad. ¿Podría decirle a la audiencia cómo se llamaba el médium de Schrenck Notzing? Hizo una pausa para responder. ¿Podría entonces decir el nombre del médium del doctor Crawford? ¿No? ¿Podría decirles quién había sido el sujeto de los experimentos del profesor Zollner en Leipzig? ¿Qué, todavía en silencio? Pero estos eran los puntos esenciales de la discusión. Había dudado en ser personal, pero el lenguaje enérgico del profesor exigía la correspondiente franqueza de su parte. ¿Sabía el profesor que ese ectoplasma del que se burlaba había sido examinado recientemente por veinte profesores alemanes (los nombres estaban allí como referencia) y que todos habían dado testimonio de su existencia? ¿Cómo podía el profesor Challenger negar lo que afirmaban estos caballeros? ¿Acaso sostendría que ellos también eran criminales o tontos? El hecho era que el profesor había llegado a esta sala completamente ignorante de los hechos y ahora los estaba conociendo por primera vez. Es evidente que no tenía la menor idea de que la ciencia psíquica tuviera leyes, de lo contrario no habría formulado peticiones tan infantiles como la de que una figura ectoplasmática se manifestara a plena luz sobre esa plataforma, cuando todos los estudiantes sabían que el ectoplasma era soluble en la luz. En cuanto al asesinato de Peckham Rye, nunca se había afirmado que el mundo de los ángeles fuera un anexo de Scotland Yard. Era un mero intento de echar polvo a los ojos del público por parte de un hombre como el profesor Challenger...

En ese momento se produjo la explosión. Challenger se retorció en su silla, se tiró de la barba y miró con enojo al orador. De repente, saltó hacia un lado de la mesa del presidente con el salto de un león herido. El caballero estaba recostado, medio dormido, con sus manos regordetas apretadas sobre su amplia panza, pero ante esa aparición repentina dio un respingo que casi lo llevó hasta la platea.

"¡Siéntese, señor! ¡Siéntese!", gritó.

"Me niego a sentarme", rugió Challenger. "¡Señor, le pido que sea usted el presidente! ¿Estoy aquí para que me insulten? Estos procedimientos son intolerables. No los toleraré más. Si se toca mi honor privado, tengo derecho a tomar el asunto en mis propias manos".

Como muchos hombres que pasan por alto las opiniones de los demás, Challenger era sumamente sensible cuando alguien se tomaba una libertad con las suyas. Cada frase incisiva sucesiva de su oponente había sido como un bandarillo de púas en los flancos de un toro espumante. Ahora, en un estado de furia muda, agitaba su enorme puño peludo por encima de la cabeza del presidente en dirección a su adversario, cuya sonrisa burlona lo estimulaba a lanzarse furiosamente contra el obeso presidente a lo largo del estrado. La asamblea se había convertido en un pandemonio en un instante. La mitad de los racionalistas estaban escandalizados, mientras que la otra mitad gritaba "¡Vergüenza! ¡Vergüenza!" en señal de simpatía hacia su campeón. Los espiritistas habían estallado en gritos burlones, mientras que algunos se precipitaron hacia adelante para proteger a su campeón de un ataque físico.

—Tenemos que sacar a ese viejo querido —le dijo Lord Roxton a Malone—. Si no lo hacemos, lo acusarán de homicidio. Lo que quiero decir es que no es responsable; le pegará a alguien y lo castigarán por ello.

La tribuna se había convertido en una multitud en ebullición, mientras que el auditorio no estaba mucho mejor. Malone y Roxton se abrieron paso a codazos entre la multitud hasta llegar al lado de Challenger y, en parte mediante una propulsión juiciosa y en parte mediante una persuasión astuta, consiguieron que este, que seguía vociferando sus quejas, saliera del edificio. Se realizó una votación superficial para elegir al presidente y la reunión se disolvió en medio de un tumulto y una confusión. "Todo el episodio", comentó The Times a la mañana siguiente, "fue deplorable e ilustra con fuerza el peligro de los debates públicos en los que los temas son tales que inflaman los prejuicios tanto de los oradores como de la audiencia. Términos como '¡Idiota microcéfalo!' o '¡Supervivencia simiesca!', cuando son aplicados por un profesor de renombre mundial a un oponente, ilustran hasta dónde pueden permitirse llegar esos contendientes".

De este modo, mediante una larga interpolación, hemos llegado al hecho de que el profesor Challenger estaba de muy mal humor mientras tenía en la mano el mencionado ejemplar del Times y el ceño fruncido. Y, sin embargo, ese mismo momento había sido elegido por el imprudente Malone para hacerle la pregunta más íntima que un hombre puede hacerle a otro.

Sin embargo, tal vez no sea justo para la diplomacia de nuestro amigo decir que había "elegido" el momento. En realidad, había venido para comprobar por sí mismo que el hombre por el que, a pesar de sus excentricidades, sentía un profundo respeto y afecto, no había sufrido a causa de los acontecimientos de la noche anterior. En ese punto, se tranquilizó rápidamente.

—¡Intolerable! —rugió el profesor, en un tono tan inmutable que podría haber estado hablando de eso toda la noche—. Usted mismo estuvo allí, Malone. A pesar de su inexplicable y equivocada simpatía por las opiniones fatuas de esta gente, debe admitir que toda la conducta de los procedimientos fue intolerable y que mi justa protesta estaba más que justificada. Es posible que cuando arrojé la mesa del presidente al presidente del Colegio Psíquico me haya pasado de los límites del decoro, pero la provocación había sido excesiva. Recordará que ese tal Smith o Brown (su nombre es lo más irrelevante) se atrevió a acusarme de ignorancia y de arrojar polvo a los ojos del público.

—Así es —dijo Malone, tranquilizadoramente—. No se preocupe, profesor. Usted también ha recibido uno o dos golpes muy fuertes.

Los rasgos sombríos de Challenger se relajaron y se frotó las manos con alegría.

—Sí, sí, me imagino que algunas de mis estocadas dieron en el blanco.

Me imagino que no se olvidarán. Cuando dije que los asilos estarían llenos si cada uno de ellos tuviera lo que le correspondía, pude ver cómo se estremecían. Todos chillaban, recuerdo, como una perrera llena de cachorros. Fue su absurda afirmación de que yo debía leer su literatura descabellada lo que me hizo mostrar un poco de ira. Pero espero, hijo mío, que hayas venido esta mañana para decirme que lo que dije anoche ha tenido algún efecto en tu propia mente y que has reconsiderado estas opiniones que, lo confieso, suponen una carga considerable para nuestra amistad.

Malone se lanzó como un hombre.

—Cuando llegué aquí, tenía otra cosa en mente —dijo—. Debe saber que su hija Enid y yo hemos estado juntos bastante tiempo últimamente. Para mí, señor, ella se ha convertido en la única mujer del mundo y nunca seré feliz hasta que se case con ella. No soy rico, pero me han ofrecido un buen puesto de subdirector y podría permitirme casarme. Usted me conoce desde hace algún tiempo y espero que no tenga nada en contra de mí. Por lo tanto, confío en que pueda contar con su aprobación en lo que estoy a punto de hacer.

Challenger se acarició la barba y sus párpados cayeron peligrosamente sobre sus ojos.

—Mis percepciones —dijo— no son tan torpes como para no haberme dado cuenta de las relaciones que se han establecido entre usted y mi hija. Sin embargo, esta cuestión se ha mezclado con la otra que estábamos discutiendo. Me temo que ambos han absorbido esta falacia venenosa que cada vez me siento más inclinado a dedicar mi vida a extirpar. Si sólo por razones de eugenesia no pudiera dar mi aprobación a una unión construida sobre tales bases, debo pedirle, por tanto, una garantía concreta de que sus opiniones se han vuelto más sensatas. Le pediré lo mismo a ella.

De repente, Malone se vio también enrolado en el noble ejército de mártires. Era un dilema difícil, pero lo afrontó como el hombre que era.

"Estoy seguro, señor, de que no pensaría mejor de mí si permitiera que mis opiniones sobre la verdad, sean correctas o incorrectas, se vieran influidas por consideraciones materiales. No puedo cambiar mis opiniones ni siquiera para ganarme a Enid. Estoy seguro de que ella adoptaría la misma opinión".

"¿No pensaste que lo había pasado mejor anoche?"

"Pensé que su discurso era muy elocuente".

—¿No te convencí?

"No ante la evidencia de mis propios sentidos".

"Cualquier prestidigitador podría engañar tus sentidos".

"Temo, señor, que ya he tomado una decisión sobre este punto".

—Entonces yo también estoy decidido —rugió Challenger con una mirada repentina—. Usted abandonará esta casa, señor, y regresará cuando haya recuperado la cordura.

—¡Un momento! —dijo Malone—. Le ruego, señor, que no se precipite. Valoro demasiado su amistad como para arriesgarme a perderla si de algún modo se puede evitar. Es posible que, si tuviera su orientación, pudiera comprender mejor estas cosas que me intrigan. Si pudiera organizarlo, ¿le importaría estar presente personalmente en una de estas demostraciones para que sus propios y entrenados poderes de observación puedan arrojar algo de luz sobre las cosas que me han intrigado?

Challenger era enormemente receptivo a los halagos. Ahora se pavoneaba y se acicalaba como un gran pájaro.

—Sí, querido Malone, puedo ayudarle a eliminar esa mancha —¿cómo la llamaremos?—, *microbus spiritualensis*, de su organismo, estoy a su servicio. Estaré encantado de dedicar un poco de mi tiempo libre a exponer esas falacias engañosas de las que ha caído tan fácilmente víctima. No diría que carece por completo de cerebro, pero sí que su buen carácter es susceptible de ser explotado. Le advierto que seré un investigador exigente y llevaré a la investigación esos métodos de laboratorio de los que se admite generalmente que soy un maestro.

"Eso es lo que deseo".

—Entonces prepararás la ocasión y yo estaré allí. Pero mientras tanto, comprenderás claramente que insisto en la promesa de que esta relación con mi hija no continuará.

Malone vaciló.

"Te doy mi promesa por seis meses", dijo finalmente.

—¿Y qué harás al final de ese tiempo?

—Lo decidiré cuando llegue el momento —respondió diplomáticamente Malone, y así escapó de una situación peligrosa con más crédito del que en un momento pareció probable.

Por casualidad, cuando salía al descansillo, Enid, que había estado haciendo sus compras de la mañana, apareció en el ascensor. La tranquila conciencia irlandesa de Malone le permitió pensar que los seis meses no tenían por qué empezar de inmediato, así que convenció a Enid para que bajara en el ascensor con él. Era uno de esos ascensores que son manejados por quien los utiliza, y en esta ocasión ocurrió que, de alguna manera que sólo Malone conocía, se quedó atascado entre los descansillos y, a pesar de varios toques impacientes, permaneció atascado durante un buen cuarto de hora. Cuando la maquinaria reanudó sus funciones y cuando Enid pudo por fin llegar a su casa y Malone a la calle, los amantes se habían preparado para esperar seis meses con la esperanza de que su experimento tuviera un final exitoso.

XIV. — EN EL QUE EL RETADOR SE ENCUENTRA CON UN EXTRAÑO COLEGA

El profesor Challenger no era un hombre que hiciera amigos fácilmente. Para ser su amigo, también había que ser su dependiente. No admitía iguales, pero como patrón era magnífico. Con su aire joviano, su colosal condescendencia, su sonrisa divertida, su sugerencia general de un dios que desciende sobre un mortal, podía resultar abrumador en su amabilidad. Pero necesitaba ciertas cualidades a cambio. La estupidez le disgustaba. La fealdad física le alejaba. La independencia le repugnaba. Codiciaba al hombre al que todo el mundo admiraría, pero que a su vez admiraría al superhombre que estaba por encima de él. Ese hombre era el doctor Ross Scotton, y por esta razón había sido el alumno favorito de Challenger.

Y ahora estaba enfermo de muerte. El doctor Atkinson de St. Mary's, que ya había desempeñado un papel menor en este registro, lo atendía, y sus informes eran cada vez más deprimentes. La enfermedad era esa terrible enfermedad diseminada por esclerosis, y Challenger sabía que Atkinson no era ningún alarmista cuando decía que la cura era una posibilidad muy remota e improbable. Parecía un ejemplo terrible de la naturaleza irracional de las cosas que un joven científico, capaz antes de llegar a la flor de la vida de dos obras como *La embriología del sistema nervioso simbólico* o *La falacia del índice obsónico*, se disolviera en sus elementos químicos sin ningún residuo personal o espiritual. Y sin embargo, el profesor se encogió de hombros, sacudió su enorme cabeza y aceptó lo inevitable. Cada nuevo mensaje era peor que el anterior y, finalmente, se hizo un silencio ominoso. Challenger fue una vez a la casa de su joven amigo en Gower Street. Fue una experiencia desgarradora y no la repitió. Los calambres musculares característicos de la dolencia le hacían nudos al paciente, que se mordía los labios para acallar los gritos que podrían haberle aliviado el dolor a costa de su hombría. Agarró a su mentor de la mano como un hombre que se está ahogando agarra una tabla.

"¿Es realmente como has dicho? ¿No hay esperanza más allá de los seis meses de tortura que veo ante mí? ¿Puedes, con toda tu sabiduría y conocimiento, ver alguna chispa de luz o vida en la oscura sombra de la disolución eterna?"

—Acéptalo, hijo mío, acéptalo —dijo Challenger—. Es mejor mirar a la cara los hechos que consolarse con fantasías.

Entonces los labios se separaron y el grito que había estado reprimiendo durante tanto tiempo estalló. Challenger se levantó y salió corriendo de la habitación.

Pero entonces se produjo un acontecimiento sorprendente, que comenzó con la aparición de la señorita Delicia Freeman.

Una mañana alguien llamó a la puerta del piso de Victoria. El austero y taciturno Austin, que miraba a la altura de sus ojos, no percibió nada en absoluto. Sin embargo, al mirar hacia abajo, se dio cuenta de que había una dama menuda, cuyo delicado rostro y sus brillantes ojos de pájaro estaban vueltos hacia los suyos.

"Quiero ver al profesor", dijo ella, buscando en su bolso una tarjeta.

"No puedo verte", dijo Austin.

—Sí, claro que puede —respondió serenamente la pequeña dama. No había ninguna oficina de periódico, ningún santuario de estadistas ni ninguna cancillería política que hubiera sido jamás una barrera lo bastante fuerte como para impedirle avanzar allí donde creía que había un buen trabajo que hacer.

"No puedo verte", repitió Austin.

—Oh, pero realmente debo hacerlo, ¿sabe? —dijo la señorita Freeman, y de repente se abalanzó sobre el mayordomo. Con un instinto infalible, se dirigió a la puerta del estudio sagrado, llamó y entró de inmediato.

La cabeza de león levantó la vista desde detrás de un escritorio lleno de papeles. Los ojos del león lo fulminaron con la mirada.

—¿Qué significa esta intrusión? —rugió el león. La pequeña dama, sin embargo, no se inmutó en absoluto. Sonrió dulcemente al ver el rostro ceñudo.

"Me alegro mucho de conocerte", dijo. "Me llamo Delicia Freeman".

—¡Austin! —gritó el profesor. El rostro impasible del mayordomo apareció por el ángulo de la puerta—. ¿Qué es esto, Austin? ¿Cómo llegó esta persona aquí?

—No pude evitar que entrara —se lamentó Austin—. Vamos, señorita, ya hemos tenido suficiente.

—¡No, no! No debes enojarte, de verdad que no debes —dijo la señora dulcemente—. Me dijeron que eras una persona terrible, pero en realidad eres un encanto.

"¿Quién eres? ¿Qué quieres? ¿Sabes que soy uno de los hombres más ocupados de Londres?"

La señorita Freeman volvió a rebuscar en su bolso. Siempre rebuscaba en él, sacando a veces un folleto sobre Armenia, a veces un panfleto sobre Grecia, a veces una nota sobre las misiones de Zenana y a veces un manifiesto psíquico. En esta ocasión lo que apareció fue un trozo de papel doblado.

—Del doctor Ross Scotton —dijo. Estaba doblada a toda prisa y escrita con tosquedad, tan toscamente que apenas resultaba legible. Challenger frunció el ceño al leerla.

Por favor, querido amigo y guía, escucha lo que dice esta señora. Sé que va en contra de todos tus puntos de vista, y sin embargo, tuve que hacerlo. Tú misma dijiste que no tenía esperanzas. Lo he probado y funciona. Sé que parece una locura, pero cualquier esperanza es mejor que ninguna. Si estuvieras en mi lugar, habrías hecho lo mismo. ¿No quieres dejar de lado los prejuicios y verlo por ti misma? El Dr. Felkin viene a las tres.

J. Ross Scotton

Challenger lo leyó dos veces y suspiró. El cerebro estaba claramente involucrado en la lesión: "Dice que tengo que escucharte. ¿Qué es? Córtalo lo más corto que puedas".

"Es un médico espiritual", dijo la señora.

Challenger saltó en su silla.

—¡Dios mío! ¡Nunca voy a poder librarme de esta tontería! —gritó—. ¿No pueden dejar que este pobre diablo se quede tranquilo en su lecho de muerte, sino que deben hacerle jugarretas?

La señorita Delicia aplaudió y sus pequeños y rápidos ojos brillaron de alegría.

"No es su lecho de muerte. Se va a curar".

"¿Quién dijo eso?"

"El doctor Felkin nunca se equivoca".

Challenger resopló.

"¿Lo has visto últimamente?" preguntó.

"No por algunas semanas".

"Pero no lo reconocerías. Está casi curado".

"¡Curado! ¡Curado de esclerosis difusa en pocas semanas!"

"Ven y mira".

—Quieres que colabore y ayude a algún tipo de charlatanería infernal. Lo siguiente que debería hacer es ver mi nombre en los testimonios de este sinvergüenza. Conozco a esta raza. Si fuera, probablemente lo agarraría por el collar y lo arrojaría por las escaleras.

La dama se rio de buena gana.

"Él decía, como Arístides: 'Golpea, pero escúchame'. Pero estoy seguro de que tú lo oirás primero. Tu alumno es un auténtico despojo de ti mismo. Parece bastante avergonzado de haberse curado de una manera tan poco ortodoxa. Fui yo quien llamó al doctor Felkin contra su voluntad".

—Ah, sí, ¿no? Te tomaste muchas responsabilidades.

"Estoy dispuesto a asumir cualquier responsabilidad, siempre y cuando sepa que tengo razón. Hablé con el doctor Atkinson. Él sabe un poco de cuestiones psíquicas. Es mucho menos prejuicioso que la mayoría de ustedes, caballeros científicos. Él opinaba que cuando un hombre se estaba muriendo, en cualquier caso, poco importaba lo que hiciera. Así que vino el doctor Felkin".

"Y, ¿cómo procedió este médico curandero a tratar el caso?"

179

—Eso es lo que el doctor Ross Scotton quiere que veas. —Miró un reloj que sacó de las profundidades de la bolsa—. En una hora estará allí. Le diré a tu amigo que vienes. Estoy segura de que no lo decepcionarás. ¡Oh! —Volvió a sumergirse en la bolsa—. Aquí hay una nota reciente sobre la cuestión de Besarabia. Es mucho más grave de lo que la gente cree. Tendrás tiempo de leerla antes de venir. Así que adiós, querido profesor, ¡y adiós!

Ella le sonrió al león ceñudo y se fue.

Pero había tenido éxito en su misión, que era su modo de ser. Había algo irresistible en el entusiasmo absolutamente desinteresado de esta pequeña persona que, en cualquier momento, se enfrentaba a cualquiera, desde un anciano mormón hasta un bandido albanés, amando al culpable y lamentando el pecado. Challenger cayó bajo el hechizo y, poco después de las tres, subió a trompicones la estrecha escalera y bloqueó la puerta del humilde dormitorio donde su alumno favorito yacía abatido. Ross Scotton yacía estirado en la cama con una bata roja, y su maestro vio, con un sobresalto de alegría sorprendida, que su rostro se había llenado y que la luz de la vida y la esperanza habían regresado a sus ojos.

—¡Sí, lo estoy superando! —exclamó—. Desde que Felkin tuvo su primera consulta con Atkinson, he sentido que la fuerza vital regresa a mí. ¡Oh, jefe, es terrible quedarse despierto por la noche y sentir a esos malditos microbios mordisqueando las raíces mismas de tu vida! Casi podía oírlos. ¡Y los calambres cuando mi cuerpo, como un esqueleto mal articulado, se retorcía en una maraña rígida! Pero ahora, excepto un poco de dispepsia y urticaria en las palmas, estoy libre de dolor. Y todo gracias a este querido amigo que me ha ayudado.

Hizo un gesto con la mano como si aludiese a alguien presente. Challenger miró a su alrededor con una mirada fulminante, esperando encontrar a algún charlatán presumido detrás de él. Pero no había ningún médico allí. Una joven frágil, que parecía ser enfermera, tranquila, discreta y con una abundante melena castaña, dormitaba en un rincón. La señorita Delicia, sonriendo recatadamente, estaba de pie en la ventana.

"Me alegro de que estés mejor, querido muchacho", dijo Challenger. "Pero no juegues con tu razón. Una dolencia como esta tiene su sístole y su diástole naturales".

"Hable con él, doctor Felkin. Aclare sus dudas", dijo el inválido.

Challenger levantó la vista hacia la cornisa y miró el rodapié. Su pupila estaba claramente dirigiéndose a algún médico que se encontraba en la habitación y, sin embargo, no se veía a nadie. Seguramente su aberración no había llegado al punto de pensar que apariciones flotantes reales estaban dirigiendo su curación.

—De hecho, necesita una limpieza —dijo una voz profunda y viril a su lado. Se dio la vuelta de un salto. Era la frágil joven la que estaba hablando.

—Déjeme presentarle al Dr. Felkin —dijo la señorita Delicia, con una risa traviesa.

"¿Qué tontería es esta?", exclamó Challenger.

La joven se levantó y tanteó un costado de su vestido. Luego hizo un gesto de impaciencia con la mano.

"Hubo un tiempo, querido colega, en que una caja de rapé formaba parte de mi equipo tanto como mi estuche de flebotomía. Viví antes de la época de Laennec y no llevábamos estetoscopio, pero teníamos, no obstante, nuestra pequeña batería quirúrgica. Pero la caja de rapé era una ofrenda de paz y estaba a punto de ofrecérsela, pero, ¡ay!, ya pasó su momento".

Challenger permaneció de pie con los ojos abiertos y las fosas nasales dilatadas mientras se pronunciaba este discurso. Luego se volvió hacia la cama.

—¿Quiere decir que este es su médico y que usted sigue el consejo de esta persona?

La joven se puso muy rígida.

"Señor, no voy a jugar con usted a las palabras. Percibo muy claramente que usted es uno de aquellos que han estado tan inmersos en el conocimiento material que no han tenido tiempo para dedicarse a las posibilidades del espíritu".

"No tengo tiempo para tonterías", afirmó Challenger.

—¡Mi querido jefe! —gritó una voz desde la cama—. Le ruego que tenga presente lo mucho que el doctor Felkin ya ha hecho por mí. Usted vio cómo era hace un mes y ve cómo soy ahora. No ofendería a mi mejor amigo.

—Creo, ciertamente, profesor, que le debe una disculpa al querido doctor Felkin —dijo la señorita Delicia.

—¡Un manicomio privado! —resopló Challenger. Luego, haciendo honor a su papel, adoptó la pesada ironía elefantiásica que era una de sus armas más eficaces para tratar con los estudiantes recalcitrantes.

—Tal vez, señorita... ¿o debería decir, anciano y venerable profesor?... permita que un simple estudiante terrenal, que no tiene más conocimientos que los que este mundo puede darle, se siente humildemente en un rincón y posiblemente aprenda un poco de sus métodos y de su enseñanza. — Pronunció este discurso con los hombros hasta las orejas, los párpados sobre los ojos y las palmas extendidas hacia delante: una alarmante estatua de sarcasmo. El doctor Felkin, sin embargo, caminaba con pasos pesados e impacientes por la habitación y no le prestó mucha atención.

—¡Así es! ¡Así es! —dijo ella despreocupada—. Vaya a la esquina y quédese allí. Sobre todo, deje de hablar, ya que este caso requiere todas mis facultades. —Se volvió con aire autoritario hacia el paciente—. Bueno, bueno, está progresando. En dos meses estará en el aula.

—¡Oh, es imposible! —exclamó Ross Scotton con un sollozo.

—No es así. Te lo garantizo. No hago falsas promesas.

—Yo responderé por eso —dijo la señorita Delicia—. Querido doctor, díganos quién era usted cuando estaba vivo.

—¡Vaya, vaya! ¡Qué mujer tan inmutable! En mi época se hablaba mucho y se habla mucho todavía. ¡No! ¡No! Vamos a echarle un vistazo a nuestra joven amiga. ¡El pulso ha desaparecido! Eso es algo que se ha ganado. La temperatura, evidentemente normal. La presión sanguínea, todavía más alta de lo que me gustaría. La digestión, mucho que desear. Lo que vosotros los modernos llamáis huelga de hambre no estaría mal. Bueno, las condiciones generales son tolerables. Veamos el foco local del problema. ¡Bájese la camisa, señor! ¡Túmbese boca abajo! ¡Excelente! —Pasó los dedos con gran fuerza y precisión por la parte superior de la columna vertebral y luego clavó los nudillos con una fuerza repentina que hizo aullar a la víctima—. ¡Eso está mejor! Como ya he explicado, hay una ligera falta de alineación en las vértebras cervicales que, según percibo, tiene el efecto de reducir los agujeros por donde emergen las raíces nerviosas. Esto ha causado compresión y, como estos nervios son en realidad los conductores de la fuerza vital, ha alterado todo el equilibrio de las partes que reciben el suministro. Mis ojos son iguales a sus torpes radiografías y percibo claramente que la posición está casi restablecida y que la constricción fatal ha desaparecido. Espero, señor —le dijo a Challenger—, poder explicarle la patología de este interesante caso.

Challenger gruñó su hostilidad general y su desacuerdo.

"Aclararé cualquier pequeña dificultad que pueda persistir en tu mente. Pero, mientras tanto, mi querido muchacho, eres un orgullo para mí y me alegro de tu progreso. Presentarás mis respetos a mi colega de la Tierra, el Dr. Atkinson, y le dirás que no puedo sugerir nada más. La médium está un poco cansada, pobrecita, así que no me quedaré más tiempo hoy".

"Pero dijiste que nos dirías quién eras".

"En realidad, no hay mucho que decir. Yo era un practicante muy mediocre. En mi juventud estuve bajo la tutela del gran Abernethy y tal vez absorbí algo de sus métodos. Cuando me fui al otro lado, a principios de la mediana edad, continué mis estudios y se me permitió, si podía encontrar algún medio de expresión adecuado, hacer algo para ayudar a la humanidad. Por supuesto, comprenderá que sólo mediante el servicio y la abnegación podemos avanzar en el mundo superior. Este es mi servicio y sólo puedo agradecer al bondadoso destino el haber podido encontrar en esta muchacha un ser cuyas vibraciones se corresponden tanto con las mías que puedo asumir fácilmente el control de su cuerpo".

—¿Y dónde está ella? —preguntó el paciente.

—Ella está esperándome a mi lado y pronto volverá a entrar en su propio cuerpo. En cuanto a usted, señor —se volvió hacia Challenger—, usted es un hombre de carácter y erudito, pero claramente está inmerso en ese materialismo que es la maldición especial de su época. Permítame asegurarle que la profesión médica, que es suprema en la tierra por el trabajo desinteresado de sus miembros, ha cedido demasiado al dogmatismo de hombres como usted y ha descuidado indebidamente ese elemento espiritual en el hombre que es mucho más importante que sus hierbas y sus minerales. Existe una fuerza vital, señor, y es en el control de esta fuerza vital donde reside la medicina del futuro. Si usted cierra su mente a ella, sólo puede significar que la confianza del público se volcará en aquellos que están dispuestos a adoptar todos los medios de curación, ya sea que cuenten con la aprobación de sus autoridades o no.

El joven Ross Scotton jamás pudo olvidar aquella escena. El profesor, el maestro, el jefe supremo, aquel a quien había que dirigirse con la respiración entrecortada, permanecía sentado con la boca entreabierta y los ojos abiertos, inclinado hacia delante en su silla, mientras que frente a él la delgada jovencita sacudía su mata de pelo castaño y movía el dedo índice en señal de advertencia, y le hablaba como un padre habla a un niño rebelde. Su poder era tan intenso que Challenger, por un instante, se vio obligado a aceptar la situación. Jadeó y gruñó, pero no le salió ninguna réplica a los labios. La muchacha se dio la vuelta y se sentó en una silla.

—Se va —dijo la señorita Delicia.

—Pero todavía no me he ido —respondió la muchacha con una sonrisa-. Sí, debo irme, porque tengo mucho que hacer. Este no es mi único medio de expresión y debo estar en Edimburgo en unos minutos. Pero tenga ánimo, joven. Le daré a mi ayudante dos baterías extra para aumentar su vitalidad hasta donde su sistema se lo permita. En cuanto a usted, señor —se dirigió a Challenger—, le imploro que tenga cuidado con el egoísmo del cerebro y la autoconcentración del intelecto. Guarde lo viejo, pero sea siempre receptivo a lo nuevo y no lo juzgue como usted lo desee, sino como Dios lo ha diseñado.

Suspiró profundamente y se hundió en su silla. Hubo un minuto de silencio sepulcral mientras yacía con la cabeza sobre el pecho. Luego, con otro suspiro y un escalofrío, abrió sus ojos azules, muy desconcertados.

"Bueno, ¿ha estado?" preguntó con una suave voz femenina.

—¡Sí, claro! —exclamó el paciente—. Ha sido estupendo. Dice que en dos meses estaré en el aula.

"¡Espléndido! ¿Alguna indicación para mí?"

"Solo el masaje especial como antes. Pero me va a poner dos baterías nuevas de alcohol si puedo soportarlo".

—¡Dios mío, ya no tardará mucho! —De pronto los ojos de la muchacha se posaron en Challenger y se detuvo confundida.

—Esta es la enfermera Úrsula —dijo la señorita Delicia—. Enfermera, permítame presentarle al famoso profesor Challenger. Challenger era un gran profesional en su trato con las mujeres, especialmente si la mujer en cuestión era una muchacha joven y bonita. Avanzó como Salomón pudo haber avanzado hacia la reina de Saba, tomó su mano y le acarició el cabello con seguridad patriarcal.

—Querida, eres demasiado joven y encantadora para semejante engaño. Olvídate de eso para siempre. Confórmate con ser una enfermera encantadora y renuncia a todo derecho a las funciones superiores de médico. ¿Dónde, si se me permite preguntar, aprendiste toda esa jerga sobre vértebras cervicales y agujeros posteriores?

La enfermera Úrsula miró a su alrededor impotente, como quien se encuentra de repente en las garras de un gorila.

—¡Ella no entiende ni una palabra de lo que dices! —gritó el hombre que estaba en la cama—. ¡Oh, jefe, debes hacer un esfuerzo para enfrentar la situación real! Sé lo que significa un reajuste. A mi modo de ver, yo mismo he tenido que pasar por eso. Pero, créeme, todo se ve a través de un prisma en lugar de a través de una placa de cristal hasta que se comprende el factor espiritual.

Challenger continuó con sus atenciones paternales, aunque la asustada dama había comenzado a alejarse de él.

—Vamos —dijo—, ¿quién era el inteligente médico con el que actuaste como enfermera, el hombre que te enseñó todas esas hermosas palabras? Debes comprender que es inútil engañarme. Serás mucho más feliz, querida niña, cuando hayas confesado todo y podamos reírnos juntos del sermón que me has dado.

Una interrupción inesperada interrumpió la exploración de Challenger sobre la conciencia o los motivos de la joven. La enferma estaba sentada, con una mancha roja sobre sus almohadas blancas, y hablaba con una energía que era en sí misma un indicio de su curación inminente.

—¡Profesor Challenger! —exclamó—, está usted insultando a mi mejor amiga. Bajo este techo, al menos, estará a salvo de las burlas de los prejuicios científicos. Le ruego que abandone la habitación si no puede dirigirse a la enfermera Úrsula de una manera más respetuosa.

Challenger lo fulminó con la mirada, pero la pacificadora Delicia se puso manos a la obra en un instante.

—¡Es usted demasiado precipitado, querido doctor Ross Scotton! —exclamó—. El profesor Challenger no ha tenido tiempo de comprender esto. Usted también era escéptico al principio. ¿Cómo puede culparlo?

—Sí, sí, es verdad —dijo el joven doctor—. Me pareció que abría la puerta a toda la charlatanería del universo. En efecto, así es, pero el hecho es que no cambia.

"Una cosa sé: antes era ciega y ahora veo", citó la señorita Delicia. "Ah, profesor, puede que levante las cejas y se encoja de hombros, pero esta tarde hemos dejado caer algo en su gran mente que crecerá y crecerá hasta que nadie pueda ver el final". Buscó en la bolsa. "Hay un pequeño detalle aquí: 'El cerebro contra el alma'. Espero, querido profesor, que lo lea y luego lo transmita".

Malone estaba obligado por su honor a no hablar de amor con Enid Challenger, pero las miradas hablan, y por eso sus comunicaciones no se habían roto del todo. En todos los demás aspectos se atuvo estrictamente al acuerdo, aunque la situación era difícil. Era más difícil porque era un visitante constante del profesor, y ahora que la irritación del debate había terminado, era muy bienvenida. El único objetivo de la vida de Malone era conseguir la consideración comprensiva del gran hombre sobre esos temas psíquicos que tanto le habían interesado. Esto lo persiguió con asiduidad, pero también con gran cautela, porque sabía que la lava era delgada y que siempre era posible una explosión de fuego. Una o dos veces se produjo y Malone dejó de lado el tema durante una semana o dos, hasta que el terreno pareció un poco más firme.

Malone desarrolló una notable astucia en sus métodos. Uno de sus métodos favoritos era consultar a Challenger sobre algún punto científico (por ejemplo, sobre la importancia zoológica del estrecho de Banda o sobre los insectos del archipiélago malayo) y darle pistas hasta que, a su debido tiempo, Challenger le explicara que nuestro conocimiento sobre ese punto se debía a Alfred Russel Wallace. «¡Ah, sí! ¡A Wallace el espiritista!», decía Malone con voz inocente, a lo que Challenger le lanzaba una mirada fulminante y cambiaba de tema.

A veces, Malone utilizaba a Lodge como trampa. "Supongo que tienes una buena opinión de él".

"El primer cerebro de Europa", afirmó Challenger.

"Él es la mayor autoridad sobre el éter, ¿no es así?"

"Indudablemente".

"Por supuesto, sólo lo conozco por sus trabajos psíquicos".

Challenger se callaba como una almeja. Luego Malone esperaba unos días y comentaba con naturalidad: "¿Conoces a Lombroso?".

"Sí, en el Congreso de Milán".

"He estado leyendo un libro suyo".

"Criminología, supongo".

—No, se llamaba Después de la Muerte... ¿Cómo?

"No he oído hablar de ello".

"Se discute la cuestión psíquica".

"Ah, un hombre con el cerebro penetrante de Lombroso acabaría rápidamente con las falacias de estos charlatanes".

"No, está escrito para apoyarlos".

"Bien, hasta la mente más grande tiene su inexplicable debilidad". Así, con infinita paciencia y astucia, Malone dejó caer sus pequeñas gotas de razón con la esperanza de desgastar lentamente la envoltura del prejuicio, pero no se pudieron ver efectos muy visibles. Se debía adoptar alguna medida más fuerte, y Malone decidió hacer una demostración directa. Pero ¿cómo, cuándo y dónde? Esos eran los puntos más importantes sobre los que decidió consultar a Algernon Mailey. Una tarde de primavera lo encontró de nuevo en ese salón donde una vez se había revolcado sobre la alfombra en los brazos de Silas Linden. Encontró al reverendo Charles Mason y a Smith, el héroe del debate de Queen's Hall, en profunda consulta con Mailey sobre un tema que puede parecer mucho más importante para nuestros descendientes que los temas que ahora ocupan un lugar destacado a los ojos del público. Se trataba nada menos que de si el movimiento psíquico en Gran Bretaña estaba destinado a tomar un rumbo unitario o trinitario. Smith siempre había estado a favor del primero, al igual que los antiguos líderes del movimiento y las actuales iglesias espiritualistas organizadas. Por otra parte, Charles Mason era un hijo leal de la Iglesia Anglicana y era el portavoz de muchos otros, incluidos nombres tan importantes como Lodge y Barrett entre los laicos, o Wilberforce, Haweis y Chambers entre los clérigos, que se aferraban a las antiguas enseñanzas al tiempo que admitían el hecho de la comunicación espiritual. Mailey se interponía entre los dos bandos y, como el árbitro celoso en un combate de boxeo que separa a los dos combatientes, siempre corría el riesgo de recibir un golpe de cada uno. Malone estaba encantado de escuchar, porque ahora que se daba cuenta de que el futuro del mundo podía estar ligado a este movimiento, cada fase del mismo le resultaba de intenso interés. Mason estaba disertando con su estilo serio pero de buen humor cuando entró.

"La gente no está preparada para un gran cambio. No es necesario. Sólo tenemos que añadir nuestro conocimiento vivo y la comunión directa con los santos a la espléndida liturgia y las tradiciones de la Iglesia, y tendremos una fuerza impulsora que revitalizará todas las religiones. No se puede arrancar algo de raíz de esa manera. Incluso los primeros cristianos descubrieron que no podían hacerlo, por lo que hicieron todo tipo de concesiones a las religiones que los rodeaban".

"Eso fue exactamente lo que los arruinó", dijo Smith.

"Ese fue el verdadero fin de la Iglesia en su fuerza y pureza originales".

"De todos modos, duró".

"Pero nunca volvió a ser lo mismo desde el momento en que el villano Constantino puso sus manos sobre él".

—¡Oh, vamos! —dijo Mailey—. No debes tachar al primer emperador cristiano de villano.

Pero Smith era un antagonista directo, inflexible y agresivo: "¿Qué otro nombre le darías a un hombre que asesinó a la mitad de su propia familia?"

—Bueno, no se trata de su carácter personal. Estábamos hablando de la organización de la Iglesia cristiana.

—¿No le importa mi franqueza, señor Mason?

Mason sonrió alegremente. "Mientras me concedas la existencia del Nuevo Testamento, no me importa lo que hagas. Si tuvieras que demostrar que nuestro Señor era un mito, como intentó hacerlo ese alemán Drews, no me afectaría en lo más mínimo mientras pudiera señalar ese conjunto de enseñanzas sublimes. Debe haber venido de alguna parte, y lo adopto y digo: 'Ése es mi credo'".

—Bueno, no hay mucha diferencia entre nosotros en ese punto —dijo Smith—. Si hay alguna enseñanza mejor, no la he visto. De todos modos, es lo suficientemente buena como para seguir adelante. Pero queremos eliminar los adornos y las superfluidades. ¿De dónde salieron todas? Eran compromisos con muchas religiones, para que nuestro amigo C. pudiera lograr uniformidad en su imperio mundial. Hizo un mosaico de retazos. Tomó un ritual egipcio: vestimentas, mitra, báculo, tonsura, anillo de matrimonio... todo egipcio. Las ceremonias de Pascua son paganas y se refieren al equinoccio de primavera. La confirmación es mitraísmo. También lo es el bautismo, sólo que era sangre en lugar de agua. En cuanto a la comida sacrificial...

Mason se tapó los oídos con los dedos. —Es una vieja conferencia tuya

—dijo riendo—. Alquila un salón, pero no lo impongas en una casa particular. Pero, en serio, Smith, todo esto no viene al caso. Si es verdad, no afectará en absoluto a mi posición, que es la de que tenemos un gran cuerpo de doctrina que funciona bien y que es considerado con veneración por mucha gente, incluido tu humilde servidor, y que sería un error y una tontería desecharlo. Seguro que estarás de acuerdo conmigo.

—No, no lo creo —respondió Smith, apretando la mandíbula obstinada—. Piensas demasiado en los sentimientos de tus benditos feligreses. Pero también tienes que pensar en las nueve personas de cada diez que nunca entran en una iglesia. Se han visto ahogadas por lo que ellas, incluido tu humilde servidor, consideran irrazonable y fantástico. ¿Cómo vas a ganarte a ellas si sigues ofreciéndoles las mismas cosas, aunque mezcles con ellas enseñanzas espirituales? Sin embargo, si te acercas a estos agnósticos o ateos y les dices: "Estoy totalmente de acuerdo en que todo esto es irreal y está contaminado por una larga historia de violencia y reacción. Pero aquí tenemos algo puro y nuevo. ¡Ven a examinarlo!". De esa manera podría convencerlos de que vuelvan a creer en Dios y en todos los fundamentos de la religión sin que tengan que violentar su razón aceptando tu teología.

Mailey se había estado tirando de su barba morena mientras escuchaba estos consejos contradictorios. Conociendo a los dos hombres, sabía que en realidad no había mucha diferencia entre ellos, cuando uno iba más allá de las meras palabras, porque Smith veneraba a Cristo como un hombre semejante a Dios, y Mason como un Dios semejante a un hombre, y el resultado era muy parecido. Al mismo tiempo, sabía que sus seguidores más extremistas de ambos lados estaban en verdad muy distanciados, de modo que el compromiso se volvió imposible.

"Lo que no puedo entender", dijo Malone, "es por qué no les haces estas preguntas a tus amigos espirituales y acatas sus decisiones".

—No es tan sencillo como crees —respondió Mailey—. Todos llevamos nuestros prejuicios terrenales después de la muerte, y todos nos encontramos en una atmósfera que los representa más o menos. Así, cada uno se hace eco de sus antiguas opiniones al principio. Luego, con el tiempo, el espíritu se amplía y termina en un credo universal que incluye sólo la hermandad del hombre y la paternidad de Dios. Pero eso lleva tiempo. He oído a los más furiosos fanáticos hablar a través del velo.

"Yo también lo he hecho", dijo Malone, "y en esta misma sala. Pero ¿qué pasa con los materialistas? Al menos ellos no pueden permanecer inmutables".

"Creo que su mente influye en su estado y que a veces permanecen inertes durante siglos, bajo su propia obsesión de que nada puede ocurrir. Luego, por fin, despiertan, se dan cuenta de su propia pérdida de tiempo y, finalmente, en muchos casos, llegan a la cabeza de la procesión, ya que a menudo son hombres de buen carácter e influidos por motivos nobles, por muy equivocados que sean sus puntos de vista".

"Sí, a menudo se encuentran entre la sal de la tierra", dijo cordialmente el clérigo.

"Y ofrecen los mejores reclutas para nuestro movimiento", dijo Smith. "Se produce una reacción tal cuando descubren por la evidencia de sus propios sentidos que realmente hay una fuerza inteligente fuera de ellos, que les da un entusiasmo que los convierte en misioneros ideales. Ustedes, los que tienen una religión y luego la amplían, no pueden siquiera imaginar lo que significa para el hombre que tiene un vacío total y de repente encuentra algo para llenarlo. Cuando me encuentro con un pobre tipo sincero que busca en

186

la oscuridad, anhelo ponerlo en sus manos".

En ese momento, aparecieron juntos la señora Mailey y el té, pero la conversación no decayó. Una de las características de quienes exploran las posibilidades psíquicas es que el tema es tan polifacético y el interés tan intenso que, cuando se encuentran, se sumergen en el más fascinante intercambio de opiniones y experiencias. Malone tuvo algunas dificultades para lograr que la conversación girara en torno al tema concreto que había sido el objeto de su visita. No habría podido encontrar un grupo de hombres más aptos para aconsejarlo, y todos estaban igualmente interesados en que un hombre tan grande como Challenger tuviera lo mejor a su disposición.

¿Dónde debería ser? En eso todos estaban de acuerdo. La gran sala de sesiones del Psychic College era la más selecta, la más cómoda y, en todos los sentidos, la mejor equipada de Londres. ¿Cuándo debería ser? Cuanto antes, mejor. Todo espiritista y todo médium dejarían de lado, sin duda, cualquier compromiso con tal de ayudar en una ocasión como esta.

"¿Quién debería ser el médium? Ahí estaba el problema. Por supuesto, el círculo de Bolsover sería ideal. Era privado y no se pagaba, pero Bolsover era un hombre de temperamento irascible y Challenger seguramente sería muy insultante y molesto. La reunión podría terminar en disturbios y fiasco. No se debía correr ese riesgo. ¿Valía la pena llevarlo a París? Pero ¿quién asumiría la responsabilidad de soltar semejante tontería en la cristalería del doctor Maupuis?

"Probablemente agarraría al pithecanthropus por el cuello y pondría en riesgo todas las vidas de los presentes", dijo Mailey. "No, no, eso nunca se haría".

"No hay duda de que Banderby es el médium más fuerte de Inglaterra", dijo Smith. "Pero todos sabemos cuál es su carácter personal. No se puede confiar en él".

—¿Por qué no? —preguntó Malone—. ¿Qué le pasa?

Smith se llevó la mano a los labios.

"Ha seguido el mismo camino que muchos médiums antes que él".

—Pero, sin duda —dijo Malone—, ese es un argumento sólido contra nuestra causa. ¿Cómo puede algo ser bueno si conduce a tal resultado?

¿Consideras que la poesía es buena?

"¡Por supuesto que sí!"

"Sin embargo, Poe era un borracho, Coleridge un adicto, Byron un libertino y Verlaine un degenerado. Hay que separar al hombre de la cosa. El genio tiene que pagar un rescate por su genio en la inestabilidad de su temperamento. Un gran médium es incluso más sensible que un genio. Muchos son bellos en sus vidas. Algunos no lo son. La excusa para ellos es grande. Ejercen una profesión sumamente agotadora y se necesitan estimulantes. Entonces pierden el control. Pero su mediumnidad física continúa de todos modos".

—Eso me recuerda una historia sobre Banderby —dijo Mailey—. Tal vez no lo hayas visto, Malone. Es una figura divertida en cualquier momento: un hombre pequeño, redondo y saltarín que no ha visto sus propios dedos de los pies durante años. Cuando está borracho es aún más divertido. Hace unas semanas recibí un mensaje urgente de que estaba en el bar de cierto hotel y demasiado borracho para volver a casa sin ayuda. Un amigo y yo salimos a rescatarlo. Lo llevamos a casa después de algunas aventuras desagradables, y ¿qué haría el hombre sino insistir en celebrar una sesión espiritista? Tratamos de contenerlo, pero la trompeta estaba en una mesa auxiliar y de repente apagó la luz. En un instante comenzaron los fenómenos. Nunca fueron

187

más poderosos. Pero fueron interrumpidos por Princeps, su control, que agarró la trompeta y comenzó a golpearlo con ella. "¡Eres un bribón! ¡Eres un bribón borracho! ¡Cómo te atreves!" La trompeta estaba toda abollada por los golpes. Banderby salió corriendo y gritando de la habitación y nos marchamos.

—Bueno, en cualquier caso, no fue el médium en ese momento —dijo Mason—. Pero en cuanto al profesor Challenger, no conviene correr el riesgo.

"¿Qué pasa con Tom Linden?", preguntó la señora Mailey. Mailey negó con la cabeza.

"Tom nunca ha sido el mismo desde que fue encarcelado. Estos tontos no sólo persiguen a nuestros preciosos médiums, sino que arruinan sus poderes. Es como poner una navaja en un lugar húmedo y luego esperar que tenga un filo fino".

—¡Qué! ¿Ha perdido sus poderes?

—Bueno, yo no iría tan lejos, pero ya no son tan buenos como antes. Ve a un policía disfrazado en cada modelo y eso lo distrae. Aun así, es confiable hasta cierto punto. Sí, en general, sería mejor que cuente con Tom.

"¿Y las niñeras?"

"Supongo que el profesor Challenger querrá traer uno o dos amigos suyos".

—¡Formarán un horrible bloque de vibraciones! Necesitamos contar con gente comprensiva para contrarrestarlo. Está Delicia Freeman. Ella vendría. Yo también podría venir. ¿Tú vendrías, Mason?

"Por supuesto que lo haría".

"¿Y tú, Smith?"

—¡No, no! Tengo que ocuparme de mi papel, tres servicios, dos entierros, una boda y cinco reuniones, todo ello durante la semana que viene.

—Bueno, podemos conseguir fácilmente uno o dos más. El ocho es el número favorito de Linden. Así que ahora, Malone, sólo tienes que conseguir el consentimiento del gran hombre y la fecha.

"Y el espíritu de confirmación", dijo Mason con seriedad, "debemos consultar a nuestros socios".

—Por supuesto que debemos hacerlo, padre. Es lo correcto. Bueno, eso está decidido, Malone, y sólo podemos esperar el acontecimiento.

Por casualidad, aquella noche aguardaba a Malone un acontecimiento muy distinto, y se topó con uno de esos abismos que inesperadamente se abren en el camino de la vida. Cuando, siguiendo su rutina habitual, llegó a la oficina de la Gazette, el portero le informó de que el señor Beaumont deseaba verlo. El superior inmediato de Malone era el viejo subdirector de la editorial escocesa, el señor McArdle, y era realmente raro que el máximo redactor echara un vistazo desde aquella cima desde la que contemplaba los reinos del mundo, o que mostrara algún reconocimiento de sus humildes compañeros de trabajo en las laderas que se extendían a sus pies. El gran hombre, bien afeitado, próspero y capaz, estaba sentado en su santuario palaciego entre una rica colección de viejos muebles de roble y cuero rojo lacre. Continuó su carta cuando entró Malone, y sólo levantó sus astutos ojos grises después de un intervalo de unos minutos.

—¡Ah, señor Malone, buenas noches! Hace tiempo que quería verlo. ¿Quiere sentarse? Se trata de esos artículos sobre cuestiones psíquicas que ha estado escribiendo. Los ha abierto en un tono de sano escepticismo, atemperado por el humor, que ha sido muy aceptable tanto para mí como para nuestro público. Sin embargo, lamento observar que su punto de vista ha cambiado a medida que avanzaba y que ahora ha asumido una posición en la que realmente parece aprobar algunas de estas prácticas. No hace falta que diga que esa no es la política de la Gazette y habríamos interrumpido los artículos si no hubiera sido porque anunciamos una serie de artículos a cargo de un investigador imparcial. Tenemos que continuar, pero el tono debe cambiar.

"¿Qué desea que haga, señor?"

"Debes volver a sacarle el lado divertido a esto. Eso es lo que le encanta a nuestro público. Ríete de todo. Llama a la tía soltera y haz que hable de manera divertida. ¿Entiendes lo que quiero decir?"

"Me temo, señor, que ya no me parece divertido. Al contrario, lo tomo cada vez más en serio".

Beaumont meneó su solemne cabeza.

—Lo mismo, por desgracia, hacen nuestros suscriptores. —Tenía un pequeño montón de cartas sobre el escritorio, a su lado, y tomó una—. Mire esto: "Siempre he considerado su periódico como una publicación temerosa de Dios, y quisiera recordarle que las prácticas que su corresponsal parece tolerar están expresamente prohibidas tanto en el Levítico como en el Deuteronomio. Yo compartiría su pecado si siguiera siendo suscriptor".

"¡Imbécil intolerante!" murmuró Malone.

"Puede que así sea, pero el centavo de un idiota intolerante vale tanto como cualquier otro centavo. Aquí hay otra carta: 'Seguramente en esta era de libre pensamiento e ilustración no estás ayudando a un movimiento que intenta llevarnos de vuelta a la idea descabellada de inteligencias angelicales y diabólicas fuera de nosotros. Si es así, debo pedirte que canceles mi suscripción'".

"Sería divertido, señor, encerrar a todos estos objetores en una habitación y dejar que lo resuelvan entre ellos".

—Puede ser, señor Malone, pero lo que tengo que tener en cuenta es la circulación de la Gazette.

—¿No cree usted, señor, que tal vez subestime la inteligencia del público y que detrás de esos extremistas de todo tipo hay una gran masa de gente que se ha sentido impresionada por las declaraciones de tantos testigos importantes y honorables? ¿No es nuestro deber mantener a esa gente al corriente de los hechos reales sin burlarnos de ellos?

El señor Beaumont se encogió de hombros.

"Los espiritistas deben librar su propia batalla. Este no es un periódico de propaganda y no pretendemos engañar al público en cuanto a creencias religiosas".

—No, no, sólo me refería a los hechos reales. Fíjese en lo sistemáticamente que se mantienen en la oscuridad. ¿Cuándo, por ejemplo, alguien ha leído un artículo inteligente sobre el ectoplasma en un periódico de Londres? ¿Quién podría imaginar que esta sustancia tan importante ha sido examinada, descrita y respaldada por hombres de ciencia con innumerables fotografías para probar sus palabras?

—Bueno, bueno —dijo Beaumont con impaciencia—. Me temo que estoy demasiado ocupado para discutir el asunto. El motivo de esta entrevista es que he recibido una carta del señor Cornelius en la que me dice que debemos adoptar otra postura de inmediato.

El señor Cornelius era el propietario de la Gazette, y no lo había conseguido por méritos personales, sino porque su padre le había dejado algunos millones, parte de los cuales gastó en esta compra. Rara vez se le veía en la oficina, pero de vez en cuando un párrafo del periódico informaba de que su yate había hecho escala en Mentone y que se le había visto en las mesas de Montecarlo, o que se le esperaba en Leicestershire para la temporada. Era un hombre sin fuerza de cerebro ni de carácter, aunque de vez en cuando

189

influía en los asuntos públicos con un manifiesto impreso en letra más grande en su propia portada. Sin ser disoluto, era un libertino que vivía en un lujo constante que lo colocaba siempre al borde del vicio y, en ocasiones, más allá del límite. A Malone se le encendió la sangre en la cabeza al pensar en ese insignificante, ese insecto, que se interponía entre la humanidad y un mensaje de instrucción y consuelo que descendía de arriba. Y, sin embargo, esos dedos torpes e infantiles podían realmente abrir el grifo y cortar la corriente divina, por mucho que pudiera abrirse paso por otros lados.

—Así que eso es definitivo, señor Malone —dijo Beaumont, con la actitud de quien pone fin a una discusión.

—¡Es definitivo! —dijo Malone—. Tan definitivo que marca el fin de mi relación con su periódico. Tengo un contrato de seis meses. ¡Cuando termine, me voy!

—Haga lo que quiera, señor Malone —continuó escribiendo el señor Beaumont.

Malone, aún con el arrebato de la batalla, entró en la habitación de McArdle y le contó lo que había sucedido. El viejo subeditor escocés estaba muy perturbado.

—Eh, hombre, es esa sangre irlandesa tuya. Una gota de whisky escocés es algo bueno, ya sea en tus venas o en el fondo de un vaso. ¡Vuelve, hombre, y di que has vuelto a sembrar!

—¡Yo no! ¡La idea de que ese hombre, Cornelius, con su barriga prominente y su cara colorada y... bueno, ya sabes todo sobre su vida privada... la idea de que un hombre así dicte lo que la gente debe creer y me pida que me burle de la cosa más sagrada de esta tierra!

"¡Hombre, estarás arruinado!"

"Bueno, hombres mejores que yo se han arruinado por esta causa. Pero conseguiré otro trabajo".

—No, si Cornelius puede impedírtelo. Si te llaman perro rebelde, no habrá lugar para ti en Fleet Street.

"¡Es una vergüenza!", exclamó Malone. "La forma en que se ha tratado este asunto es una vergüenza para el periodismo. No se trata solo de Gran Bretaña. Estados Unidos es peor. Parece que tenemos a la gente más baja y desalmada que jamás haya existido en la prensa; gente de buen corazón, pero material. ¡Y estos son los líderes del pueblo! ¡Es horrible!"

McArdle puso una mano paternal sobre el hombro del joven.

"Bien, bien, muchacho, aceptamos el mundo tal como lo encontramos. No lo hicimos nosotros y no somos responsables. ¡Dale tiempo! ¡Dale tiempo! Tenemos tanta prisa. Vete a casa, piénsalo bien, recuerda tu carrera, esa jovencita tuya, y luego regresa y come el pastel que todos tenemos que comer si queremos conservar nuestro lugar en el mundo".

XVI. — EN EL QUE CHALLENGER TIENE LA EXPERIENCIA DE SU VIDA

Así que ya estaban tendidas las redes, cavado el hoyo y los cazadores listos para la gran presa, pero la cuestión era si la criatura se dejaría llevar en la dirección correcta. Si a Challenger le hubieran dicho que la reunión se había celebrado en realidad con la esperanza de presentarle pruebas convincentes de la verdad de la relación entre los espíritus con el fin de su conversión final, se habría despertado en él una mezcla de ira y burla. Pero el astuto Malone, ayudado e instigado por Enid, siguió planteando la idea de que su presencia sería una protección contra el fraude y que podría señalarles cómo y por qué los habían engañado. Con este pensamiento en la mente, Challenger dio un consentimiento despectivo y condescendiente a la propuesta de honrar con su presencia un procedimiento que, en su opinión, era más propio de la cabaña de piedra de un salvaje neolítico que de la seria atención de alguien que representaba la cultura y la sabiduría acumuladas por la raza humana.

Enid acompañó a su padre, y él también trajo consigo a un curioso compañero que era desconocido tanto para Malone como para el resto de la compañía. Se trataba de un joven escocés grande y huesudo, con una cara pecosa, una figura enorme y una taciturnidad que nadie podía penetrar. Ninguna pregunta podía descubrir dónde estaban sus intereses en la investigación psíquica, y la única cosa positiva que obtuvo de él fue que su nombre era Nicholl. Malone y Mailey fueron juntos a la cita en Holland Park, donde los esperaban Delicia Freeman, el reverendo Charles Mason, el señor y la señora Ogilvy del College, el señor Bolsover de Hammersmith y Lord Roxton, que se había vuelto asiduo en sus estudios psíquicos y progresaba rápidamente en conocimiento. Eran nueve en total, una reunión mixta y discordante, de la que ningún investigador experimentado podía esperar grandes resultados. Al entrar en la sala de sesiones, Linden se encontró sentado en el sillón, con su esposa a su lado, y fue presentado colectivamente a la compañía, la mayoría de los cuales ya eran sus amigos. Challenger abordó el asunto de inmediato con el aire de un hombre que no soporta tonterías.

"¿Es este el médium?" preguntó, mirando a Linden con desaprobación.

"Sí".

"¿Lo han registrado?"

"Aún no".

¿Quién lo buscará?

"Se han seleccionado dos hombres de la compañía".

Challenger olfateó sus sospechas.

"¿Qué hombres?" preguntó.

"Le sugerimos que lo haga usted y su amigo, el señor Nicholl. Hay un dormitorio en la puerta de al lado".

El pobre Linden fue llevado entre ellos de una manera que le recordó desagradablemente sus experiencias en prisión. Había estado nervioso antes, pero esta terrible experiencia y la abrumadora presencia de Challenger lo pusieron aún más nervioso. Sacudió la cabeza tristemente hacia Mailey cuando reapareció.

"Dudo que no logremos nada hoy. Tal vez sería prudente posponer la sesión", dijo.

Mailey se acercó y le dio una palmadita en el hombro, mientras la señora Linden le tomaba la mano.

—Está bien, Tom —dijo Mailey—. Recuerda que tienes una guardia personal de amigos a tu alrededor que no permitirán que te traten mal. —Luego, Mailey le habló a Challenger en un tono más severo que el habitual—. Te ruego que recuerdes, señor, que un médium es un instrumento tan delicado como cualquier otro que se encuentre en tus laboratorios. No abuses de él. Supongo que no encontraste nada comprometedor en su persona, ¿no?

—No, señor, no lo hice. Y como resultado, nos asegura que no recibiremos nada hoy.

—Lo dice porque tu actitud lo ha perturbado. Debes tratarlo con más amabilidad.

La expresión de Challenger no prometía ninguna mejora. Su mirada se posó en la señora Linden.

"Tengo entendido que esa persona es la esposa del médium. También a ella hay que buscarla".

—Eso es algo normal —dijo el escocés Ogilvy—. Mi esposa y su hija la llevarán a cabo. Pero le ruego, profesor Challenger, que sea lo más armonioso posible y que recuerde que todos estamos tan interesados en los resultados como usted, de modo que toda la compañía sufrirá si usted altera las condiciones.

El señor Bolsover, el tendero, se levantó con tanta dignidad como si estuviera presidiendo su templo favorito.

"Propongo", dijo, "que se registre al profesor Challenger".

La barba de Challenger se erizó de ira.

"¡Regístreme! ¿Qué quiere decir, señor?"

Bolsover no se dejó intimidar.

"No estás aquí como nuestro amigo, sino como nuestro enemigo. Si pudieras demostrar que hay fraude, sería un triunfo personal para ti, ¿entiendes? Por eso, yo, por mi parte, digo que debes ser registrado como corresponde".

—¿Quiere usted insinuar, señor, que soy capaz de hacer trampa? —preguntó Challenger.

—Bueno, profesor, a todos nos acusan de eso —dijo Mailey sonriendo—. Al principio, todos nos sentimos tan indignados como usted, pero después de un tiempo uno se acostumbra. A mí me han llamado mentirosa, lunática... Dios sabe qué más. ¿Qué importa?

"Es una propuesta monstruosa", dijo Challenger mirando a todos a su alrededor.

—Bien, señor —dijo Ogilvy, que era un escocés particularmente obstinado—. Por supuesto, usted tiene la libertad de salir de la sala y dejarnos. Pero si se sienta, debe hacerlo en lo que consideramos condiciones científicas. No es científico que un hombre que es conocido por su hostilidad feroz hacia el movimiento se siente con nosotros en la oscuridad sin ningún control sobre lo que pueda tener en sus bolsillos.

—¡Vamos, vamos! —gritó Malone—. Sin duda podemos confiar en el honor del profesor Challenger.

—Está muy bien —dijo Bolsover—. No me había dado cuenta de que el profesor Challenger confiara tanto en el honor del señor y la señora Linden.

—Tenemos motivos para andar con cuidado —dijo Ogilvy—. Puedo asegurarle que se cometen fraudes contra los médiums, al igual que los cometen los médiums. Podría darle muchos ejemplos. No, señor, tendrá que ser registrado.

—No tardará ni un minuto —dijo Lord Roxton—. Lo que quiero decir es que el joven Malone y yo podemos echarte un vistazo en un santiamén.

"¡Exactamente, vamos!" dijo Malone.

Y así, Challenger, como un toro de ojos rojos y fosas nasales dilatadas, fue sacado de la habitación. Unos minutos después, cuando se habían completado todos los preparativos, estaban sentados en el círculo y la sesión había comenzado.

Pero las condiciones ya habían sido destruidas. Aquellos investigadores meticulosos que insisten en atar a un médium hasta que la pobre criatura se parece a un pollo atado para asarlo, o que lo miran con sospecha antes de que se apaguen las luces, no se dan cuenta de que son como personas que agregan humedad a la pólvora y luego esperan que explote. Arruinan sus propios resultados, y luego, cuando esos resultados no se producen, imaginan que su propia astucia, en lugar de su propia falta de comprensión, ha sido la causa.

De ahí que en reuniones humildes por todo el país, en una atmósfera de simpatía y reverencia, ocurran acontecimientos que el hombre frío de la "Ciencia" nunca tiene el privilegio de ver.

Todos los presentes se sintieron agitados por el altercado preliminar, pero ¡cuánto más significaba para el centro sensible de todo! Para él, la habitación estaba llena de contradictorios torrentes y remolinos de poder psíquico, que giraban de un lado a otro y eran tan difíciles de navegar para él como los rápidos debajo del Niágara. Gimió de desesperación. Todo estaba mezclado y confuso. Empezó como de costumbre con su clarividencia, pero los nombres zumbaban en sus oídos etéricos sin secuencia ni orden. La palabra "John" parecía predominar, así que dijo. ¿"John" significaba algo para alguien? Una risa cavernosa de Challenger fue la única respuesta. Luego dijo el apellido Chapman. Sí, Mailey había perdido a un amigo llamado Chapman. Pero, había sido hace años y no parecía haber ninguna razón para su presencia, ni podía proporcionar su nombre de pila. "Budworth"... no; nadie reconocería a un amigo llamado Budworth. Llegaron mensajes concretos, pero parecían no tener ninguna relación con la compañía presente. Todo iba mal y el ánimo de Malone se hundió por completo. Challenger resopló tan fuerte que Ogilvy protestó.

—Usted empeora las cosas, señor, cuando muestra sus sentimientos —dijo—. Puedo asegurarle que en diez años de experiencia constante nunca he visto al médium tan lejos, y lo atribuyo enteramente a su propia conducta.

"Así es", dijo Challenger con satisfacción.

—Me temo que no sirve de nada, Tom —dijo la señora Linden—. ¿Cómo te sientes ahora, querido? ¿Quieres parar? Pero Linden, bajo toda su gentil apariencia, era un luchador. Tenía, en otra forma, las mismas cualidades que habían llevado a su hermano a un as del cinturón de Lonsdale.

"No, creo que tal vez sea sólo la parte mental la que está confusa. Si estoy en trance lo superaré. La parte física puede ser mejor. De todos modos, lo intentaré".

Las luces se atenuaron hasta que apenas se convirtieron en un destello carmesí. La cortina del gabinete estaba corrida. Afuera, a un lado, apenas visible para el público, Tom Linden, respirando estertorosamente en su trance, yacía recostado en un sillón de madera. Su esposa vigilaba y vigilaba al otro lado del gabinete.

Pero no pasó nada.

Pasó un cuarto de hora. Luego otro cuarto de hora. La compañía tenía paciencia, pero Challenger había empezado a moverse inquieto en su asiento. Todo parecía haberse enfriado y muerto. No sólo no estaba sucediendo nada, sino que de alguna manera toda expectativa de que algo sucediera parecía haberse desvanecido.

—¡No sirve de nada! —gritó finalmente Mailey.

"No tengo miedo", dijo Malone.

El médium se agitó y gimió; estaba despertándose. Challenger dio un ostentoso bostezo.

«¿No es esto una pérdida de tiempo?» preguntó.

La señora Linden pasó la mano por la cabeza y la frente del médium. Sus ojos se habían abierto.

"¿Algún resultado?" preguntó.

-No sirve de nada, Tom. Tendremos que posponerlo.

"Yo también lo creo", afirmó Mailey.

"Es una gran tensión para él en estas condiciones adversas", comentó Ogilvy, mirando enojado a Challenger.

"Creo que sí", dijo este último con una sonrisa complaciente.

Pero Linden no se dejó vencer.

"Las condiciones son malas", dijo. "Las vibraciones son malas, pero lo intentaré dentro del gabinete. Allí se concentra la fuerza".

—Bueno, es la última oportunidad —dijo Mailey—. Bien podemos intentarlo.

El sillón fue levantado dentro de la tienda de tela y el médium lo siguió, corriendo la cortina detrás de él.

"Condensará las emanaciones ectoplasmáticas", explicó Ogilvy.

"Sin duda", dijo Challenger. "Al mismo tiempo, en aras de la verdad, debo señalar que la desaparición del médium es sumamente lamentable".

—Por el amor de Dios, no empieces a discutir otra vez —gritó Mailey con impaciencia—. Consigamos algunos resultados y entonces tendremos tiempo de discutir su valor.

De nuevo hubo una espera cansina. Luego se oyeron unos gemidos huecos desde el interior del gabinete. Los espiritistas se sentaron, expectantes.

"Eso es ectoplasma", dijo Ogilvy. "Siempre causa dolor al emitirlo".

Apenas había terminado de pronunciar estas palabras cuando las cortinas se abrieron de golpe con una violencia repentina y se oyó un tintineo de anillos. En la abertura oscura se perfiló una figura blanca y vaga que avanzó lentamente y con vacilación hacia el centro de la habitación. En la penumbra teñida de rojo se perdió todo contorno definido y apareció simplemente como una mancha blanca que se movía en la oscuridad. Con la deliberación que sugería miedo, avanzó paso a paso hasta que estuvo frente al profesor.

—¡Ahora! —gritó con su voz estentórea.

Se oyó un grito, un alarido, un estruendo. "¡Lo tengo!", rugió alguien. "¡Enciendan las luces!", gritó otro. "¡Tengan cuidado! ¡Pueden matar al médium!", gritó un tercero. El círculo se rompió. Challenger corrió hacia el interruptor y encendió todas las luces. El lugar estaba tan inundado de resplandor que pasaron varios segundos antes de que los desconcertados y medio cegados espectadores pudieran ver los detalles.

Cuando recuperaron la vista y el equilibrio, el espectáculo fue deplorable para la mayoría de los presentes. Tom Linden, pálido, aturdido y enfermo, estaba sentado en el suelo. Sobre él se encontraba el enorme joven escocés que lo había traído al suelo, mientras que la señora Linden, arrodillada junto a su marido, miraba con enojo a su agresor. Se produjo un silencio mientras los presentes observaban la escena. El silencio fue roto por el profesor Challenger.

"Bueno, señores, supongo que no hay nada más que decir. Su médium ha sido desenmascarado como se merecía. Ahora pueden ver la naturaleza de sus fantasmas. Debo agradecer al señor Nicholl, quien, debo señalar, es el famoso jugador de fútbol de ese nombre, por la pronta manera en que ha llevado a cabo sus instrucciones".

"Lo agarré por debajo del hombro", dijo el joven alto. "Fue fácil".

"Lo ha hecho de manera muy eficaz. Ha prestado un servicio público al ayudar a desenmascarar a un tramposo sin corazón. No hace falta que diga que se iniciará un proceso penal".

Pero ahora Mailey intervino y con tal autoridad que Challenger se vio obligado a escuchar.

"Su error no es antinatural, señor, aunque el curso que adoptó en su ignorancia es uno que bien podría haber sido fatal para el médium".

—¡Qué ignorancia! Si habláis así, os advierto que no os consideraré unos tontos, sino unos cómplices.

"Un momento, profesor Challenger. Quisiera hacerle una pregunta directa y pedirle una respuesta igualmente directa. ¿No era la figura que todos vimos antes de este doloroso episodio una figura blanca?"

"Sí, lo fue".

"Ahora ves que la médium está completamente vestida de negro. ¿Dónde está la prenda blanca?"

"No me importa dónde se encuentre. Sin duda, tanto él como su mujer están preparados para cualquier eventualidad. Tienen sus propios medios para ocultar la sábana, o lo que sea que haya sido. Estos detalles se pueden explicar en el juzgado de policía".

"Examina ahora. Busca algo blanco en la habitación".

"No sé nada de la habitación. Sólo puedo usar mi sentido común. El hombre está expuesto haciéndose pasar por un espíritu. En qué rincón o grieta ha escondido su disfraz es un asunto de poca importancia".

"Por el contrario, se trata de una cuestión vital. Lo que habéis visto no ha sido una impostura, sino un fenómeno muy real".

Challenger se rio.

—Sí, señor, un fenómeno muy real. Ha visto una transfiguración que es el estado intermedio de la materialización. Comprenderá amablemente que a los guías espirituales, que conducen tales asuntos, no les importan sus dudas y sospechas. Se proponen obtener ciertos resultados, y si las debilidades del círculo les impiden obtenerlos de una manera, los obtienen de otra, sin consultar con su prejuicio o conveniencia. En este caso, al no poder, debido a las malas condiciones que usted mismo ha creado, construir una forma ectoplasmática, envolvieron al médium inconsciente en una envoltura ectoplasmática y lo expulsaron del gabinete. Él es tan inocente de impostura como usted.

—Juro por Dios —dijo Linden— que desde el momento en que entré en el gabinete hasta que me encontré en el suelo no supe nada. —Se había puesto de pie tambaleándose y temblaba por todas partes por la agitación, de modo que no podía sostener el vaso de agua que su esposa le había traído.

Challenger se encogió de hombros.

—Sus excusas —dijo— sólo abren nuevos abismos de credulidad. Mi propio deber es obvio y lo cumpliré al máximo. Cualquier cosa que tenga que decir recibirá, sin duda, la consideración que merece por parte del magistrado. —Entonces el profesor Challenger se dio la vuelta para marcharse como alguien que ha cumplido triunfalmente aquello por lo que vino—. ¡Ven, Enid! —dijo.

Y ahora ocurrió un acontecimiento tan repentino, tan inesperado, tan dramático, que ninguno de los presentes dejará de tenerlo vívidamente en la memoria.

No hubo respuesta a la llamada de Challenger. Todos los demás se habían puesto de pie. Solo Enid permaneció en su silla. Estaba sentada con la cabeza apoyada en un hombro, los ojos cerrados y el cabello parcialmente suelto: era una modelo para un escultor.

—Está dormida —dijo Challenger—. Despierta, Enid. Me voy.

No hubo respuesta de la niña. Mailey estaba inclinada sobre ella.

—¡Silencio! ¡No la molestes! Está en trance.

Challenger se adelantó. "¿Qué has hecho? Tu infernal tontería la ha asustado. Se ha desmayado".

Mailey había levantado el párpado.

—No, no, tiene los ojos hacia arriba. Está en trance. Su hija, señor, es una médium poderosa.

"¡Una médium! Estás delirando. ¡Despierta, niña! ¡Despierta!"

—¡Por el amor de Dios, déjala! Si no lo haces, te arrepentirás toda tu vida. No es seguro entrar de repente en trance *mediúmnico*.

Challenger se quedó perplejo. Por una vez, su presencia de ánimo lo había abandonado. ¿Era posible que su hija estuviera al borde de un misterioso precipicio y que él pudiera empujarla al vacío?

"¿Qué debo hacer?" preguntó impotente.

"No tengan miedo. Todo estará bien. ¡Siéntense! ¡Siéntense todos! ¡Ah! Está a punto de hablar".

La muchacha se había movido. Se había sentado erguida en su silla. Sus labios temblaban. Una mano estaba extendida:

—¡Para él! —gritó, señalando a Challenger—. No debe hacerle daño a mi Medi. Es un mensaje. Para él.

Hubo un silencio sin aliento entre las personas que se habían reunido alrededor de la niña.

"¿Quién habla?", preguntó Mailey.

"Víctor habla. Víctor. No le hará daño a mi Medi. Tengo un mensaje. ¡Para él!"

-Sí, sí. ¿Cuál es el mensaje?

"Su esposa está aquí".

"¡Sí!"

"Dice que ya había estado allí una vez. Que llegó a través de esta chica. Fue después de que la incineraran. Ella tocó y él la oyó tocar, pero no entendió".

—¿Esto significa algo para usted, profesor Challenger?

Sus grandes cejas se fruncieron sobre sus ojos suspicaces e interrogativos y miró como una bestia acorralada a uno y otros rostros que lo rodeaban. Había una trampa, una trampa vil. Habían sobornado a su propia hija. Era condenable. Los desenmascararía, a todos. No, no tenía preguntas que hacer. Podía ver a través de todo. Ella había sido conquistada. No podía creerlo de ella, y sin embargo debía ser así. Ella lo estaba haciendo por el bien de Malone. Una mujer haría cualquier cosa por un hombre al que ama. Sí, era condenable. Lejos de ablandarse, estaba más vengativo que nunca. Su rostro furioso, sus palabras entrecortadas, expresaban sus convicciones.

Nuevamente el brazo de la niña se extendió, apuntando hacia delante.

"¡Otro mensaje!"

"¿A quién?"

"Para él. El hombre que quería hacerle daño a mi Medi. No debe hacerle daño a mi Medi. Un hombre aquí, dos hombres, desean darle un mensaje".

—Sí, Víctor, déjanos tenerlo.

—El nombre del primer hombre es... —La chica inclinó la cabeza y levantó la oreja, como si estuviera escuchando—. ¡Sí, sí, lo tengo! Es Al-Al-Aldridge.

"¿Eso significa algo para ti?"

Challenger se tambaleó. Una expresión de absoluto asombro se dibujó en su rostro.

—¿Quién es el segundo hombre? -preguntó.

"Ware. Sí, eso es. Ware".

Challenger se sentó de repente. Se pasó la mano por la frente. Estaba pálido como un muerto. Tenía la cara húmeda de sudor.

"¿Los conoces?"

"Conocí a dos hombres con esos nombres".

—Tienen un mensaje para ti-dijo la muchacha.

Challenger parecía prepararse para un golpe.

"Bueno, ¿qué es?"

"Demasiado privado. No se puede hablar con toda esta gente aquí".

—Esperaremos afuera —dijo Mailey—. Venid, amigos, denle su mensaje al profesor.

Se dirigieron hacia la puerta y dejaron al hombre sentado frente a su hija. Un nerviosismo inusitado pareció apoderarse de él de repente. —¡Malone, quédate conmigo!

La puerta se cerró y los tres quedaron juntos.

"¿Cuál es el mensaje?"

"Se trata de un polvo".

"Sí, sí".

"¿Un polvo gris?"

"Sí".

"El mensaje que los hombres quieren que transmita es: 'No nos matasteis'".

—Pregúntales, entonces... pregúntales... ¿cómo murieron? —Su voz estaba quebrada y su enorme cuerpo temblaba por la emoción.

"Mueren de enfermedad".

"¿Qué enfermedad?"

—Nuevo... nuevo. ¿Qué es eso? Neumonía.

Challenger se hundió en su silla con un inmenso suspiro de alivio. "¡Dios mío!", gritó, secándose la frente. Luego:

"Llama a los demás, Malone".

Habían esperado en el rellano y ahora entraban en tropel en la habitación. Challenger se había levantado para recibirlos. Sus primeras palabras fueron para Tom Linden. Habló como un hombre conmocionado cuyo orgullo por un instante se vio destrozado.

"En cuanto a usted, señor, no pretendo juzgarlo. Se me ha ocurrido algo tan extraño y tan cierto, puesto que mis propios sentidos entrenados lo han atestiguado, que no estoy dispuesto a negar ninguna explicación que se haya ofrecido sobre su conducta anterior. Ruego retirar cualquier expresión injuriosa que haya podido utilizar".

Tom Linden era un verdadero cristiano por su carácter. Su perdón fue instantáneo y sincero.

"No tengo ninguna duda de que mi hija posee algún extraño poder que confirma mucho de lo que usted, señor Mailey, me ha dicho. Mi escepticismo científico estaba justificado, pero hoy usted me ha ofrecido una prueba irrefutable".

"Todos pasamos por la misma experiencia, profesor. Dudamos y, a su vez, dudamos de nosotros".

"No puedo concebir que se ponga en duda mi palabra en un punto como este", dijo Challenger con dignidad. "Puedo decir con certeza que esta noche he obtenido información que ninguna persona viva en esta tierra estaba en condiciones de proporcionar. Hay tanto que está fuera de toda duda".

"La señorita está mejor", dijo la señora Linden.

Enid estaba sentada y miraba a su alrededor con ojos desconcertados.

—¿Qué ha pasado, padre? Me he quedado dormida.

—Está bien, querida. Hablaremos de eso más tarde. Ven a casa conmigo ahora. Tengo mucho en qué pensar. Tal vez quieras volver con nosotros, Malone. Siento que te debo una explicación.

Cuando el profesor Challenger llegó a su apartamento, dio órdenes a Austin de que no lo molestaran bajo ningún concepto y lo condujo hasta la biblioteca, donde se sentó en su gran sillón con Malone a su izquierda y su hija a su derecha. Había extendido su enorme pata y había envuelto la pequeña mano de Enid.

—Querida —dijo después de un largo silencio—, no puedo dudar de que posees un extraño poder, pues me lo han mostrado esta noche con una plenitud y una claridad que son definitivas. Puesto que tú lo tienes, no puedo negar que otros también lo puedan tener, y la idea general de la mediumnidad ha entrado en mis concepciones de lo que es posible. No voy a discutir la cuestión, pues mis pensamientos aún están confusos sobre el tema, y necesitaré discutirlo contigo, joven Malone, y con tus amigos, antes de poder tener una idea más precisa. Sólo diré que mi mente ha recibido una sacudida, y que una nueva avenida de conocimiento parece haberse abierto ante mí.

"Estaremos verdaderamente orgullosos", dijo Malone, "si podemos ayudarle".

Challenger esbozó una sonrisa irónica.

"Sí, no tengo ninguna duda de que un titular en su periódico que dijera 'La conversión del profesor Challenger' sería un triunfo. Le advierto que no he llegado tan lejos".

"No haremos nada prematuro y sus opiniones podrán permanecer totalmente privadas".

"Nunca me ha faltado el valor moral para proclamar mis opiniones cuando están formadas, pero aún no ha llegado el momento. Sin embargo, he recibido dos mensajes esta noche, y sólo puedo atribuirles un origen extracorpóreo. Doy por sentado, Enid, que estabas realmente insensible".

«Le aseguro, Padre, que no sabía nada.»

—Así es. Siempre has sido incapaz de engañar. Primero llegó un mensaje de tu madre. Ella me aseguró que efectivamente había producido esos sonidos que oí y de los que te he hablado. Ahora está claro que eras tú el médium y que no estabas dormido sino en trance. Es increíble, inconcebible, grotescamente maravilloso... pero parece ser verdad.

"Crookes utilizó prácticamente esas mismas palabras", afirmó Malone. Escribió que todo eso era "perfectamente imposible y absolutamente cierto".

"Le debo una disculpa. Tal vez le deba una disculpa a mucha gente".

"Nunca se pedirá nada", dijo Malone. "Estas personas no están hechas así".

—Quiero explicar el segundo caso —dijo el profesor, inquieto, mientras se revolvía en su silla—. Es un asunto de gran privacidad, al que nunca he aludido y que nadie en la tierra podría conocer. Ya que has oído tanto, es mejor que lo oigas todo.

"Sucedió cuando yo era un joven médico, y no es exagerado decir que ensombreció mi vida, una nube que recién se ha disipado esta noche. Otros pueden tratar de explicar lo que ocurrió por telepatía, por la acción de la mente subconsciente, por lo que quieran, pero no puedo dudar, es imposible dudar, de que me ha llegado un mensaje de entre los muertos.

"En aquel momento se estaba discutiendo sobre un nuevo medicamento. Es inútil entrar en detalles que usted no sería capaz de apreciar. Baste decir que era de la familia de las *daturas*, que producen venenos mortales y medicinas poderosas. Yo había recibido uno de los primeros ejemplares y deseaba que mi nombre se asociara con la primera exploración de sus propiedades. Se lo di a dos hombres, Ware y Aldridge. Se lo administré en una dosis que pensé que era segura. Eran pacientes, como comprenderá, de mi pabellón en un hospital público. Ambos fueron encontrados muertos por la mañana.

"Se lo había dado en secreto. Nadie lo sabía. No hubo escándalo porque ambos estaban muy enfermos y su muerte parecía natural. Pero en mi corazón tenía miedo. Creía que los había matado. Siempre ha sido un trasfondo oscuro en mi vida. Ustedes mismos oyeron esta noche que fue por la enfermedad y no por la droga por lo que murieron".

—¡Pobre papá! —susurró Enid, dándole una palmadita en la mano grande y peluda—. ¡Pobre papá! ¡Lo que debes haber sufrido!

Challenger era un hombre demasiado orgulloso para soportar la compasión, incluso de su propia hija. Apartó la mano.

"Trabajé para la ciencia", dijo. "La ciencia debe asumir riesgos. No sé si soy culpable. Y, sin embargo, esta noche mi corazón está muy aliviado".

XVII. — DONDE SE DISIPAN LAS NIEBLAS

Malone había perdido su puesto y había encontrado su camino en Fleet Street, bloqueado por el rumor de su independencia. Su lugar en el personal había sido ocupado por un judío joven y borracho, que inmediatamente se había ganado las espuelas con una serie de artículos sumamente humorísticos sobre cuestiones psíquicas, aderezado con garantías de que abordaba el tema con una mente perfectamente abierta e imparcial. Su último recurso, ofrecer cinco mil libras si los espíritus de los muertos colocaban a los tres primeros caballos en el próximo Derby, y su demostración de que el ectoplasma era en realidad la espuma de cerveza embotellada hábilmente oculta por el médium, son trucos periodísticos que están dentro del recuerdo del lector.

Pero el camino que se cerraba por un lado se había abierto por el otro. Challenger, perdido en sus sueños audaces y en sus ingeniosos experimentos, necesitaba desde hacía tiempo un hombre activo y de mente clara para gestionar sus intereses comerciales y controlar sus patentes mundiales. Había muchos dispositivos, fruto del trabajo de su vida, que le reportaban ingresos, pero que debían ser vigilados y guardados cuidadosamente. Su alarma automática para barcos en aguas poco profundas, su dispositivo para desviar un torpedo, su nuevo y económico método de separar el nitrógeno del aire, sus mejoras radicales en la transmisión inalámbrica y su novedoso tratamiento de la mezcla de brea, todos ellos eran generadores de dinero. Enfurecido por la actitud de Cornelius, el profesor puso la gestión de todos ellos en manos de su futuro yerno, que protegió diligentemente sus intereses.

Challenger también había cambiado. Sus colegas y quienes lo rodeaban observaron el cambio sin percibir claramente la causa. Era un hombre más amable, más humilde y más espiritual. En lo más profundo de su alma estaba la convicción de que él, el campeón del método científico y de la verdad, había sido, de hecho, durante muchos años poco científico en sus métodos y un obstáculo formidable para el avance del alma humana a través de la jungla de lo desconocido. Fue esta autocondena la que produjo el cambio en su carácter. Además, con su energía característica, se había sumergido en la maravillosa literatura sobre el tema y, como, sin el prejuicio que antes había oscurecido su cerebro, leyó el testimonio esclarecedor de Hare, de Morgan, Crookes, Lombroso, Barrett, Lodge y tantos otros grandes hombres, se maravilló de haber podido imaginar, ni por un instante, que tal consenso de opinión pudiera basarse en el error. Su naturaleza violenta y sincera le hizo asumir la causa psíquica con la misma vehemencia, e incluso a veces con la misma intolerancia con que antaño la había denunciado, y el viejo león mostró los dientes y rugió contra aquellos que una vez habían sido sus asociados.

Su notable artículo en el Spectator comenzaba diciendo: "La obtusa incredulidad y la obstinada irracionalidad de los prelados que se negaron a mirar a través del telescopio de Galileo y a observar las lunas de Júpiter han sido superadas en nuestros días por esos ruidosos polemistas que expresan precipitadamente opiniones extremas sobre cuestiones psíquicas que nunca han tenido el tiempo ni la inclinación de examinar"; mientras que en una frase final expresaba su convicción de que sus oponentes "no representaban en verdad el pensamiento del siglo XX, sino que más bien podían ser considerados como fósiles mentales extraídos de algún horizonte temprano del Plioceno". Los críticos levantaron las manos horrorizados, como es su costumbre, contra el enérgico lenguaje del artículo, aunque durante tantos años se ha tolerado la violencia de los ataques en el caso de quienes se oponen. Así que podemos dejar a Challenger, con su melena negra tornándose lentamente gris, pero su gran cerebro volviéndose cada vez más fuerte y viril mientras enfrenta los problemas que el futuro le tenía reservado, un futuro que había dejado de estar limitado por el estrecho horizonte de la muerte y que ahora se extiende hacia las infinitas posibilidades y desarrollos de la supervivencia continua de la personalidad, el carácter y el trabajo.

La boda se había celebrado. Fue una ceremonia tranquila, pero ningún profeta podría haber predicho jamás quiénes serían los invitados que el padre de Enid había reunido en los salones Whitehall. Formaban una multitud feliz, unida por la oposición del mundo y unida por un conocimiento común. Allí estaba el reverendo Charles Mason, que había oficiado la ceremonia, y si alguna vez la bendición de un santo consagró una unión, esa había sido esa mañana. Ahora, con su atuendo negro y su sonrisa alegre y sabrosa, se movía entre la multitud llevando consigo paz y amabilidad. Mailey, el viejo guerrero de barba amarilla, marcado por muchos combates y ansioso por más, estaba junto a su esposa, la gentil escudera que llevaba sus armas y le daba nervios al brazo. Allí estaba el doctor Maupuis de París, tratando de hacer entender al camarero que quería café, y recibiendo mondadientes, mientras el demacrado lord Roxton observaba sus esfuerzos con cínica diversión. Allí también estaba el buen Bolsover con varios miembros del círculo de Hammersmith, Tom Linden con su esposa, Smith, el bulldog de pelea del norte, el doctor Atkinson, Marvin, el editor psíquico, con su amable esposa, los dos Ogilvie, la pequeña Delicia con su bolso y sus folletos, el doctor Ross Scotton, que ya se había curado con éxito, y el doctor Felkin, que lo había curado hasta el punto de que su representante terrenal, la enfermera Ursula, podía ocupar su lugar. Todos ellos y muchos más eran visibles para nuestro espectro de color de dos pulgadas y audibles para nuestras cuatro octavas de sonido. ¿Cuántos otros, fuera de esas estrechas limitaciones, pueden haber agregado su presencia y su bendición? ¿Quién puede decirlo?

Una última escena antes de cerrar el relato. Ocurrió en una sala de estar del Hotel Imperial de Folkestone. Junto a la ventana estaban sentados el señor y la señora Edward Malone, que miraban hacia el oeste, hacia el Canal, en un cielo vespertino enfurecido. Grandes tentáculos purpúreos, amenazadores precursores de lo que yacía invisible y desconocido más allá del horizonte, se retorcían hacia el cenit. Abajo, el pequeño barco de Dieppe jadeaba ansiosamente hacia casa. A lo lejos, los grandes barcos se mantenían en medio del Canal, como si estuvieran oliendo el peligro que se avecinaba. La vaga amenaza de ese cielo amenazador actuaba subconscientemente sobre las mentes de ambos.

—Dime, Enid —dijo Malone—, de todas nuestras maravillosas experiencias psíquicas, ¿cuál es ahora más vívida en tu mente?

—Es curioso que me lo preguntes, Ned, porque estaba pensando en eso en ese momento. Supongo que era la asociación de ideas con ese cielo terrible. Estaba pensando en Miromar, el extraño hombre misterioso con sus palabras de fatalidad.

"Y yo también".

¿Has oído hablar de él desde entonces?

"Una sola vez. Fue un domingo por la mañana en Hyde Park. Estaba hablando con un pequeño grupo de hombres. Me mezclé con la multitud y escuché. Era la misma advertencia".

"¿Cómo se lo tomaron? ¿Se rieron?"

—Bueno, ya lo has visto y oído. No te reirás, ¿verdad?

—No, de verdad. Pero tú no te lo tomas en serio, ¿verdad, Ned? Mira la sólida y antigua tierra de Inglaterra. Mira nuestro gran hotel y la gente de Lees, y los aburridos periódicos matutinos y todo el orden establecido de una tierra civilizada. ¿De verdad crees que algo podría venir a destruirlo todo?

—¿Quién sabe? Miromar no es el único que lo dice.

"¿Lo llama el fin del mundo?"

—No, no, es el renacimiento del mundo, del mundo verdadero, el mundo tal como Dios lo quiso que fuera.

"Es un mensaje tremendo. Pero ¿qué es lo que no funciona? ¿Por qué se ha de dictar una sentencia tan terrible?"

"El materialismo, las formalidades acartonadas de las iglesias, la alienación de todos los impulsos espirituales, la negación de lo Invisible, el ridículo de esta nueva revelación: estas son las causas, según él".

"Seguramente el mundo ha sido peor antes de ahora".

"Pero nunca con las mismas ventajas, nunca con la educación y el conocimiento y la así llamada civilización, que deberían haberla llevado a cosas más elevadas. Mire cómo todo se ha vuelto malo. Adquirimos el conocimiento de las aeronaves. Bombardeamos ciudades con ellas. Aprendemos a navegar bajo el mar. Asesinamos marineros con nuestro nuevo conocimiento. Adquirimos el control de los productos químicos. Los convertimos en explosivos o gases venenosos. Va de mal en peor. En el momento actual, todas las naciones de la Tierra están conspirando en secreto sobre cómo pueden envenenar mejor a las demás. ¿Dios creó el planeta con este fin? ¿Es probable que permita que vaya de mal en peor?"

—¿Eres tú o Miromar quien habla ahora?

"Bueno, yo mismo he estado cavilando sobre el asunto, y todos mis pensamientos parecen justificar sus conclusiones. Leí un mensaje espiritual que escribió Charles Mason. Decía: 'La condición más peligrosa para un hombre o una nación es cuando su lado intelectual está más desarrollado que su lado espiritual'. ¿No es esa exactamente la condición del mundo hoy en día?"

- ¿Y cómo vendrá?

"Ah, en eso sólo puedo confiar en la palabra de Miromar. Habla de una ruptura de todos los frascos. Hay guerra, hambruna, peste, terremotos, inundaciones, maremotos... todo termina en una paz y una gloria inefables".

Las grandes serpentinas purpúreas se extendían por el cielo. Un resplandor carmesí apagado, un resplandor espeluznante y furioso, se extendía hacia el oeste. Enid se estremeció al verlo.

"Una cosa hemos aprendido", dijo, "es que dos almas, cuando existe amor verdadero, siguen adelante sin interrupción a través de todas las esferas. ¿Por qué, entonces, tú y yo deberíamos temer a la muerte, o a cualquier cosa que la vida o la muerte puedan traer?"

201

Ella sonrió y puso su mano en la de él.
"¿Por qué, en efecto?", dijo ella.

APÉNDICES

NOTA AL CAPÍTULO II.
LA CLARIVIDENCIA EN LAS IGLESIAS ESPIRITISTAS

Este fenómeno, tal como se manifiesta en las iglesias o templos espiritistas, como los espiritistas suelen llamarlos, varía mucho en calidad. Es tan incierto que muchas congregaciones lo han abandonado por completo, ya que se ha convertido más en una fuente de escándalo que de edificación. Por otra parte, hay ocasiones en que, si las condiciones son buenas, el público es comprensivo y el médium está en buena forma, los resultados son nada menos que asombrosos. Estuve presente en una ocasión en que el Sr. Tom Tyrell, de Blackburn, hablando en una llamada repentina en Doncaster -una ciudad que no conocía- obtuvo no sólo las descripciones sino incluso los nombres de varias personas que fueron reconocidas por los diferentes individuos a los que señaló. He sabido que el Sr. Vout Peters también dio cuarenta descripciones en una ciudad extranjera (Lieja) donde nunca había estado antes, con sólo un fracaso, que fue explicado después. Tales resultados están muy por encima de la coincidencia. Cuál puede ser su verdadera razón de ser aún está por determinar. A veces me ha parecido que el vapor que se hace visible como sólido en el ectoplasma, en su estado más volátil, puede llenar la sala, y que un espíritu que entra en él puede aparecer como una estrella fugaz invisible que aparece a la vista cuando cruza la atmósfera de la tierra. Sin duda, la ilustración es sólo una analogía, pero puede sugerir una línea de pensamiento.

Recuerdo haber estado presente en dos ocasiones en Boston, Massachusetts, cuando los clérigos impartieron clarividencia desde las gradas del altar, y con completo éxito. Me pareció una reproducción admirable de aquellas condiciones apostólicas cuando enseñaban "no sólo con palabras sino también con poder". Todo esto tiene que volver a la religión cristiana antes de que se la revitalice y recupere su poder prístino. Sin embargo, no se puede hacer de un día para otro. Queremos menos fe y más conocimiento.

NOTA SOBRE EL CAPÍTULO IX.
ESPÍRITUS TERRESTRES

Este capítulo puede considerarse sensacional, pero en realidad no hay ningún incidente en él que no pueda ser explicado con detalle. El incidente de Nell Gwynne, mencionado por Lord Roxton, me lo contó el coronel Cornwallis West como ocurrido en su propia casa de campo. Los visitantes se habían encontrado con el espectro en los pasillos y después, cuando vieron el retrato de Nell Gwynne colgado en una sala de estar, exclamaron: "Vaya, allí está la mujer que conocí".

La aventura del terrible ocupante de la casa abandonada se asemeja muy poco a la experiencia de Lord St. Audries en una casa encantada cerca de Torquay. Este valiente soldado contó la historia él mismo en *The Weekly Dispatch* (diciembre de 1921), y se relata admirablemente en *Phantoms of the Dawn* de la señora Violet Tweedale. En cuanto a la conversación mantenida entre el clérigo y el espíritu terrenal, la misma autora ha descrito una similar al registrar las aventuras de Lord y Lady Wynford en el castillo de Glamis (*Fantasmas que he visto*, pág. 175).

De dónde obtiene ese espíritu su reserva de energía material es un problema sin resolver. Probablemente se trate de algún individuo mediúmnico de la vecindad. En el caso sumamente interesante citado por el reverendo Chas. Mason en la narración y observado con mucha atención por la Sociedad de Investigación Psíquica de Reikiavik, Islandia, la formidable criatura terrestre proclamó cómo obtuvo su vitalidad. El hombre era en vida un pescador de carácter rudo y violento que se había suicidado. Se unió al médium, lo siguió a las sesiones de la Sociedad y causó una confusión y alarma indescriptibles, hasta que fue exorcizado por algún medio como el descrito en la historia. Un largo relato apareció en las Actas de la Sociedad Americana de Investigación Psíquica y también en el órgano del Colegio Psíquico, Investigación Psíquica de enero de 1925. Islandia, cabe señalar, está muy avanzada en la ciencia psíquica, y en proporción a su población u oportunidades probablemente esté por delante de cualquier otro país. El obispo de Reikiavik es presidente de la Sociedad Psíquica, lo que sin duda es una lección para nuestros propios prelados, cuya disociación del estudio de tales cuestiones es poco menos que un escándalo. El tema se relaciona con la naturaleza del alma y su destino en el Más Allá, pero creo que hay menos estudiosos de la materia entre nuestros guías espirituales que entre cualquier otra profesión.

NOTA SOBRE EL CAPÍTULO X.
CÍRCULOS DE RESCATE

Las escenas de este capítulo están basadas en mi propia experiencia o en los informes de experimentadores cuidadosos y dignos de confianza. Entre estos últimos se encuentran el señor Tozer, de Melbourne, y el señor McFarlane, de Southsea, quienes han organizado círculos metódicos con el propósito de brindar ayuda a los espíritus atados a la tierra. En los capítulos IV y VI de mis *Wanderings of a Spiritualist* se encuentran relatos detallados de experiencias que he tenido personalmente en los primeros círculos . Puedo agregar que en mi propio círculo doméstico, bajo la *mediunidad* de mi esposa, hemos tenido el privilegio de brindar esperanza y conocimiento a algunos de estos seres infelices.

En las últimas cien páginas de *Glimpses of the Next State (Visualizaciones del próximo estado)* del difunto almirante Usborne Moore se pueden encontrar informes completos de varias de estas dramáticas conversaciones. Cabe señalar que el almirante no estuvo presente personalmente en estas sesiones, sino que las llevaron a cabo personas en las que tenía plena confianza y que fueron confirmadas por declaraciones juradas de los asistentes. "El alto carácter del señor Leander Fisher", dice el almirante, "es prueba suficiente de su autenticidad". Lo mismo puede decirse del señor EG Randall, que ha publicado muchos casos de este tipo. Es uno de los principales abogados de Buffalo, mientras que el señor Fisher es profesor de música en esa ciudad.

La objeción natural es que, admitiendo la honestidad de los investigadores, toda la experiencia puede ser en cierto modo subjetiva y no tener relación con los hechos reales. Al respecto, el Almirante dice: "Hice averiguaciones para ver si alguno de los espíritus, que así se dio cuenta de que había entrado en un nuevo estado de conciencia, había sido identificado satisfactoriamente. La respuesta fue que se habían descubierto muchos, pero después de verificar varios se consideró inútil seguir buscando a los parientes y lugares de residencia en la vida terrestre de los restantes. Tales investigaciones exigían mucho tiempo y trabajo, y siempre terminaban con el mismo resultado". En uno de los casos citados (*op. cit.*, p. 524) está el prototipo de la mujer elegante que murió mientras dormía, tal como se describe en el texto. En todos estos casos, el espíritu que regresaba no se dio cuenta de que su vida terrestre había terminado.

El caso del clérigo y del marinero del Monmouth ocurrieron en mi presencia, en el círculo del señor Tozer.

El caso dramático en el que el espíritu de un hombre (en el original se trataba de varios hombres) se manifestó en el momento mismo del accidente que causó su muerte, y cuyos nombres fueron confirmados posteriormente en el informe del periódico, lo da el señor EG Randall. Otro ejemplo dado por ese caballero puede añadirse para que lo consideren quienes no se han dado cuenta de lo convincente que es la evidencia y de lo necesario que es que reconsideremos nuestras opiniones sobre la muerte. Está en *Los muertos nunca han muerto* (pág. 104).

"Recuerdo un incidente que resultará atractivo para los puramente materialistas. Yo era uno de los albaceas de mi padre, y después de su disolución y la liquidación de su herencia, hablándome desde el avión de al lado, una noche me dijo que había pasado por alto un asunto que quería mencionarme.

"Le respondí: 'Tu mente siempre estuvo centrada en la acumulación de dinero. ¿Por qué perder el tiempo, tan limitado, en hablar de tu patrimonio? Ya está dividido'".

—Sí —respondió—, lo sé, pero trabajé demasiado por mi dinero como para perderlo, y todavía queda un activo que usted no ha descubierto.

—Bueno —dije—, si eso es cierto, cuéntamelo.

"Él respondió: 'Algunos años antes de irme le presté una pequeña suma de dinero a Susan Stone, que residía en Pensilvania, y le pedí un pagaré sobre el cual, según las leyes de ese estado, tenía derecho a dictar sentencia de inmediato sin necesidad de demanda. Estaba un poco ansioso por el préstamo, así que, antes de su vencimiento, tomé el pagaré y lo presenté ante el protonotario en Erie, Pensilvania, y él dictó sentencia, que se convirtió en un gravamen sobre su propiedad. En mis libros de contabilidad no había ninguna referencia a ese pagaré ni a la sentencia. Si va a la oficina del protonotario en Erie, encontrará la sentencia registrada y quiero que la recoja. Hay muchas cosas que usted no sabe y esta es una de ellas'.

"Me sorprendió mucho la información que recibí y, naturalmente, pedí una transcripción de esa sentencia. Encontré que estaba registrada el 21 de octubre de 1896 y, junto con esa prueba de la deuda, le cobré al deudor 70 dólares con intereses. Dudo que alguien conociera esa transacción además de los firmantes del pagaré y el protonotario de Erie. Ciertamente, yo no sabía nada al respecto. No tenía motivos para sospecharlo. El psíquico presente en esa entrevista no podía saber nada del asunto y, sin duda, yo cobré el dinero. La voz de mi padre era claramente reconocible en esa ocasión, como lo ha sido en cientos de otras, y cito este ejemplo para beneficio de quienes miden todo desde un punto de vista monetario".

Sin embargo, la más sorprendente de todas estas comunicaciones póstumas se encuentra en *Treinta años entre los muertos*, del Dr. Wickland de Los Ángeles. Este, como muchos otros libros valiosos de este tipo, sólo se puede conseguir en Gran Bretaña en la librería Psychic Bookshop de Victoria Street, SW.

El Dr. Wickland y su heroica esposa han realizado un trabajo que merece la máxima atención de los alienistas del mundo. Si logra exponer su argumento, y el caso es sólido, no sólo revolucionará todas nuestras ideas sobre la locura, sino que también afectará profundamente nuestras opiniones sobre la criminología y bien podría demostrar que hemos estado castigando como criminales a personas que merecían más conmiseración que censura.

Habiendo formulado la idea de que muchos casos de manía se debían a la obsesión de entidades no desarrolladas, y habiendo descubierto mediante una línea de investigación que no me resulta clara, que dichas entidades son extremadamente sensibles a la electricidad estática cuando esta pasa a través del cuerpo que han invadido, fundó su tratamiento con resultados notables sobre esta hipótesis. El tercer factor de su sistema fue el descubrimiento de que dichas entidades eran desalojadas más fácilmente si se proporcionaba un cuerpo vacío para su recepción temporal. En esto radica el heroísmo de la señora Wickland, una dama muy encantadora y culta, que se sienta en trance hipnótico junto al sujeto lista para recibir al invasor cuando este es expulsado. Es a través de los labios de esta dama que se determinan la identidad y el carácter del espíritu no desarrollado.

Una vez atado el sujeto a la silla eléctrica (el atado es muy necesario, ya que muchos son maníacos violentos), se conecta la corriente. No afecta al paciente, ya que es estática por naturaleza, pero causa un malestar agudo al espíritu parásito, que rápidamente se refugia en la forma inconsciente de la señora Wickland. A continuación siguen las asombrosas conversaciones que se relatan en este volumen. El médico interroga al espíritu, lo amonesta, lo instruye y finalmente lo despide, ya sea al cuidado de algún espíritu ministrador que supervisa los procedimientos, o al cuidado de algún asistente más severo que lo mantendrá bajo control si no se arrepiente.

Para el científico que no esté familiarizado con el trabajo psíquico, una afirmación tan descarada parecerá una locura, y yo no afirmo que el Dr. Wickland haya demostrado finalmente su caso, pero sí digo que nuestras experiencias en los círculos de rescate confirman la idea general, y que ha curado, sin duda, muchos casos que otros consideraban intratables. Ocasionalmente, hay una confirmación muy convincente. Así, en el caso de un espíritu femenino que se lamentaba amargamente de no haber tomado suficiente ácido carbólico la semana anterior, y se dieron correctamente el nombre y la dirección (*op. cit.*, p. 39).

Al parecer, no todo el mundo está expuesto a esta invasión, sino sólo aquellos que son, de algún modo, psíquicamente sensibles. El descubrimiento, cuando se haga realidad, será uno de los hechos fundamentales de la psicología y la jurisprudencia del futuro.

NOTA SOBRE EL CAPÍTULO XII.
EXPERIMENTOS DEL DR. MAUPUIS

El Dr. Maupuis del relato es, como comprenderá todo estudiante de investigación psíquica, el difunto Dr. Geley, cuyo espléndido trabajo sobre este tema asegurará su fama permanente. El suyo era un cerebro de primer orden, acompañado de un coraje moral que le permitió enfrentarse con ecuanimidad al cinismo y la frivolidad de sus críticos. Con un juicio poco común, nunca fue más allá de lo que lo llevaban los hechos, y sin embargo nunca se acobardó de llegar hasta el punto más lejano que su razón y la evidencia justificaran. Por la munificencia del señor Jean Meyer había sido colocado a la cabeza del Institut Métapsychique, admirablemente equipado para el trabajo científico, y sacó todo el provecho de ese equipo. Cuando un Jean Meyer británico hace su aparición, no obtendrá nada a cambio de su dinero si no elige un cerebro progresista para manejar su máquina. La gran dotación que le quedó a la Universidad Stanford de California se ha desperdiciado prácticamente, porque quienes estaban a cargo de ella no eran Geleys ni Richets.

El relato del Pithecanthropus está tomado del *Bulletin de l'Institut Métapsychique*. Una señora muy conocida me ha descrito cómo la criatura se apretujaba entre ella y su vecino, y cómo ella colocaba su mano sobre su peluda piel. Un relato de esta sesión se puede encontrar en *L'Éctoplasmie et la Clairvoyance* (Felix Alcau) de Geley, p. 345. En la página 296 hay una fotografía de la extraña ave de rapiña sobre la cabeza del médium. Se necesitaría la credulidad de un Macabeo para imaginar que todo esto es una impostura.

Estos diversos tipos de animales pueden asumir formas muy extrañas. En un manuscrito inédito del coronel Ochorowitz, que he tenido el privilegio de ver, se describen algunos nuevos desarrollos que no sólo son formidables sino también diferentes a cualquier criatura que conozcamos.

Como las formas animales de esta naturaleza se han materializado bajo la mediumnidad tanto de Kluski como de Guzik, su formación parece depender más de uno de los asistentes que de cualquiera de los médiums, a menos que podamos desconectarlos por completo del círculo. Generalmente es un axioma entre los espiritistas que los visitantes espirituales de un círculo representan de alguna manera la tendencia mental y espiritual del círculo. Así, en casi cuarenta años de experiencia, nunca he oído una palabra obscena o blasfema en una sesión espiritista, porque tales sesiones se han llevado a cabo de manera reverente y religiosa. Por lo tanto, puede surgir la pregunta de si las sesiones que se realizan con fines puramente científicos y experimentales, sin el menor reconocimiento de su extrema significación religiosa, no pueden evocar manifestaciones menos deseables de fuerza psíquica. Sin embargo, el alto carácter de hombres como Richet y Geley asegura que la tendencia general será buena.

Se podría argumentar que es mejor dejar de lado un tema con tales posibilidades. La respuesta parece ser que, afortunadamente, estas manifestaciones son muy raras, mientras que el consuelo diario del intercambio espiritual ilumina miles de vidas. No abandonamos la exploración porque la tierra explorada contenga algunas criaturas nocivas. Abandonar el tema sería entregarlo a las fuerzas del mal que eligieron explorarlo y, al mismo tiempo, privarnos de ese conocimiento que nos ayudaría a comprender y contrarrestar sus resultados.

LA MÁQUINA DESINTREGRADORA
(1927)

El profesor Challenger estaba de un humor de perros. Yo me hallaba con la mano en el picaporte de su despacho y los pies en la alfombrilla, cuando llegó hasta mí el siguiente monólogo, en voz retumbante que repercutía por toda la casa:

—Sí, señor; le digo que es la segunda llamada. La *segunda*, esta mañana. ¿Usted se imagina que se puede distraer a un hombre de ciencia de sus importantísimos trabajos con las simplezas de un idiota que se escuda al otro extremo del hilo telefónico? No estoy dispuesto a aguantarlo. ¡Que se ponga en el acto el director gerente! ¡Ah! ¿De modo que usted es el director gerente? ¿Y por qué no cumple con su deber de controlar el buen funcionamiento del teléfono? Eso, sí; se las arregla usted muy bien para distraerme en una labor cuya importancia no es capaz de comprender. Póngame en comunicación con el director general. ¿Que no está? Debí imaginármelo. Si esto se repite, le llevaré a usted ante los tribunales. Se han concedido indemnizaciones por gallos que importunaban con sus cantos. Yo fui el demandante. Más molesta el tintineo del timbre del teléfono. El caso está claro. Una disculpa por escrito. Perfectamente, Pensaré en ello. Buenos días.

Fue entonces cuando me arriesgué a entrar. La ocasión no podía ser más oportuna. Estuvimos frente a frente cuando él dio media vuelta, tras colgar el auricular. Estaba hecho una furia. Con su enorme barba negra erizada y su voluminoso pecho jadeante de indignación, sus arrogantes ojos grises me recorrieron de arriba abajo, al romper sobre mí la resaca de su cólera.

—¡Condenada gentuza, pandilla de haraganes! —bramó—. Se estaban riendo al escuchar mi justa queja. Se han conjurado para molestarme. Y para colmo esta desastrosa mañana, llega usted. ¿Quiere decirme si ha venido como amigo o si le han enviado para conseguir una entrevista conmigo? Como amigo, todo lo que quiera; como periodista, está usted fuera de mi jurisdicción.

Estaba buscando en mis bolsillos la carta de McArdle, cuando al parecer recordó algún nuevo agravio. Sus velludas manazas revolvieron algunos papeles que había encima de la mesa, y sacaron, por último, un recorte de prensa.

—Ha tenido usted la amabilidad de aludirme, en una de sus últimas lucubraciones —dijo, agitando el papel mientras me hablaba—. Fue en sus comentarios algo petulantes acerca de los restos de saurios que se han descubierto hace días en los terrenos pizarrosos de Solenhofen. Uno de sus párrafos empezaba así: «El profesor G. E. Challenger, que se encuentra entre nuestros más grandes hombres de ciencia existentes...»

—¿Y qué hay de malo en ello? —le pregunté.

—¿A santo de qué vienen esas malintencionadas limitaciones y clasificaciones? ¿Me hará usted el favor de nombrar quiénes son esos otros grandes científicos a los que usted iguala y atribuye quizás una superioridad sobre mí?

—La frase está mal redactada. Yo habría debido decir, desde luego: «El más grande nuestros hombres de ciencia existentes» —confesé, y la verdad es que aquello era lo que creía.

Mi rectificación causó un efecto inmediato.

—Mi querido amigo, no vaya a pensar que soy exigente; pero no tengo más remedio que defender mi terreno, estando, como estoy, rodeado de colegas agresivos y poco razonables. No soy hombre amigo de figurar, pero mis adversarios me obligan a no ceder el terreno que me pertenece. ¡Ea! Siéntese aquí. ¿Qué es lo que le trae?

No tuve más remedio que proceder con mucha cautela. Sabía cuán fácil era que el león se enfureciese de nuevo. Desdoblé la carta de McArdle.

—¿Me permite leerle esto? Es una carta de míster McArdle, mi redactor jefe.

—Recuerdo a ese hombre... No es de los peores ejemplares de su especie.

—Por lo menos, siente hacia usted una gran admiración. Siempre que ha necesitado de la opinión de alguna mente superior ha recurrido a usted. De eso mismo se trata ahora.

—¿Y qué es lo que desea?

Bajo la influencia del halago, Challenger se esponjó igual que un ave. Tomó asiento apoyando los codos sobre la mesa; entrelazó sus manos de gorila, adelantó su barba, y sus grandes ojos grises, medios cubiertos por los párpados entornados, se fijaron bondadosamente en mí. Era enorme en todo cuanto hacía, e imponía más respeto con su benignidad que con su irritación.

—Voy a leerle su carta. Dice así:

«Haga el favor de visitar a nuestro estimado amigo el profesor Challenger y pídale su cooperación en el siguiente asunto. Cierto caballero letón, de nombre Teodoro Nemor, que reside en White Friar Mansions, Hampstead, sostiene que ha inventado una máquina extraordinaria capaz de desintegrar cualquier objeto situado dentro de su radio de acción. La materia se disgrega y retoma a su estado molecular o atómico. Invirtiendo el proceso, la materia vuelve a integrarse. Estas afirmaciones parecen extravagantes; pero existen pruebas sólidas de que tienen alguna base y que ese caballero en cuestión ha dado con algún descubrimiento extraordinario.

»No hace falta que me extienda en ponderaciones sobre el carácter revolucionario de semejante invento, ni de su extraordinaria importancia como posible arma de guerra. Con una fuerza capaz de desintegrar un acorazado o de convertir un batallón, aunque solo sea por algún tiempo, en un conjunto de átomos, se podría dominar el mundo. Tanto por razones sociales como políticas, es preciso no perder tiempo y llegar al fondo del asunto. El caballero en cuestión busca que se le dé publicidad, porque pretende vender su invento; de manera, pues, que no habrá dificultad alguna en ponerse en contacto con él. La tarjeta adjunta le abrirá las puertas de su casa. Lo que yo deseo es que usted y el profesor Challenger le hagan una visita, examinen su invento y escriban un informe fundamentado sobre él mismo, a fin de publicarlo en La Gaceta. Espero sus noticias para esta noche,

R. McArdle»

—Estas son mis instrucciones, profesor —agregué volviendo a doblar la carta—. Sinceramente espero que me acompañe, porque, con mis escasos conocimientos, ¿cómo podría actuar solo en semejante asunto?

—Así es, Malone, así es —farfulló el gran hombre—. No carece usted de disposición natural; pero estoy de acuerdo con usted en que el problema, tal como me lo ha expuesto, le resultaría algo abrumador. Este incalificable personal de teléfonos me ha estropeado ya la mañana, de modo que poco voy a perder con ello. Estaba dispuesto a contestar a ese payaso italiano de Mazotti, cuyas opiniones sobre el desarrollo larval de las termitas han despertado en mí burla y menosprecio; pero puedo dejar para esta noche el desenmascarar por completo a ese impostor. De modo que estoy a su disposición.

Así fue cómo me encontré aquella mañana de octubre en compañía del profesor, marchando a toda velocidad en ferrocarril en dirección al norte de Londres, embarcado en una de las aventuras más extrañas de mi extraña vida.

Antes de salir de Enmore Gardens utilicé el maltratado teléfono para asegurarme de que nuestro hombre estaba en casa, para anunciarle nuestra visita. Vivía en un cómodo piso de Hampstead, y nos hizo esperar una media hora larga en su antesala, mientras él mantenía una animada conversación con un grupo de visitantes que a juzgar por las animadas frases con que se despidieron en el vestíbulo me parecieron rusos. Pude echarles un vistazo por la puerta entornada, y me dio la impresión de que se trataba de hombres de buena posición e inteligentes. Llevaban abrigos de cuellos de astracán y relucientes sombreros de copa, tenían pues todo el aspecto de burgueses bien cuidados que tan rápidamente adoptan los comunistas cuando alcanzan el poder. A sus espaldas se cerró la puerta del vestíbulo, y un instante después entró en nuestra habitación Teodoro Nemor. Le estoy viendo, en pie, iluminado de lleno por la luz del sol, frotándose las manos largas y delgadas, y examinándonos con sonrisa amplia y astutos ojos amarillos.

Era bajo y corpulento, y producía una impresión de deformidad física, aunque resultaba difícil señalar en qué consistía esta. Podría decirse que era algo cargado de espaldas, pero sin joroba. Su cara, ancha y fofa, recordaba un budín a medio cocer, de color uniforme, rezumando humedad, y resaltando agresivamente sobre ese fondo pálido los granos y pústulas de su cara. Sus ojos eran gatunos, y gatuno era su estrecho bigote largo, brillante, sobre su boca entreabierta, húmeda y babosa. Todo en ese rostro era repulsivo hasta llegar a las cejas. De cejas arriba se alzaba un espléndido arco craneano como raras veces he visto. Quizá sentase bien a cabeza tan magnífica el sombrero del mismo Challenger. Podría interpretarse a Teodoro Nemor como un villano y tortuoso conspirador de cejas abajo, pero de cejas arriba podía colocársele a la par de los grandes pensadores y filósofos del mundo.

—Bien, caballeros —nos dijo con su voz aterciopelada, en la que apenas se advertía un ligerísimo acento extranjero—; por lo poco que hemos conversado por teléfono deduzco que vienen para enterarse más a fondo de la Máquina Desintegradora Nemor, ¿no es así?

—Ciertamente.

—¿Acaso representan al gobierno inglés?

—De ninguna manera. Yo soy un colaborador de La Gaceta, y este es el profesor Challenger.

—Nombre ilustre, de fama europea. —Sus colmillos amarillentos brillaron con obsequiosa amabilidad—. Iba a decirles que el Gobierno inglés ha dejado escapar su oportunidad. Lo que con su oportunidad ha perdido lo descubrirá, andando el tiempo. Quizás su imperio. Yo estaba dispuesto a vender el invento al primer Gobierno que me pagase su precio, y si ha ido a parar a manos que tal vez no les complazcan a ustedes, culpa suya ha sido.

—De modo que ya ha vendido usted su secreto.

—Sí y al precio que me convenía.

—¿Y cree usted que el comprador disfrutará de un monopolio?

—Sin duda alguna.

—Pero puede haber alguien que conozca el secreto tan bien como usted.

—No, señor —se golpeó en la frente espaciosa—. Esta es la caja fuerte donde está encerrado el secreto a buen recaudo; una caja más fuerte que las de acero, y con mejor cerradura que la de Yale. Quizás haya quienes conozcan aspectos parciales del problema, pero no hay en el mundo nadie más que yo que lo conoce por completo.

—Usted y esos caballeros a quienes se lo ha vendido.

—De ninguna manera. No soy tan estúpido como para entregárselo hasta haber cobrado el precio. Hecho el pago, es a mí a quien habrán comprado, y pueden trasladar esta caja fuerte —volvió a llevarse la mano a la frente— con todo lo que hay dentro a donde bien les plazca. Yo cumpliré con las estipulaciones del negocio con lealtad e implacablemente. De allí en adelante haremos historia.

Se frotó las manos, y la sonrisa fija de su rostro se transfiguró hasta convertirse en mueca de mofa.

—Usted me disculpará, señor —retumbó Challenger, que había permanecido sentado en silencio, pero cuyo rostro expresivo no había disimulado el mal concepto que Teodoro Nemor le merecía—. Antes de entrar a hablar del asunto desearíamos convencernos de que hay, en efecto, algo de qué hablar. Todavía está reciente el caso del italiano que afirmaba ser capaz de hacer estallar minas a distancia, y que resultó ser un redomado impostor. La historia podría muy bien repetirse. Comprenderá usted, señor, que yo tengo una reputación científica que cuidar, una reputación que usted ha tenido la amabilidad de calificar de europea, aunque yo tengo toda clase de razones para creer que no es menos grande en América. La cautela es una condición propia del hombre de ciencia, y antes que tomemos en serio sus afirmaciones, tendrá usted que demostrarlas.

Nemor clavó en mi compañero una mirada de profunda malignidad; pero su sonrisa de fingida campechanía se hizo todavía más ancha en su cara.

—Veo que se comporta haciendo honor a su reputación, profesor. Siempre oí decir que era usted el último hombre en el mundo a quien se podía engañar. Estoy dispuesto a realizar una demostración práctica que no podrá menos de convencerle; pero deseo decir antes algunas palabras relativas al principio general en que se funda el invento. Ya comprenderán ustedes que la instalación experimental que he construido en mi laboratorio es un simple modelo, aunque actúa de manera admirable dentro de su capacidad. No habría ninguna dificultad, por ejemplo, en desintegrarle a usted y en volver a integrarlo; pero no es con una finalidad como esa por la que un Gobierno está dispuesto a pagar millones. Mi modelo es un simple juguete científico. Solo poniendo en acción esta misma fuerza en gran escala pueden lograrse efectos prácticos de enorme alcance.

—¿Podríamos ver ese modelo?

—No solo podrá usted verlo, profesor Challenger, sino que, si se considera con el valor necesario para ello, realizaré una demostración concluyente en su misma persona.

—¡Dice usted que si yo...! —Rompió a rugir el león—. Ese sí, caballero, equivale a una gravísima ofensa.

—Bueno, bueno; no he tenido el propósito de poner en tela de juicio su valor. Digo únicamente que le proporcionaré la ocasión de demostrarlo. Pero antes desearía decir unas pocas palabras sobre las leyes fundamentales por las que se rige la materia. Cuando ciertos cristales, la sal, por ejemplo, o el azúcar, se echan al agua, se disuelven y desaparecen. Nadie diría que han estado allí. Luego se achica el volumen de agua mediante la evaporación o por otro sistema, y surgen los cristales, visibles otra vez y los mismos de antes. ¿Es usted capaz de concebir un procedimiento mediante el cual usted, ente orgánico, pueda disolverse en esa misma manera en cosmos, y volver a reunirse en un todo mediante una inversión sutil de las cosas?

—La analogía es falsa —exclamó Challenger—. Aunque yo admitiese la afirmación monstruosa de que nuestras moléculas pueden ser dispersadas por una fuerza desintegradora, ¿por qué habían de volver a reunirse exactamente de la misma forma que antes?

—La objeción es obvia, y yo solo puedo contestar que, en efecto, vuelven a reunirse hasta el último átomo. Existe una armazón o trabazón invisible, y cada ladrillo vuelve a colocarse en el sitio que le corresponde. Puede sonreírse profesor, pero muy pronto su incredulidad y su sonrisa dejarán paso a otra emoción muy distinta.

Challenger se encogió de hombros.

—Estoy completamente dispuesto a pasar por esa prueba.

—Caballeros, quisiera llamar su atención sobre otro caso que quizá les ayude a hacerse cargo de mi idea. Ustedes habrán oído hablar, tanto en la magia oriental como en el ocultismo occidental del fenómeno llamado del *apport*, es decir, de la portación desde cierta distancia de un objeto que se presenta de pronto en un lugar nuevo. ¿Cómo podría realizarse ese fenómeno si no es mediante la liberación de las moléculas y su transporte sobre una onda eléctrica, para volver a reunirse exactamente como estaban, atraídas por una fuerza irresistible? Ahí tienen ustedes una analogía aceptable de lo que mi máquina es capaz de hacer.

—Con un fenómeno increíble no se puede explicar otro fenómeno también increíble —dijo Challenger—. Ni creo en sus aportaciones, míster Nemor, ni creo en su máquina. Mi tiempo es valioso, y si nos va a ofrecer alguna demostración, yo le suplico que pase a ella y se deje de rodeos.

—Tengan, pues, la amabilidad de seguirme —dijo el inventor.

Nos condujo escaleras abajo, y cruzamos un jardincito que había detrás de la casa, hasta un espacioso edificio auxiliar; lo abrió con llave, y entramos.

En el interior de una espaciosa habitación enjabelgada veíanse innumerables alambres que colgaban en festones del cielo raso y un enorme imán equilibrado sobre un pedestal. Frente al mismo, una cosa que parecía un prisma de cristal, de tres pies de longitud por uno de diámetro, más o menos. A la derecha del mismo, una silla sobre una plataforma de cinc, y suspendido encima de ella, un casquete de cobre bruñido. Tanto el casquete como la silla tenían conectados gruesos alambres, y a un lado, una especie de rueda disparadora con ranuras numeradas y una manivela recubierta de caucho, que en ese instante estaba en la ranura de cero.

—He aquí el Desintegrador Nemor —dijo aquel hombre extraño, señalándonos la máquina con un movimiento de la mano. Y prosiguió—: Aquí tienen ustedes el modelo que se hará célebre, porque alterará la balanza del poderío entre las naciones. Quien sea dueño de mi desintegrador gobernará el mundo. Pues bien, profesor Challenger: usted, si se me permite decirlo, me ha tratado en este asunto con poca cortesía y consideración. ¿Se atreve a sentarse en esa silla y permitirme que demuestre en su propio cuerpo las posibilidades de esta nueva fuerza?

Challenger tenía el valor de un león, y cualquier cosa que trascendiese a desafío le ponía instantáneamente frenético. Se precipitó hacia la máquina; pero yo le agarré del brazo y le contuve, diciéndole:

—No hará usted eso. Su vida es demasiado valiosa. Sería una monstruosidad. ¿Qué garantía de seguridad tiene usted? La cosa más parecida a este aparato que yo he visto en mi vida es la silla eléctrica del penal de Sing Sing.

—Mi garantía de seguridad consiste en que usted está aquí de testigo, y que si algo me ocurriese, detendrían a este hombre por asesinato.

—Sería poco consuelo ese para el mundo científico, sabiendo que deja usted inacabada una obra que nadie sino usted puede concluir. Permítame al menos que sea yo quien haga la primera experiencia, y si resulta inofensiva, prueba usted a continuación.

Challenger era insensible a la idea del peligro personal; pero al pensar en la posibilidad de que su obra quedase inconclusa le llegó al alma. Vaciló; pero antes que tomase una resolución, corrí a la plataforma y me dejé caer en la silla. Vi que el inventor empuñaba la manivela. Oí un clic. Acto seguido fue la sensación de que todo se enturbiaba y nublaba ante mis ojos.

Cuando volvieron a ver claro, tenía ante mí al inventor con su odiosa sonrisa, y Challenger, cuyas mejillas de rojo de manzana estaban ahora exangües y sin color, me miraba muy fijo por encima de los hombros de aquel.

—¡Bueno; venga ya! —dije.

—Ya está. Ha respondido usted admirablemente —me contestó Nemor—. Salga de ahí, seguramente el profesor Challenger, está ahora dispuesto a ocupar su lugar.

Jamás he visto a mi amigo tan completamente trastornado. Sus nervios de hierro le habían fallado por un instante. Me agarró del brazo con mano trémula, diciéndome:

—¡Válgame Dios, Malone, es cierto! Usted desapareció. No cabe ninguna duda. Se produjo una neblina, y un instante después, el vacío.

—¿Qué tiempo he permanecido ausente?

—Dos o tres minutos. Confieso que me quedé horrorizado. Me parecía imposible que usted regresase. De pronto se oyó un clic, cambió de ranura la rueda disparadora, y reapareció usted en la silla, un poco atónito, pero el mismo de siempre en todo lo demás. Cuando le vi, di gracias a Dios.

Challenger se enjugó el sudor de la frente con su gran pañuelo rojo. Luego se dirigió al inventor:

—Ahora usted, señor; digo, si no le han fallado los nervios.

Se advirtió claramente que Challenger reaccionaba. Aparto mis manos, que se adelantaban hacia él en señal de protesta, y tomó asiento en la silla. La manivela pasó al número tres con un chasquido metálico. Y Challenger desapareció.

De no haber visto al operador completamente tranquilo, aquello me habría horrorizado.

—Es un proceso interesante, ¿verdad? —me dijo—. Cuando uno piensa en la enorme individualidad del profesor, resulta extraño imaginárselo en este momento como una nubecilla molecular suspendida en algún lugar de este edificio. Como es natural, ahora se encuentra a merced mía, y si yo me decidiese a mantenerle en suspensión, no habría nada que me lo impidiese.

—Ya encontraría yo la manera de evitar que hiciese usted semejante cosa.

La sonrisa se transformó de nuevo en una mueca burlona:

—No irá usted a imaginar que se me haya ocurrido semejante idea ni por un solo instante. ¡Santo Dios! ¡Pensar en que el ilustre profesor Challenger está en disolución permanente, que se ha desvanecido en el espacio cósmico sin dejar rastro! ¡Sería terrible, terrible! Ahora bien: hay que reconocer que hubiera podido tratarme con mayor cortesía. ¿No cree usted que una leccioncita...?

—Lamento no ser de su opinión.

—Bien; pero sí podemos hacer una curiosa demostración. Algo que dé a usted materia para un párrafo interesante en su periódico. Por ejemplo, he descubierto que el cabello del cuerpo humano responde a una vibración completamente distinta de los tejidos orgánicos vivientes, y por ello es posible incluirlo o excluirlo a voluntad. Me interesaría ver al oso sin sus cerdas. ¡Ahíle tiene!

Sonó el clic de la manivela. Un instante después apareció otra vez Challenger sentado en su silla. Pero ¡qué Challenger! ¡Parecía un león trasquilado! A pesar de mi indignación por la jugarreta que se le había hecho, me contuve con gran dificultad para no estallar en carcajadas.

Su voluminosa cabeza estaba tan pelada como la de un bebé, y sus mandíbulas tan lisas como las mejillas de una doncella. La parte inferior de su rostro, despojada de su magnífica barba, dejaba ver una papada voluminosa y ofrecía el contorno de un jamón: su aspecto, en conjunto, era el de un viejo boxeador en plena lucha, cubierto de hematomas, y unas mandíbulas de *bulldog* como prolongación de una barbilla maciza.

Quizás observó algo raro en la expresión de nuestros rostros; no me cabe duda de que la maligna sonrisa de mi acompañante se había dilatado al ver aquello; pero, fuese lo que fuese, el hecho es que Challenger se echó súbitamente la mano a la cabeza y se dio cuenta de lo que le ocurría. Un segundo después había saltado de su silla, agarrando del cuello al inventor, y lo lanzó violentamente al suelo. Como yo conocía la enorme fuerza de Challenger, temí que fuera a matar a Nemor, y grité:

—¡Por amor de Dios, cuidado; que si le mata, las consecuencias serán irremediables!

Mi argumento resultó eficaz. Hasta en sus momentos de máxima locura, Challenger se avenía a razones. Levantándose de un salto, se puso en pie, y ayudando a levantarse al inventor, sin soltarle, jadeó, furioso:

—Le doy cinco minutos de plazo. Si dentro de cinco minutos no he vuelto a ser exactamente el que era antes, le arrancaré la vida por la garganta.

Cuando Challenger estaba colérico, no era prudente ponerse a discutir con él. Imponía temor hasta al hombre más valeroso, y míster Nemor no parecía estar sobrado de valor. Al contrario: las ronchas y verrugas de su cara resaltaban ahora más que antes, al pasar desde su color natural de masilla de cristales al de panza de pez. Temblaba de pánico, y apenas podía articular palabra.

—¡La verdad, profesor; no necesitaba recurrir a esta agresión! —farfulló, llevándose la mano a la garganta—. Entre amigos debe tolerarse una broma inofensiva. Quise demostrarle todo lo que es capaz de hacer mi máquina. Pensé que usted deseaba una demostración completa. Le aseguro que no tuve la menor intención de molestarle; absolutamente ninguna.

Por toda respuesta, Challenger volvió a sentarse en la silla.

—No le pierda de vista, Malone, y no le tolere que se tome ninguna clase de libertades.

—Cuidaré de ello.

—¡Ea!, arréglelo, o, de lo contrario, sufrirá las consecuencias.

El aterrorizado inventor se acercó a su máquina. Dio a la manivela hasta el punto en que desarrollaba la potencia máxima integradora, y un instante después apareció la enmarañada pelambre del viejo león. Challenger se acarició la barba, y luego se pasó las manos por el cráneo, para asegurarse de que la restauración era completa. Luego descendió de la plataforma con solemnidad.

—Usted se ha permitido una libertad que podría haberle acarreado graves consecuencias. Sin embargo, me doy por satisfecho con su explicación de que lo hizo únicamente con una finalidad demostrativa. ¿Puedo hacerlo ahora algunas preguntas acerca de esa fuerza extraordinaria que dice haber descubierto?

—Estoy dispuesto a contestarle lo que quiera con tal de no revelar el origen de esa fuerza. Sobre esta cuestión guardaré secreto.

—¿Y nos afirma en serio que nadie en el mundo lo conoce, fuera de usted?

—Nadie tiene ni el más leve indicio.

—¿No tiene ayudantes?

—No, señor, trabajo solo.

—¡Vaya, vaya! Eso es interesantísimo. Me ha dejado usted convencido en lo que se refiere a la existencia de esa fuerza, pero no veo qué consecuencias prácticas puede tener.

—Ya le dije antes, señor, que esta máquina es nada más que un modelo; pero resultaría facilísimo fabricar uno a gran escala. Ya habrá comprendido usted que la fuerza de esta máquina trabaja en sentido vertical. Por encima de usted y por debajo de usted entran en vibración determinadas corrientes que se desintegran o reúnen. Pero ese proceso también podría convertirse en horizontal. El efecto sería él mismo, y abarcaría un espacio proporcional a la intensidad de la corriente.

—Póngame un ejemplo.

—Supongamos que uno de los polos de la máquina se halla instalado en un barco pequeño, y el otro polo en otro barco; el acorazado que pasase por entre ambos se disolvería simplemente en moléculas. Y lo mismo ocurriría a una columna de tropas.

—¿Y usted ha vendido el monopolio de este secreto a una sola potencia europea?

—Así es, señor, y cuando me paguen el precio estipulado, esa potencia contará con un poder como jamás ha tenido nación alguna. Ni siquiera se imagina usted todas las posibilidades que encierra esta máquina, manejada por manos hábiles, por manos que no vacilen en emplear el arma de que disponen. Son inconmensurables. —Una sonrisa de placer cruzó la maligna cara de aquel hombre—. Imagínese lo que ocurriría en una zona de Londres en que se hubiese instalado esa clase de máquinas. Imagínese los efectos de la corriente en una escala que sería fácil alcanzar. —Soltó una carcajada—. Mire: yo creo posible hacer tabla rasa de todo el valle del Támesis, sin que quedase hombre, mujer o niño de este hormiguero de millones de personas.

Al escuchar aquellas palabras me estremecí, y más aún por el tono jubiloso con que fueron pronunciadas. Pero el efecto que produjeron en mi acompañante parecía distinto. Ante mi sorpresa, dibujó una sonrisa de simpatía y tendió la mano al inventor, diciéndole:

—No tenemos más remedio que felicitarle, míster Nemor. No cabe duda de que ha descubierto una extraordinaria cualidad de la Naturaleza, domesticándola en beneficio de la Humanidad. Es de lamentar que se emplee con fines de destrucción; pero la ciencia no hace esa clase de distinciones, y sigue sus descubrimientos, vayan donde vayan. Sin entrar en el principio científico en que se basa, supongo que no tendrá usted inconveniente en que yo examine la construcción de la máquina.

—Absolutamente ninguno. La máquina es simplemente un cuerpo. Lo que no logrará usted descubrir jamás es el alma de la misma, el principio que la anima.

—Exactamente. Pero hasta mirándola como artefacto mecánico me parece que constituye un modelo de ingeniosidad.

Challenger se paseó algún tiempo alrededor de la máquina, tocando aquí y allá sus piezas. Luego asentó su fornido corpachón en la silla aislada.

—¿Desea realizar otra excursión por el cosmos? —le preguntó el inventor.

—Más tarde, quizás sí; más tarde. Pero observo, y seguramente usted ya debe saberlo que hay una fuga de electricidad. Siento con toda claridad que circula por mi cuerpo una corriente débil.

—Eso es imposible, porque está completamente aislada.

—Le aseguro que siento la corriente.

Challenger se levantó y descendió de la plataforma. El inventor se apresuró a ocupar su puesto en la silla.

—Pues yo no siento nada.

—¿No siente usted un cosquilleo por la espina dorsal?

—No, señor; absolutamente nada.

Se oyó un agudo chasquido metálico, y el inventor desapareció. Miré, atónico, a Challenger.

—¡Santo Dios! ¿Qué ha hecho usted, profesor?

—¡Vaya, quizás haya tocado la manivela sin darme cuenta! En estos modelos poco perfeccionados ocurren a veces incidentes desagradables. Esta manivela debería tener un seguro.

—Ahora está en el número tres; es decir, en la ranura en la que se produce la desintegración.

—Sí; me fijé cuando experimentó con usted.

—Pues yo me encontraba tan nervioso cuando volvió a integrarle a usted, que no me fijé qué ranura se utiliza para el retomo. ¿Se fijó usted?

—Quizás sí, joven Malone; pero no acostumbro recargar mi memoria con detalles tan insignificantes. Las ranuras son muchas, y nosotros ignoramos su finalidad. Si nos ponemos a hacer experiencias con lo que no conocemos, quizás empeoraríamos las cosas. Tal vez lo mejor sea dejarlas en el punto en que están.

—Pero ¿estaría usted dispuesto...?

—Sí. Es mejor. La interesante personalidad de míster Teodoro Nemor se ha esparcido por el cosmos; su máquina de nada sirve, y un determinado Gobierno extranjero se verá privado de conocimientos que podrían acarrear grandes daños. Buen trabajo el de esta mañana, mi joven amigo. Su periodicucho saldrá, desde luego, con una interesante columna de texto hablando de la inexplicable desaparición del inventor letón, ocurrida poco después de la visita que le hizo nuestro enviado especial. Yo, por mi parte, he disfrutado con el experimento. Son momentos luminosos en la pesada rutina de los estudiosos. Pero la vida no tiene solo placeres; tiene obligaciones, y yo me vuelvo ahora a casa para encararme con ese Mazotti y sus absurdas opiniones sobre el desarrollo larval de las termitas.

Al volverme a mirar, creí distinguir una leve neblina oleaginosa cerniéndose todavía en tomo de la silla. E insistí:

—Pero, profesor...

El primero de los deberes que incumben al ciudadano respetuoso de las leyes es el impedir el asesinato —dijo el profesor Challenger—. Eso es lo que yo he hecho. ¡Ni una palabra más, Malone, ni una palabra más! El tema no admite discusión. Ya he malgastado demasiado tiempo. He de centrar mis pensamientos en otros asuntos de mayor importancia.

El día que la Tierra aulló

(1928)

Recuerdo haber oído mencionar a mi amigo Edward Malone al profesor Challenger, con quien había tomado parte en varias empresas arriesgadas. Sin embargo, me encuentro tan atareado y está mi casa tan recargada de pedidos, que apenas si sé algo de lo que pasa en el mundo fuera del círculo de mis ocupaciones. Recuerdo, en términos generales, que se me hablaba de Challenger como un hombre de temperamento intransigente y de carácter intolerante y violento. Me sorprendió, pues, muchísimo recibir una carta de negocios de dicho caballero redactada en los siguientes términos:

«13 bis, Enmore Gardens.
Kensington.
«Muy señor mío: Precisando contratar los servicios de un técnico en apertura de pozos artesianos. No quiero ocultarle que la opinión que tengo sobre los técnicos no es muy elevada, pues he podido comprobar, por lo general, que los hombres que, como yo, están dotados de una mente bien equilibrada son capaces de tener sobre los problemas un criterio más sólido y más amplio que los especialistas en una materia (que, por desgracia, hacen de ella una simple profesión) y por ello de visión más estrecha. Sin embargo, estoy dispuesto a darle una oportunidad. Repasando la lista de los técnicos en pozos artesianos, me llamó la atención un detalle extraño, estaba por decir absurdo, el nombre y apellido de usted. Después supe que mi joven amigo, míster Malone, es también amigo suyo. Le escribo, pues, para comunicarle que me agradaría celebrar una entrevista con usted, y que si usted reúne los requisitos que yo exijo, y soy bastante exigente, quizás me animase a encargarle un asunto de gran importancia. Por el momento solo puedo adelantarle que se trata de algo sumamente secreto, que solo puede ser tratado personalmente. Por ello le ruego, que anule inmediatamente cualquier compromiso que tenga, y venga a visitarme a la dirección anteriormente indicada el viernes, a las 10,30 de la mañana. En la puerta hay un quitabarros y una esterilla, y mi señora en esto es muy exigente.
»Quedo, señor, de Vd. afmo.,
George Edward Challenger»

Entregué la carta a mi primer escribiente para que la contestase, y este lo hizo comunicándole que míster Peerles Jones acudiría gustoso a la cita que le daba. Era una contestación perfectamente correcta, pero que empezaba con esa frase: «Recibí su carta (sin fecha),» lo que provocó una segunda epístola del profesor:
«Señor —decía en una letra que parecía una cerca de alambre de espino—: observo que hace hincapié con desagrado en el insignificante detalle de que mi carta no estaba fechada. Me permito llamar su atención sobre el hecho de que, en recompensa a un esfuerzo monstruoso, nuestro gobierno tiene la costumbre de estampillar con un matasellos redondo los sobres, lo que indica la fecha en que las cartas han sido echadas al correo. Si el que usted recibió no lo tenía o la fecha estaba ilegible, debe cursar su queja a las autoridades postales. Mientras tanto, le agradecería que limitase sus observaciones exclusivamente al asunto sobre el que yo le consulto, absteniéndose de comentar los detalles formales de mi correspondencia.»
Por aquel detalle comprendí al punto que tenía que habérmelas con un lunático; de modo, pues, que antes de seguir adelante, me pareció conveniente consultar a mi amigo Malone, que lo era desde los tiempos en que jugábamos al rugby con el equipo de Richmond. Seguía siendo el mismo irlandés

simpático de siempre, y le divirtió mucho aquella mi primera escaramuza con Challenger.

—No le des importancia, muchacho —me dijo—. A los cinco minutos de conversación con el profesor tendrás la sensación de que lo han desollado vivo. No hay en el mundo persona más desagradable.

—¿Y por qué le aguanta la gente?

—No le aguantan. Si hicieses un recuento de todos los pleitos que le han puesto por libelo y de todas las peleas y juicios de faltas por agresión...

—¡Agresión!

—Verás. Al profesor le importaría un rábano echarte por las escaleras si llegáis a diferir sobre algún tema. Es un hombre de las cavernas vestido de chaqué. Yo me lo imagino con una maza en la mano y un trozo de pedernal mellado en la otra. Hay gentes que han nacido un siglo después del que les correspondía; pero Challenger ha nacido con un retraso de milenios. Pertenece a la época neolítica.

—¡Y es todo un profesor!

—¡Ahí está lo asombroso! Es el cerebro más privilegiado de Europa, y detrás de ese cerebro hay una energía capaz de convertir en realidad todos sus sueños. Hacen todo cuanto es posible por frenarlo, porque sus colegas le temen como a la peste; pero es como si unos cuantos barquitos de pesca tratasen de detener al Berengaria en marcha. No se da por enterado, y sigue navegando a todo vapor.

—Bien —le contesté—. De todo eso deduzco una cosa: que no quiero tratos con él. Anularé la cita.

—No hagas tal cosa. Irás a verle en el minuto exacto..., fíjate bien, en el minuto exacto, porque si te adelantas o llegas con retraso tendrás que oírle.

—¿Y por qué he de ir?

—Voy a explicártelo. En primer lugar, no tomes demasiado en serio lo que acabo de decirte acerca del buen Challenger. Todos cuantos intiman con él acaban queriéndole. La verdad es que el viejo oso no ofrece peligro. Todavía recuerdo cómo llevó a cuestas a un bebé indio atacado de viruelas en un trayecto de cien millas, desde el fondo de las selvas hasta las orillas del río Madeira. Es grande en todo. Si lo abordas de una manera correcta, no te importunará.

—No pienso darle esa oportunidad.

—Pues cometerás una tontería. ¿Has oído hablar alguna vez del misterioso pozo que está excavando al Sur en Hengist Down?

—Tengo entendido que se trata de unas prospecciones secretas en busca de minas de carbón.

Malone me guiñó un ojo.

—Bien, puedes creer lo que plazca, pero yo estoy en el secreto del viejo, aunque no puedo decir una palabra hasta que él lo autorice. Puedo, sí, decirte algo que apareció ya en la Prensa. Cierto señor Betterton, que hizo su fortuna con el caucho, dejó a Challenger hace algunos años todo cuanto poseía, con la condición de que debía emplear la herencia en interés de la ciencia. Se trataba de una suma enorme, varios millones. Challenger entonces compró una finca en Hengist Down, Sussex. Se trata de tierras sin valor en el extremo norte de la región del yeso, y adquirió una gran extensión y la cercó. En el centro de esos terrenos había una gran hondonada, y allí fue donde Challenger empezó a realizar una excavación. Anunció —y al decir esto, Malone me hizo otro guiño— que en Inglaterra había petróleo y que él iba a demostrarlo. Construyó una pequeña aldea modelo en la que estableció una colonia reducida de trabajadores bien pagados, a los que obligó a jurar que no dirían una palabra. La hondonada tiene también una alambrada, además de la general que cerca la propiedad, y está guardada por sabuesos. Varios reporteros han estado a punto de perder la vida, y perdieron desde luego los fondillos de sus pantalones, atacados por los perros. Es una empresa magna, que corre a cargo de la firma de Sir Thomas Morden, pero también estos señores se han comprometido a guardar el secreto. Parece evidente que ha llegado la hora de que entren a colaborar los especialistas en pozos artesianos. No me digas que no es una tontería no aceptar un trabajo como ese, interesante, aleccionador, y acompañado de un cheque de muchas cifras como recompensa. Y además doy por sentado que tendrás la ocasión de conocer al hombre más asombroso de cuantos has conocido en tu vida.

Las razones de Malone me convencieron y el viernes por la mañana marché camino de Enmore Gardens. Puse especial cuidado en no llegar con retraso y veinte minutos antes de la hora señalada me encontraba ya delante de la casa. Me quedé esperando en la calle, cuando de pronto me fijé en un Rolls-Royce con una flecha de plata por mascota que había delante de la puerta. Creí reconocerlo. Era, sin duda, el de Jack Devonshire, el joven socio de la gran razón social Morden. Yo sabía por experiencia que era una persona muy educada y mejor hablada. Por eso me chocó vivamente verle salir de la casa de una manera brusca, y, una vez fuera, alzar las manos al cielo y exclamar con exaltación: «¡Maldito sea! ¡Maldito sea!»

—¿Qué le ocurre, Jack? Parece usted malhumorado esta mañana.

—¡Hola, Peerles! ¿También está usted metido en este negocio?

—Es posible que llegue a estarlo.

—Es como para sacar de quicio a cualquiera.

—A usted, por lo visto ya le ha sacado.

—Pues claro que sí. Figúrese que el mayordomo me ha comunicado este mensaje: «El profesor desea que le diga que se encuentra en este momento bastante atareado comiendo un huevo, y que si vuelve usted a otra hora más oportuna es muy probable que lo reciba.» Imagínese que yo vengo a cobrar cuarenta y dos mil libras que nos debe.

Solté un silbido.

—¿Y no lo consigue usted?

—No se trata de eso, porque nos paga muy bien. He de hacer justicia al gorila ese diciendo que es muy generoso en cuestiones monetarias. Pero paga cuando quiere y como quiere, sin que le importe nada. De todos modos, pruebe usted fortuna y a ver qué tal le sale.

Se metió en su auto alejándose sin más.

Mirando de cuando en cuando el reloj, esperé a que llegase la hora cero. Aunque bien puedo decir que soy un individuo bastante fuerte y que he competido en los pesos medios del Club de Boxeo de Belsize, jamás había esperado una entrevista con tanta emoción como aquella. No es que me preocupase el temor de una agresión física, porque confiaba en que sabría defenderme si aquel lunático me agredía; mi emoción era una mezcla de miedo a un escándalo público y de temor a perder un contrato lucrativo. Pero todo resulta más fácil cuando deja de trabajar la imaginación y empieza la acción. Cerré mi reloj y me dirigí a la puerta. Me abrió un viejo mayordomo de cara tallada en madera, un hombre cuya expresión, o falta de expresión, me hizo pensar que estaba curado de espantos y que nada en el mundo sería capaz de sorprenderle ya.

—¿Tiene cita el señor —me preguntó.

—Naturalmente.

Miró una lista que tenía en la mano.

—¿Su nombre, señor?... Sí, desde luego, míster Peerles Jones... A las diez y treinta. Perfectamente. Hemos de tomar precauciones, míster Jones, los periodistas no nos dejan en paz. Ya sabrá usted que el profesor no quiere trato alguno con la prensa. Por aquí, señor. El profesor Challenger está preparado para las visitas.

Instantes después me vi en su presencia. Mi amigo, Ted Malone, ha descrito al hombre en su historia de Él mundo perdido mucho mejor de lo que yo sabría hacerlo, de modo, pues, que a ella me remito. Todo lo que percibí fue un enorme busto detrás de una mesa de caoba, con unas grandes barbas negras de forma de azada y dos grandes ojos grises medio cubiertos por unos párpados insolentes, entornados. Su cabezota estaba algo echada hacia atrás, sus barbazas erizadas hacia adelante y todo su aspecto en conjunto producía una impresión de arrogante intransigencia. Era como un cartel que dijese: «¿Qué diablos quiere usted?» Dejé mi tarjeta encima de la mesa.

—¡Ah, sí! —exclamó, recogiendo la tarjeta y manipulándola como si le desagradase el olor de la misma—. De modo que usted es Míster Jones..., Míster Peerles Jones. Agradezca a su padrino, la ocurrencia pues ese divertido nombre de pila llamó mi atención hacia usted.

—Profesor Challenger, he venido a tratar de negocios y no a discutir acerca de mi nombre de pila —le dije con toda la dignidad de que fui capaz.

—Vaya, vaya, míster Jones, parece que es usted persona muy susceptible. Hay que andarse con cautela al tratar con usted, míster Jones. Por favor, siéntese y cálmese. He leído un folleto acerca de la posibilidad de cultivar la península del Sinaí. ¿Lo escribió usted?

—¡Naturalmente, puesto que yo lo firmo!

—Muy bien, muy bien, aunque no siempre ocurra eso, ¿verdad? Pero acepto sin más su afirmación. No carece de ciertos méritos su obra. Bajo la pesadez del estilo, brillan aquí y allá algunas ideas. Sí, no faltan gérmenes de ideas de cuando en cuando. ¿Es usted casado?

—No, señor.

—En tal caso, ya existe cierta posibilidad de que guarde usted un secreto.

—Si yo prometiese guardarlo, lo guardaría sin ningún género de dudas.

—Eso dice usted. Malone, mi joven amigo —hablaba de Ted como si este fuese un chico de diez años—, tiene buen concepto de usted. Asegura que puedo confiar en usted. Pero aquí se trata de algo de importancia extraordinaria, porque estoy metido en uno de los más trascendentales experimentos de la Humanidad. Quizás el más grande experimento de todas las épocas. Le pido que participe en ese secreto.

—Será para mí un honor.

—Lo es, desde luego. Reconozco que no habría dado participación en mis trabajos a nadie, a no ser porque la índole gigantesca de la empresa requiere el concurso de la más elevada capacidad técnica. Obtenida, pues, su promesa de secreto inviolable, paso al asunto en cuestión: la Tierra en que vivimos es en sí un organismo viviente, dotado, según creo, de circulación, respiración y sistema nervioso propio.

Evidentemente, me hallaba ante un lunático.

—Observo que su cerebro no responde —prosiguió—, pero poco a poco irá aceptando la idea. Fíjese en cómo un margal o un brezal sugieren la idea del lomo velludo de un animal gigantesco. Existe de un extremo a otro de la naturaleza cierta analogía. Piense usted en los alzamientos y descensos de la Tierra, que son indicio de la lenta respiración del ser en cuestión. Por último, observe los estremecimientos y arañazos que a nuestros sentidos liliputienses les parecen terremotos y convulsiones.

—¿Y qué me dice de los volcanes? —pregunté.

—¡Pues sí! Que corresponden a los brotes de fiebre de nuestros cuerpos.

El cerebro me daba vueltas tratando de encontrar alguna respuesta a tan estrafalarias afirmaciones.

—¡La temperatura! —exclamé—. Pero ¿no es cierto que sube rápidamente a medida que se profundiza en el interior de la Tierra, y que el centro de la misma es de fuego líquido?

Hizo a un lado mi afirmación con un vaivén de la mano.

—Posiblemente sepa usted que la Tierra está achatada por los polos. Eso se enseña en las escuelas primarias y hoy en día es obligatoria la asistencia a las mismas. Eso significa que el polo está más cerca del centro de cualquier otro punto del globo, ¿verdad?

—Todo ello es completamente nuevo para mí.

—Claro que lo es. Constituye el privilegio de los pensadores originales el exponer ideas que resultan nuevas y que de ordinario son mal recibidas por la gente vulgar. Veamos, señor, ¿qué es esto?

Me mostró un objeto pequeño que había cogido de la mesa.

—Yo diría que es un erizo de mar.

—En efecto lo es, —exclamó con expresión de sorpresa, exagera, lo mismo que un niño que ha hecho una habilidad—. Es un erizo de mar, un echinus corriente. La Naturaleza se repite en muchas formas, con independencia de tamaños. El erizo de mar es un modelo, un prototipo de nuestra Tierra. Fíjese en que es aproximadamente circular, pero achatado en los polos. Consideremos, pues, a la Tierra como a un inmenso echinus. ¿Qué tiene usted que objetar a eso?

Mi principal objeción era que todo aquello resultaba demasiado absurdo para ser discutido, pero no me atreví a decírselo. Rebusqué una idea menos terminante, y contesté:

—Un ser viviente necesita alimentarse. ¿Dónde iba a encontrar la Tierra para sustentar su inmenso cuerpo?

—Excelente observación, excelente —dijo el profesor con aires de inmensa condescendencia y superioridad—. Tiene usted visión rápida de lo evidente, aunque sea la comprensión lenta para implicaciones más sutiles. ¿De qué se alimenta la Tierra? Volvamos otra vez a nuestro amiguito el erizo de mar. El agua que lo rodea por todas partes fluye por los conductos tubulares de este animalito proporcionándole alimento.

—Según eso, cree usted que el agua...

—No, señor. El éter. La Tierra pace en un camino circular por los campos del espacio, y a medida que se mueve, el éter penetra en ella y la atraviesa alimentándola. Todo un rebaño de pequeños erizos de mar, Venus, Marte y demás planetas realizan la misma tarea. Cada cual tiene su campo donde pastar.

Aquel hombre estaba ciertamente loco, resultaba imposible discutir con él. Aceptó mi silencio como conformidad y me sonrió de la manera más generosa. Luego prosiguió:

—Veo que ya vamos comprendiendo. La luz empieza a penetrar en su cerebro. Al principio deslumbra, pero nos acostumbramos pronto a ella. Le ruego me preste atención mientras le hago un par de observaciones sobre este animalito que tengo en mi mano... Vamos a suponer que en este caparazón exterior duro se moviesen algunos insectos infinitamente pequeños. ¿Se daría cuenta el erizo de su existencia?

—Yo diría que no.

—Pues de idéntica manera podemos suponer que la Tierra no tiene la más remota idea de la forma como es utilizada por la raza humana. Es completamente ajena a la existencia de esta excrecencia de vegetación y de la evolución de estos minúsculos animaluchos que ha ido recogiendo sobre sí durante sus viajes alrededor del Sol, igual que un viejo bajel va reuniendo percebes en su casco. Así están las cosas en la actualidad, pero yo me propongo alterarlas.

Me le quedé mirando atónito:

—¿Qué se propone usted alterarlas?

—Me propongo conseguir que la Tierra se entere que existe por lo menos una persona, George Edward Challenger, que hay que tener en cuenta, mejor dijo, que reclama su atención. Hasta ahora jamás recibió, una exigencia de esta clase.

—¿Y cómo piensa arreglárselas, para conseguirlo?

—Ahí es donde entramos en cuestión. Ha tocado usted el meollo. Quiero llamar nuevamente su atención hacia este interesante animalito que tengo en mi mano. Bajo su caparazón protector, es todo nervios y sensibilidad. ¿No resulta evidente que si un minúsculo parásito quisiese llamar la atención del echinus abriría un agujero en el caparazón para poder así estimular su aparato sensorial?

—Evidentemente.

—Le daré otro ejemplo: el de la pulga o el mosquito que exploran la superficie del cuerpo humano. Quizás no advertimos su presencia. De pronto hunden su trompa en nuestra piel, que es nuestro caparazón, y nos recuerdan de manera desagradable que no estamos completamente solos. Seguramente ya empieza a intuir usted mis proyectos. La luz penetra en la oscuridad.

—¡Válgame Dios! ¿Es que se propone usted atravesar la corteza terrestre con un pozo?

Cerró los ojos con inefable complacencia y dijo:

—Tiene usted delante al hombre que será el primero en agujerear esa piel córnea. Incluso podría hablar en pasado y decir que la atravesó.

—¡Que ha hecho usted eso!

—Gracias a la eficaz ayuda de Morden y Compañía, creo que puedo decir que la he atravesado. Varios años de trabajo sin interrupción, llevado a cabo mediante el empleo de todas las herramientas conocidas para taladrar, barrenar, y de toda clase de explosivos, nos han conducido por último a nuestra meta.

—¡No irá usted a decirme que ha perforado la corteza terrestre de parte a parte!

—Si esas palabras denotan asombro, las admito. Si denotan incredulidad...

—En modo alguno, señor.

—Acepte mi afirmación sin más: hemos atravesado la corteza terrestre. Tenía exactamente un espesor de catorce mil cuatrocientas cuarenta y dos yardas, es decir, ocho millas aproximadamente. Quizás le interese saber que durante el transcurso de nuestras perforaciones hemos descubierto gran cantidad de capas carboníferas, que es posible que a la larga amorticen el coste de la empresa. La dificultad principal con que hemos tropezado fueron los manantiales de agua en las margas inferiores y en las arenas de Hastings, pero las hemos vencido. Hemos llegado ya a la última etapa, y esta última etapa es nada más ni nada menos que míster Peerles Jones. Usted, señor, hará el papel de mosquito y su perforadora artesiana hará el papel de aguijón. El cerebro ha cumplido su tarea. El pensador hace mutis por el foro. Entra el mecánico, el Sin par, con su mecha metálica. ¿Hablo con suficiente claridad?

—¡Habla usted de ocho millas! —exclamé—. ¿Sabe usted que las perforaciones artesianas hasta la fecha solo han podido alcanzar el límite de cinco mil pies? Sin tomar en cuenta la perforación realizada en la Alta Silesia, que está considerada como una maravilla.

—No ha interpretado bien mis palabras, míster Jones. O mi explicación no ha sido apropiada, o su cerebro ha fallado; no quiero insistir en si ha sido lo uno o lo otro. Sé muy bien hasta dónde se puede llegar en cuestión de pozos artesianos, y no es probable que yo me hubiese gastado millones de libras en mi túnel colosal si me hubiese bastado con un agujero de seis pulgadas. Lo único que yo le pido es que tenga preparado un taladro lo más puntiagudo posible, de una longitud no superior a cien pies, y movido por un motor eléctrico. Un taladro ordinario de percusión accionado por un peso no sería suficiente para lo que necesitamos.

—¿Y por qué ha de estar movido por un motor eléctrico?

—Míster Jones, estoy aquí para dar órdenes, no para dar explicaciones. Quizás ocurra antes que terminemos la obra, digo que quizás que su vida misma dependa de que el taladro esté accionado a distancia por medio de la electricidad. Me imagino que puede hacerse, ¿no es cierto?

—Naturalmente.

—Entonces, dispóngalo todo. Todavía no ha llegado el momento de que usted haga acto de presencia allí, pero desde ahora mismo puede realizar sus preparativos. No tengo nada más que añadir.

—Pero necesito —le dije en tono de reconvención— que me informe usted qué clase de suelo he de perforar. Hay que utilizar distintos taladros según se haya de perforar arena, arcilla o greda.

—Vamos a suponer que tenga que perforar gelatina —contestó Challenger—. Sí, vamos a suponer por ahora que tenga usted que taladrar gelatina. Y ahora, míster Jones, como hay temas de importancia que requieren mi atención le doy los muy buenos días. Puede usted preparar una fórmula de contrato estipulando lo que cobrará, y entregárselo a mi administrador.

Me dispuse a dejar la sala, pero antes de llegar a la puerta mi curiosidad pudo más que yo. El profesor estaba ya dándole furiosamente a la pluma, que chirriaba sobre el papel, y alzó la cara, irritado por mi interrupción.

—¿Qué pasa? .Creí que ya se había ido.

—Únicamente deseo preguntarle, cuál puede ser la finalidad del experimento tan singular.

—¡Largo, señor, largo de aquí! —exclamó furioso—. Levante su mente por encima de las bajas necesidades mercantiles y utilitarias del comercio, Erradique de sí las miserables normas del negociante. La ciencia persigue el conocimiento. Nos lleve a donde nos lleve, nosotros hemos de ir en su busca. El saber de una vez para siempre lo que somos, por qué existimos y dónde nos encontramos, ¿no constituye en sí misma la más grande de todas las aspiraciones humanas? ¡Largo de aquí, señor, largo de aquí!

Su enorme cabeza se había inclinado otra vez sobre los papeles, confundiéndose con sus barbazas. La pluma de ave rechinaba todavía con mayor fuerza. Me alejé, pues, de aquel hombre extraordinario. Mi cabeza se había convertido en un torbellino al pensar en el sorprendente negocio en que yo me veía asociado.

Al regresar a mis oficinas me encontré con Ted Malone que me estaba esperando para saber el resultado de mi entrevista. Su cara dibujó una ancha sonrisa, y me gritó:

—¿Qué? ¿Sin contratiempos? ¿Ni agresión ni golpes? Habrás actuado con un tacto extraordinario. ¿Qué opinas del querido viejo?

—Es el hombre más exasperante, insolente, intolerante y terco de cuantos he conocido en mi vida, pero...

—¡Exactamente! —exclamó Malone—. Todos acabamos con ese pero. Sí, señor, él es todo eso que dices y mucho más, pero todos comprendemos que a un hombre tan gigantesco no se le puede medir con nuestras reglas habituales, y que podemos aguantarle lo que no aguantaríamos a ningún otro ser viviente. ¿No es así?

—Aún no le conozco bastante para afirmar eso, pero confieso que si no se trata simplemente de un fanfarrón megalómano y si lo que dice es cierto, es un hombre al que es preciso colocar aparte de los demás. Pero ¿es cierto?

—¡Claro que es cierto! Challenger es hombre que demuestra lo que dice. Veamos ahora exactamente lo que sabes. ¿Te ha contado lo de Hengist Down?

—En líneas generales, sí.

—Bueno, créeme si te digo que se trata de una empresa colosal; colosal en su concepción y colosal en su ejecución. Odia a los periodistas, pero a mí me hace sus confidencias porque sabe que yo no publico sino lo que él me autoriza a publicar. Por esta razón estoy al corriente de sus proyectos, o por lo menos de algunos, porque es un pajarraco tan reservado que con él no se está nunca seguro de haber llegado al fondo. De todos modos, estoy en condiciones de darte la seguridad de que lo de Hengist Down es un proyecto real a punto de concluirse. Mi consejo es que aguardes acontecimientos y prepares mientras tanto tus taladros. O él o yo te traeremos noticias bien pronto.

Fue de Malone mismo de quien las recibí. Pocas semanas después pasó por mis oficinas, trayéndome un mensaje.

—Vengo de casa de Challenger —me dijo.

—Pareces el pez piloto de un tiburón.

—Me siento orgulloso de servirle en cualquier cosa. Ese hombre es un prodigio. Lo ha hecho todo perfectamente. Ahora te toca a ti, y acto seguido, él levantará el telón.

—Mientras no lo vea no lo creo, pero por mi parte lo tengo todo dispuesto y cargado en un camión, para ponerme en camino sin perder un instante.

—Hazlo pues. Le he hablado de ti como de un hombre de carácter formidable en cuanto se refiere a energía y puntualidad, de modo, que no me hagas quedar mal. Mientras tanto, saldremos por tren y te iré dando una idea de lo que es preciso realizar.

Era una encantadora mañana de primavera el día 22 de mayo, para ser exacto, cuando hicimos el viaje trascendental que me condujo a un escenario que está llamado a ser histórico. Malone me entregó en el camino una carta de Challenger que yo debía considerar como sus instrucciones.

«Muy señor mío: A su llegada a Hengist Down se pondrá usted a las órdenes de míster Barforth, ingeniero jefe, que conoce mis proyectos. El joven amigo Malone, portador de la presente, se encuentra también en contacto conmigo. Hemos experimentado ya ciertos fenómenos en el pozo, desde los catorce mil pies de profundidad para abajo, que corroboran plenamente mis puntos de vista sobre la naturaleza del cuerpo planetario, pero se necesitará alguna prueba más sensacional antes que yo pueda confiar en despertar la amodorrada inteligencia del mundo científico moderno. Esa prueba es usted quien está destinado a proporcionárnosla. Conforme vaya usted descendiendo en los ascensores observará, dando por sentado que usted goza de la rara facultad de observación, que va cruzando sucesivamente estratos secundarios de greda, capas del carbón, algunas indicaciones del devoniano y del cambrio, y, por último, el granito, por el que nuestro túnel atraviesa en su mayor longitud. El fondo del pozo está actualmente cubierto de lona alquitranada, que usted se abstendrá de tocar, porque cualquier manipulación torpe en la cutícula interior de la Tierra podría producir resultados imprevisibles. A veinte pies de altura del fondo se han colocado dos fuertes vigas que cruzan el pozo y que están destinadas a actuar de estribo de sujeción de su taladro. Serán suficientes cincuenta pies de barrena, y veinte de ellas se proyectarán por debajo de las vigas, de modo que la punta de la barrena llegue casi hasta la lona embreada. Si en algo estima usted su vida, cuide de que no descienda más. Entonces quedarán otros treinta pies por encima de las vigas, y podemos dar por hecho que, cuando usted deje en libertad la barrena, no menos de cuarenta pies de esta se hundirán en la sustancia de la Tierra. Como se trata de un cuerpo muy blando, no creo que necesite usted fuerza taladradora y que será suficiente con soltar la barrena para que esta penetre por su propio peso en la capa que hemos dejado al descubierto. Creo que estas instrucciones son suficientes, pero estoy seguro de que necesitará usted más, puede solicitármelas por intermedio de mi joven amigo Malone.

George Edward Challenger»

Resulta comprensible que al llegar a la estación de Storrington, me encontrase en un estado de gran excitación. Un destartalado Vauxhall, de treinta caballos, con señales de mucho uso, nos estaba esperando, y nos condujo dando saltos a lo largo de seis o siete millas por senderos y caminos que, a pesar de su aislamiento, estaban marcados por huellas profundas y mostraban todos los síntomas de un tráfico intenso y pesado. Un camión destrozado y volcado sobre la hierba nos recordó que alguien más había realizado un trayecto tan duro como el nuestro. Una pieza enorme de maquinaria, que parecían ser las válvulas y el pistón de una bomba hidráulica, sobresalía, completamente oxidada, de entre las matas de aliagas.

—Eso es cosa de Challenger —dijo Malone con sonrisa maliciosa—. Dijo que tenía un décimo de pulgada más de lo calculado, y ahí la dejó abandonada al margen de camino.

—Lo que le acarreará un pleito, sin duda alguna.

—¡Un pleito! Amigo mío, debería haber un tribunal para nosotros solos. Tenemos materia como para que no descanse un juez en un año. Y lo mismo digo de un Gobierno. Al condenado Challenger le importan todos un rábano. La Corona contra George Challenger y George Challenger contra la Corona. ¡Bonita danza infernal les espera a los dos, de tribunal en tribunal! Bueno, ya hemos llegado. ¡Hola, Jenkins! Puedes dejarnos pasar.

Un individuo corpulento, de curiosas orejas en forma de coliflor, miraba hacia el interior del coche con expresión de recelo. Al reconocer a Malone se tranquilizó y nos saludó.

—Perfectamente, míster Malone. Pensé que se trataba del de la agencia norteamericana Associated Press.

—¡Vaya! De modo que ya andan tras la pista.

—Ellos hoy y el Times ayer. ¡Vaya si están zascandileando por estos alrededores! Fíjense allí —nos señaló un punto negro sobre el horizonte lejano—. ¿Ve aquel brillo? Es el telescopio del Daily News, de Chicago. Sí, se han propuesto averiguar. Los he visto en filas, como si fuesen cuervos, hacia la torre del faro.

—¡Pobre pandilla de plumíferos! —exclamó Malone cuando cruzábamos el umbral de una puerta abierta en una formidable cerca de alambre de espino—. Yo, que lo soy, sé el mal rato que se pasa.

En aquel mismo instante escuchamos a nuestras espaldas un quejumbroso balido de «¡Malone! ¡Ted Malone!» Lo lanzaba un hombrecito rechoncho que acababa de llegar en una motocicleta y estaba forcejeando por desasirse de la zarpa hercúlea del guarda de la puerta.

—¡Ea, suélteme! —farfullaba—. ¡Fuera manos! Malone, diga a este gorila que me suelte.

—Suéltelo, Jenkins. Es amigo mío —le gritó Malone—. ¿Qué ocurre?

231

¿Qué andas haciendo por aquí? Tú eres un gasta-aceras de Fleet Street. No tienes nada que hacer en las soledades de Sussex.

—Demasiado sabes a qué vengo —contestó el visitante—. Me han mandado que escriba un reportaje de lo que ocurre en Hengist Down, y no puedo volver al periódico sin una crónica.

—Lo siento, Roy; pero aquí no vas a sacar nada. Tendrás que quedarte afuera de la alambrada. Si quieres más detalles, vete a ver al profesor Challenger y que él mismo te dé permiso para entrar.

—Ya fui a verle esta mañana —contestó con acento lastimero el periodista.

—¿Y qué te dijo?

—Que me iba a tirar por la ventana.

—¿Y qué le contestaste?

—Le dije: «¿Es que no se abre la puerta?» Y para demostrarle que la puerta funcionaba, me escabullí por ella. No era cosa de entretenerme en discusiones. Me largué sin más. La verdad, Malone, me parece que andas en malas compañías; en Londres aquel torazo de barbas asirias, y aquí, este *thug* estrangulador que me ha echado a perder las películas que traía preparadas.

—No puedo ayudarte, Roy, créeme. En Fleet Street tienes fama de no haber fracasado nunca, pero esta vez sí que fracasarás. Vuelve a tu redacción y espera unos días, yo te daré las noticias en cuanto el viejo lo permita.

—¿De modo que no hay forma de entrar?

—Ni pensarlo.

—¿Ni por dinero?

—Me extraña que tú lo preguntes.

—Aseguran que es el atajo para Nueva Zelanda.

—Será el atajo para el hospital si te empeñas en entrar, Roy. Bueno, adiós, nosotros tenemos mucho que hacer.

—Es Roy Perkins, corresponsal de guerra —dijo Malone mientras cruzábamos por la parte habitada de la finca—. Hemos acabado con la marca de invencible que ostentaba. Con su carita regordeta e inocente se abre paso en todas partes. Trabajamos un tiempo juntos en la misma redacción. Mira —me dijo, señalándome un grupo de alegres casitas de rojos tejados—: ahí viven los hombres. Forman un grupo de obreros selectos, cobran salarios superiores a los corrientes. Deben ser solteros, abstemios y prestar juramento de guardar el secreto. No creo que hasta ahora se haya filtrado ninguna noticia. Aquel campo que ves allí es donde juegan al fútbol, y aquella casita aislada, su biblioteca y sala de recreo. Aquí está míster Barforth, el ingeniero jefe.

Un hombre alto, delgado, melancólico, de cara surcada por profundas arrugas de preocupación, había aparecido ante nosotros. Con voz lóbrega me dijo:

—Supongo que es usted el ingeniero de artesianos. Me anunciaron que vendría, celebro que haya llegado. La responsabilidad de todo esto me está alterando los nervios. No me importa decírselo. Perforamos y perforamos, y uno no sabe si va a brotar un surtidor de agua, un yacimiento de carbón, un chorro de petróleo o una lengua de fuego del infierno. Hasta ahora nos hemos salvado de esto último; pero, por lo que yo sé, quizás le toque a usted hacer la experiencia.

—¿Hace tanto calor ahí abajo?

—Sí, calor hace; eso no se puede negar. Sin embargo, quizás no más de lo que es de esperar, dada la presión y la carencia de espacio. Claro está que la ventilación es tremenda. Inyectamos el aire a presión hasta el fondo, pero los hombres solo pueden hacer dos turnos, por muy voluntariosos que sean. Ayer bajó el profesor y quedó muy complacido con todo. Podría usted acompañarnos a almorzar, después bajaremos para que lo vea por sí mismo.

Tras una comida frugal y precipitada, el gerente con gran asiduidad nos hizo la presentación de todo lo que encerraba su casa de máquinas y de toda la variada chatarra de desecho que había desperdigada sobre la hierba. A un lado vimos una enorme excavadora eléctrica Arrol, con la que se habían hecho rápidamente las primeras prospecciones. A su lado, una gran máquina que ponía en movimiento un cable continuo de acero con vagonetas que extraían sucesivamente los materiales arrancados desde el fondo del pozo. La casa de máquinas comprendía varias turbinas Escher Wyss, de gran potencia, que giraban a una velocidad de ciento cuarenta revoluciones por minuto y que accionaban unos acumuladores eléctricos de mil cuatrocientas libras de presión por pulgada cuadrada, en conexión con tuberías de tres pulgadas que penetraban en el interior del pozo y movían cuatro taladros de roca, del tipo Brandt, de broca hueca. Al lado de la casa de máquinas estaba la central eléctrica, que suministraba la corriente necesaria para una gran instalación, y junto a la central, otro edificio para una turbina extra de doscientos caballos, destinada a accionar un aparato impulsor de aire, que lo enviaba por una tubería de doce pulgadas hasta el fondo del pozo. Todas aquellas maravillas me fueron mostradas por el orgulloso operador de las mismas, que recurrió a largas explicaciones técnicas y que estuvo a punto de aburrirme, como yo temo aburrir al lector. Pero se produjo una bien venida interrupción cuando escuché el estrépito de ruedas y vi que llegaba mi camión Leyland, de tres toneladas, saltando y tropezando sobre el terreno cubierto de hierba. Traía mis herramientas y las secciones de tubería, en la cabina distinguí a mi capataz Peters y a un ayudante, muy tiznado y mugriento. Los dos hombres su pusieron en el acto a trabajar en la descarga del camión, almacenando bajo techado lo que traían. El gerente, Malone y yo los dejamos entregados a su trabajo y nos acercamos a la boca del pozo.

Todo aquello resultaba fantástico y de una magnitud mucho mayor de cuanto yo me había imaginado. Los vertederos del material extraído tenían la forma de herradura enorme que había alcanzado la elevación de una colina. En la concavidad de aquella herradura, compuesta de greda, arcilla, carbón y granito, se alzaba un erizamiento de columnas de hierro y de volantes, desde los que se accionaban las bombas y montacargas. Estaban en conexión con la casa de máquinas, edificio de ladrillo que cerraba la abertura de la herradura. Más allá se abría la boca del pozo, de unos treinta o cuarenta pies de diámetro, revestida y recubierta de ladrillo y cemento. Estiré el cuello y miré hacia las profundidades de aquel abismo tenebroso que me habían dicho que tenía ocho millas de profundidad, y sentí mareos al pensar lo que aquello significaba. El sol caía diagonalmente sobre el brocal, y solo pude distinguir algunos centenares de yardas de paredes de un blanco sucio de greda, revestidas aquí y allá de ladrillo en los lugares en que la superficie parecía menos estable. Sin embargo, mientras miraba, percibí allá, muy hondo, una minúscula mancha de luz, un simple puntito, que resaltaba claro y firme sobre el fondo negro.

—¿Qué es esa luz? —pregunté.

Malone se inclinó de la pared junto a mí, y me dijo:

—Es uno de los montacargas que sube. ¿Verdad que es maravilloso? Está todavía a una milla de distancia y esa débil luce —cita es en realidad un arco voltaico de gran potencia. Solo tardará unos minutos en estar aquí.

233

En efecto, la cabecita de alfiler luminoso se fue dilatando y dilatando hasta que inundó el hueco del pozo con brillo tan plateado, que tuve que apartar los ojos del foco deslumbrante. Un instante después la jaula del ascensor se detuvo ruidosamente al nivel del descansillo, y cuatro hombres se arrastraron fuera de ella, marchando en dirección a la entrada.

—Casi agotados —dijo Malone—. No es cosa fácil el hacer un turno de dos horas a semejante profundidad. Ahí traen una parte de sus materiales. Creo que lo mejor que podemos hacer es bajar para que te hagas por ti mismo una idea de la situación.

Me condujo a un anexo junto a la casa de máquinas. Una serie de trajes abombachados del más fino tusor colgaban de la pared. Siguiendo el ejemplo de Malone, me despojé de todas mis rojas y me vestí con uno de aquellos trajes, calzándome unas zapatillas de suela de caucho. Malone terminó de vestirse antes que yo y salió del vestuario. Un instante después escuché un barullo como de diez peleas de perros, salí corriendo y me encontré a mi amigo que rodaba por los suelos abrazado al obrero que estaba ayudando a descargar mi tubería artesiana. Malone trataba de arrancarle algo que el otro trataba de defender desesperadamente. Pero Malone era mucho más fuerte y le arrebató el objeto que el otro tenía aferrado; luego lo pateó hasta tenerlo reducido a pedazos. Solo entonces comprendí que se trataba de una cámara fotográfica. Mi obrero de la cara tiznada se alzó del suelo con aspecto dolorido, y dijo:

—¡Que el diablo te lleve, Ted Malone! Esa máquina me costó diez guineas.

—No ha habido más remedio, Roy. Te vi sacar la instantánea, no había otra opción.

—¿Y cómo diablos logró usted mezclarse con mi envío de materiales? —le pregunté con justa indignación.

Aquel tunante me hizo un guiño y se sonrió.

—Siempre hay modos y maneras. No culpe a su capataz. Creyó que se trataba de una broma. Cambié de ropas con el peón y me metí dentro.

—Y ahora será mejor que te vayas Roy —dijo Malone—. Si estuviese aquí Challenger te habría soltado los perros. También yo me he visto en situaciones difíciles, por eso no quiero ser duro contigo; pero conste que yo estoy aquí de perro guardián y que, si llega el caso, no solo ladro, sino que también muerdo. ¡Ea, largo!

Y nuestro emprendedor visitante fue acompañado hasta fuera del cercado por dos trabajadores, que sonreían burlones. Y ahora comprenderá por fin el público la génesis de aquel maravilloso artículo de cuatro columnas que llevaba el encabezamiento de «Sueño loco de un hombre de ciencia», y el subtítulo de «Vía en línea recta hasta Australia», que apareció en el Adviser unos días después y que llevó a Challenger al borde de la apoplejía y al director del Adviser a la más desagradable y peligrosa entrevista de toda su vida. El artículo era un relato sumamente pintoresco y exagerado de la aventura de Roy Perkins, «nuestro experto corresponsal de guerra», y contenía frases tan rotundas como «el hirsuto bravucón de Enmore Gardens», «una finca guardada con alambre de espino, rufianes y sabuesos». Y por último: «Me apartaron a rastras de la boca del túnel angloaustraliano dos matones, el más salvaje de los cuales resultó ser un chafardero, al que yo conocía de vista como a uno de los gorrones de la profesión periodística, mientras que el otro, tipo siniestro vestido con indumentaria tropical, pretendía ser un ingeniero de pozos artesianos, aunque más bien parecía un tipo de Whitechapel.» Después de ponemos fuera de combate de ese modo, el bribón pasaba a describir con gran detalle los raíles que llegaban a la boca del pozo y una excavación en zigzag por la que los trenes funiculares se hundirían en las entrañas de la Tierra. El único inconveniente de orden práctico que el artículo produjo fue el de que aumentase notablemente el cúmulo de ociosos que esperaban los acontecimientos sentados en South Downs. Pero cuando se produjeron hubiesen preferido encontrarse en cualquier parte menos allí.

Mi capataz, con su fingido peón, había dejado esparcidos por el suelo todos mis aparatos de trabajo: barrenas, rodillos, peso, caja de timbres, etcétera; pero Malone insistió en que no nos preocupásemos por ellos y bajásemos hasta el nivel más profundo del pozo. Entramos, pues, en la jaula del montacargas, que era de rejilla de acero, y, acompañados por el ingeniero jefe, nos hundimos en las entrañas de la Tierra. Había una serie de ascensores automáticos, cada uno con su estación propia excavada a un lado de la caja del pozo. Funcionaban a gran velocidad, produciendo más bien la sensación de un ferrocarril vertical que la de hundimiento consciente que solemos asociar con los ascensores ingleses.

Como la jaula era enrejillada y estaba brillantemente iluminada, íbamos viendo con claridad los estratos que atravesábamos. A mí no se me escapó uno solo, a pesar de la velocidad que llevábamos: el pálido de la greda inferior, las capas color café de Hastings, las más claras de Ashbumham, las negras arcillas carboníferas, y a continuación, brillando con los reflejos de la luz eléctrica, capaz y capas de negro azabache, las centelleantes del carbón alternando con las secciones de arcilla. Aquí y allá se veían trozos de pared de mampostería; pero, por regla general, las paredes se sostenían por sí mismas, y no había más remedio que admirarse del inmenso trabajo y habilidad mecánica que aquello representaba. Por debajo de las capas de carbón distinguí unos yacimientos revueltos que producían la impresión de hormigón y acto seguido nos metimos por el granito primitivo, en el que los cristales de cuarzo brillaban y centelleaban como si las negras paredes estuviesen salpicadas de polvo de diamantes. Seguimos bajando y bajando hasta profundidades jamás holladas por los mortales. Las rocas arcaicas variaban mucho de color, y jamás podré olvidar un ancho cinturón de feldespato que brilló con sobrenatural belleza ante nuestras potentes lámparas. Piso tras piso y ascensor tras ascensor, con el aire cada vez más agobiante y enrarecido, que hasta los trajes de ligero tusor nos resultaban intolerables, y el sudor nos corría por el cuerpo hasta las zapatillas. Por último, cuando empezaba a creer que no podía resistir más, se detuvo el último de los ascensores y salimos a una plataforma circular que se había excavado en la roca. Me fijé en que Malone dirigía una mirada curiosamente recelosa a las paredes del pozo. Si yo no hubiese sabido que era uno de los hombres más valientes, habría dicho que estaba demasiado nervioso.

—¡Qué cosa más rara! —dijo el ingeniero jefe pasando la mano por la superficie de la roca de la sección más próxima.

La puso a la luz, y vimos que tenía el brillo resbaladizo de una curiosa espuma de barrillo.

—Aquí abajo se han producido temblores. No sé a qué atenerme. El profesor parece muy complacido; pero a mí todo esto me resulta nuevo.

—Yo no tengo más remedio que decir que he visto cómo se movía, sin lugar a duda, esta pared —dijo Malone—. La última vez que bajé y fijamos las dos vigas, cuando agujereábamos la pared para apoyar las extremidades, a cada golpe la pared daba un respingo. La teoría del viejo profesor parecía cosa absurda, en la solidez del viejo Londres; pero aquí, a ocho millas de la superficie, no estoy tan seguro de que lo sea.

—Y si viese lo que hay debajo de la lona lo estaría mucho menos —dijo el ingeniero—. Toda esta roca última se dejaba cortar como si fuese de queso, y, una vez atravesada, llegamos a una nueva formación que no se parece a nada de lo visto hasta ahora en la Tierra. «¡Tápenlo! ¡Que nadie lo toque!», gritó el profesor. Según sus instrucciones lo cubrimos, con la lona embreada, y ahí está.

—¿No podríamos echarle un vistazo?

El rostro lúgubre del ingeniero tomó una expresión aterrorizada, y dijo:

—Desobedecer al profesor no es cosa de broma. Es tan endiabladamente astuto. Además, nunca se sabe las señales que ha puesto para controlarle a uno. Pero vamos a correr el riesgo de echar un vistazo.

Hizo girar hacia abajo la lámpara de nuestro reflector hasta que la luz brilló sobre el negro embreado. Luego se agachó, y tirando de una cuerda que estaba sujeta a uno de los bordes de la lona, descubrió media docena de yardas cuadradas de la superficie que había debajo.

Lo que vimos fue de lo más extraordinario y aterrador. La superficie era una especie de masa gris, brillante, que subía y bajaba en un lento latir. Las pulsaciones no eran verticales, sino que producían la impresión de una suave ondulación o ritmo, que recorría la superficie. Esta no era completamente homogénea, sino que, por debajo de ella, véianse, como a través de un vidrio pulimentado, unas débiles manchas blancuzcas que variaban constantemente de forma y tamaño. Los tres permanecimos mirando aquel espectáculo, como poseídos por un sortilegio.

—Tiene el aspecto de un animal despellejado —susurró Malone con pavor—. Es posible que el viejo no ande tan descaminado con lo de su erizo de mar.

—¡Válgame Dios! —exclamé—. ¿Y yo he de clavar un arpón en el cuerpo de ese animal?

—Ese honor te está reservado —dijo Malone—. Y lo peor es que yo tendré que estar a tu lado cuando lo hagas a menos que me eche atrás.

—Pues bien: yo no —exclamó con firmeza el ingeniero jefe—. Nunca he estado tan claramente resuelto sobre lo que debo hacer como en esta ocasión, y si el viejo insiste, renuncio al cargo. ¡Santo Dios, fíjense en eso!

Fluyendo hacia nosotros a la manera de una ola cuando se la contempla desde la borda de un buque, la superficie gris experimentó un súbito encrespamiento. Luego aminoró, y siguieron produciéndose confusos latidos y pulsaciones. Barforth fue soltando la cuerda, y volvió a colocar la lona.

—Diñase que ha advertido nuestra presencia —dijo.

—¿Por qué había de hincharse hacia nosotros de esa manera? Me imagino que la luz la ha afectado de algún modo.

—¿Y qué es lo que desea que yo haga ahora? —pregunté.

Míster Barforth me señaló las dos vigas que cruzaban la caja del pozo un poco más abajo que el punto de parada del ascensor. Habría entre ambas un hueco de unas nueve pulgadas.

—Eso fue idea del viejo —me dijo—. Creo que yo las habría colocado mejor; pero habría sido como razonar con un búfalo furioso. Resulta más fácil y más seguro hacer siempre lo que Challenger quiere. Tiene el propósito de que emplee usted su taladro de seis pulgadas, afirmándolo de alguna manera entre esos estribos.

—No creo que eso ofrezca demasiadas dificultades —contesté—. Hoy mismo pondré manos a la obra.

Mi vida ha sido bastante variada, porque he abierto pozos en todos los continentes; pero como cualquiera puede comprender, aquel era el episodio más extraño que me había ocurrido. Como el profesor Challenger había insistido tanto en que se pusiese en movimiento el mecanismo desde cierta distancia, y yo empecé a vislumbrar en su pretensión una gran dosis de buen sentido, tuve que proyectar un sistema de control eléctrico, cosa fácil estando el pozo provisto de tendido eléctrico. Mi capataz Peters y yo con infinito cuidado bajamos nuestras piezas de tubería y las apilamos en la plataforma.

Después elevamos algo el descansillo del ascensor más profundo, para disponer de un espacio más holgado. Como habíamos resuelto emplear el sistema de percusión, porque no era aconsejable fiarse únicamente de la fuerza de gravedad, colgamos nuestra pesa de cien libras de una polea colocada bajo el ascensor, y debajo de ella fuimos tendiendo la tubería con el extremo inferior en forma de V. Por último, sujetamos el cable, del que colgaba la pesa, a un costado de la caja del pozo, de manera que bastase una descarga eléctrica para que se soltase. Fue una tarea delicada y difícil realizada en medio de un calor más que tropical, y con la sensación siempre presente de que un resbalón o el dejar caer una herramienta sobre la lona embreada que teníamos debajo podrían acarrear una inconcebible catástrofe. También nos imponía respeto el marco dentro del cual actuábamos. Una y otra vez advertí que un temblor y estremecimiento extraño recorría las paredes, y hasta sentí un apagado latido al posar mi mano en ellas. Ni Peters ni yo sentimos pena alguna cuando dimos por última vez la señal de que se nos izase a la superficie y cuando informamos a míster Barforth que el profesor Challenger podía realizar su experimento cuando gustase.

No tuvimos que esperar mucho. A los tres días de haber terminado mi obra llegó la invitación. Era una tarjeta corriente como las que se emplean para anunciar los días de recepción de visitas, y decía así:

EL PROFESOR G. E. CHALLENGER
F. R. S. M. D., D. Sc., etc.
EXPRESIDENTE DEL INSTITUTO ZOOLÓGICO
Y POSEEDOR DE TANTOS TÍTULOS HONORÍFICOS Y NOM-
BRAMIENTOS QUE NO CABEN EN ESTA TARJETA,
solicita la presencia de
MR. JONES (sin señora)
a las 11,30 de la mañana del martes 21 de junio,
para presenciar un triunfo extraordinario
del espíritu sobre la materia en
HENGIST DOWN, SUSSEX.
Tren especial desde Victoria, a las 10,50.
Los viajeros pagarán cada cual su billete.
Después de la experiencia habrá o no habrá lunch,
según las circunstancias.
Estación, Storrington.
Tenga a bien contestar (en el acto y con el nombre en letra de imprenta),
14 bis, Enmore Garden, S. W.

Me encontré a Malone desternillándose de risa. Había recibido una invitación análoga.

—Es un golpe de fanfarronería refinada enviamos una invitación a nosotros —me dijo—. Después de todo, no tenemos más remedio que estar allí, ocurra lo que ocurra, como le dijo el verdugo al que iba a ser ahorcado. Lo que sí puedo decirte es que estas invitaciones han puesto en ebullición a todo Londres. El viejo está en la gloria, con el haz de luz enfocado en su velluda cabeza y en el primer plano.

Por fin llegó el gran día. Como cosa personal, la noche anterior descendí hasta el fondo del pozo para cerciorarme de que todo estaba a punto. Nuestro taladro estaba en posición; la pesa, ajustada; las llaves de contacto eléctrico, listas para establecerlo; quedé convencido de que mi intervención en el experimento se realizaría sin el menor tropiezo. Para reducir al mínimo cualquier peligro personal, los mandos eléctricos estaban colocados a unos quinientos pies por debajo del brocal del pozo. Cuando aquella mañana trascendental de un admirable día de verano salí a la superficie, seguro del trabajo que a mí me competía, me dirigí cuesta arriba a la zona del Down, para echar desde lo más alto un vistazo general a lo que estaba ocurriendo.

Se hubiera dicho que todo el mundo acudía a Hengist Down. Hasta donde alcanzaba mi vista, las carreteras hormigueaban de gente. Los automóviles avanzaban traqueteando y tambaleándose» por los caminos vecinales dejando su carga de pasajeros a la puerta del cercado. En muchísimos casos no pasaban de allí porque una verdadera cuadrilla de porteros cerraba la entrada, y no valían promesas ni sobornos, pasando únicamente quienes exhibían la codiciada invitación de colorante. Entonces se dispersaban los que no habían podido entrar y marchaban a unirse con la inmensa muchedumbre que se iba congregando en la ladera de la colina, cubriendo la loma con una espesa masa de espectadores. Aquello recordaba a Epson el día del Derby. Dentro de la zona cercada se habían establecido zonas acotadas con alambradas, y las distintas clases de individuos privilegiados eran repartidos cada cual en el cercado correspondiente. Había uno destino a los lores, otro a los diputados y uno a los hombres más distinguidos de las sociedades doctas y a los científicos de fama mundial, entre los que estaban Le Pellier, de la Sorbona, y el doctor Driesinger, de la Academia de Berlín. Se había preparado un recinto especial, rodeado de bolsas de arena y con un trecho de tapas de hierro acanalado, para tres miembros de la familia real.

A las once y cuarto desde la estación llegaron los invitados especiales, y yo volví a la finca para asistir a la recepción. El profesor Challenger estaba junto al compartimiento especial, con su impecable frac, su chaleco blanco, su bruñido sombrero de copa y su expresión, que era una mezcla de dominadora e insultante benevolencia, y de la más solemne altivez, es decir, «como una clara y típica víctima del complejo de Jehová», según escribió un crítico. Ayudó a dirigir, y en ocasiones a empujar, a sus invitados a los sitios que les correspondían, y luego, cuando tuvo reunida a su alrededor a la élite de los invitados, se situó en lo alto de una prominencia conveniente y miró a su alrededor con el aire de quien espera ser acogido con una ovación. Como esta no se produjo, Challenger entró de golpe en materia, expandiendo su voz retumbante hasta los últimos límites del cercado.

—Caballeros —bramó—. En esta ocasión no tengo por qué agregar a las señoras. Si esta mañana no las invité a estar entre nosotros, no fue, pueden creerme, por desconsideración hacia ellas. Puedo decir —y lo dijo con gracia elefancíaca y falsa modestia— que nuestras relaciones, tanto por una parte como por la otra, han sido siempre excelentes, e incluso íntimas. La verdadera razón ha sido el que en este experimento hay un pequeño elemento de peligro, aunque este no sea suficiente para justificar la expresión de inquietud que leo en muchas caras de los aquí presentes. Quizás a los periodistas les interese saber que les he reservado asientos especialísimos en lo alto de las escombreras que dominan el escenario del experimento. Ellos han venido demostrando por mis asuntos un interés que a veces se ha confundido con la impertinencia, de modo, pues, que en esta ocasión no van a tener motivos para quejarse de que me haya mostrado reacio a sus conveniencias. Si no ocurre nada, lo cual es siempre posible, habré hecho al menos todo cuando me ha sido posible en favor suyo. Por otra parte, si ocurre algo, estarán en lugar excelente para comprobarlo y relatarlo, si es que saben estar hasta el fin a la altura de su misión. Comprenderán ustedes sin dificultad que no resulta sencillo para un científico dar una explicación de sus propias conclusiones y acciones a quienes, sin faltar al debido respeto, podríamos llamar la grey vulgar. Oigo algunas interrupciones descompuestas. Quisiera pedir al caballero aquel de las gafas de concha que deje de amenazar con sus paraguas. (Una voz: «Eso que ha dicho usted de sus invitados constituye un insulto.») Quizá haya sido mi frase de grey vulgar la que ha encrespado al caballero. Digamos, en ese caso, que mis oyentes constituyen una grey de lo más fuera de lo vulgar. No vamos andarnos con susceptibilidades por una cuestión de frases. Antes de esa interrupción indecorosa iba yo a decir que toda la cuestión está tratada de forma completa y clara en el libro que estoy a punto de publicar acerca de la Tierra, libro que, con la debida modestia, puedo asegurar que hará época entre todos los de la historia del mundo. (Interrupciones generales y gritos de «¡Al grano, al grano!» «¿A qué hemos venido aquí?» «¿Nos ha preparado alguna broma?») Estaba a punto de aclarar la cuestión; pero, si siguen interrumpiéndome, no tendré más remedio que adoptar medidas para mantener el orden y el decoro, que dolorosamente están ausentes de aquí. Se trata, pues, de que he atravesado con una galería toda la corteza de la Tierra y que estoy a punto de ensayar los efectos que produciría una excitación enérgica de su corteza sensorial, operación delicada que correrá a cargo de mis subordinados, míster Peerles Jones, que dice ser especialista en la apertura de pozos artesianos, y míster Edward Malone, que esta vez ostenta mi representación. La sustancia sensible al descubierto será estimulada, y solo es posible hacer conjeturas sobre la reacción que ello podrá provocar. Tengan, pues, la amabilidad de sentarse, mientras estos dos caballeros bajan al pozo y llevan a cabo los preparativos finales. A continuación oprimiré yo el botón del timbre que hay encima de esta mesa y se habrá completado el experimento.

El auditorio, después de una cualquiera de las arengas de Challenger, tenía la sensación de que, al igual que ahora la tierra, les había atravesado la epidermis descubriendo su sistema nervioso. Tampoco el auditorio de ahora constituyó una excepción a esa regla, y se produjeron apagados murmullos de desagrado y censura, mientras cada cual volvía a su asiento. Challenger se quedó solo en lo alto del montículo, junto a una mesita, con su negra melena y barbas temblorosas de emoción, ofreciendo un espectáculo magnífico. Sin embargo, ni Malone ni yo pudimos admirar la escena, porque nos alejamos a toda prisa, dispuestos a cumplir nuestro extraordinario cometido. Veinte minutos después nos encontrábamos en el fondo del pozo, y habíamos levantado la lona, dejando al descubierto lo que ocultaba.

El espectáculo que se ofreció a nuestros ojos fue como para dejarnos atónitos. No sé por qué extraña telepatía cósmica nuestro viejo planeta parecía enterado de la inaudita libertad que estaban a punto de tomarse con él. La superficie al descubierto hervía como una olla. Grandes burbujas grises se alzaban y estallaban crepitantes. Los espacios de aire y las vacuolas de debajo de la piel separábanse y se coagulaban con presurosa actividad. Las ondulaciones transversales marcaban un ritmo de mayor fuerza y frecuencia. Un fluido de color rojo oscuro parecía latir en la tortuosa anastomosis de los vasos o canales que había debajo de la superficie. Veíase en todo el latir de la vida. Un olor fuerte hacía casi irrespirable aquella atmósfera para los pulmones humanos.

Yo tenía clavada la vista en aquel extraño espectáculo cuando Malone, que estaba a mi lado, medio un súbito tirón de alarma, exclamando:

—¡Santo Dios, Jones! ¡Mira allí!

Me bastó un vistazo. Corté la corriente y de un salto me metí en el ascensor, gritando:

—¡Venga rápido! ¡Nos jugamos la vida!

Lo que habíamos visto era ciertamente alarmante. Parecía que toda la parte inferior del pozo participase de la mayor actividad que jamás habíamos observado; las paredes latían y palpitaban al mismo ritmo. Aquel movimiento había obrado sobre los agujeros en que descansaban las vigas. Era evidente que en cuanto los agujeros se retrajesen un poco más, cuestión de pulgadas, aquella se vendría abajo. Si aquello ocurría, la punta afilada de mi mecha de barreno taladraría la superficie de la masa, aunque no se accionase la corriente eléctrica. Nuestras vidas dependían de que Malone y yo estuviésemos fuera del pozo antes de que aquello ocurriese. Era una perspectiva terrible el encontrarse a ocho millas de profundidad dentro de la Tierra con la posibilidad de que en cualquier momento ocurriese alguna convulsión extraordinaria. Nos precipitamos como locos hacia la superficie.

¿Podremos olvidar jamás aquella pesadilla de viaje? Los ascensores zumbaban y silbaban; pero los minutos parecían horas. Al llegar a un piso saltábamos fuera, nos metíamos de cabeza en el siguiente, dábamos marcha, volábamos hacia arriba. A través del techo enrejillado distinguíamos lejos, muy lejos, el minúsculo círculo de luz de la boca del túnel. Se fue agrandando y agrandando, hasta adquirir toda su verdadera anchura, y nuestros ojos se posaron con alegría en la mampostería del brocal. Siempre arriba como una flecha, hasta saltar locos de júbilo y de gratitud fuera de nuestra cárcel y poner los pies otra vez sobre el verde césped. Visto y no visto. No habríamos andando treinta pasos cuando allá abajo, en la profunda lejanía, mi flecha de hierro se hundió en el ganglio nervioso de la madre Tierra. Llegó el gran momento.

¿Qué es lo que ocurrió? Ni Malone ni yo estábamos en situación como para poder explicarlo, porque los dos fuimos barridos por un ciclón y arrastrados por el césped, dando vueltas y más vueltas, lo mismo que dos patinadores sobre una pista de hielo. Al mismo tiempo rasgó nuestros tímpanos el alarido más horrible que jamás se había escuchado hasta entonces. ¿Quién, entre todos los centenares que lo han intentado, ha conseguido describir de manera adecuada aquel grito espantoso? Fue un aullido en el que el dolor, la ira, la amenaza y la majestad ultrajada de la Naturaleza se confundieron en un horroroso clamor. Duró un minuto largo, con la fuerza de mil sirenas, dejando paralizada a la gran multitud con su rabiosa persistencia, propagándose en la sosegada atmósfera veraniega en prolongados retumbos a lo largo de toda la costa del Sur, y cruzando el Canal, para dejarse oír por nuestros vecinos de Francia. Desde que el mundo es mundo, jamás igualó ningún sonido al grito de la Tierra agraviada.

Aturdidos y ensordecidos, Malone y yo tuvimos la sensación del choque y del alarido; pero los demás detalles de aquella escena sobrecogedora los supimos de boca de otros.

Lo que primero la Tierra escupió de sus entrañas fueron las jaulas de los ascensores. El resto de la maquinaria estaba embutida en las paredes y escapó al estallido; pero el sólido suelo de los ascensores recibió de lleno todo el empuje hacia arriba de la corriente. Cuando se introducen varios dardos separados en una cerbatana salen despedidos uno a uno y en el orden en que estaban. De la misma manera, las catorce jaulas de ascensor salieron una tras otra, remontándose por los aires, y describiendo una magnífica parábola que acabó para una de ellas en el mar, cerca del muelle de Worthing, y para la otra, no lejos de Chichester. Afirman los espectadores que, entre todos los espectáculos extraños que hasta entonces habían presenciado, no ha habido ninguno capaz de superar al de las catorce jaulas de ascensor surcando serenamente por los cielos azules.

Luego vino el géiser. Fue un surtidor enorme de materia asquerosa de la consistencia del alquitrán, que se disparó por los aires hasta una altura de unos dos mil pies. Un aeroplano curioso que se cernía sobre el lugar de la escena recibió de lleno el ballestazo y salvándose gracias a un aterrizaje forzoso, pero el hombre y el aparato quedaron sepultados en aquella suciedad. Tan nauseabunda sustancia, de un olor penetrante y asqueroso, podía representar la sangre vital del planeta, o podía ser también, como sostienen el profesor Driesinger y la escuela de Berlín, una secreción protectora, parecida a la de la mofeta, que la Naturaleza ha dado a la madre Tierra para que se defienda de todos los Challenger del mundo. Si aciertan en esto, la verdad es que el primer culpable, sentado en su trono del montículo, salió bien parado del trance, en tanto que los desdichados periodistas, por estar en la primera línea de fuego, resultaron tan empapados y saturados que ninguno de ellos pudo alternar con personas respetables durante muchas semanas. Aquella vomitona de materia putrefacta fue arrastrada por la brisa hacia el Sur, y fue a caer sobre la desdichada muchedumbre que durante largo tiempo y con tanta paciencia había esperado en la cresta de las dunas para ver lo que ocurría. No hubo muertos. No quedó ningún hogar desolado; pero muchos quedaron perfumados, y aún retienen sus muros algún recuerdo del gran acontecimiento.

Seguidamente se produjo el cierre del túnel. De igual manera que el organismo cura una herida de abajo arriba, también la Tierra recompone cualquier desgarrón hecho en su materia vital. Se oyó un ruido muy agudo como un desgarramiento, al tiempo que los muros del túnel se cerraban; empezó el chirrido como un redoble que subía desde lo más profundo, repercutiendo en las paredes; cada vez se fue haciendo más fuerte a medida que ascendía, hasta que el círculo de ladrillos del brocal del pozo se juntó y aplanó con estrépito, en tanto que un temblor parecido al de un pequeño terremoto sacudía las altas escombreras, que se corrieron juntándose en el centro, formando una pirámide de cincuenta pies de altura con los resto de las excavaciones y los hierros destrozados en el lugar donde había estado el túnel. No solo había sido llevado a cabo el experimento del profesor Challenger, sino que también había quedado sepultado para siempre, desapareciendo de la vista de los hombres. Es dudoso que nuestros descendientes reconozcan el sitio exacto en que tuvo lugar el extraordinario suceso.

Entonces se produjo la gran apoteosis final. Durante largo rato, después que tuvieron lugar aquellos fenómenos sucesivos, reinó el silencio y una intensa inmovilidad; la gente trataba de rehacerse y de comprender qué era lo que había ocurrido y de qué manera se habían producido los hechos, y comprendieron de pronto la gran hazaña, el vuelo inmenso de aquella concepción, lo genial y asombroso de la manera como había sido puesta en obra. Y todos, movidos de un impulso unánime, se dirigieron hacia donde estaba Challenger. Los gritos de admiración llovían sobre él desde todas partes del campo, y desde su montículo veía un lago de rostros vueltos hacia él, y sobre aquella superficie, el ondear constante de pañuelos que le aclamaban. Ahora que me pongo a recordar, veo al profesor con mayor claridad que entonces. Se levantó de su asiento; con los ojos entornados y la cara iluminada por una sonrisa de conciencia de su propio mérito, puso la mano izquierda en la cadera y hundió la derecha en el pecho, por la boca del frac. Tengo la seguridad de que en esa actitud pasará a la historia, porque a mi alrededor sonaron los disparadores de las máquinas fotográficas lo mismo que grillos en un campo. El sol de junio lo envolvía en su fulgor cuando saludó hacia los cuatro puntos cardinales, inclinándose profundamente. Era Challenger, el supercientífico; Challenger, el hombre de vanguardia; Challenger, el primer ser humano con que la madre Tierra se vio obligada a contar.

Solo unas palabras a modo de epílogo. Es bien sabido que el experimento tuvo consecuencias de alcance mundial. Es cierto que en ninguna parte dejó escapar el lastimado planeta un alarido tan grande como en el punto mismo en que recibió la herida; pero sus reacciones en todas partes demostraron que era una sola entidad. Dio suelta a su indignación por todas sus bocas y volcanes. El Hecla rugió hasta el punto de hacer temer un cataclismo a los islandeses. El Vesubio lanzó por los aires su cúspide. El Etna vomitó una cantidad de lava, y los tribunales italianos sentenciaron a Challenger a pagar medio millón de liras de daños y perjuicios por los viñedos destruidos. Hasta en Méjico y el cinturón de la América Central se advirtieron señales de intensa indignación plutónica, y los retumbos del Stromboli repercutieron por todo el Mediterráneo oriental. Ambición general de los hombres fue siempre el conseguir que el mundo hablase de ellos. Arrancar alaridos al mundo, solo Challenger pudo conseguirlo.

Libros Mablaz

Narrativa — Relatos

/www.librosmablaz.com/